大气污染侵害
民事责任研究

Study on the Civil Liability of Air Pollution Tort

黄萍／著

法律出版社 | LAW PRESS

前 言

近年来，雾霾笼罩中国，大气污染成为社会各方关注的热点问题。造成大气污染的原因，既有自然原因又有人为原因。人为原因，如工业废气、燃料燃烧、汽车尾气、工地扬尘等。大气污染不仅会对人类健康和财产安全造成损害，而且也会破坏生态环境。充分认识大气污染的成因及其危害，运用多种手段积极治理大气污染迫在眉睫。

一、我国大气污染现状及成因

（一）我国大气污染现状

随着我国经济快速发展，工业化和城市化进程加快，能源消耗迅速增加导致空气污染严重，而汽车产业的迅速发展，进一步加剧了城市的空气污染。近年来，国家采取一系列措施治理空气污染，空气污染状况虽有所好转但仍不容乐观。2013 年环保部发布的《中国环境状况公报》开始有 $PM_{2.5}$ 和 PM_{10} 的监测数据，因此，本书将以 2013 年至 2017 年 6 月环保部发布的《中国环境状况公报》为依据，对比 2013 年至 2016 年空气污染监测情况，说明我国大气污染现状。《2013 年中国环境状况公报》显示，京津冀、长三角、珠三角等重点区域及直辖市、省会城市及计划单列市共 74 个城市中，仅海口、舟山和拉萨 3 个城市空气质量达标，占 4.1%，超标城市占比为 95.9%。2014 年空气监测的城市范围扩大，除上年的 74 城市外，新增 87 个城市。《2014 年中国环境状况公报》显示，监测的 161 个城市中，16 个城市空气质量达标，占 9.9%；145 个城市空气质量超标，占 90.1%。京津冀、长三角、珠三角等重点区域及直辖市、省会城市及计划单列市共 74 个城市中，8 个城市空气质量达标，66 个城市空气质量不同程度超标。2015 年空间质量监测城市数目进一步扩大，有 338 个地级及以上城市开展空气质量检测。《2015 年中国环境状况公报》显示，有 73 个城市空气质量达标，占 21.6%；265 个城市空气质量超标，占 78.4%。京津冀、长三角、珠三角等重点区域及直辖市、省会城市及计划单列市共 74 个城市中，有 11 个城市空气质量达标，63 个城市空气质量超标。《2016 年中国环境状况公报》显示，全国开展空气质量监测的 338 个地级及以上城市中，有 84 个城市环境空气质量达标，占全部城市数的 24.9%；有 254 个城市空气质量超标，占 75.1%。由于近年来国家加大了空气污染治理力度，加强了对空气污染物排放的监管，企业改良了生产设施，总体来说，2013 年以来，空气质量虽有所改善，但总体污染仍然严重，空气质量最好的 2016 年，污染达标城市仍不到监测城市的 1/4。

城市主要污染物为二氧化硫（SO_2）、一氧化碳（CO）、二氧化氮（NO_2）、臭氧（O_3）、$PM_{2.5}$、PM_{10}等，由于近年来淘汰落后产能，减少化石燃料的使用，发展新能源以及汽车产业迅速发展，各类污染物占比也发生了较大变化，下图为 2013 年至 2016 年 74 个城市主要污染指标达标城市比较：

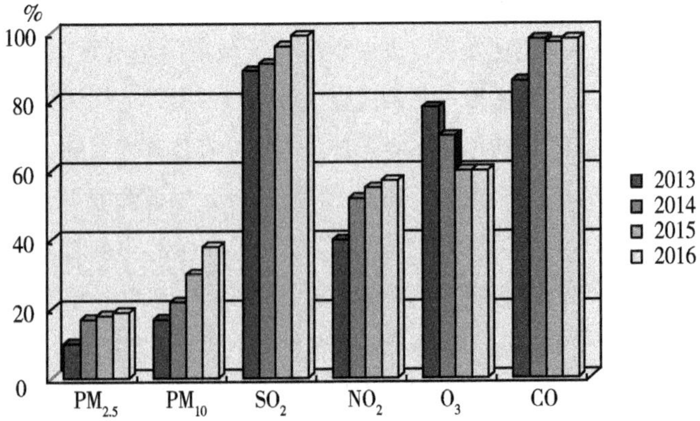

2013～2016 年 74 个城市污染指标达标柱状图

一方面国家大力发展清洁能源，减少化石燃料的使用，安装脱硫装置；另一方面大型火力发电厂、有色金属冶炼厂、硫酸厂、炼油厂等重工业企业迁出城市，SO_2和 CO 污染物浓度减少，排放达标率较高，而且达标城市数量逐年上升。城市污染物主要是污染颗粒物（$PM_{2.5}$、PM_{10}）和 NO_2，这与汽车尾气污染、工业生产、工地施工污染和烧煤或油的工业锅炉、炉灶污染有密切关系。$PM_{2.5}$除一部分来自直接排放，也有一部分来自二次转化。O_3污染有加重的趋势。自 2013 年以来，O_3浓度达标的城市数量逐年下降，O_3有少量是平流层的臭氧传输到近地面，但大部分是由人为排放的氮氧化物（NOx）和挥发性有机物（VOCs）在高温光照条件下二次转化形成的。氮氧化物（NOx）主要来自机动车、发电厂、燃煤锅炉和水泥炉窑等；挥发性有机物主要来自机动车、石化工业排放和有机溶剂的挥发等。部分城市的空气污染正在由烟煤型向汽车尾气型转变，NOx、CO 呈加重趋势，有些城市已出现光化学烟雾现象，全国形成华中、西南、华东、华南多个酸雨区。[1]

（二）我国大气污染的成因

空气本身具有自净能力，在排放总量相对较低的情况下，空气扩散作用可以使空气污染物稀释和消散，空气氧化作用可以将空气成分有效地降解并清除。空气成分能够累积到形成空气污染的程度，主要原因有三个：污染物一次排放、二次转化以及气象条件。污染物排放是空气污染形成的内因。工业生产、车船尾气排放、工地施工扬尘、冬季取暖等都是造成空气污染的主要原因。我国当前面临的主要大气污染问题，是以 $PM_{2.5}$和臭氧（O_3）为代表的大气复合污染问题，大气中多种污染物都以很高的浓度水平存在。自改革开放以来中国进入快速经济增长和城市化进程中，颗粒物（PM）、SO_2、NOx、VOCs、氨等排放量大幅增加，而且高密度地集中在以城市为中心的区域，这是中国重点城市群空气污染频发的根源。$PM_{2.5}$来源复杂，其化学成分既来自直接排放，也

---

〔1〕《中国多位院士专家解读大气污染成因与控制途径》，载中国新闻网：http://www.chinanews.com/sh/2017/01-18/8128729.shtml，最后访问日期：2018 年 2 月 22 日。

来自于二次转化。最新的研究显示，除了 SO_2 转化为硫酸盐，NOx 转化为硝酸盐，VOCs 转化为二次有机气溶胶，氨转化为铵盐等过程外，还存在这些化学成分之间的相互影响，如 NO_2 促进 SO_2 加快转化为硫酸盐。工业排放是中国 SO_2、NOx、一次细颗粒物（$PM_{2.5}$）及 VOCs 的第一大排放源，民用排放是一次细颗粒物（$PM_{2.5}$）的重要排放源，交通源是 NOx 和 VOCs 的重要排放源。[1]

二、大气污染的危害

大气污染无论对人体健康、财产安全，还是大气生态环境都有极大的危害。

大气污染物对人体健康损害是一个长期的累积过程，一旦损害产生往往后果严重、具有不可逆性。工厂排放的烟尘废气，汽车、飞机、轮船排放的废气，居民炉灶排放的烟尘废气，含有很多有害物质，是空气的主要污染源。烟尘、废气中的有害物质刺激人的眼睛，使眼睛发炎、疼痛；这些有害物质还会刺激人的气管、肺，使人咳嗽、气喘，甚至罹患肺癌。国际医学界最权威的杂志《柳叶刀》于 2012 年 12 月 14 日发布的《全球疾病负担 2010 报告》表明，$PM_{2.5}$ 已成为影响中国公众健康的第四大危险因素。有关研究表明，自 20 世纪 70 年代以来，中国肺癌死亡率呈迅速上升趋势，已成为中国首位的恶性肿瘤死因，2004 ~ 2005 年肺癌死亡率上升到 30. 84/10 万；与 1973 ~ 1975 年相比，肺癌死亡率和年龄校正死亡率分别增加了 464. 8% 和 261. 4% 。2015 年 10 月 17 日，世界卫生组织下属国际癌症研究机构发布报告，首次确认空气污染对人类致癌，并视其为普遍和主要的环境致癌物。空气污染作为一个整体致癌因素被提出，它对人体的伤害可能是由其所含的几大污染物同时作用的结果，其中 $PM_{2.5}$ 致癌性最高。有报告指出，2010 年，室外空气中颗粒物污染成为全球第七大死因，中国第四大死因，全球超过 300 万人死于颗粒物污染引发的各种疾病，其中中国有 123 多万人因此死亡，2400

---

〔1〕《中国多位院士专家解读大气污染成因与控制途径》，载中国新闻网：http：//www. chinanews. com/sh/2017/01 -18/8128729. shtml，最后访问日期：2018 年 2 月 22 日。

多万人减寿。每年有近 200 万过早死亡病例与 $PM_{2.5}$ 等颗粒物污染有关。即便在欧盟国家中，由于 $PM_{2.5}$，人均期望寿命也减少了 8.6 个月，它对人的影响要远大于其他任何污染物。PM_{10} 中除了包含 $PM_{2.5}$ 这样的细颗粒物，还包括一些直径介于 2.5 微米和 10 微米之间的颗粒，这些颗粒有的沉积在上呼吸道，有的进入呼吸道的深部，但无法进入细支气管和肺泡，虽危害程度不及 $PM_{2.5}$，但仍属于空气污染的主要危害。美国哈佛大学公共卫生学院在检测了各种空气污染物之后，发现直径小于 10 微米的细微颗粒物与心血管疾病的发生及死亡的增加关系密切。具体地说，就是这些细微颗粒物与冠心病、心肌梗死、高血压和中风（卒中）的发生及死亡的增加密切相关。一项来自美国 21 个城市的研究发现：大城市空气中，直径小于 10 微米的细微颗粒物的浓度通常为 4 ~ 20 微克/立方米，浓度每增加 10 微克/立方米，发生心血管疾病的危险将增加 24%，由此造成的死亡风险将增加 76%。美国曾对卡车运输、纺织从业人员进行调查，结果发现：空气中直径小于 10 微米的细微颗粒物浓度每增加 10 微克/立方米，发生心肌梗死和心力衰竭的风险增加 1.4 倍，死亡率增加 1 倍以上。关于大气污染物中的臭氧（O_3），2015 年世界卫生组织下属国际癌症研究机构的报告指出，每年全球有 70 万人死于因臭氧导致的呼吸系统疾病。若干项欧洲研究报告称，对臭氧的暴露每增加 10μg/m3，日死亡率上升 0.3%，心脏病患病率增加 0.4%。目前它是欧洲各国最关切的空气污染物之一。关于大气污染物中的二氧化氮，流行病学研究表明，哮喘儿童发生支气管炎症状的增多与长期接触二氧化氮有关。目前在欧洲和北美一些城市中肺功能减弱现象的增加也与目前测量（或观察到）的二氧化氮的浓度有关。关于二氧化硫，研究表明，在空气中二氧化硫水平较高的日子里，因心脏病去医院就诊的人增多，死亡率增长。

清洁的空气是人类生存的重要条件，空气污染对动植物生长会产生较大危害。空气污染对农作物、树木的危害也很大。例如，废气中的二氧化硫等有害气体，会使农作物、树木抗病能力下降，影响生长发育，农作物、树木的叶子变黄、枯萎、脱落。二氧化硫与云中的雨滴化合会形成酸雨，使大片农作物、森林死亡，对农业、林业、淡水养殖业等产生不利影响。空气污染物对纺织衣物、皮革、金属制品、建筑材料、文化艺术品等，会造成化学性损害和玷污损害。动物会因吸入污染的空气或食用含污染物的食物而发病或死亡。

空气污染对大气生态环境也会造成不良影响。大气污染物破坏高空臭氧层，形成臭氧空洞，对人类和生物的生存环境产生危害。二氧化碳等温室气体的增多会导致地球大气变暖，导致全球天气灾害增多。空气中烟尘等气溶胶粒子增多，使大气混浊度增加，减弱太阳辐射，影响地球长波辐射，可能导致天气气候异常。

三、我国大气污染防治法律体系

（一）环境法律法规和规章

我国经济的快速发展带来了严重的环境污染问题，生产领域化石燃料的使用、生产工艺的落后、汽车工业的发展导致我国大气污染严重，近几年来雾霾笼罩中国，给人民群众的生命健康和财产安全带来了极大危害。因此，国家日益重视大气污染的防范和治理。除颁布有关发展新能源、改变落后的生产工艺等法律法规外，立法机关同时加强了大气污染防治的相关立法，修订了《环境保护法》（1989 年颁布，2014 年 4 月修订）、《大气污染防治法》（1987 年颁布，先后经过 1995 年、2000 年、2015 年修订）、《环境影响评价法》（2002 年颁布，2016 年 7 月修订）、《清洁生产促进法》（2002 年颁布，2012 年修订）、《节约能源法》（1997 年颁布，先后经过 2007 年、2016 年两次修订）、《煤炭法》（1996 年颁布，先后于 2009 年、2011 年、2013 年、2016 年四次修订），还制定了一些空气污染防治方面的行政法规和部门规章、法律文件等，如 2010 年为规范环境行政处罚的实施，监督和保障环境保护主管部门依法行使职权，对违反环境保护法律、法规或者规章规定的公民、法人或者其他组织依法给予环境行政处罚，环境保护部发布了《环境保护行政处罚办法》。2012 年环境保护部和国家质量监督检验检疫总局发布了《环境空气质量标准》，2014 年国务院办公厅印发了《国家突发环境事件应急预案》，环保部发布了《清洁生产审核办法》（2016 年 5 月修订）等。

各地根据本地区的实际情况制定了空气污染防治的地方性法律、法规或部门规章，积极应对空气污染。北京、上海、天津、河北、吉林、江苏、浙江、安徽、山东、湖北、贵州、山西、陕西等省（直辖市）制定并颁布了大气污染防治条例，其中山东、贵州、吉林、河北等省（市）根据修订后的《大气污染防治法》，制定了新的大气污染防治地方法规，如《河北省大气污染防治条例》（2016年1月通过）、《吉林省大气污染防治条例》（2016年5月通过）、《浙江省大气污染防治条例》（2016年5月通过）、《山东省大气污染防治条例》（2016年7月通过）、《贵州省大气污染防治条例》（2016年7月通过）、《江西省大气污染防治条例》（2016年12月通过）、《黑龙江省大气污染防治条例》（2017年2月通过）、《重庆市大气污染防治条例》（2017年7月通过）、《河南省大气污染防治条例》（2017年12月通过）等。上海市于2016年7月修订了《上海市大气污染防治条例》，天津市于2017年12月修订了《天津市大气污染防治条例》。部分省市政府发布了大气污染防治工作实施方案，制定了大气污染防治目标。

（二）其他法律法规、规章和法律文件

《民法通则》有关环境污染侵权的规定、2010年实施的《侵权责任法》第八章专章规定环境污染责任、2011年《刑法修正案（八）》将刑法第338条修改为："违反国家规定，排放、倾倒或者处置有放射性的废物、含传染病病原体的废物、有毒物质或者其他有害物质，严重污染环境的，处三年以下有期徒刑或者拘役，并处或者单处罚金；后果特别严重的，处三年以上七年以下有期徒刑，并处罚金。"2015年8月中共中央办公厅、国务院办公厅印发的《党政领导干部生态环境损害责任追究办法（试行）》，强化党政领导干部生态环境和资源保护职责，建立党政领导干部生态环境保护问责制，对造成生态环境和资源严重破坏的领导干部实行终身问责。对违背科学发展要求、造成生态环境和资源严重破坏的，责任人无论是否已调离、提拔或者退休，都必须严格追责。2015年12月，中共中央办公厅、国务院办公厅印发了《生态环境损害赔偿制度改革试点方案》，2017年12月17日中共中央办公厅、国务院办公厅印发了《生态环境损害赔偿制度改革方案》，提出了在我国建立生态环境损害赔偿制度的目标，并在全国进行生态环境损害赔偿试点。

（三）司法解释

另外，为应对司法实务中的包括空气污染在内的环境污染纠纷的法律适用问题，近年来最高人民法院、最高人民检察院发布了相关司法解释，如《最高人民法院关于审理环境侵权责任纠纷案件适用法律若干问题的解释》《最高人民法院 、最高人民检察院关于办理环境污染刑事案件适用法律若干问题的解释》《最高人民法院关于审理环境民事公益诉讼案件适用法律若干问题的解释》《人民法院审理人民检察院提起公益诉讼案件试点工作实施办法》等。

上述法律、行政法规、地方性法规与规章制度和相关司法解释共同构成了我国大气污染防治的法律体系，为规范大气污染物排放、追究污染者责任提供重要的法律依据。

四、我国大气污染法律责任特点

（一）全面规定了大气污染者的法律责任

《环境保护法》《大气污染防治法》《侵权责任法》第八章等对空气污染责任作了全面规定，污染空气的法律责任包括行政责任、刑事责任和民事责任。因为《环境保护法》《大气污染防治法》等法律法规具有行政法性质，所以重点规定了空气污染的行政责任。以《大气污染防治法》为例，有关法律责任的条款共 30 条，其中 28 条是与大气污染有关的行政责任，另外两条分别是大气污染侵权责任和大气污染刑事责任。

（二）加大了对大气污染者违法行为的处罚力度

一直以来，环境污染“违法成本低，守法成本高”，导致环保法罚则虚设、执行不力。近年来，修订后的环境保护法律法规加大了对违法行为的处罚力度，强调污染者担责的原则。主要表现在：一是法律责任条文增多。以修订后的《大气污染防治法》为例，整部法律包括附则在内共 129 条，法律责任条款有 30 条，占比近 1/4，对环境污染的各种违法行为及责任作了全面的规定。二是提高了罚款限额。原《大气污染防治法》规定，污染大气的最高罚款限额是50万元，修改后的《大气污染防治法》提高了罚款限额。如对超过大气污染物排放标准或者超过重点大气污染物排放总量控制指标排放大气污染物的，责令改正或者限制生产、停产整治，并处10万元以上100万元以下的罚款；情节严重的，报经有批准权的人民政府批准，责令停业、关闭。造成一般或者较大大气污染事故的，按照污染事故造成直接损失的一倍以上三倍以下计算罚款；造成重大或者特大大气污染事故的，按照污染事故造成的直接损失的三倍以上五倍以下计算罚款。三是规定了按日计罚。现行《环境保护法》《大气污染防治法》针对持续性违法行为，规定了以天为单位对违法单位或个人计算经济处罚金。按日计罚是一种随时间累加而不断加总的动态罚款模式，可以尽可能地消除违法收益，罚没违法持续时间内的违法所得，从而根除违法行为。四是增加了处罚种类，具体处罚行为和种类接近九十种，提高了法律的可操作性和针对性。

（三）增加了生态环境损害赔偿责任

2015年12月，中共中央办公厅、国务院办公厅印发了《生态环境损害赔偿制度改革试点方案》明确提出对造成生态环境损害的责任者严格实行赔偿制度，逐步建立生态环境损害赔偿制度。经过两年在部分省市的试点，2017年12月17日中共中央办公厅、国务院办公厅印发了《生态环境损害赔偿制度改革方案》，提出到2020年，力争在全国范围内初步构建责任明确、途径畅通、技术规范、保障有力、赔偿到位、修复有效的生态环境损害赔偿制度。生态环境损害赔偿制度也从部分省市试点进入了全国试点阶段。《大气污染防治法》第125条规定，排放大气污染物造成损害的，应当依法承担侵权责任。《环境保护法》第64条规定，因污染环境和破坏生态造成损害的，应当依照《中华人民共和国侵权责任法》的有关规定承担侵权责任，这也为生态环境损害赔偿留下了法律适用的空间。

（四）扩大了责任主体的范围

除空气污染物排放者需承担空气污染法律责任外，《环境保护法》《大气污染防治法》等将责任主体的范围扩大到环境服务机构、机动车和非道路移动机械生产者等。《环境保护法》第65条规定，环境影响评价机构、环境监测机构以及从事环境监测设备和防治污染设施维护、运营的机构，在有关环境服务活动中弄虚作假，对造成的环境污染和生态破坏负有责任的，除依照有关法律法规规定予以处罚外，还应当与造成环境污染和生态破坏的其他责任者承担连带责任。《大气污染防治法》第58条规定，国家建立机动车和非道路移动机械环境保护召回制度。生产、进口企业获知机动车、非道路移动机械排放大气污染物超过标准，属于设计、生产缺陷或者不符合规定的环境保护耐久性要求的，应当召回；未召回的，由国务院质量监督部门会同国务院环境保护主管部门责令其召回。

（五）加强了政府工作人员在大气污染防治中的法律责任

《环境保护法》《大气污染防治法》等对政府工作人员在环境保护中的失职、渎职行为规定了相应的行政责任和刑事责任，加强了对政府部门的问责。《环境保护法》第67条规定，上级人民政府及其环境保护主管部门应当加强对下级人民政府及其有关部门环境保护工作的监督。发现有关工作人员有违法行为，依法应当给予处分的，应当向其任免机关或者监察机关提出处分建议。依法应当给予行政处罚，而有关环境保护主管部门不给予行政处罚的，上级人民政府环境保护主管部门可以直接作出行政处罚的决定。第68条对负有直接责任的主管人员和其他直接责任人在环境污染防治中的违法行为及处罚作了明确的规定。《大气污染防治法》第126条规定，地方各级人民政府、县级以上人民政府环境保护主管部门和其他负有大气环境保护监督管理职责的部门及其工作人员滥用职权、玩忽职守、徇私舞弊、弄虚作假的，依法给予处分。《党政领导干部生态环境损害责任追究办法（试行）》建立生态环境损害责任终身追究制。根据该办法第10条的规定，党政领导干部生态环境损害责任的追究形式有：诫勉、责令公开道歉；组织处理，包括调离岗位、引咎辞职、责令辞职、免职、降职等；党纪政纪处分。

五、大气污染法律责任与空气污染其他防治机制的关系

大气污染已成为当代社会公害之一，防治大气污染在我国是一项紧

迫而艰巨的任务。治理大气污染是一个系统工程，防治大气污染的手段是多样的，技术措施、行政监管、产业结构调整、经济手段、区域综合治理、法律规范等手段应多管齐下，共同协作，治理大气污染。

技术手段是大气污染治理的重要手段。二氧化硫是大气污染物中主要污染物，通过技术革新，在污染物排放口设置除硫装置，可以有效对点污染源排放的污染物进行治理。通过技术革新，提高能源的利用效率，我国能源的平均利用率仅 30%，提高能源利用率的潜力很大。目前我国有 20 余万台锅炉，年耗煤 2 亿多吨，因此，合理选择锅炉，对低效锅炉的改造、更新，提高锅炉的热效率，能够有效地降低燃煤对大气的污染。此外，提高汽车燃油品质，推广清洁能源汽车，可以从根本上减少汽车对大气的污染。

加大环境污染行政监管的力度。优化排污标准，严格执行环评制度、排污许可证制度，加强对大气污染监控。环保部门应切实履行好污染排放常规监管和突击检查职责，对违反规定超标排污的企事业单位和个人要坚决及时制止、督促整改和处罚。坚决取缔不及时整改或整改后排放仍然不达标的企业。严格管控移动源污染排放，加快老旧车淘汰；对重型柴油车要安装颗粒物捕集器（DPF）。禁止销售普通柴油和低于国六标准的车用汽柴油。

上述技术手段主要解决的是点源大气污染，若要解决区域性的大气污染问题，还应从运用技术手段从产业制度上进行规制。我国每年冬季污染都比较严重，这和北方集中供暖有极大关系。一些地区特别是广大农村地区尚未集中供热，仍然依靠各家各户的燃煤炉灶，密集的矮小烟囱是烟尘的主要污染源。即使在集中供暖地区，适用的燃料仍然是污染严重的煤炭。因此，首先，应发展区域性集中供暖供热，设立规模较大的热电厂和供热站，用以代替千家万户的炉灶以消除烟尘。其次，植树造林、绿化环境。植树造林、绿化环境是废气处理的一种经济有效的措施。植物具有吸收各种有毒有害气体和净化空气的功能。植物是空气的天然过滤器。树叶表面粗糙不平，多绒毛，某些树种的树叶还分泌黏液，能吸附大量飘尘。蒙尘的树叶经雨水淋洗后，又能够恢复吸附、阻拦尘埃的作用，使空气得到净化。[1]茂密的丛林能够降低风速，使气流挟带的大颗粒灰尘下降。再次，改善能源结构，提高能源有效利用率。当前的能源结构是以煤炭为主，煤炭占商品能源消费总量的73%，在煤炭燃烧过程中释放出大量的二氧化硫（SO_2）、氮氧化物（NO_x）、一氧化碳（CO）以及悬浮颗粒等污染物。因此，若要从根本上解决大气污染问题，必须从改善能源结构入手。中国以煤炭为主的能源结构在短时间内不会有根本性的改变。对此，当前应首先推广型煤及洗选煤的生产和使用，以降低烟尘和二氧化硫排放量。有条件的，尽可能使用天然气及二次能源，如煤气、液化石油气、电等；重视太阳能、风能、地热等清洁能源的利用。[2]最后，全面规划，合理布局，加强空气污染的区域综合防治。废气处理必须从协调地区经济发展和保护环境之间的关系出发，充分考虑该地区的环境特征，对该地区各污染源所排放的各类污染物质的种类、数量、时空分布作全面调查研究，并在此基础上，制定控制污染的最佳方案，以达到控制区域性空气环境质量、消除或减轻空气污染的目的。空气污染物，无论是颗粒状污染物或是气体状污染物，都具有能够在大气中扩散、污染面广的特点，也就是说，空气污染具有区域性和整体性的特征。正因如此，空气污染的程度要受到该地区的自然条件、能源构成、工业结构和布局、交通状况以及人口密度等多种因素的影响。因此，在产业布局、工厂选址等方面应考虑这些因素。如工业生产区应设在城市主导风向的下风向。在工厂区与城市生活区之间，要有一定间隔距离，并植树造林增加绿化，减轻污染危害。对已有污染重、资源浪费、废气处理无望的企业要实行关、停、并、转、迁等措施。

从法律的角度规范大气污染物排放，一是行为规范，二是责任规范。前者如制定污染物排放标准及奖惩制度，促使污染物排放企业合规合法排放，鼓励污染企业转换生产方式、提高能源使用效率、利用清洁

---

〔1〕代显帅、唐莹、庄平武：《关于大气污染控制的综述》，载《科学致富向导》2014年第23期。

〔2〕代显帅、唐莹、庄平武：《关于大气污染控制的综述》，载《科学致富向导》2014年第23期。

能源等。后者责任规范即对违法排放行为规定相应的刑事责任、行政责任和民事责任。空气污染法律责任是空气污染治理系统工程中的一个重要环节，也是防治大气污染最后的防线。启动法律责任即意味着空气污染已经产生或有产生的危险，是“事后”的救济手段。但没有相应的法律责任制度，意味着对空气污染行为就没有制裁、警示，行为人就不会积极采取先进的技术手段、安装先进的减少污染的装置，也不会遵守国家有关防治大气污染的政策和法律。因此，对污染大气的行为课以各种法律责任是必要的、不可缺少的，法律责任是防治大气污染的政策和法律制度的后盾。目前我国空气污染防治的相关法律条文对政府、企业、公民的空气污染法律责任作了规定，这些法律责任包括刑事责任、行政责任和民事责任。实践中，因污染空气被追究法律责任的案件也逐渐增多。

六、关于本书研究对象的一点说明

如前所述，空气污染法律责任有刑事责任、行政责任和民事责任。本书以大气污染侵害民事责任为研究对象。传统民法理论认为，侵权法以保护私人权益为己任，侵权法中的“权”是指私人权益，不包括公共利益。但由于我国生态环境损害赔偿制度建设已经提上日程，有关生态环境损害赔偿的法律问题成为立法部门和法学界无法回避的问题。生态环境利益虽然不是传统侵权法所保护的客体，但是生态环境损害赔偿责任本质上还是民事责任。因此，为了能够将生态环境损害赔偿责任纳入本书研究的范围，本书书名定为“大气污染侵害民事责任研究”，包括空气污染侵害私人权益的侵权责任和生态环境损害赔偿责任。换言之，本书研究内容包括空气污染侵害私人权益的侵权责任和生态环境损害赔偿责任两个部分。

此外，关于“空气”和“大气”两个概念的关系，一般认为空气是一种物质定义，特指地球表面附近的气态物质，是多种气体的混合物，适宜人类和生物在其中生长。“大气”是一种广义的空间地理概念，航天时代之前仅指地球表面的大气压，航天时代以来，泛指各行星表面的气态层。人类社会开展的大气污染防治工作，主要是针对适合于人类生活和生物生长的地球表面的大气层的污染防治。但是，我国《大气污染防治法》使用了“大气”一词，最高人民法院2011年发布的《民事案件案由规定》，确定的案由名称是“大气污染责任纠纷”。因此，本书书名使用“大气污染侵害民事责任研究”，书中也会出现“空气”和“大气”的交替使用的情况，实质指的都是适合于人类生活和生物生长的地球表面的大气层。

目录

第一章　大气污染侵权责任基本问题

第一节　大气污染的法律界定及空气污染物的范围

一、大气污染的法律界定

博登海默指出：“概念是解决法律问题必要的和不可缺少的工具。没有概念的严格限定，我们就不能清晰和理性地思考法律问题。没有概念，我们就不能把相关法律语言用一种通俗易懂的方式传播给他人。如果我们试图完全放弃概念，整个法律体系都将化为灰烬。”[1]因此，探讨空气污染侵害民事责任的有关问题，首先需要对空气污染作出准确界定。

我国《大气污染防治法》没有对大气污染作出明确的界定，立法者对《大气污染防治法》进行解释时，将“大气污染”定义为“大气环境因某种物质的介入，而导致其化学、物理、生物或者放射性等方面特性的改变，从而影响大气的有效利用，危害人体健康或者破坏生态环境，造成大气环境恶化的现象”。有学者认为，大气污染是指因自然现象或人为活动使

---

〔1〕［美］E. 博登海默：《法理学：法律哲学与法律方法》，邓正来译，中国政法大学出版社2004年版，第369页。

某种物质进入大气而导致化学、物理、生物或者放射性等方面的特性改变，使人们的生产、生活、工作、身体健康和精神状态、设备及财产等直接或间接遭受破坏或者受到恶劣影响的现象。[1]因此，对大气污染的界定存在不同的理解。分歧在于：一是关于大气污染的原因，前者没有明确，后者明确认定为自然原因和人为活动。二是关于大气污染侵害的对象，前者包括私人权益和大气生态环境；后者仅指私人权益。

《德国联邦环境污染防治法》第 3 条第 4 项规定：空气污染是指空气自然组成的变化，尤其是指烟雾、煤烟、灰尘、燃气、浮质、蒸汽或气味所引起的变化。国际标准化组织（ISO）将空气污染界定为由于人类活动或自然过程引起某些物质进入大气中，呈现出足够的浓度，达到足够的时间，并因此危害了人类的舒适、健康和福利或环境的现象。空气污染可能是自然原因引起的，也可能是人为原因引起的，自然原因如火山爆发、森林火灾等引起空气污染，人为原因指人们生产和生活活动引起空气污染。

法律是对人类社会中的行为进行规范的准则，因此，《大气污染防治法》规范的大气污染应限于因人的活动所产生的空气污染物进入大气环境并导致大气环境改变进而危害大气生态环境、人体健康及财产安全的现象。因此，基于研究目的的需要，本书借鉴国际标准化组织的定义，将空气污染界定为由于人类活动引起某些物质介入大气环境，呈现出足够的浓度，达到足够的时间，导致其化学、物理、生物或者放射性等方面特性的改变，从而影响大气的有效利用，危害人体健康、财产安全或者破坏生态环境，造成大气环境恶化的现象。

根据这一界定，空气污染应具备如下几个要素：(1) 人类活动排放某些污染物质进入了大气。人类活动直接排放的大气污染物构成了第一次污染物，这些污染物相互发生化学、生物或物理的反应，又会产生新的污染物。如臭氧的产生，少量是从平流层的臭氧传输到近地面，但大部分是由人为排放的氮氧化物（NOx）和挥发性有机物（VOCs）在高温光照条件下二次转化形成的。[2]再如，酸雨是由人类活动排放的二氧

---

〔1〕 杨立新：《侵权责任法》，法律出版社 2012 年版，第 475 页。

〔2〕《今天北京臭氧五级重度污染　关于臭氧你知道多少》，载网易财经：http：//money.163.com/17/0519/11/CKQ206T500258056.html，最后访问日期：2018 年 3 月 1 日。

化硫与云中的雨滴化合形成的。$PM_{2.5}$一部分来自直接排放，一部分来自二次转化。最新的研究显示，除了SO_2转化为硫酸盐，NOx 转化为硝酸盐，VOCs 转化为二次有机气溶胶，氨转化为铵盐等过程外，还存在这些化学成分之间的相互影响，如NO_2促进SO_2加快转化为硫酸盐。[1]无论直接排放物还是二次转化污染物都与人类的大气污染物排放行为有关。(2) 这些污染物质达到一定浓度，维持一定时间。并非大气中存在污染物就是大气污染，而是当污染物达到一定浓度并维持一定时间，才构成大气污染。污染物达到一定浓度的判断标准是什么？大气流动性强，本身的自净能力也强，一个地区的大气环境在其自身净化能力内对污染物有一定的容许限度，即大气环境容量，大气环境容量限值是判断是否存在大气污染的重要标准。大气污染物超过大气环境容量时，才构成大气污染。大气环境容量与地形、气象条件密切相关，不同时期和地点的大气环境容量是不断变化的。[2]大气污染的气象因子包括大气边界层结构、风和湍流、气温与大气稳定度、辐射与云、降水与雾、天气形势等。地形和下垫面的非均匀性，同样对气流运动和气象条件会产生动力和热力的影响，从而改变空气污染物的扩散条件。[3](3) 这些污染物质导致大气环境化学、物理、生物或者放射性等方面特性的改变，如雾霾天气的形成。(4) 这些物质不仅危害人类健康和财产，而且危害大气生态环境。

二、大气污染物的范围

（一）大气污染物的范围

大气污染物界定不明，一方面不利于国家有的放矢地防治大气污染物，另一方面也不利于大气污染侵害行为的认定。

各国法律对空气污染物有不同规定。如《美国清洁空气法》

---

〔1〕《环保专家：京津冀煤炭比重应力争降至40%以下》，载 http://hebei.hebnews.cn/2017-01/19/content-6247612.htm，最后访问日期：2018年2月1日。

〔2〕蒋维楣编：《空气污染气象学》，南京大学出版社2003年版，第2页。

〔3〕蒋维楣编：《空气污染气象学》，南京大学出版社2003年版，第8～12页。转引自周建勋：《试论环境公益损害的地位、特征及其证明的必要性——兼评全国首例大气污染案》，载《西安电子科技大学学报》（社会科学版）2017年第1期。

(CAA)将空气污染物分为三种类型：主要污染物（Primary Pollutants）、有毒空气污染物（Toxic Air Pollutants）和臭氧消耗物（Ozone Depleters）。主要污染物包括 carbon monoxide（CO）、sulfur dioxide（SO_2）、nitrogen dioxide（NO_2）、particulate matter（颗粒物）、lead（铅）和 ozone（臭氧）六种。臭氧包括由 NOx 和 VOCs 发生光化学反应产生的臭氧化学前体。有毒空气污染物包括能造成癌症或其他严重健康损害的化学污染物，这些污染物一半来自汽车排放的空气污染物，另一半来自于大大小小的固定污染源。主要空气污染物是消耗平流层臭氧层的排放物质。我国《大气污染防治法》第 2 条第 2 款列举了颗粒物、二氧化硫、氮氧化物、挥发性有机物、氨等大气污染物。这一规定只是列举了一些主要空气污染物，事实上空气污染物远远不止这些，如在前言中介绍的，臭氧污染也比较严重。随着经济发展方式、能源结构、大气气象环境等的变化，空气污染物的成分也在发生变化。

（二）二氧化碳等温室气体是否为大气污染物?

我国 2015 年 8 月 29 日修订的《大气污染防治法》第 2 条第 2 款规定："防治大气污染，应当加强对燃煤、工业、机动车船、扬尘、农业等大气污染的综合防治，推行区域大气污染联合防治，对颗粒物、二氧化硫、氮氧化物、挥发性有机物、氨等大气污染物和温室气体实施协同控制。"该条将大气污染物和温室气体并列规定，并提出对大气污染物与温室气体协同控制。如何理解"协同控制"，是不是温室气体也属于大气污染物？理论界有不同观点。有的学者认为，不宜将二氧化碳等温室气体规定为大气污染物，因为温室气体控制和大气污染防治存在三方面的不同：（1）大气污染防治与温室气体控制的立法宗旨和控制目标不同；（2）二者的控制手段不同；（3）法律责任不同。《大气污染防治法》作为国内法，主要规范我国大气污染行为，并进行相关管理活动；二氧化碳控制是国际法律义务，主要是发达国家的责任，中国开展减排活动只是道义行为，不属于法律义务。[1] 也有学者进一步分析了二氧化

---

〔1〕 杜娟：《气候变化与排放权交易高层论坛举行，全国人大环资委调研室副主任翟勇表示不赞同应对气候变化写入大气污染防治法》，载《法制日报》2009 年 12 月 12 日，第 3 版。

碳不宜列为污染物的理由：(1)《大气污染防治法》规范的是大气“污染”行为，二氧化碳是大气的重要组成部分，是光合作用的重要成分，是人类赖以生存的重要物质基础，将二氧化碳作为污染物这种说法是存在问题的。(2) 如果将二氧化碳界定为污染物，势必要类比于其他污染物，针对二氧化碳的所有排放行为全面实施环境法律规制，包括排污收费（或征收碳税），排放超标的行政处罚等，这在现实的环境执法中是难以操作的。(3) 二氧化碳的过度排放可能导致温室效应的科学证据并不明确，且发达国家的人均排放和历史积累排放要远远大于中国。如果将二氧化碳界定为污染物，势必导致中国在气候变化谈判中处于不利位置。(4) 可能导致温室气体效应的不只是二氧化碳一种，在考虑温室气体减排方面，不能只对二氧化碳进行控制。[1]赞同温室气体属于大气污染物的学者认为，判断一种物质是否是大气污染物的标准是人体健康受到危害、大气环境遭到破坏或者物质财富遭到损害。根据这一判断标准，温室气体可被视为大气污染物。[2]

目前，国际上对二氧化碳是否为污染物也有不同规定。2005 年 7 月 1 日，澳大利亚认可了把二氧化碳作为污染物质对待的法案，并因此修订国家的污染物质清单。2005 年 11 月底，加拿大把六种温室气体物质列为受《环境保护法》管制的污染物质。[3]美国联邦最高法院通过判例“马萨诸塞州诉联邦环境保护局案”（Masseschusetts v. EPA）将 CO_2 列为空气污染物。[4]2009 年 12 月，美国联邦环保署根据该判决将二氧化碳和其他五种温室气体列为大气污染物。但从全球范围来看，大多数国家并没有将二氧化碳等温室气体规定为大气污染物。

本书也不赞同将二氧化碳等温室气体列为大气污染物，有关温室气体问题可在大气污染法之外解决，《大气污染防治法》规定对各种大气

---

〔1〕 胡苑、郑少华：《从威权管制到社会治理——关于修订〈大气污染防治法〉的几点思考》，载《现代法学》2010 年第 6 期。

〔2〕 唐双娥：《美国关于温室气体为“空气污染物”的争论及对我国的启示》，载《中国环境管理干部学院学报》2011 年第 4 期。

〔3〕 常纪文：《二氧化碳应列为污染物质》，载 http：//news. sciencenet. cn/sbhtmlnews/20076151437968182066. html？ id = 182066，最后访问日期：2018 年 2 月 1 日 。

〔4〕 Masseschusetts v. EPA.，367 U. S. App. D. C. p. 282.

污染物与温室气体协同控制，并不意味着承认温室气体为大气污染物。为更有效地防治大气污染，《大气污染法》应采取列举加概括的方式更详细地明确大气污染物的种类和范围。

第二节 大气污染侵权责任救济范围

研究大气污染侵权责任，首先需要明确大气污染侵权法救济的对象和范围。民法一直使用侵权行为概念，此处的“权”在传统民法中是指民事权利即私人人身权利和财产权利。所谓权利指法律所保护的利益。随着社会的发展，一些未被法律保护的私人利益产生，也需要法律的保护，这样侵权法逐渐将法律保护的对象扩大到不具有权利属性的私人利益，即现代各国侵权法保护对象不限于权利，还包括私人利益。因此，侵权法中的“侵权”概念所表达的已不仅是侵害私人权利，还包括侵害私人利益。权利和利益在侵权法中都是指特定私主体的权益，即私益。有争议的是，大气生态环境等生态环境利益是否应纳入侵权责任法的保护范围？大气环境是公共物品，具有公共性，大气环境所带来的利益具有公共利益性。有学者认为，若将公共利益纳入侵权责任法救济的对象，将破坏私法的严谨性和体系性，因此，侵权责任法不能随意扩大救济对象。由于传统民法所保护的是特定人的私益，因此侵权法上的损害是指侵害私权益所生之不利益。但也有学者指出，如果民法仍然因循其传统的法律价值观念，并刻意将对个人权利的保护和救济作为其亘古不变的内在法律逻辑，那么，民法就难以保护和救济以生态环境为载体的环境公共利益。[1]民法需要修正其个人权利本位的法律视域，合理地吸收和接纳环境公共利益的社会法理，并适当地承担起生态利益保护和救济的社会责任。[2]

---

〔1〕 柯坚：《破解生态环境损害赔偿法律难题——以生态法益为进路的理论与实践分析》，载《清华法治论衡》2012 年第 2 期。

〔2〕 柯坚：《破解生态环境损害赔偿法律难题——以生态法益为进路的理论与实践分析》，载《清华法治论衡》2012 年第 2 期。

本书认为，部门法各自有其调整范围，民法以调整私人之间的权利义务关系为己任，调整的是平等主体之间的人身关系和财产关系。环境法作为新兴法律部门，调整的是人们在开发、利用、保护和改善环境中所产生的社会关系。[1]这种社会关系包括因开发、利用、保护环境和改善环境而发生的人与人、人与国家、人与社会之间的关系，这些社会关系又具体表现为民事关系和环境行政关系。因此，环境法是综合性法律。环境民事关系包括环境侵权关系和环境资源利用而产生的物权关系。环境侵权以环境为介质，因此，在开发、利用环境中，行为人的不法行为给其他民事主体的人身权益或财产权益造成损害的，常常先污染或破坏了环境，造成环境损害。环境利益不属于任何人私有，属于公共利益，不是传统民法调整的对象。虽然现代民法由单纯尊重个人权利变为重视公共福利，形成社会本位思想。[2]但这一观念的根本思想在于，私人权利会产生权利的滥用，损害他人或社会公共利益，因此，有必要对私人权利作出限制，个人在行使权利时应尊重他人或社会公共利益，而不是意味着在私主体人身权益和财产权益之外，将公共利益也作为民法调整的对象。也就是，公共利益在民法中主要是用来限制私主体的权利，是私主体行使权利的界限。

侵权法是私法，私法关注的是私人利益，侵权法作为权利保护法，也是对私人权益进行保护。大气是公共物品，具有公共性、非排他性的特点，侵害大气生态环境实际是对公共利益的损害，而传统侵权法并不以公共利益为直接的保护对象。在传统私法中，公共利益是对滥用私权行为限制的原因。如民法中往往规定，权利主体行使权利时不得损害社会公共利益。传统法律理论一般认为，民法只救济私益，这是私法区别于公法的一个重要标志。公法和私法划分的一个主要依据即是该法律调整的是私人利益关系还是社会公共利益。随着社会的发展、法律观念的变化，出现了私法公法化、公法私法化的现象，但是这也只能说明为调和私人之间利益及私人与社会公共利益之间的关系，在私法中出现了一

---

〔1〕 王灿发：《环境法学教程》，中国政法大学出版社 1997 年版，第 19 页。

〔2〕 黄萍：《环境污染责任若干问题探讨——兼评〈侵权责任法〉相关规定》，载《鄱阳湖学刊》2010 年第 4 期。

些强制性的规定，在公法中出现了对私人权益保护的内容，这不能改变私法和公法的性质，更不能混淆两者调整的社会关系范围。为保持侵权法的私法属性，侵权法也不宜将公共利益直接规定为保护的权益对象，而应单独立法规范生态环境损害赔偿有关问题。不过，需要明确的是，大气生态环境损害虽然不能直接由侵权法调整，但是关于损害的认定、归责原则、构成要件、赔偿损失、免责事由等内容，与侵权法中的相关制度规则是相通的，可以借鉴侵权法的相关规定和规则进行解决。大气生态环境损害赔偿是民事责任，因此也是本书讨论的问题之一。这样，本书探讨的大气污染侵害责任既包括因大气污染侵害私权益而承担的民事责任，也包括大气生态环境损害赔偿民事责任。

第三节　大气污染侵权责任归责原则

一、确定大气污染侵权责任归责原则需考量的因素

美国大法官霍姆斯（Holmes）指出："良好的政策应当让损害停留在其所发生之处，除非有特别干预的理由存在。而最常见的此类理由就是，被指控之人具有可归责性。"说明了归责在侵权责任法中的重要性。

（一）关于大气污染侵权责任归责原则的不同观点

空气污染是环境污染的一种。我国《环境保护法》第 64 条规定，因污染环境和破坏生态造成损害的，应当依照《中华人民共和国侵权责任法》的有关规定承担侵权责任。《大气污染防治法》第 125 条规定，排放大气污染物造成损害的，应当依法承担侵权责任。《侵权责任法》第 65 条规定，因污染环境造成损害的，污染者应当承担侵权责任。对《侵权责任法》第 65 条的规定，理论界有不同理解，主要有三种观点。

第一种观点认为，环境污染侵权责任是无过错责任，《侵权责任法》第 65 条没有规定污染者污染环境有过错才承担侵权责任。国家关于保护环境、防止污染的规定是环保部门对排污单位或个人是否达标排污和符合环境管理的规定，不管排污者在排污时是否有过错，也不管是否超标排

污，只要排污行为造成他人损害或环境损害，就应承担侵权责任。[1]

第二种观点认为，应根据不同的污染源，适用不同的归责原则。居民生活污染适用过错责任，主要由物权法相邻关系调整。企业生产等污染适用无过错责任，主要由侵权责任法、环境保护法、大气污染防治法、水污染防治法等相关法律调整。[2]

第三种观点认为，环境污染侵权责任适用过错责任。该观点认为从解释论的角度出发，《民法通则》第124条要求，承担环境污染责任要以违反国家保护环境防止污染的规定为前提。违反国家保护环境防止污染的规定，本身就存在过错。这种认定正是过失客观化的体现。之所以要以违反环境保护防止污染的规定作为是否承担责任的条件，是因为很多环境污染往往是与人类生存所必需的生产及生活活动相伴随的，尤其是在经济发展的起步阶段。在配置环境污染的归责原则时，应当考虑到这一具体情况。[3]也有学者指出，无过错责任解释应建立在对排污行为已进行严格、充分的管制仍无法有效化解排污行为高风险性的基础上。然而，我国环境行政立法存在环境标准制定落后、产业规划布局不合理等问题，这种公法不足的局面并非客观不能，而是人为原因所致，在这种情况下将造成环境问题的所有罪责都归咎于排污者，掩盖了环境立法机关、环境监管机关的失职，有失公允。因此，应当在严格完善各项环境行政法制度的基础上对环境污染侵权责任归责原则进行反思，考虑回归过错责任原则。[4]

（二）确定大气污染侵权责任归责原则应考量的因素

本书认为，确定大气污染侵权责任归责原则应考虑以下因素：

1. 利益衡量因素

环境污染侵权关系中的加害人和受害人具有经济地位悬殊、不对

---

〔1〕黄萍：《环境污染责任若干问题探讨——兼评〈侵权责任法〉相关规定》，载《鄱阳湖学刊》2010年第4期。

〔2〕全国人大常委会法制工作委员会民法室编：《中华人民共和国侵权责任法条文说明、立法理由及相关规定》，北京大学出版社2010年版，第267页。

〔3〕王成：《侵权责任法》，北京大学出版社2014年版，第219页。

〔4〕薄晓波：《回归传统：对环境污染侵权责任归责原则的反思》，载《中国地质大学学报》2013年第6期。

等、不具有互换性等特点。通常情况下，加害方是经济上相对强势的各类企业，受害人是单个个人或某个群体，经济上处于弱势地位。许多污染造成的损害特别是生命健康损害，对受害人而言是灾难性的、致命的，加害企业即使承担责任，也只是财产上减少，生命健康利益与财产利益比较，应优先保护生命健康利益。而且企业可将这些所谓的损失通过产品价格、社会保险等方式外部化，所以，当污染环境造成损害时，对加害人课以严格责任符合公平正义的法理。

2. 政策因素

企业生产过程中排放污染物具有一定的正当性、合理性，国家法律和政策不可能禁止企业排放污染物，否则，企业就无法正常开展生产活动。既要保证企业正常生产活动，又要防止企业在生产过程中污染环境，为此各国建立了一系列污染物排放规范制度，如企业开工前的环境影响评价制度、排污报告和登记制度、排污许可制度、开工后的排污监测制度、排污收费制度等，严格管理企业排污行为，将污染物排放保持在合理的范围内。环境影响评价合格，在环保部门许可的污染物排放量范围内排放污染物，企业开工生产过程中的排污行为就是合法的，企业的生产经营行为就是正当的。企业生产活动带动一个地区的就业、经济发展，甚至是一个地区的经济支柱。但是，污染物对环境的影响是潜移默化的，具有累积性、潜伏性、长期性、广泛性、后果严重性等特点，其危害是巨大的，甚至是不可逆的。在这种情况下，在确定污染者承担何种责任时，必须从政策上协调好经济发展和受害人利益及生态环境利益之间的关系。过于严苛的责任，会导致企业停产、倒闭，不利于当地的经济发展，但如果政策宽松，又会使受害人得不到及时救济，生态环境进一步恶化。因此，在确定环境污染侵权责任归责原则时，如何平衡企业、受害人、经济发展各方之间的关系，是国家政策层面需要解决的问题。

3. 污染危害风险的防范和控制能力

污染企业对生产过程中排放何种污染物、污染物的危害、排放量等情况比受害者更了解，对排放污染物的类型及排放量也能够通过技术手段加以控制。而受害人通常并不了解污染者排放的污染物类型及排放量，也没有经济能力和技术手段控制污染物的排放及数量。因此，从风险防范和控制能力等方面看，污染者无论从经济上，还是从技术上来讲都比受害人更强，在确定环境污染侵权责任归责原则时应考虑这一因素。

4. 归责原则的理论基础

过错责任和无过错责任的法律基础是不同的。19 世纪以来，过错责任成为各国侵权责任法的一般归责原则。在过错责任中，过错是归责的核心要素，行为人有过错承担责任，无过错不承担责任。正如德国法学家耶林所云："使人负损害赔偿的，不是因为有损害，而是因为有过失，其道理就如同化学上的原则，使蜡烛燃烧的，不是光，而是氧气一般的浅显明白。"之所以过错责任会成为侵权责任法的一般归责原则，我国台湾学者王泽鉴先生认为，其理由主要有三：（1）道德观念：个人就自己过失行为所肇致的损害，应负赔偿责任，乃正义的要求，若行为人无过失，则不具有非难性，应不负侵权责任。（2）社会价值：任何法律必须调和"个人自由"与"社会安全"两个基本价值，过错责任能够实现此两种价值。行为人若尽其注意义务，即可免负侵权责任，则自由不受约束。人人尽其注意，一般损害亦可避免，社会安全亦足维护。（3）人的尊严：过错责任肯定人的自由，个人基于自由意思决定，从事某种行为，造成损害，因其具有过失，法律予以制裁，使负赔偿责任，最足表现对个人尊严的尊重。[1]无过错责任，在德国法上称为危险责任。无过错责任的基本思想在于基于分配正义的理念，对"不幸损害"进行合理分配，其理由主要有：（1）特定企业、物品或设施的所有人、持有人制造了危险来源。（2）在某种程度上仅该所有人或持有人制造了这些危险。（3）获得利益者，应负担责任，是正义的要求。（4）因危险责任而产生的损害赔偿，得经由商品服务的价格机能及保险制度予以分散。也就是说无过错责任是基于社会正义的考量，在加害人从事危险活动时，获得利益，且被告较能控制危险，则将危险转嫁给大众承担时，加害人应承担责任，其归责理由不是责难、惩罚。而且加害人还可

〔1〕 王泽鉴：《侵权行为法》（第 1 册），中国政法大学出版社 2001 年版，第 13 ~ 14 页。

通过保险等将成本分散，对加害人的影响也会减轻。因此，加害人承担无过错责任的首要原因即是其制造了危险来源，即加害人的行为、管理的物品、设施或活动的特别危险，包括造成损害可能性及损害的严重性。环境污染是现代工业企业在从事生产活动中产生的副产品，污染物对生态环境、人体健康和财产都具有一定的危险性。

由于过错责任和无过错责任建立在不同的理论基础之上，在确定包括空气污染在内的环境污染归责原则时必须对此因素予以考虑。

二、大气污染侵权责任归责宜适用无过错责任

基于上述因素的考量，本书认为应对大气污染侵权责任归责原则加以类型化的分析。居民日常生活中，难免会产生生活垃圾，如弃置废弃物，排放废气、废水等，污染周围环境，影响邻人生活。但这种邻人之间发生的污染行为与通常所说的环境污染还是存在区别的：(1) 主体不同。相邻污染关系通常发生在单个个人之间，加害人与受害人具有地位上的平等性和互换性。而环境污染的加害人通常是企业等社会组织，受害人通常是单个个人或多数人且经济能力和经济地位较低，加害人和受害人不具有地位上的平等性和互换性。(2) 发生的基础不同。相邻污染关系发生在不动产相邻的所有人或使用人之间，而环境污染不仅发生在相邻不动产的所有人或使用人之间，也发生在不相邻的主体之间。(3) 侵害的范围和影响不同。邻人之间通常排放的污染物数量较少且危害范围也较小，受害人通常是邻人。环境污染侵害范围广、影响大，受害人通常是相当地域范围内的多数人。(4) 外延不同。相邻污染通常包括烟、臭气、噪声、光等污染，而环境污染包括大气污染、水污染、土壤污染等危害人类健康和生活环境的情况。基于上述区别，我们认为，邻人之间的污染通过物权法中的相邻污染关系足以解决。在相邻污染关系中，邻人之间对对方排放的污染物有容忍的义务，如果超出容忍的范围，排放污染物损害邻人权益的，受害方可要求停止侵害，消除影响；造成损害的，可要求赔偿损失。在相邻污染关系中，最能反映空气污染侵害的是关于不可量物侵害的规定。不可量物侵害责任适用的归责原则通常是过错责任。法国将不可量物侵害纳入近邻妨害中加以规定，近邻

妨害责任一般以过失为构成要件，因此是过错责任。但是，随着工业的发展，近邻妨害适用的范围扩大，一些学者提出了无过错责任的主张。[1]德国对不可量物的规范，除《联邦无形侵害防治法》外，主要体现在《德国民法典》第906条第1款和第2款的规定，按照该条规定，在不可量物侵害非重大的妨害或者虽属重大妨害但为当地通行且不能通过技术措施加以阻止时，当事人有容忍的义务。而对是否重大的判断，早先是以一个“普通一般人”的感受为标准，现在对于妨害是否重大与否的判断是以“价值权衡”方法来进行，即以一个“理性的”因而能进行权衡的一般人的感受来判断。《德国联邦无形侵害防治法》第48条确定了无形损害的极限值或标准值。若遵守这些极限值或标准值的规定，则该侵害一般为非重大的妨害。在此范围内，对重大性之判断，不包括被涉及的一般公民之主观感受因素，也就是说该判断标准已客观化。[2]从这些规定看，不可量物侵害是以违法性为构成要件的，行为具有违法性是判断行为人具有过错的客观标准，因此，德国的不可量物侵害责任采过错责任。我国《物权法》第90条规定：“不动产权利人不得违反国家规定弃置固体废弃物，排放大气污染物、水污染物、噪声、光、电磁波辐射等有害物质。”可见，在我国，不可量物侵害以行为的违法性为要件，违反国家规定排放污染物行为本身即有过错，因此，在我国《物权法》中，不可量物侵害适用过错责任原则。本书认为，作为危险责任之一的环境污染责任，是随着科技进步、现代大工业的发展而产生的，首要条件就是责任人实施了对环境有异常危险的活动。所谓异常危险活动是指具有特殊危险，即使尽了一般注意义务，仍然无法避免损害发生的活动。在不可量物侵害中有的属于公害污染，有的属于居民日常生活污染。因此，对相邻关系中的不可量物侵害，应区分具体情况，适用不同的规则，若属于公害污染，不以过错和违法性作为构成要件符合危险责任的法理。若是居民日常生活排放污染物造成环境污染损

---

〔1〕 陈华彬：《法国近邻妨害问题研究——兼论中国的近邻妨害制度及其完善》，载梁慧星主编：《民商法论丛》，法律出版社1996年版，第329页。

〔2〕［德］鲍尔、施蒂尔纳：《德国物权法》（上册），张双根译，法律出版社2004年版，第544页。

害的，因损害并非来源于异常危险，行为人只要尽到一般注意义务，污染就可以排除，适用过错责任即可。[1]

从各国规定看，环境污染侵权责任多适用无过错责任原则。无过错责任在德国法被称为危险责任[2]，在危险责任中，造成损害归责原因的事实在于，责任人运营某套设备、使用某物或从事某一活动，而这些设备、物或活动本身即包含着巨大的潜在风险，所以，责任人的行为就创设了一个特别的危险。当这种危险成为现实时，责任人应当对由此而发生的损失进行赔偿。因此，在危险责任中，并不涉及责任人的作为或不作为是否违法和有过错。[3]此种因危险活动而产生的侵权责任与以校正正义为目的的过错责任不同，行为人承担责任不是对其不法行为的制裁，而是基于分配正义的理念对“不幸损害”的合理分配。[4]在某种程度亦可使企业经营者将其成本内部化，而有效率地防范危害。[5]这种特殊的归责原因使危险责任的构成要件具有独特的基本结构，即损害是法律许可的特殊危险成为现实的结果。因此，在危险责任中，重点考察的不是从事危险活动者的主观上的过错和行为的非难性，而是特殊危险是否招致或造成了损害。危险责任是随着科技进步，现代大工业发展所带来的环境污染、危险作业等而产生的，对于某些事故，当事人无法以善尽注意义务加以避免，而只能从整个社会利益之均衡、不同社会群体力量之强弱对比，以及给予补偿以息事宁人的角度来体现民法的公平原则。[6]对于危险的制造者而言，相较于受害者，他们有风险控制能力，有对于损害的成本分散能力，对他们课以严格责任符合民法公平理念。同时，对他们课以严格责任，能够引导从事危险活动者放弃或改变活动

〔1〕 黄萍：《环境污染若干法律问题探讨——兼评〈侵权责任法〉相关规定》，载《鄱阳湖学刊》2010 年第 4 期。

〔2〕 王泽鉴：《侵权行为法》（第 1 册），中国政法大学出版社 2001 年版，第 16 页。严格地说，危险责任与无过错责任并不能等同。

〔3〕 ［德］马克西米利安·福克斯：《侵权行为法》，齐晓琨译，法律出版社 2006 年版，第 257 页。

〔4〕 王泽鉴：《侵权行为法》（第 1 册），中国政法大学出版社 2001 年版，第 16 页。

〔5〕 王泽鉴：《侵权行为法》（第 2 册），三民书局，台大法学院福利社 2006 年版，第 289 页。

〔6〕 张新宝：《侵权责任法》，中国人民大学出版社 2006 年版，第 26 页。

方式，也有利于经济的良性发展。

虽然《民法通则》第124条规定："违反国家保护环境防止污染的规定，污染环境造成他人损害的，应当依法承担民事责任。"但是，后来的《环境保护法》《大气污染防治法》《侵权责任法》等都没有规定以违反国家保护环境防止污染的规定作为环境污染责任的条件，行为是否违反国家环境保护的规定是判断行为人是否有过错的客观标准，违反国家保护环境的规定，即有过错；否则，没有过错。因此，《环境保护法》《大气污染防治法》《侵权责任法》所规定的环境污染责任是无过错责任。对此，国家立法机构的相关部门指出，国家或地方规定的污染物排放标准，是环境保护主管部门决定排放单位是否需要缴纳排污费和进行环境管理的依据，并不是确定排污者是否承担赔偿责任的界限。即使排污符合标准，给他人造成损害的，也应当根据有损害就要赔偿的原则，承担赔偿责任。[1]2015年6月3日施行的《最高人民法院关于审理环境侵权责任纠纷案件适用法律若干问题的解释》（以下简称《环境侵权责任解释》）第1条更加明确地规定，因污染环境造成损害，不论污染者有无过错，污染者应当承担侵权责任。污染者以排污符合国家或者地方污染物排放标准为由主张不承担责任的，人民法院不予支持。因此，我国法律和司法均确认了包括空气污染侵权责任在内的环境污染侵权责任适用无过错责任原则。

综上所述，本书认为，在确定大气污染损害责任归责原则时，既要考虑各归责原则的法理基础、利益衡量、危害的控制能力，也要考虑政策因素，平衡经济发展与环境污染防治之间的关系，大气污染损害责任归责原则宜适用无过错责任。

三、大气污染侵权预防性责任的归责问题

（一）大气污染预防性责任归责的不同观点

上述分析建立在大气污染造成损害结果这一事实上，在未造成损害

---

〔1〕 全国人大常委会法制工作委员会民法室编：《中华人民共和国侵权责任法条文说明、立法理由及相关规定》，北京大学出版社2010年版，第267页。

结果的情况下所负的如停止侵害、消除危险、排除妨害等预防性责任是否适用《侵权责任法》第7条和《环境侵权责任解释》第1条所确立的无过错责任原则呢？对此，有不同观点：

1. 停止侵害、消除危险、排除妨害等预防性责任与归责原则无关说

该说认为，损害是归责的前提，尚无损害，则无归责，因为此时不存在赔偿责任成立与否的问题，所以归责事由是对损害赔偿的归责事由。即便侵权人没有给被侵权人造成损害，被侵权人在其权利受到侵害或妨碍的情况下，也可以行使绝对请求权。作为绝对权请求权的返还财产、停止侵害、排除妨碍、消除危险等是侵权责任承担方式，不仅不需要过错，而且也不以损害为要件。〔1〕绝对权请求权仅仅是为了维护绝对权应有之法律地位而产生的请求权。〔2〕换言之，绝对权请求权与归责没有关系。

2. 停止侵害、消除危险、排除妨害等预防性责任适用无过错责任

持此观点的学者在预防性责任适用无过错责任的理由方面存在分歧。有学者认为，我国民法关于归责原则的规定，仅仅是损害赔偿责任的归责原则，停止侵害、消除危险、排除妨害等预防性责任没有规定，应借鉴德国绝对权请求权制度，其构成要件仅仅包括损害（现实的或即将的）行为和因果关系，相应地，归责原则应当采纳无过错责任原则。〔3〕也有学者认为，传统侵权法理论将归责界定为对损害的归责，为了使归责这个概念也能适用于侵权预防责任，必须更新归责的概念，引入刑法归责理论，将归责的对象限定为法律上的不利结果，即包括损害后果、侵扰后果及危险后果三种情形，而非单纯的损害。〔4〕预防性侵权责任的归责依据应当是“侵扰或危险”〔5〕，适用无过错责任原则。而魏振瀛教授提出，《侵权责任法》规定了多种侵权责任方式，其归责事由与归责原则应当随之发生相应的变化。赔偿损失一般适用过错责任，法

---

〔1〕 程啸：《侵权责任法》，法律出版社2015年版，第85～86页。

〔2〕 程啸：《侵权责任法》，法律出版社2015年版，第87页。

〔3〕 丁海俊：《预防性民事责任》，载《政法论坛》（中国政法大学学报）2005年第4期。

〔4〕 叶名怡：《论侵权预防责任对传统侵权法的挑战》，载《法律科学》（西北政法大学学报）2013年第2期。

〔5〕 叶名怡：《论侵权预防责任对传统侵权责任法的挑战》，载《法律科学》2013年第2期。

律有特别规定的，适用过错推定责任或者无过错责任。恢复原状是赔偿损失的特殊方法，其适用的归责原则与赔偿损失适用的归责原则没有区别。停止侵害、排除妨碍、消除危险与返还财产适用无过错责任（不问侵权人有无过错）。赔礼道歉、消除影响与恢复名誉适用过错责任。[1]崔建远教授指出，我国《侵权责任法》第6条规定的过错责任原则、第7条规定的无过错责任原则和第24条规定的公平责任，均不适用于停止侵害、排除妨碍、返还财产、消除影响。第7条和第24条的规定也不适用于赔礼道歉、消除影响、恢复名誉。停止侵害、排除妨碍、消除影响等责任方式宜适用第21条的规定，以免造成法律漏洞。返还财产可适用我国《民法通则》第117条第1款，或者我国物权法第34条或第245条的规定。归责原则与侵权责任方式之间的匹配关系，实际上仅限于赔偿损失、恢复原状、赔礼道歉、消除影响和恢复名誉，难以扩及其他责任方式。[2]要解决停止侵害、排除妨碍、消除危险的法律适用问题，只能按照客观目的论解释《侵权责任法》第21条的立法本意及立法技术，即认为《侵权责任法》第21条的规定，不仅是在宣示危及他人人身、财产安全时可有停止侵害、排除妨碍、消除危险的救济措施，而且明示了这些责任方式的构成要件，即不要求过错和损害。[3]

3. 停止侵害、排除妨碍和消除危险可以适用过错责任、过错推定或者严格错责任说

该说认为，《侵权责任法》第21条规定，没有要求过错，结合《侵权责任法》第6条、第7条的规定看，从体系解释的角度来看，预防性责任可以适应过错责任、过错推定或者严格责任。而《侵权责任法》设置多种责任形式就是要对受害人提供全面救济，如果仅仅将过错责任限于赔偿损害，那么无法对受害人提供全面救济。如果停止侵害等责任方式限制在严格责任，也无法满足过错责任的要求，限制了当事人的选择。[4]

---

〔1〕 魏振瀛：《侵权责任方式与归责事由、归责原则的关系》，载《中国法学》2011年第2期。

〔2〕 崔建远：《论归责原则与侵权责任方式的关系》，载《中国法学》2010年第2期。

〔3〕 崔建远：《论归责原则与侵权责任方式的关系》，载《中国法学》2010年第2期。

〔4〕 王利明：《侵权责任法研究》（上卷），中国人民大学出版社2010年版，第607～608页。

（二）大气污染预防性责任归责不宜“一刀切”

传统大陆法系国家，侵权行为是债的发生原因之一，其产生的债是损害赔偿，因此，侵权行为之债也称为损害赔偿之债，相应地，侵权法上的归责原则也就是损害赔偿的归责原则。但是，随着社会经济的发展，损害赔偿对受害人救济的滞后性也成为法学界思考的主要问题。人们认识到，在损害发生后特别是有些损害一旦产生往往是不可逆的，对受害人事后的救济难以周全地保护受害人，需要建立一种预防性的侵权救济方式。因此，一些国家虽然在民法典侵权行为部分未规定预防性责任，但却在司法实务中确立了预防性责任。如《德国民法典》仅在物权法中的物权请求权确立了预防性责任，在侵权行为相关规定中，仅有侵权损害赔偿而没有预防性责任。但在德国司法实践中，确立了侵权行为的预防性责任。这些司法实务中的案件适用预防性责任时有的要求有过错要件，有的不要求有过错要件。[1]日本和德国一样，虽然在侵权行为之债中未规定预防性责任，但在司法判例中，也建立了预防性责任。如1971年的广岛市町村粪便设施建设污染案，法院作出了停止行为的判决。[2]我国《侵权责任法》继受了《民法通则》的规定，以责任法规范侵权问题，是对传统侵权行为之债法的继受和变革，受预防性责任保护的已不限于绝对权，还包括其他法益。与侵权行为之债法相比，不仅保护的权利范围扩大了，而且体系与内容发生变化，责任方式增多了。由此可见，无论是域外还是国内，侵权法的责任方式已不限于损害赔偿，还包括预防性责任，正如学者所言：预防性法律保护措施是私法之损害赔偿法的一部分，是必要的和先于损害赔偿制度的那一部分。如果法律仅赋予公民赔偿请求权而却不使其有机会制止即将发生的损害是很难让人接受的。如果一个国家不授予其法院在“损害尚未发生的期间内”基于当事人的申请提供法律保护措施的职权，这个国家就未尽法律保护的义务。[3]侵权责任方式发生变化了，相应地，侵权责任的归责原则应当

---

〔1〕王洪亮：《妨害排除与损害赔偿》，载《法学研究》2009年第2期。

〔2〕［日］原田尚彦：《环境法》，于敏译，法律出版社1999年版，第32页。

〔3〕［德］克雷斯蒂安·冯·巴尔：《欧洲比较侵权行为法》（下），张新宝译，法律出版社2001年版，第166页。

随之发生相应的变化。《物权法》规定的物权保护方法和《侵权责任法》规定的侵权责任方式重合的条文，可以理解为二者发生竞合。[1]预防性请求权基于物权自身的功能而产生的防御性请求权不需要损害和过错要件是自洽的。作为侵权法中的防御性责任不需要损害后果是确定的，但是，是否也一定不需要过错要件呢？本书认为，分析这个问题应考虑以下因素：

1. 预防性责任的基础。预防性责任的基础不是行为的非难性，而是行为具有造成损害的风险，它是为阻止发生实际损害而设立的制度。德国学者拉伦茨明确指出，排除妨害请求权的责任基础应在于风险责任。

2. 预防性责任的功能。建立预防性责任的主要目的是“防患于未然”，在损害尚未发生或虽然发生但未进一步扩大时就要采取措施。因为有些损害一旦造成就无法恢复或虽能恢复但成本巨大，如生命安全、健康损害、生态环境损害等。因此，“防患于未然”比损害后的赔偿更重要。

3. 利益衡量原则。包括空气污染在内的环境污染是企业从事生产经营活动的副产品，具有一定的正当性、有益性。我国仍是发展中国家，企业生产经营解决了当地的就业、促进了当地的经济发展，甚至一些企业是当地的经济支柱。“十三五”期间，国家提出促进新型城镇化建设，这个过程中，必然要解决大量人口就业。如何平衡经济发展和环境污染的关系，也是我们确定环境污染侵权责任归责原则需要考虑的因素。如前文所述，无过错责任中的行为人承担赔偿损失责任不是对其不法行为的制裁，而是基于分配正义的理念对“不幸损害”的合理分配。[2]适用无过错责任归责原则，是政策上对处于弱势地位受害人的倾斜性保护。而且，在现代社会，损害赔偿社会化制度的建立将损害赔偿外部化，有助于分担污染企业的负担，将损害赔偿对企业发展的影响降低至最小。但是，这一归责是以造成损害后果为前提。停止侵害、消除危险、排除妨害等预防性责任通常适用于尚未造成损害的情况，如果仍

---

〔1〕 魏振瀛：《侵权责任方式与归责事由、归责原则的关系》，载《中国法学》2011 年第 2 期。

〔2〕 王泽鉴：《侵权行为法》（第 1 册），中国政法大学出版社 2001 年版，第 16 页。

无差别地适用无过错责任归责原则，即意味着一旦污染环境，无论有无过错和是否违法都要承担责任，会使企业动辄得咎，束缚企业生产经营活动，不利于经济的发展。日本以“忍受限度”作为判断侵权行为违法性的标准，但是当判定忍受限度的时候，对停止行为的违法性应课以比损害赔偿的场合更加严格的要件。停止行为不仅对事业活动是一个大打击，宽泛地认可停止行为请求的话会有使有用的社会性事业活动被迫停止或废弃的危险。认定停止侵害行为请求的时候，与损害赔偿的时候相比成立要件要更严格。[1]

4. 法条体系解释。《侵权责任法》第 6 条规定“行为人因过错侵害他人民事权益，应当承担侵权责任”，该条没有“造成损害”的表述，立法目的是无论是否造成损害后果，行为人都应对因其过错侵害他人民事权益的行为承担侵权责任，而依据第 15 条，侵权责任方式包括停止侵害、排除妨碍、消除危险、返还财产、恢复原状、赔偿损失等八种。该条为一般性条款，似乎可以适用于停止侵害、排除妨碍、消除危险等预防性责任。但是，《侵权责任法》第 21 条关于停止侵害、排除妨碍、消除危险的规定，并没有强调过错，似乎不适用第 6 条的规定。而《侵权责任法》第 7 条无过错责任的规定，似乎也不适用。第 7 条的表述是“行为人损害他人民事权益，不论行为人有无过错，法律规定应当承担侵权责任的，依照其规定”，而关于环境污染责任的第 65 条表述为“因污染环境造成损害的，污染者应当承担侵权责任”。这两处的“损害”是何意思？与第 6 条中的“侵害”是一个意思还是指“损害后果”？在侵权法中的损害乃财产或法益所受之不利益[2]，即权益受到侵害后产生的不利结果。而侵害强调的是造成他人权益不利益的行为，二者是不同的。如王泽鉴教授所言：无过错责任的思想不是对不法行为的制裁，而是基于分配正义的理念对“不幸损害”的合理分配。而有损害才能有损害的分配。因此，《侵权责任法》第 7 条、第 65 条均不适用于预防性责任。也就是说，《侵权责任法》在预防性责任归责问题上存在法律

---

〔1〕［日］原田尚彦：《环境法》，于敏译，法律出版社 1999 年版，第 31 页。
〔2〕曾世雄：《损害赔偿法原理》，中国政法大学出版社 2001 年版，第 118 页。

漏洞。

5. 区分原则。损害是权益所受之不利益。权益有财产权益和人身权益，特别是侵权行为危及生命健康时，不管行为人有没有过错，都应该及时停止侵害、排除妨碍、消除危险。日本司法实务中，对于明显会引起人的生命的损害等严重损害健康的加害行为，无条件支持停止行为的请求。如1971年5月20日广岛的地方法院对市町村的粪便设施等的建设下达了停止行为命令。法院在判决中阐述道“可以预料（如果该粪便设施建成）对于居住在本案建设预定地附近的申请人的最根本的生存条件的水和空气就会在相当程度上遭到污染从而受到损害，而且这种污染并非一过性而会长年持续下去，并随着设施的老化而使污染状况日益恶化。健康本来就不是财产性补偿所解决的问题，为事先预防对生命和人的身体的侵害，认可像本案这种请求法院下达停止行为命令的主张是没有必要作更多解释的。”[1]而财产损害通常可以通过赔偿进行救济，适用过错责任也是可以的。因此，本书认为，可考虑侵权行为可能造成的损害形态而确定预防性责任适用何种归责原则。

综上所述，《侵权责任法》在预防性责任的归责问题上存在规范漏洞，需要弥补法律漏洞。在确定预防性责任的归责原则时，应考虑预防性责任的基础和功能，进行利益衡量，对侵权行为可能造成的损害进行区分，采取不同的归责原则。据此，本书认为，环境污染适用预防性责任时，如果侵权行为危及他人生命健康时，应不问过错和行为的违法性；如果侵权行为只是危及他人财产权益，如果行为继续实施造成财产损害是确定的，也不需要过错和行为违法性要件。其他情形，可运用利益平衡原则，根据侵权行为造成损害的可能性、可能造成损害的性质和范围包括对环境和居民生活的影响、土地利用的先后关系、行为人的主观过错、行为的违法性等情况，在对当事人双方利益及社会利益进行综合利益衡量的基础上，决定采取预防性责任方式是否以过错和违法性为要件。

---

〔1〕［日］原田尚彦：《环境法》，于敏译，法律出版社1999年版，第32页。

第四节 大气污染侵权责任构成要件

一、须有污染空气的行为

企事业单位和其他生产经营者在从事生产经营的过程中，应当采取有效措施，防止、减少空气污染。自然人在日常生活中应当注意保护大气环境，采取低碳、节俭的生活方式。我国对企事业单位排放大气污染物实行排污许可证制度，排放工业废气或者大气污染防治法所列有毒有害大气污染物的企事业单位、集中供热设施的燃煤热源生产运营单位以及其他依法实行排污许可管理的单位，应当取得排污许可证，未取得排污许可证的，不得向大气排放污染物。企事业单位和其他生产经营者向大气排放污染物的，应当符合大气污染物排放标准，遵守重点大气污染物排放总量控制要求。行为人实施的污染空气行为可能是作为行为，也可能是不作为行为，但无论以何种方式，都会出现两种情况：一是遵守法律规定，在排放标准和排放总量控制的范围内排放空气污染物；二是违反法律规定，超标排放空气污染物。行为人承担空气污染侵权责任是否以违反法律规定为前提，我国法律规定经历了一个变化过程。

1986 年的《民法通则》第 124 条规定："违反国家保护环境防止污染的规定，污染环境造成他人损害的，应当依法承担民事责任。"而修订前的《环境保护法》第 41 条第 1 款则规定："造成环境污染危害的，有责任排除危害，并对直接受到损害的单位或者个人赔偿损失。"2010 年实施的《侵权责任法》改变了《民法通则》的规定，该法第 65 条规定："因污染环境造成损害的，污染者应当承担侵权责任。"不再将"违反国家保护环境防止污染的规定"作为承担环境污染责任的条件。相关环境法也作了相应的修正。2014 年修订后的《环境保护法》第 64 条规定："因污染环境和破坏生态造成损害的，应当依照《中华人民共和国侵权责任法》的有关规定承担侵权责任。"2015 年修订后的《大气污染防治法》第 125 条规定，排放大气污染物造成损害的，应当依法承担侵权责任。

对此，学界有不同观点，有的学者认为，环境污染责任应以行为人污染环境的行为“违反国家保护环境防治污染的规定”为要件，理由是：违法性是侵权责任构成的一般要件，环境污染行为具备违法性要件也是必然的，而且环境污染行为必定是违反环境保护法律的行为，以此为要件，并不会对保护被侵权人的权益不利。[1]有的学者认为，侵权法的基本范畴在于平衡权利救济和行为自由的关系。侵权法通过各种机制划定权利救济和行为自由的界限，在环境污染责任中，国家保护环境防止污染的规定就是一种划分机制。[2]也有学者认为，《侵权责任法》第65条规定否定了环境污染责任的违法性要件，国家或地方规定的污染物排放标准，是环境保护主管部门决定排污单位是否需要缴纳排污费和进行环境管理的依据，并不是确定排污者是否承担责任的界限。即使排污行为符合排放标准，给他人造成损害的，也应当根据有损害就要赔偿的原则，承担侵权责任。[3]

罗马法、法国民法典没有独立的违法行为概念，故意和过失包含了行为的违法性。直至德国民法典，才将违法性与过错区分，因此，违法性概念是德国法所特有的概念[4]，为意大利、日本、我国台湾地区等大陆法系国家（地区）所继受。根据《德国民法典》第823条及第826条的规定，行为的违法性包括三种形态：(1) 故意或有过失地不法侵害他人的生命、身体、健康、自由、所有权或其他权利的行为；(2) 违反以保护他人为目的的法律的行为；(3) 以违反善良风俗的方式，故意对他人实施加害行为。[5]但是，《德国环境责任法》是以设备所有人或控制人责任规范包括空气污染在内的环境污染责任。根据该法第1条规定：“由于附录一列举之设备对环境造成影响而导致任何人身伤亡、健康受损或财产损失，设备所有人应对受害人因之而生的损害负赔偿责

---

〔1〕 杨立新：《侵权责任法》，法律出版社2012年版，第472页。

〔2〕 王成：《侵权责任法》，北京大学出版社2014年版，第216页。

〔3〕 全国人大常委会法制工作委员会民法室编：《中华人民共和国侵权责任法条文说明、立法理由及相关规定》，北京大学出版社2010年版，第267页。

〔4〕 王泽鉴：《侵权行为法》（第1册），中国政法大学出版社2001年版，第229页。

〔5〕《德国民法典》（第2版），陈卫佐译，法律出版社2006年版，第306~307页。

任。”德国环境污染责任适用危险责任原则，不以行为违法性为要件。

在环境污染侵权中，违法性中的“法”，如果是指“以保护他人为目的的法律”的话，认为污染行为具有违法性也未尝不可。但是，如果是指有关保护环境防治污染的法律法规，则可以认为《侵权责任法》第65条规定以及《环境保护法》《大气污染防治法》等有关法律规定在认定环境污染责任时不以行为的违法性为要件。也就是说，不管是否违反有关保护环境防治污染的法律法规超标排污，只要排污行为造成他人损害或者环境损害，都应承担侵权责任。从目前学界讨论的立足点看，“法”通常是指有关保护环境防治污染的法律法规。本书认为，违法性要件的存废应从环境污染侵权责任归责的原因分析。基于危险责任理论，过错和违法性并不是危险责任的构成要件。[1]当今社会，环境污染已经成为阻碍人类发展的一个重要问题。我国在经济高速发展的同时，环境污染问题也日益严重，但是由于环境污染是经济发展过程中的副产品，具有正当性、不可避免性[2]，本质上是一种可容许的危险，因此在相当程度上具有阻却违法之性质。[3]基于发展经济与保护环境之间利益平衡的考虑，国家允许企业排污行为的存在，只是通过制定环保标准将其限制在“可忍受的限度内”。只要不超过国家规定的排污标准就给予排污许可。但达标排污也会造成环境污染损害，如果不给予受害人法律上的救济，就违背了“有损害就有赔偿”的社会正义的要求。因此，污染者承担环境污染责任的法定要件，就是排污行为给他人或者生态环境造成损害。至于国家规定的污染物排放标准，只是环保部门决定排污单位是否需要缴纳超标排污费和进行环境治理的依据，而不是确定污染者是否承担赔偿责任的界限。我国在经历了一轮经济高速发展后，也越发认识到环境保护的重要性。[4]在此背景下，《侵权责任法》第65条规

[1] 以下分析参见黄萍：《环境污染责任若干问题探讨——兼评〈侵权责任法〉相关规定》，载《鄱阳湖学刊》2010年第4期。

[2] 黄萍：《环境污染责任若干问题探讨——兼评〈侵权责任法〉相关规定》，载《鄱阳湖学刊》2010年第4期。

[3] 邱聪智：《民法研究（一）》，中国人民大学出版社2002年版，第321页。

[4] 黄萍：《环境污染责任若干问题探讨——兼评〈侵权责任法〉相关规定》，载《鄱阳湖学刊》2010年第4期。

定："因污染环境造成损害的，污染者应当承担侵权责任。"《大气污染防治法》第125条规定"排放大气污染物造成损害的，应当依法承担侵权责任。"现行法明确不以行为具有违法性作为环境污染侵权的构成要件，符合危险责任的理念，顺应了保护环境的需要，对解决我国环境污染纠纷，保护大气环境和当事人的合法权益具有非常重要的社会现实意义。[1]正如奥地利学者Unger所言："损害赔偿法，在特别程度上，乃是某一特定文化时代中，伦理信念、社会生活与经济关系之产品和沉淀物。"[2]

虽然不以违法性作为大气污染损害责任的构成要件更有利于保护受害人和大气环境，但是，对《侵权责任法》第65条规定如何理解还需立法者作出说明。理论上认为损害有广义、狭义之分，广义的损害既包括现实的、确定的损害，也包括可能发生损害的危险。狭义的损害仅指现实的损害，具有确定性、真实性和可救济性等特点。对于有污染大气环境之危险尚未造成现实损害的是否也不要求具备违法性要件，需立法者作出解释。本书认为，环境污染是社会经济发展的副产品，具有正当性、不可避免性等特点，从保护环境和广大公众的生命、健康、财产安全及保证企业正常运行等方面考虑，一方面，环保部门应严格执行环境保护的法律法规，做好环境影响评价，把好市场准入关，对经过严格评估后，认为企业的运行将会有极大的环境危害风险的企业，或者排污无法达标的企业，就不应允许其开工生产。另一方面，在适用侵权责任时，基于危险责任是对"不幸损害"的合理分配的思想，在尚未造成实际损害但有污染环境之危险，适用预防型的侵权责任形式时，如前文所述，应考虑可能造成损害的性质，区分对待。如果侵权行为危及他人生命健康时，应不问过错和行为的违法性；如果侵权行为只是危及他人财产权益，如果行为继续实施造成财产损害是确定的，也不需要过错和行为违法性要件。其他情形，可运用利益平衡原则，根据侵权行为造成损

---

〔1〕 黄萍：《环境污染责任若干问题探讨——兼评〈侵权责任法〉相关规定》，载《鄱阳湖学刊》2010年第4期。

〔2〕 转引自王泽鉴：《侵权行为法之危机及及其发展趋势》，载王泽鉴：《民法学说与判例研究》（第2册），中国政法大学出版社1998年版，第142页。

害的可能性、可能造成损害的性质和范围包括对环境和居民生活的影响、土地利用的先后关系、行为人的主观过错、行为的违法性等情况，在对当事人双方利益及社会利益进行综合利益衡量的基础上，决定采取预防性责任方式是否以过错和违法性为要件。对于污染严重，造成实际损害的，应不以违法性为要件，污染者应对造成的损害承担侵权责任。[1]经济发展和环境保护看似是一对矛盾，两者之间的关系常常难以平衡，但正如美国学者弗兰克·斯基伦（Frank F. Skillern）教授所说，经济价值和环境价值并非互相排斥，其实环境价值就是经济价值。[2]

对于侵权法上环境污染与物权法上相邻环境污染，在构成要件上如何协调也应进行分析。从各国规定来看，对公害污染侵权责任大多适用无过错责任，不以违法性为要件；而对相邻环境污染多采过错责任，以违法性为要件。在相邻环保关系中最能反映环境污染侵害的是关于不可量物侵害。[3]德国对不可量物的规范，除《联邦无形侵害防治法》外，主要体现在《德国民法典》第906条第1款和第2款之规定，按照该条规定，在不可量物侵害是非重大的妨害或者虽属重大妨害但为当地通行且不能通过技术措施加以阻止时，当事人有容忍义务。而对是否重大的判断，早先是以一个“普通一般人”的感受为标准，现在则以“价值权衡”方法来进行判断，即以一个“理性的”因而能进行权衡的一般人的感受来判断。《德国联邦无形侵害防治法》第48条确定了无形损害的极限值或标准值。若遵守这些极限值或标准值之规定，则该侵害一般为非重大的妨害。在此范围内，对重大性之判断，不包括被涉及的一般公民之主观感受因素，也就是说该判断标准已经客观化。[4]从这些规定看，不可量物侵害是以违法性为构成要件的。[5]我国《物权法》第90条规定：

---

〔1〕 黄萍：《环境污染责任若干问题探讨——兼评〈侵权责任法〉相关规定》，载《鄱阳湖学刊》2010年第4期。

〔2〕 转引自王曦：《美国环境法概论》，武汉大学出版社1992年版，第41页。

〔3〕 黄萍：《环境污染责任若干问题探讨——兼评〈侵权责任法〉相关规定》，载《鄱阳湖学刊》2010年第4期。

〔4〕［德］鲍尔、施蒂尔纳：《德国物权法》（上册），张双根译，法律出版社2004年版，第544页。

〔5〕 黄萍：《环境污染责任若干问题探讨——兼评〈侵权责任法〉相关规定》，载《鄱阳湖学刊》2010年第4期。

“不动产权利人不得违反国家规定弃置固体废弃物，排放大气污染物、水污染物、噪声、光、电磁波辐射等有害物质。”可见，在我国，不可量物侵害也是以违法性为要件。本书认为，作为危险责任之一的环境污染侵权责任，是随着科技进步、现代大工业的发展而产生的，首要条件就是责任人实施了对环境有异常危险的活动。所谓异常危险活动是指具有特殊危险，即使尽了一般注意义务，仍然无法避免损害发生的活动。在不可量物侵害中有的属于公害污染，有的属于居民日常生活污染。因此，对相邻关系中的不可量物侵害，应区分具体情况，适用不同的规则，若属于公害污染，不以过错和违法性作为构成要件是符合危险责任的法理基础的。若是居民日常生活排放污染物造成环境污染损害的，因损害并非来源于异常危险，行为人只要尽到一般注意义务，污染就可以排除，适用过错责任〔1〕，即过错和违法性作为侵权责任的构成要件。

二、须有损害事实

何为损害，理论上有各种观点，一般认为损害是指侵害权利或利益所产生之不利益。而民法上权利是指得享受特定利益之法律上之力。〔2〕权利之外，法律保护的利益是法益。作为私法的民法所保护的特定民事主体的权益，称为私益。传统侵权法保护的私益包括财产权益、人身权益和精神利益。相应地，因侵权行为造成的损害包括财产损害、人身损害和精神损害。而包括空气污染在内的环境污染侵权损害也表现为财产损害、生命健康损害和精神损害。

环境污染造成的精神损害能否获得救济，理论上存在不同观点。《侵权责任法》第65条所规定的损害是否包括精神损害，理论界和司法实务界也存在不同理解。如前所述，环境污染责任属于危险责任，传统侵权法认为，精神损害赔偿具有一定的惩罚性，应建立在侵权人有过错的基础之上，由于危险责任不以违法性和过错为要件，在确定损害赔偿范围时，作为一种平衡，应不适用精神损害赔偿。然而，随着现代工业

---

〔1〕 黄萍：《环境污染责任若干问题探讨——兼评〈侵权责任法〉相关规定》，载《鄱阳湖学刊》2010年第4期。

〔2〕 郑玉波：《民法总则》，三民书局1979年版，第44页。

的发展，环境污染等危险活动不仅造成受害人生命丧失、身体健康损害、财产损害，而且引起受害人心理痛苦、焦虑、抑郁、心神不宁、丧失生活乐趣等精神损害已成为一个普遍的客观事实。因此，一些国家通过修改法律明确规定，环境污染等危险责任也适用精神损害赔偿。[1]例如，德国在2002年7月19日颁布《修改损失赔偿条文第二法》之前，除《航空交通法》第53条第3款、《原子能法》第29条第3款以及《民法典》第833条第一句外，包括《环境责任法》在内的危险责任的有关法律并没有普遍规定非财产的损失，一直遭到学界的批判，2002年颁布的《修改损失赔偿条文第二法》，通过第253条第2款的规定，使非物质损害的赔偿也普遍地适用于危险责任。[2]《俄罗斯民法典》第1100条明确规定，无论加害人是否有过错，只要符合法律规定的情形，均应补偿精神损害。日本在20世纪70年代便已经在环境侵权案件的判例中承认了有关精神利益损失的赔偿。在法国，环境污染侵权中，精神损害赔偿适用范围不仅包括人身权、财产权损害，还包括生活乐趣被剥夺等精神上的损害。[3]

在我国，大气污染侵权精神损害能否予以赔偿？本书认为，从《侵权责任法》《精神损害赔偿解释》《人身损害赔偿解释》的有关规定看，因环境污染而遭受的精神损害应得到赔偿。《侵权责任法》第22条规定："侵害他人人身权益，造成他人严重精神损害的，被侵权人可以请求精神损害赔偿。"《精神损害赔偿解释》第1条规定，生命权、健康权受到侵害的，可以请求精神损害赔偿。《人身损害赔偿解释》第1条规定，因生命、健康、身体遭受侵害，赔偿权利人起诉请求赔偿义务人赔偿精神损害的，人民法院应予受理。从上述法律和司法解释的规定来看，我国法律并没有限制精神损害赔偿在环境污染侵权中的适用，没有规定精神赔偿建立在以过错责任为归责原则基础上。虽然《精神损害赔

---

〔1〕 黄萍：《环境污染责任若干问题探讨——兼评〈侵权责任法〉相关规定》，载《鄱阳湖学刊》2010年第4期。

〔2〕［德］马克西米利安·福克斯：《侵权行为法》，齐晓琨译，法律出版社2004年版，第261页。

〔3〕 黄萍：《环境污染责任若干问题探讨——兼评〈侵权责任法〉相关规定》，载《鄱阳湖学刊》2010年第4期。

偿解释》第10条规定，在确定精神损害赔偿数额时，根据侵权人的过错程度、侵权行为所造成的后果等因素考虑，但是不能依据该条认定精神损害赔偿建立在过错责任基础之上，第10条规定的是过错的大小会影响精神损害赔偿金的多少。那么，环境污染中的精神损害赔偿责任是否以过错为要件？本书认为，虽然多数情况下，受害人生命权、健康权遭受损害是因为污染者超标排污造成的，行为具有违法性，行为人具有过错，但正如前文所分析的，环境污染责任适用无过错责任，即使没有过错，合法排污，侵害他人生命权或健康权，同样会给受害人及受害人的近亲属带来精神痛苦，此部分损害也应赔偿。一个人长期在空气严重污染的环境中生活，以致造成精神紧张、焦虑、烦躁、心神不宁等精神损害，因此，无论污染者是否有过错，只要空气污染造成受害人受到严重的精神损害，污染者都应承担精神损害赔偿责任。因为精神损害赔偿的功能不在于惩罚而是补偿，有损害就应有救济，有损害就应有补偿。

必须注意的是，《侵权责任法》对精神损害赔偿的适用还是有限制的，即精神损害必须是严重的。如何确定精神损害是否严重？法律没有明确规定，一般来说，空气污染侵害他人生命权、健康权，造成他人死亡、残疾或重病，可认定受害人或其近亲属遭受了严重精神损害。其他情况能否获得精神损害赔偿，理论界和实务界也有不同认识。如在湖南衡阳儿童血铅超标案中，美仑颜料化工有限公司（以下简称美仑化工）向大气排放污染物，造成衡阳市衡东县大浦镇超过300名儿童血铅超标，其中有13名受害人提起诉讼，13名原告中，只有血铅含量超过200ug/L（血铅中毒）的2名原告分别获得1万元精神损失费，其余11名儿童血铅含量虽然超标，但未达到中毒程度的，他们的诉求未获支持。铅是一种毒物，对人体健康的影响是长期的。有关专家称，铅是一种多亲和性毒物，铅毒性持久，半衰期长达10年，不易被人体排出，主要影响儿童的智力发育及生长发育，血铅水平每上升1 ug/L，智商将降低6~7分，且是终身影响。[1]因此，从医学上说，即使没有铅中毒，

---

〔1〕《湖南衡阳儿童血铅超标案终审判决：索赔206万判赔2.6万》，载澎湃新闻网：http//m. thepaper. cn/newsDetail - forward - 1436245，最后访问日期：2018年2月19日。

血铅超标对人的智力发育和生长发育的影响和危害却是终身的，精神损害是客观存在而且是持久的，影响受害人一生的生活质量。本书认为，此种情况已经构成了严重精神损害，法院的判决没有很好地保护受害人的权益。

精神损害是指加害人的侵权行为对受害人的精神活动的损害，是与受害人生理、心理相关的精神利益的丧失或减损，其表现形式为精神痛苦。精神痛苦的来源有两个：一是侵害人体的生理损害，如侵害生命权、健康权，不仅造成了受害人的生理损害，而且使其或其近亲属产生精神痛苦；二是对受害人心理的精神活动产生的损害，当侵权行为侵害了受害人的民事权益时，导致人的情绪、感情、思维、意识等心理活动障碍，使人产生愤怒、恐惧、悲伤、绝望、抑郁、焦虑、沮丧等不良情绪，造成精神痛苦。在空气污染侵权中，这两种精神损害都是客观存在。但在司法实务中，主要表现为侵害生命权、健康权，造成生命的丧失、患病等而产生的精神损害。对于纯粹精神损害是否予以赔偿，各地做法不一。如在福建省屏南县1721位农民诉福建省（屏南）榕屏化工有限公司大气污染侵权案中，原告认为，被告方的污染，不仅给周边环境造成损害，也给原告精神造成极大的损害，要求被告给予精神损害赔偿。法院认为，精神赔偿只适用于精神损害和身体受到严重侵害的情况，原告的主张不符合该规定的要求，不属于精神损害赔偿的范围，其主张不予支持。[1]也有法院对纯粹精神损害判决予以赔偿，如方金龙等198人诉安徽舒美特化纤股份有限公司大气污染人身损害赔偿一案中，虽然大气污染尚未造成受害人人身损害，但受害人因大气污染产生恐惧、担忧、焦虑、不安等精神损害，法院给予认可。安庆市中级人民法院认为，试生产期间，舒美特公司曾因周边居民投诉废气污染问题被责令停止试生产，由此可见，该公司排放的污染物超出一般公众普遍可忍受的范围，污染程度较为明显。虽然方金龙等198人尚未出现明显症状，但其主张因环境污染致身心健康受扰，符合日常生活经验法则，应推定属实。结合舒美特公司试生产期间受害人居住地距离企业远近等因

[1] 福建省宁德市中级人民法院民事判决书（2003）宁民初字第1号。

素，酌定精神损害抚慰金为1200元/人，共计赔偿精神损害抚慰金236400元。在精神损害赔偿方面，法院以忍受限度论作为参考标准，判断行为的违法性。[1]

根据《精神损害赔偿解释》第10条规定，精神损害赔偿金数额根据以下因素确定：（1）侵权人的过错程度，法律另有规定的除外；（2）侵害的手段、场合、行为方式等具体情节；（3）侵权行为所造成的后果；（4）侵权人的获利情况；（5）侵权人承担责任的经济能力；（6）受诉法院所在地平均生活水平。各地法院根据本地区的具体情况，确定了精神损害赔偿金指导数额。从大气污染侵权案件看，总体来说，精神损害赔偿金数额不高，甚至低于一般侵权行为的精神损害赔偿金的数额。上述湖南衡阳儿童血铅超标案，两名原告每人也只获得1万元的赔偿；在方金龙等198人诉安徽舒美特化纤股份有限公司大气污染人身损害赔偿案中，每人获得了1200元的精神损害赔偿金；在林振富等394人与福建省固体废物处置有限公司环境污染责任纠纷案中，每人获得1000元的精神损失费。而在2001年杭州某小学学生刘露等407位同校学生诉某化工厂大气污染案中，每位学生仅获得500元的精神损害赔偿金。[2]

综上所述，精神损害赔偿虽然在大气污染侵权案中逐渐受到重视，但仍不足以保护受害人权益，在责任归责原则、构成要件、赔偿数额等方面尚需进一步完善。

三、须空气污染行为与损害之间有因果关系

因果关系原是一个哲学概念，是指事物或现象之间的引起与被引起的关系，引起其他现象的现象是原因，被引起的现象是结果。侵权法中的因果关系通常是指侵权行为与损害之间引起与被引起的关系。空气污染侵权责任中的因果关系是指污染空气的行为与损害之间具有引起与被

---

〔1〕 刘晓星：《方金龙等一百九十八人诉安徽舒美特公司大气污染损害赔偿案折射维权不易》，载《中国环境报》2016年5月18日。

〔2〕 别涛：《污染致人精神损害 依法赔偿精神损失——刘露第407名小学生诉某化工厂环境污染精神损害赔偿案评析》，载《环境工程通讯》2002年第8期。

引起的关系。污染空气的行为是原因，损害是结果，在它们之间存在前者引起后者，后者被前者引起的客观联系。此处分析因果关系以侵权行为造成损害为基础。

在侵权法上，因果关系通常采相当因果关系说，即以行为人的行为所造成的损害事实为基础，若以常人的知识经验判断，通常均有发生同样损害结果可能的，该行为与损害之间即有因果关系。[1]其判断方法是：无此行为，虽不必产生此损害，有此行为，通常即足以产生此损害，则行为与损害之间具有因果关系；无此行为，必不产生此种损害，有此行为，通常亦不产生此损害，则行为与损害之间无因果关系。一方面造成空气污染的原因相当复杂，可能是一个污染行为造成的，也可能是多个污染行为共同造成的，也可能因其他原因的介入而造成，空气污染损害又具有长期性、累积性、潜伏性、广泛性等特点。另一方面受害人通常缺乏相关的专业知识、信息和检测手段，因此要受害人证明损害与空气污染行为之间有相当因果关系是非常困难的，我国台湾学者邱聪智指出，环境侵权“则颇富间接性，系透过广大空间，经历长久期间，并借诸各种不可量之媒介物之传播连锁，危害始告显著，故其因果关系脉络之追踪，及侵害之程度、内容之确定，均甚困难”。[2]美国学者劳伦斯·G. 赛图也指出：“环境诉讼很难建立一般性的因果关系链条，也很难把某一特定被告的某一行为与某一原告的损害联系起来；同时还难于计算潜在的、可能承担法律责任的被告数目；并且还难于确定是否应对被告归责，即使应该归责，而这些往往导致多重诉讼，这些诉讼对法院是极大负担，会产生巨额交易成本，包括数额巨大的诉讼费用……”[3]因此，针对包括空气污染在内的环境污染侵权的特殊性，学界提出了各种特殊的因果关系学说，并为各国司法实践及立法所接受。这些因果关系学说主要包括：盖然性因果关系说（包括优势证据说和事实推定说）、

---

[1] 黄萍：《环境污染责任构成要件再探讨——兼评〈侵权责任法〉相关规定》，载《行政与法》2011年第3期。

[2] 邱聪智：《民法研究（一）》，中国人民大学出版社2002年版，第321页。

[3] Lawrence G. Cetrulo, Toxic Tort Litigation Guide, 1－3/Chapter 1/Part 1, 40037302, 11/2002, Thomson West Group.

疫学因果关系说、间接反证说等各种学说。

盖然性因果关系说是在原告和被告之间分配举证责任的理论，即原告在证明了侵权行为与损害后果之间存在某种程度的因果关联的可能性，原告就尽到了举证责任，然后由被告举反证，以证明其行为与原告损害之间无因果关系，不能反证或者反证不成立，即可判断因果关系成立。盖然性因果关系是日本针对公害案件中受害人索赔难的情况，提出应当降低因果关系证明标准，由以前的“确定证明”降低为“盖然的证明”，即只要求超越了大致明确的领域，但尚未到达证明程度的举证；只要有“如无该行为，即不会发生此结果”的某种程度的可能性，就应认定因果关系之存在。否则，在举证责任上对受害者要求过严会显失公允。日本学者指出，根据盖然性理论，只要能够举证证明：(1) 从工厂等排放的污染物质达到并蓄积于发生损害的区域，发生了作用；(2) 该地域有许多损害发生。法院就应推定有因果关系。反之，被告企业只要不能举出反证，证明因果关系不存在，就不能免除其侵权责任。[1]日本法院也运用了盖然性理论解决大气污染及其他环境案件。如 1971 年 3 月 23 日，前桥地方法院在判决中指出：“被告企业只要向社会散布了某种物质或能量，被告只要不能对其无害的主张举证，就应解释为不能免除其责任的见解是符合社会通常的概念的……原告只要能够证明侵权行为与损害之间存在相当程度的因果关系的可能性就足够了，只有在被告就此举出反证时才能否定因果关系。”[2]在 1971 年的阿贺野川贡中毒事件中，新泻地方法院认为，受害者寻找公害原因物质已经达到工厂入口时，只要工厂方面不能举出反证证明该物质无害，就可以认定因果关系成立。[3]该理论包括两项内容：(1) 优势证据说，主张在公害案件中，心证的判断只要达到因果关系存在的盖然性大于因果关系不存在的盖然性这一程度，便可认定因果关系的存在。[4](2) 事实推定说。主张在公害案件中，原告对因果关系的证明，只要达到某种程度的盖然性，即可

---

〔1〕［日］原田尚彦：《环境法》，于敏译，法律出版社 1999 年版，第 27 页。
〔2〕［日］原田尚彦：《环境法》，于敏译，法律出版社 1999 年版，第 27～28 页。
〔3〕［日］原田尚彦：《环境法》，于敏译，法律出版社 1999 年版，第 27～28 页。
〔4〕［日］加藤一郎：《公害法的生成与发展》，岩波书店 1968 年版，第 29 页。

认为原告已尽到举证责任；相反，被告则必须提出推翻全部因果关系存在可能性的反证，否则，则要承担民事责任。[1]

疫学因果关系说是用医学流行病学的原理来认定因果关系的理论。其要点是：某种因素在某种疾病发生的一段时间存在，如果发病前不存在该因素，则排除因果关系存在的可能；该因素发挥作用的程度越高，相应地，患该病的罹患率就越高。换言之，该因素作用提高，病患就增多或病情加重；该因素作用降低，病患随之减少或病情降低。这种理论改变了通常诉讼中具体个体对因果关系证明的方法，而以大众的罹患率作为参照，只要原告证明被告的行为与罹患率之间的随动关系，即完成了证明责任。在日本骨痛病的判决中，关于有害物质与损害发生之间的关系，富山地方法院阐述了严格的病理上的证明是没有必要的，以疫学上的因果关系证明为准，只要能就镉与发病是有关系的、镉的影响的强度与疾病的罹患率大致相关作出证明，在没有特殊的反证的情况下，就可以认定企业的侵权责任的观点，开辟学性证明之先河。[2]此种因果关系不仅适用于因环境污染造成的人体健康损害，而且适用于因环境污染造成的动植物病理学损害。

间接反证原是德国民事证据法上的概念，意指主要事实存在与否不明时，由不负举证责任的当事人，负反证其事实不存在的证明责任。因其并非直接对举证者举证事实的反证，与直接反证不同，故称间接反证。该理论被适用于环境污染致害案件时，如被害人能够证明因果链条中的部分事实，即可推定其余事实存在，并在该部分（推定的事实）由加害人负反证其不存在的责任。它是将构成因果关系的事实作为复合的要件事实加以把握、分别认定。如果原告能证明其中的部分关联事实，其余部分的事实则被推定为存在，而由被告反证其不存在，以实现公平、正义的法理念。[3]日本新泻水俣病诉讼案在司法实践中首次运用了间接反证说来认定因果关系。间接反证说将因果关系不排对作为一个整

---

〔1〕［日］公害问题研究会编：《公害苦情商谈手册》，财团法人日本环境协会1999年版，第49～50页。

〔2〕［日］原田尚彦：《环境法》，于敏译，法律出版社1999年版，第28页。

〔3〕曹明德：《环境侵权法》，法律出版社2000年版，第182页。

体要件，而是复合要件来把握，分别进行认定。如竹下守夫教授将公害中的因果关系分解为五个证明主题，即有害物质的发生（A），该物质向外部排放（B），通过媒介的扩散（C），达到原告的身体、财产（D），损害发生（E）。然后将 A→B→C→D→E 的过程作为复合型证明主题加以把握。依经验法则，如原告举证被告有排放的事实（B），而原告因该物质受害（E），或该物质曾接触到原告（D），即 B+E 或 B+D，即可推定 B→C→D→E 或 B→C→D 过程的存在。若被告有异议、即应排除推定，就 B→C→D→E 或 B→C→D 过程的不存在，负举证责任（间接反证）。[1]另一学者淡路刚久教授则将因果关系的事实要件分解为三个认定主题，即损害发生的原因物质及其装置（病因论或原因论 A），原因物质到达损害者或损害地的经过路程（污染路程 B），企业内原因物质的生成及排放（C）。原告只要证明其中二者，即 A+B 或 A+C 或B+C，就可推定另一事实的存在，即 C 或 B 或 A。若被告存有异议，则需举证排除另一事实的存在，否则因果关系可推定成立。[2]这一因果关系认定的思路与新泻水俣病诉讼案裁判见解基本相同。由于环境污染侵权的因果关系比较复杂，要求原告对因果关系各个环节一一加以科学的说明，加大了原告获得救济的困难性。依间接反证说，原告只要能够证明其中的部分关联事实，其余部分的事实则被推定为存在，被告若不能证明该部分不存在的，则推定存在着因果关系。以该理论认定因果关系时，原告不需要证明全部事实，这在一定程度上有利于减轻原告的证明责任。该理论虽然也是盖然性说的一种证明方法，但是又与盖然性因果关系不同。它以“推定的事实”代替了“实有的事实”，以“部分事实”代替了“全部事实”[3]，因此，有时并不能真正查明事实，解决纠纷。

上述学说均一定程度上减轻了受害人的举证责任，有利于保护受害人。

---

〔1〕 曹明德:《环境侵权法》，法律出版社 2000 年版，第 182 页。

〔2〕 曹明德:《环境侵权法》，法律出版社 2000 年版，第 183 页。

〔3〕 丁凤楚:《论国外的环境侵权因果关系理论——兼论我国相关理论的完善》，载《社会科学研究》2007 年第 2 期。

我国法律和司法实践在环境污染侵权责任中也确立了特殊的因果关系认定规则。2001 年最高人民法院公布的《关于民事诉讼证据的若干规定》（以下简称《民事诉讼证据规则》）第 4 条第（3）项规定："因环境污染引起的损害赔偿诉讼，由加害人就法律规定的免责事由及其行为与损害结果之间不存在因果关系承担举证责任。"明确了减免责任事由和不存在因果关系的举证责任由加害人承担的规则。但该规定毕竟是司法解释，法律位阶低，法律效力较低。《侵权责任法》第 66 条将此规则提高到法律层面，第 66 条规定："因污染环境发生纠纷，污染者应当就法律规定的不承担责任或者减轻责任的情形及其行为与损害之间不存在因果关系承担举证责任。"尽管法律上已经确立了因果关系举证规则，但是对该规则的认识理论上存在不同看法，司法实践也有不同的认识。主要涉及的问题是：（1）该规则是因果关系推定还是举证责任倒置？（2）原告和被告的举证责任如何分配？

对于第一个问题，主张《侵权责任法》第 66 条的规定是举证责任倒置规则的学者认为，如果第 66 条的性质是法律上的因果关系推定，则环境污染的受害者只需要提出证据证明基础事实的存在，而不需要提出证据证明因果关系存在；只要基础事实被证明存在，就由法官按照法条的命令来推定因果关系存在。[1]法律上因果关系推定的逻辑结构是通过一个与推定事实 B 无关的基础事实 A 来得出推定事实 B 存在或不存在的。而从该条文字逻辑结构来看，该条款并不存在对基础事实的规定，也没有包含由基础事实到推定事实的逻辑推理结构。相反地，第 66 条的逻辑是由污染人证明受害人所主张的推定事实是不存在的，从而证明自己所主张的推定事实的真实性，即逻辑结构是 not B→B；而且推定基础恰好是推定事实的相反面，而非因果关系推定要求的基础事实必须与推定事实无关。因此，我国《侵权责任法》第 66 条确定的是举证责任倒置规则。[2]

---

〔1〕 施理：《从证明责任角度看我国〈侵权责任法〉第 66 条》，载《环境资源法论丛》2015 年第 00 期。

〔2〕 施理：《从证明责任角度看我国〈侵权责任法〉第 66 条》，载《环境资源法论丛》2015 年第 00 期。

我国多数学者认为第 66 条是因果关系推定规则。因果关系推定是指于某种表见事实发生损害，即推定损害与该事实的因果关系存在，受害人无须再证明其间之因果关系，即得对表见事实之行为请求损害赔偿，而行为人则惟于以反证证明损害与该事实无关时，始可免责之法则。[1]根据因果关系是否在法律中明确作出规定，因果关系推定分为事实上的因果关系推定和法律上的因果关系推定，前者是法律没有明确规定的对某个事实的推定，后者是法律规定的对某个事实的推定。事实上的因果关系推定都是基于基础事实和推定事实之间高盖然性的常态联系，而法律上的因果关系推定大部分是基于这种高盖然性的常态联系，然而还有一部分推定被赋予了其他的价值追求。因为，事实上的推定的定型化和法定化是法律上的推定的主要来源，但是法律推定通常还包括出于效率、公平等价值考虑而确定的其他类型。[2]

关于第二个问题即原被告的举证责任分配问题。主张第 66 条是举证责任倒置的学者对原被告的举证责任分配有不同的理解。一种观点认为，在举证责任倒置规则下，受害方无须作任何证明，无须对“表见事实”或者某些加害行为可能致害的基础事实进行证明，即受害方完全从因果关系的证明中解脱出来。加害方则完全承担因果关系的举证责任。[3]另一种观点则认为，举证责任倒置规则并没有免除受害人的举证责任，受害人仍需证明因果关系存在，而证明责任包括主观证明责任和客观证明责任，受害人的证明责任是主观证明责任含义下的具体证明责任，在性质上是一种反证，是受害人为了削弱环境污染的污染人提出的本证证据力而提出的。受害人并不对此承担客观证明责任。并认为这种证明规则，一方面，对于受害者而言，证明标准并不要求很高，只需达到动摇法官心证程度即可；另一方面，也体现了对企业利益的保护，通

---

〔1〕 邱聪智：《民法研究》，中国人民大学出版社 2002 年版，第 225 页。

〔2〕 施理：《从证明责任角度看我国〈侵权责任法〉第 66 条》，载《环境资源法论丛》2015 年第 00 期。

〔3〕 童光法：《举证责任倒置抑或因果关系推定——对〈侵权责任法〉第 66 条的解释分析》，载高鸿钧、王明远主编：《清华法治论衡》（第 22 辑），清华大学出版社 2014 年版，第 238 页。

过对受害人因果关系证明设置阻碍，避免企业疲于应付环境诉讼，[1]不仅有利于企业的生产经营活动，而且有益于鼓励企业保护环境。

主张第66条是因果关系推定规则的学者认为，在因果关系推定规则下，环境侵权纠纷案件中因果关系的认定通常可分为如下三步：

第一步，原告首先证明因果关系具有相当程度的盖然性，即环境污染行为与损害事实之间存在因果关系的可能性。相当程度的盖然性是指原告提供的证据，使法官能够形成环境污染行为与被侵权人的损害事实之间具有因果关系的可能性的确信，而不是高度盖然性。[2]第二步，法官根据所积累的知识经验证明，如果可以作出与有关科学无矛盾的说明，即应当推定为因果关系得到了证明。该推定形式为：（1）大前提：在一般情况下，这类污染行为能够造成这种损害事实；（2）小前提：这一结论与有关科学原理无矛盾；（3）结论：那么，这种损害事实是由这种污染行为造成的。[3]第三步，污染方或被告进行反证。如果污染方否定因果关系推定的证明成立，即推翻因果关系推定，则不构成侵权行为；此时这种能够推翻因果关系推定的证明，应当满足高度盖然性的要求。若污染方不能证明或者证明不足的，因果关系推定就成立。污染方或者被告方要想推翻因果关系的推定，就必须提供高度盖然性的证据，或者说其提供证据的证明力必须达到十分高的标准。这种标准不必达到排除一切可能怀疑的程度，但也不能仅以其证据的证明力大于受害方所提供证据的证明力为足。[4]

本书认为，《民事诉讼证据规则》第4条第（3）项和《侵权责任法》第66条表述的“污染者应当就……及其行为与损害之间不存在因果关系承担举证责任”，不是举证责任倒置规则。一般民事案件，遵循“谁主张，谁举证”的原则，即如果原告主张权益受到损害，被告应承

〔1〕 施珵：《从证明责任角度看我国〈侵权责任法〉第66条》，载《环境资源法论丛》2015年第00期。

〔2〕 杨立新：《侵权责任法》（第2版），法律出版社2012年版，第485页。

〔3〕 王利明主编：《中国民法典学者建议稿及立法理由·侵权行为编》，法律出版社2005年版，第219页。

〔4〕 马栩生：《因果关系推定研究——以环境侵权为视角》，载吕忠梅、徐祥民主编：《环境资源法论丛》（第5卷），法律出版社2005年版，第221页。

担责任，一般情况下，原告需举证证明，被告实施了侵权行为，原告遭受损害，被告的侵权行为与损害之间有因果关系，在过错责任案件中，原告还需举证证明被告有过错。该条只是规定，被告就行为与损害结果之间不存在因果关系承担举证责任，没有规定确定侵权责任的其他构成要件的举证责任，按照侵权责任法的一般规则，这些构成要件应由原告负举证责任。原告的举证是本证，被告的举证是反证，在任何民事案件中，原告举证后，被告都会针对原告的举证进行反证，因此，将该条规定认定为举证责任倒置规则的理由并不充分。环境污染造成的损害具有长期性、隐蔽性、潜伏性、技术性等特点，相比于其他环境污染，大气污染的扩散性更强，更增加了原告举证的困难。在这种情况下，要求原告按照一般民事举证规则，举证证明被告行为与损害具有确定的因果关系，往往难以实现，不利于保护受害人。因此，在环境污染案件中，为了平衡污染者和受害人之间的利益，减轻原告的举证责任，规定原告只需证明被告的行为与损害之间具有一定联系即可，不要求证明具有确定的因果关系。受害人证明到这种程度时，法官就可推定被告的行为与损害之间有因果关系，被告再举出反证。因此，在空气污染侵权案件中，原告的举证责任没有被免除，只是基于大气污染案件的特殊性，将一部分举证责任分配给了被告，因此，我国法律规定的举证责任规则并非举证责任倒置规则。从证明责任（或称举证责任）分配的角度看，高度盖然性说、疫学因果关系说、间接反证说和优势证据说等关于因果关系推定的传统学说均属于举证责任正置的范畴（属于因果关系的正向推定），可统称为举证责任正置说。[1]我国法律关于因果关系举证规则是因果关系推定规则（盖然性因果关系说）。《民事诉讼证据规则》第4条第（3）项和《侵权责任法》第66条规定隐含了一层因果关系的认定，其言外之意是原告证明了被告有排污行为，原告有损失，即推定污染行为与损害结果之间存在因果关系，符合因果关系推定的逻辑结构。因果关系推定的逻辑结构应具备基础事实和推定事实两个必备要素。其逻辑结

---

〔1〕杨朝霞、刘轩、高翔：《环境侵权因果关系推定之新规判解》，载《环境保护》2016年第16期。

构中的基础事实A为污染行为和损害结果，B为污染行为与损害之间具有因果关系，B是基于基础事实推定的事实，即由A→B。如前所述，在任何民事案件中，原被告双方都负有举证责任，原告举证后，被告都会针对原告的举证进行反证。而《民事诉讼证据规则》第4条第（3）项和《侵权责任法》第66条规定，则是被告对原告举证的反证，法院对二者举证进行比较，证据居于优势的一方将胜诉。

不仅我国理论界对《民事诉讼证据规则》第4条第（3）项和《侵权责任法》第66条规定有不同的理解，在司法实践中，各地法院在适用法律时也有不同理解，特别是在原被告的举证责任分配方面存在较大分歧，主要有三种处理意见：一是原告负全部举证责任，被告不负举证责任。在王某方诉艾某环境污染责任纠纷案[1]中，审理案件的一、二审法院认为，《民事诉讼法》第64条规定："当事人对自己提出的主张，有责任提供证据。当事人及其诉讼代理人因客观原因不能自行收集的证据，或者人民法院认为审理案件需要的证据，人民法院应当调查收集。人民法院应当按照法定程序，全面地、客观地审查核实证据。"本案中，王某方没有证据证明其种植的香菇死亡原因与艾某的窑厂排放废气有因果关系，因香菇死亡的原因是多方面的，故王某方应承担举证不能的法律后果，一审、二审法院对其要求艾某赔偿损失的诉讼请求均未予支持。二是原告不负举证责任，被告负全部举证责任。在庾某平、李某青诉黄某光污染责任纠纷案[2]中，黄某光经营的灵川红辉砖厂没有按环保要求排放废气，位于此砖厂北面的庾某平、李某青种植的红枫树逐渐枯萎死亡。当地森林病虫害防治检疫站调查后得出结论：红枫苗木受害不是虫害所致，也不是侵染性病害所致，因此排除虫害和侵染性病害的原因。法院在审理中认为："原告只需主张被告的污染行为和损害，被告对因果关系举证，因被告不申请鉴定，导致举证不能。"一审法院判决黄某光赔偿庾某平、李某青损失109万余元，二审法院维持原判。而

---

〔1〕王来方诉艾停环境污染责任纠纷案，河南省漯河市中级人民法院民事判决书（2014）漯民四终字第468号。

〔2〕庾国平、李永青诉黄钟光污染责任纠纷案，广西壮族自治区桂林市中级人民法院（2014）桂市民一终字第565号民事判决书。

在开封市旭日东升门业有限公司与被上诉人中国平煤神马集团开封东大化工有限公司大气污染责任纠纷案〔1〕，初审法院认为，根据《侵权责任法》第66条规定，适用举证责任倒置的前提是原告旭日东升公司首先应当举证证明其原材料钢板、生产设备、钢结构厂房生锈原因，然后才是被告东大化工公司就其单位排放工业尾气与旭日东升公司受到的损害之间不存在因果关系进行举证。二审法院认为，适用《侵权责任法》第66条规定的举证责任倒置规则，旭日东升公司无须就因果关系作出任何证明，包括初步举证责任，即无须对其原材料钢板、生产设备、钢结构厂房生锈原因负举证责任。三是原告负初步举证责任，被告就不存在因果关系负举证责任。在华润水泥有限公司与梁某南环境污染责任纠纷案〔2〕中，法院认为，原告提供当地水产畜牧兽医局、环境监测大队、镇政府联合出具的调查报告能够证明污染事实和损害事实，且初步证明两者之间存在因果关系，故支持原告诉讼请求。

为了解决理论和司法实践中对《侵权责任法》等规定理解混乱的状况，2015年最高人民法院发布了《关于审理环境侵权责任纠纷案件适用法律若干问题的解释》（以下简称《环境侵权责任解释》），对原被告的举证责任作了更明确的规定。该解释第6条规定了被侵权人的举证责任，被侵权人根据侵权责任法第65条规定请求赔偿的，应当提供证明以下事实的证据材料：（一）污染者排放了污染物；（二）被侵权人的损害；（三）污染者排放的污染物或者其次生污染物与损害之间具有关联性。也就是说，被侵权人不仅应当举证证明污染者实施了侵权行为和自己受到了损害，而且须就侵权行为与损害之间具有关联性进行举证，即侵权行为与损害之间具有一定的盖然性。该解释第7条则规定了污染者的举证责任，污染者举证证明下列情形之一的，人民法院应当认定其污染行为与损害之间不存在因果关系：（一）排放的污染物没有造成该损害可能的；（二）排放的可造成该损害的污染物未到达该损害发生地

〔1〕开封市旭日东升门业有限公司与被上诉人中国平煤神马集团开封东大化工有限公司大气污染责任纠纷案，河南省开封市中级人民法院（2014）汴民终字第379号民事判决书。

〔2〕华润水泥有限公司与梁兆南环境污染责任纠纷案，广西壮族自治区防城港市中级人民法院（2014）防市民一终字第377号民事判决书。

的；（三）该损害于排放污染物之前已发生的；（四）其他可以认定污染行为与损害之间不存在因果关系的情形。这一规定，进一步明确了原被告双方的举证责任。确立这样的因果关系认定规则，是立法者对污染者与受害人利益平衡的结果。这一规定，更进一步明确了我国法律实行的是因果关系推定（盖然性因果关系）规则，只不过为了防止滥诉，平衡原被告双方的利益，要求原告也承担一定的举证责任。然而，《环境侵权责任解释》第6条规定的初衷是为防止原告方滥用诉权以及被告方陷入无故的应诉纠纷中，但这一规定的机械使用，可能会成为原告利益无法维护、侵权人因此逃脱责任的“恶法”，有矫枉过正之嫌。运用这一规则，只要原告方无法证明损害与污染有关联（而这个所谓的“关联性”被部分法院理解为条件），法院就驳回诉讼请求，直接免除了被告就污染和损害之间没有因果关系的举证责任，大大减轻了被告的举证责任，甚至可以说这个所谓的“关联性”成为被告的免责条件。

事实上，自2015年6月3日《环境侵权责任解释》施行后，原告在大气污染责任纠纷案件中已很难胜诉。各地法院审理大气污染责任纠纷案时，在判决书中都会阐明“在环境污染侵权中，举证责任分配采用的是‘举证责任倒置’的规则，但举证责任倒置规则并不意味着原告无须承担任何举证责任，原告仍然需要承担一定的举证责任。”法院通常根据民事案件“谁主张，谁举证”的规则，要求原告就《环境侵权责任解释》第6条规定的三个条件进行举证。而对该条第3项“污染者排放的污染物或者其次生污染物与损害之间具有关联性”，不少法院理解为原告能够证明污染者排放的污染物造成自己的损害，这种理解实际采取的是因果关系条件说。如在原告郭某莲与被告武汉市新洲天兴棉业有限公司（以下简称天兴棉业公司）大气污染责任纠纷案中，被告天兴棉业公司在生产过程中，其厂区内除尘室出口直接向空气排放绒尘，对周边环境有一定影响，原告饲养的两只藏獒在此期间死亡，但由于没有具备相关鉴定资质的鉴定机构对藏獒的死因进行鉴定，原告无法证明被告排放的污染物是自己饲养的藏獒死亡的原因，法院依据《环境侵权责任解释》第6条的规定，驳回了原告的诉讼请求。[1]在蔡某生等诉温岭市横峰正辉鞋底厂大气污染责任纠纷案中，原告证明了被告有排污行为、原告患有肺炎、健康受到损害，法院委托的司法鉴定机构对蔡冬生疾病是否由大气污染引起进行鉴定，但因鉴定机构认为超出其鉴定能力及鉴定业务范围而退回鉴定，致使原告无法举证证明所患疾病与被告的排污行为具有关联性。一二审法院和再审法院均依据《环境侵权责任解释》第6条，驳回了蔡冬生等人的诉讼请求。[2]

但是，也有一些案件的审判法院运用疫学因果关系、优势证据因果关系理论甚至主动引用已证实的科学常识很好地解决了大气污染侵权因果关系认定问题。

在曲某全诉山东富海实业股份有限公司大气污染责任纠纷案[3]中，曲某全主张其种植的樱桃因富海实业股份有限公司（以下简称富海公司）排放废气遭受损害，请求富海公司停止排放废气，赔偿其损失501万余元。为证明其主张，曲某全提交了烟台市牟平区公证处勘验笔录、烟台市农产品质量检测中心出具的樱桃叶片氟含量检测报告等证据。后经双方共同选定和取样，一审法院委托山东省农业科学院中心实验室对樱桃叶片的氟化物含量予以检测，检测报告表明：距离富海公司厂区越近，樱桃叶片氟化物含量越高。法院审查认为，曲某全提交的公证勘验笔录和检测报告，与相关科普资料、国家标准以及一审法院委托专业机构出具的检测报告等证据相互印证，足以证明曲某全的樱桃园受到损害、富海公司排污、排污和损害之间具有关联性这三个事实，已完成举证证明责任。而富海公司提供樱桃树叶氟含量检测报告、厂区大气氟化物含量检测报告、烟台市牟平区气象局出具的2008年2月至2009年5月的气候情况等证据，不能否定排污行为和损害之间的因果关系。因此，富海公司应承担侵权责任，但考虑到确实存在天气恶劣等影响樱桃生产的原因，法

〔1〕 郭耀红与被告武汉市新洲天兴棉业有限公司大气污染责任纠纷案，湖北省武汉市新洲区人民法院（2015）鄂新洲民初字第00172号民事判决书。

〔2〕 蔡冬生诉温岭市横峰正辉鞋底厂大气污染责任纠纷案，浙江省高级人民法院（2016）浙民申242号民事裁定书。

〔3〕 最高法公布十起环境资源保护典型案例，载 http://finance.sina.com.cn/sf/news/2015-12-29/140815154.html，最后访问日期：2018年2月13日。

院酌情判令富海公司对曲某全的损失承担70%的赔偿责任。此案是运用疫学因果关系说认定大气污染侵权责任因果关系的典型判例。

在肖某珍等数原告与被告贵州惠水太和建材有限公司大气污染责任纠纷案[1]中，原告举证了被告存在排污行为，原告因此受到损害，法院根据已被证实的科学常识，认定原告种植的果树和养殖减产与被告排放气体中二氧化硫和氮氧化物之间存在因果关系，而被告没有提供证据证明其排放的气体与原告损失之间不存在因果关系，最终法院判决原告胜诉。此案中，原告虽然没有就排污行为与损害之间的关联性提出科学证据，但法院主动根据已被证实的科学常识认定排污行为与损害之间具有因果关系。

而在韩某清等24户农户诉辽中县茨榆坨镇益春釉彩加工厂大气污染责任纠纷案[2]中，法院不仅主动依据已证实的科学知识，而且依据优势证据说，认定排污与损害之间的因果关系。法院认为本案属于特殊侵权案件，损害与侵权之间采用推定因果关系规则，受害人只需证明有污染环境行为，受害人存在损害事实，污染行为可能引起损害事实，即完成举证责任。本案中被告生产排放的污染物种类包括废气、废水、噪声及固体废弃物，其中废气包括熔制工序产生的氟化物和二氧化硫等。众所周知，农作物长期在低浓度二氧化硫的影响下，其内部生理活动会受到侵害，农作物的生长发育会受到阻碍，进而引发农作物减产。氟化物（主要是氟化氢）是常见的大气污染物之一，氟化氢的水溶液是无色的液体，有较强的腐蚀性和毒性，其对农作物的危害比二氧化硫的危害大10～100倍，当大气中的氟化物浓度较高时农作物的叶组织将会坏死，会引起农作物减产，甚至绝收。基于上述情况，法院认为原告的举证责任已经完成。原告举证证明了被告是生产搪瓷釉料的企业，在生产过程中排放大量的粉尘，原告提供的辽中县农业技术推广中心出具的《关于茨榆坨镇偏堡子村受污染农作物的生产鉴定意见》，排除了肥害、

---

[1] 肖玉珍诉贵州惠水太和建材有限公司大气污染责任纠纷案，贵州省黔南布依族苗族自治州中级人民法院（2016）黔27民终289号民事判决书。

[2] 韩秀清诉辽中县茨榆坨镇益春釉彩加工厂大气污染责任纠纷案，辽宁省沈阳市中级人民法院（2015）沈中民一终字第01847号民事判决书。

药害、干旱等农业因素影响，证明了原告农作物受害系非农业因素造成的；在受损耕地周围也不存在其他明显可能影响农作物生长的废水、废气及固体废弃物等污染源。被告没能及时就因果关系进行鉴定，证明损害与其排污之间没有因果关系，因此，在被告污染排放行为与原告农作物损害是否有因果关系的举证上，原告证据（有因果关系）的证明力优于被告证据（没有因果关系）的证明力，故被告应当对原告的农作物损害后果承担赔偿责任。

如前所述，本书认为，我国法律建立的环境污染因果关系举证规则实质上是因果关系推定规则。原告的举证责任包括被告有排污行为，原告有财产或人身损害，排污行为与损害之间有一定的关联性。三个事实中，对于“排污行为与损害之间有一定的关联性”如何认定，从上述案例可以看出，法院存在分歧。有学者列举了关联性认定的数种方法，包括：时间先后上的关联性、空间距离上的关联性、生态作用上的关联性、环境接触上的关联性、致害物质上的关联性、疫学原理上的关联性、概率统计上的关联性、其他方面的关联性，如生理作用上的关联性、化学反应上的关联性等。[1]关联性不等于因果性。此处的“关联性”应理解为“盖然性”，“盖然性”即是一种可能性，不一定有确切的科学论证。“疫学因果关系说”“优势证据说”等学说均减轻了原告的举证责任。但是，通常情况下，要查明空气污染损害的原因需要强大的科学知识体系和大规模系统调查，在污染物是否造成某种损害没有科学论证之前，要求一般民众进行调查和论证是不可能的，也是不现实的；即使申请专业机构进行鉴定，在没有既有研究成果前提下，鉴定部门也很难做出鉴定。而且，大气污染物有时并不直接对人体产生影响，污染物长期存在于大气环境中，发生化学反应或者累积到一定量后才对人体产生影响。这些现实情况加剧了原告的举证难度。“疫学因果关系说”需要一定期间的流行病学调查，而且要求造成公害，否则很难适用。“优势证据说”是法官对原被告举证进行比较，只有原告证明的因果关系存在的盖然性大

〔1〕 杨朝霞、刘轩、高翔：《环境侵权因果关系推定之新规判解》，载《环境保护》2016年第16期。

于因果关系不存在的盖然性，才能认定因果关系的存在。法官在进行比较的时候有很大的自由裁量权，随意性较大，在具体案件中，取决于审理案件的法官的利益衡量。不排除某些法官基于经济发展、就业、地方利益保护等方面的考虑，作出不利于原告的判断。本书认为，在空气污染侵权案件中，法官在衡量各方利益时，首要原则是公众的生命健康利益高于一切其他利益，而"事实推定说""间接反证说"更有利于对空气污染健康损害案件中的原告的举证。依"事实推定说"，原告对因果关系的证明，只要达到某种程度的盖然性，即可认为原告已尽到举证责任；相反地，被告则必须提出推翻全部因果关系存在可能性的反证，否则，就要承担民事责任。而依"间接反证说"，原告只要能够证明其中的部分关联事实，其余部分的事实则被推定为存在，以此认定法律上存在着因果关系。间接反证说一定程度上更有利于减轻原告的证明责任。

日本学者野村好弘教授认为："公害问题是一个既复杂、又新颖的问题，如果要求具有严密的科学因果关系的证明，很可能陷入科学裁判的泥沼之中，成为早期救济受害者的障碍。在民事诉讼中，使哪一方胜诉，或者使哪一方分担损失合理，这是中心问题。因此，认定因果关系，由双方提出证据进行比较，乃是一种相对性的判断。加上企业与公害的被害者比较，无论在技术上或在经济上，企业都处于遥遥领先的优越地位。"〔1〕因此，因果关系的认定一定程度上是原被告利益博弈的结果，同时也反映了一个国家法律政策的取向，正确作出选择对于环境污染防治、社会安定、经济发展等均具有重要意义。

第五节　大气污染侵权责任免责事由

《环境侵权责任解释》第 1 条第 2 款规定，污染者不承担责任或者减轻责任的情形，适用海洋环境保护法、水污染防治法、大气污染防治

---

〔1〕［日］野村好弘：《日本公害法概论》，康树华译，载中国环境管理、经济与法学会 1982 年版，第 281 页。

法等环境保护单行法的规定；相关环境保护单行法没有规定的，适用侵权责任法的规定。《环境保护法》对环境污侵权责任免责事由没有专门规定，只是在第 64 条中规定，因污染环境和破坏生态造成损害的，应当依照《侵权责任法》的有关规定承担侵权责任。《大气污染防治法》第 125 条规定，排放大气污染物造成损害的，应当依法承担侵权责任。以上法律都没有特别规定免责事由。因此，大气污染侵权责任免责事由适用《侵权责任法》的规定，《侵权责任法》第 66 条规定，污染者应当就法律规定的不承担责任或减轻责任的情形承担举证责任。这里的“法律”应当包括《侵权责任法》及环境保护法律，《侵权责任法》在“第八章环境污染责任”中，未对环境（大气）污染责任的免责事由作出特别规定。部分领域的环境保护法律特别规定了免责事由，如《水污染防治法》规定，不可抗力、受害人故意或重大过失是免责或减轻责任的事由。水污染损害是由第三人造成的，排污方承担赔偿责任后，有权向第三人追偿。《海洋环境保护法》规定的免责事由包括战争、不可抗拒的自然灾害及负责灯塔或者其他助航设备的主管部门，在执行职责时的疏忽或者其他过失行为。那么，水污染损害、海洋环境损害则适用特别法即《水污染防治法》《海洋环境保护法》有关免责事由的规定。但是，对于大气污染侵权责任的免责事由，《大气污染防治法》没有规定，而是引致适用《侵权责任法》，而《侵权责任法》第八章“环境损害责任”没有特别规定环境损害责任的免责事由，则法律没有特别规定，应适用《侵权责任法》一般规定，而《侵权责任法》关于免责事由的一般规定，即第三章规定的不承担责任和减轻责任的情形，包括受害人过错（包括受害人故意）、第三人过错、不可抗力、正当防卫和紧急避险。那么，是否《侵权责任法》所规定的免责事由均可适用于大气污染侵权责任呢？本书认为，应具体问题具体分析。

一、关于不可抗力

何为不可抗力？理论上有主观说、客观说和折中说三种观点。主观说以被告的预见能力和抗御能力为判断标准，如果被告已尽了最大注意仍然不能防止损害后果的发生，即认为不可抗力。客观说以事件的性质及外部特征为标准，凡属于无法抗御的重大外来力量为不可抗力。折中说兼采主客观标准，既承认不可抗力是一种客观的外部因素，也强调当事人以最大的注意预防不可抗力、以最大的能力避免和克服不可抗力。[1]《民法通则》第153条规定，不可抗力是指不能预见、不能避免并不能克服的客观现象。《民法总则》第180条第2款规定，不可抗力是指不能预见、不能避免且不能克服的客观情况。从《民法通则》和《侵权责任法》的规定看，我国采折中说。从法律的定义可以看出，构成不可抗力需同时符合以下条件：首先，不可抗力是一种客观情况。所谓客观情况即与侵权人意志无关的客观事实。其次，该客观情况是侵权人不能预见、不能避免且不能克服的。所谓不能预见是指根据现有的技术水平，一般人对某件客观事实的发生无法预料。每个人的预见能力不同，因此，在判断某个客观事实是否能够预见时，不是以某个人的预见能力进行判断，而是以一个普通人的预见能力为标准进行判断。所谓不能避免且不能克服是指侵权人尽最大努力和采取一切可以采取的措施，仍然不能避免并克服此客观事实造成的损害结果。在我国，无论民事法律规范还是部分环境法律规范，都规定了不可抗力是环境污染侵权责任的免责事由，域外各国也普遍将其作为免责事由。但对不可抗力范围的理解则有所不同。有的学者认为，不可抗力既包括自然现象，如地震、洪水、台风、海啸等；也包括社会现象，如战争、武装冲突、暴乱、恐怖活动、罢工、游行集会等[2]；并把不可抗力分为自然原因的不可抗力、社会原因的不可抗力和国家原因的不可抗力。[3]但也有观点认为，应将不可抗拒的自然灾害与战争、暴乱、武装冲突等分别规定，不可抗力仅指不可抗拒的自然灾害。[4]本书认为，应对不可抗力作狭义理解。不可抗拒的自然灾害发生后，污染者还是能够采取一定的措施防止损害

---

〔1〕 张新宝：《侵权责任法》，中国人民大学出版社2006年版，第96页。

〔2〕 刘凯湘、张海峡：《论不可抗力》，载《法学研究》2000年第6期；王利明：《侵权责任法研究》（上卷），中国人民大学出版社2004年版，第443页；张新宝：《侵权责任法》，中国人民大学出版社2006年版，第96页。

〔3〕 张新宝：《侵权责任法》，中国人民大学出版社2006年版，第96页。

〔4〕 全国人大常委会法制工作委员会民商法室编：《中华人民共和国侵权责任法条文说明、立法理由及相关规定》，北京大学出版社2010年版，第111页。

的发生和进一步的扩大。但是，战争、暴乱、武装冲突发生后，污染者要采取进一步的防范措施是非常困难的。因此，各国在环境污染损害中，通常将不可抗拒的自然灾害与战争、暴乱、武装冲突等分别规定，某些对环境具有高度危险的活动，不可抗拒的自然灾害不能作为免责事由，但战争可以作为免责事由。

在我国，对于不可抗拒的自然灾害能否作为环境污染损害责任的免责事由，学者持不同意见。有的认为不可抗拒的自然灾害不宜作为环境侵权责任的免责事由。主张可以免责的理由是认为行为人无过失以及损害结果与其行为间没有因果关系，反对理由是环境侵权本就适用无过错责任原则，对因果关系的判断也异于传统方法。此外，要弱势无辜的民众承担损害后果，与现代侵权法注重保护受害人利益的发展趋势和追求实质公平的精神相悖。况且，高度危险作业侵权的免责事由仅限于受害人同意，给社会造成更大损害、对人类生存和发展构成更大威胁的环境侵权没有理由享有更加宽松的免责环境。[1]

从我国和各国法律的规定看，一般把不可抗力作为环境损害的法定的免责事由。《侵权责任法》第29条规定，因不可抗力造成他人损害的，不承担责任。法律另有规定的，依照其规定。修改前的《环境保护法》第41条第3款规定，完全由于不可抗拒的自然灾害，并经及时采取合理措施，仍然不能避免造成环境污染损害的，免于承担责任。修改前的《大气污染防治法》第63条规定，完全由于不可抗拒的自然灾害，并经及时采取合理措施，仍然不能避免造成大气污染损失的，免于承担责任。《水污染防治法》第85条规定，由于不可抗力造成水污染损害的，排污方不承担赔偿责任；法律另有规定的除外。《海洋环境保护法》第92条规定，战争、不可抗拒的自然灾害为免责事由。从国外的有关法律看，也普遍将不可抗力作为环境污染侵权责任的免责事由。如《美国综合环境反应、赔偿和责任法》第107条规定的免责事由包括不可抗力、战争等；《德国环境责任法》第4条规定，因不可抗力造成的损害，不承担赔偿责任。《加拿大环境保护法》第205条

---

〔1〕 张梓太：《环境法律责任研究》，商务印书馆2004年版，第108页。

第2款规定，环境事件如果是因战争、敌对或叛乱行为所导致，或者因一直异常的、不可避免、不可克服的自然现象所导致，则可免除侵害人责任。《荷兰民法典》第178条规定，具有下列情形之一的，不发生环境污染责任：（1）损害因武装冲突、内战、叛乱、国内骚扰、暴动或者兵变所致；（2）损害因外在的、不可避免的和不可克服的自然事件所致。但也有国家规定不可抗力不是法定的免责事由，只是一个可以斟酌的情况，如《日本大气污染防治法》第25条规定，损害与天灾及其他不可抗力联系在一起时，法院在对损害赔偿责任与赔偿额的认定上，应当斟酌这一情况。

从我国法律规则的适用来说，不可抗力是空气污染侵权责任的免责事由。正如前文所分析的，对于空气污染侵权责任，由于特别法《大气污染防治法》和《环境保护法》没有规定空气污染侵权的免责事由，而是引致适用《侵权责任法》的规定，但在《侵权责任法》第八章“环境污染损害责任”一章中，又没有特别规定可免责的事由，那么，就要适用《侵权责任法》关于免责事由的一般规定即第29条。而第29条又规定，因不可抗力造成他人损害的，不承担责任。法律另有规定的，依照其规定。而法律对不可抗力不能作为空气污染侵权责任免责事由又没有另外的规定，所以，不可抗力是空气污染侵权责任的免责事由。

本书也赞同将不可抗力规定为大气污染侵权责任的法定免责事由，但应作出严格限制。由于空气污染损害赔偿责任适用无过错责任，也就是说，不问污染者是否有过错，只要发生污染环境损害，都应承担侵权责任。因此，在污染者没有过错的情况下，发生了污染损害，污染者也应承担侵权责任。但是，同样是在污染者没有过错的情况下，发生污染环境损害，却因发生不可抗力，可以免责。这两种情况，污染者都没有过错，只是因为不可抗力的发生，而产生了两种不同的结果。鉴于此，结合环境污染损害无过错责任规则，不可抗力可以作为免责事由，但是，必须作出严格限制，规定适用的条件。本书认为，不可抗力作为大气污染环境侵权责任的免责事由，必须符合以下条件：（1）发生了不可抗力；（2）污染者为避免损害的发生或扩大及时采取了合理措施；

（3）即使污染者及时采取了合理措施仍然无法避免造成大气污染损害；（4）在对大气环境具有高度危害的领域应严格限制甚至将其排除在免责事由之外。在这一点上，我国以及国际公约已有先例可循，如核污染损害。核污染等核设施不仅具有高度的危险性，而且一旦发生事故对人类生命财产安全及环境的损害规模巨大且难以治理。苏联切尔诺贝利核爆炸事故距发生已经过去30年了，但损害仍然存在。所以，一些核污染损害国际公约也将不可抗力排除在免责事由之外。1997年《核损害补偿赔偿公约》附件第3（5）（b）条规定，如果核装置国的法律无相反规定，营运人仍应对直接由特大自然灾害所引起的核事件所造成的核损害承担责任。有关核损害赔偿责任的2004年《巴黎公约》修订议定书作了同样的规定。《国务院关于核事故损害赔偿责任问题的批复》（国函〔2007〕64号）规定，对直接由于武装冲突、敌对行动、战争或者暴乱所引起的核事故造成的核事故损害，营运者不承担赔偿责任。《侵权责任法》第70条规定，民用核设施发生核事故造成他人损害的，民用核设施的经营者应当承担侵权责任，但能够证明损害是因战争等情形或者受害人故意造成的，不承担责任。上述规定均将不可抗力排除在免责事由之外。当然，如果不可抗力不是造成大气污染的唯一原因，如大气污染还与责任人的行为、受害人行为、第三人行为有关，还要进一步分析，不可抗力与损害之间的原因力，决定免除、减轻甚至不免除责任人的责任。

二、关于第三人过错

过错包括故意和过失，过失又有重大过失和一般过失之分。从各国的规定看，一般规定第三人故意或有重大过失时，责任人可以免责。如《美国综合环境反应、赔偿和责任法》第107条、《荷兰民法典》第178条、《加拿大环境保护法》第205条等都把第三人故意或重大过失作为免除或减轻责任人责任的法定事由。但是，要注意的是，我国侵权法和相关环境法对第三人过错的法律后果有不同规定。《侵权责任法》第68条规定，因第三人的过错污染环境造成损害的，被侵权人可以向污染者请求赔偿，也可以向第三人请求赔偿。污染者赔偿后，有权向第三人追偿。也就是说，即使因第三人原因造成损害的，受害人仍有权要求行为人承担损害赔偿责任。因此，第三人过错不是大气（环境）污染侵权责任的免责事由。

但是，如果因政府对污染项目审批不严或者政府决策错误，致使对环境有严重污染的企业开工生产，此时政府即第三人，政府行为是否是污染者免责或减轻责任的事由呢？综观各国规定，政府行为构成免责事由在一些国家中也有规定，《荷兰民法典》第178条规定，如果损害仅因执行公共机关发布的命令或者强制性法规所致，则不予承担赔偿责任。《加拿大环境保护法》第205条规定，如果损害完全是由于政府公共部门或者公共管理机关的疏忽或其他错误行为引起的，则可免责。我国《海洋环境保护法》第92条规定，造成污染损害的有关责任者因负责灯塔或者其他助航设备的主管部门，在执行职责时的疏忽，或者其他过失行为造成海洋环境污染损害的，经过及时采取合理措施仍然不能避免损害的，免予承担责任。本书认为，政府应对其不作为或错误作为的行为承担责任，但污染者的空气污染责任不能免除。原因是空气污染责任是无过错责任，无论是否达标排污，都应承担侵权责任，除《海洋环境保护法》这类法律特别规定外，即使政府审批或决策错误，虽可免除行政责任，但不能免除侵权民事责任。

三、关于受害人过错

受害人过错包括受害人故意和受害人过失。在侵权法中，一般情况下，受害人故意是免除责任人侵权责任的法定事由，受害人过失是减轻侵权责任的法定事由。但是，因大气污染侵权责任适用无过错责任，故受害人一般过错或轻微过错不宜作为污染者免除责任或减轻责任的事由。如果因受害人重大过失或故意导致大气污染并使自己造成损害的，则可以减轻或免除污染者责任。

四、关于正当防卫

正当防卫是为了保护本人、他人的民事权益或社会公共利益而对不法侵害采取的防卫措施。在大气污染侵权责任中，如果正当防卫可以作为污染者的免责事由，意味着受害人对其实施侵害行为，污染者以污染大气环境针对受害人本人进行防卫，这种情况出现的概率和可能性几乎没有。此外，大气污染侵权责任不以污染者行为违法性为要件，因此，不管其防卫行为是否具有合法性，对所造成的损害，污染者均应承担责任，除非有其行为以外的原因如不可抗力等，依法可以免责。综上所述，本书认为，不应当将正当防卫规定为大气污染侵权责任的免责事由。

五、关于紧急避险

紧急避险是为了本人、他人或社会公共利益避免遭受急迫的危险不得已而为的行为。2011 年修订后的《海洋倾废管理条例》第 15 条规定，倾倒废弃物的船舶、航空器、平台和其他载运工具，凡属《中华人民共和国海洋环境保护法》第 90 条、第 92 条规定的情形，可免于承担赔偿责任：为紧急避险或救助人命，未按许可证规定的条件和区域进行倾倒时，应尽力避免或减轻因倾倒而造成的污染损害，并在事后尽快向主管部门报告。倾倒单位和紧急避险或救助人命的受益者，应对由此所造成的污染损害进行补偿。这是目前极少在环境污染损害中将紧急避险作为免责事由的规定。本书认为，紧急避险不应作为空气污染侵权责任的免责事由。一是因紧急避险污染环境造成空气污染侵权损害的情况很少见，不具有普遍性；二是从国际公约及各国法律环境法律规定来看，基本不把紧急避险作为空气污染损害的免责事由；三是与正当防卫的理由相同，环境污染侵权责任不以行为人的行为违法性为要件。因此，不管避险行为是否具有合法性，对所造成的损害，均应承担责任，除非有行为以外的原因如不可抗力等，依法可以免责。

六、关于战争、武装冲突、暴乱等社会事件

在我国和域外一些国家（地区）的法律中，有将战争、武装冲突、暴乱等社会现象规定为某些领域的环境污染侵权责任的免责事由。如美国、加拿大、荷兰等国家都把战争、武装冲突、暴乱等规定为环境污染损害的免责事由。我国也有这样的规定，《国务院关于核事故损害赔偿

责任问题的批复》（国函〔2007〕64 号）规定，对直接由于武装冲突、敌对行动、战争或者暴乱所引起的核事故造成的核事故损害，营运者不承担赔偿责任。《侵权责任法》第 70 条规定，民用核设施发生核事故造成他人损害的，民用核设施的经营者应当承担侵权责任，但能够证明损害是因战争等情形造成的，不承担责任。因此，在法律规定的某些环境污染领域，因战争造成环境污染损害的，责任人能够免责。如前文分析，大气污染侵权责任适用《侵权责任法》一般免责事由的规定，问题是，《侵权责任法》没有将战争单独列出作为侵权责任的一般免责事由，那么，战争、武装冲突、暴乱等是否是大气污染侵权责任的免责事由呢？将战争、武装冲突、暴乱等理解为不可抗力的情形，当然可以说，战争、武装冲突、暴乱等是大气污染侵权责任的免责事由。但是，如前文分析，实际上，我国立法者并无意将战争、武装冲突、暴乱等作为不可抗力对待。这样，从法律规范来说，我国法律没有将战争、武装冲突、暴乱等作为大气污染侵权责任的免责事由。但是，正如前文所述，不同于自然灾害，战争、暴乱、武装冲突等发生后，行为人很难采取措施防止损害的进一步发生，因此，本书认为，应将战争等社会事件作为独立的免责事由规定。当然，当今社会处于和平时期，我国社会关系稳定，发生战争、暴乱、武装冲突等社会事件的概率非常小，但从法律规范的完善上来说，应将战争、暴乱、武装冲突等社会事件从不可抗力中分离出来，单独规定为侵权责任的免责事由。

综上所述，在大气污染侵权责任中，责任人能够减免责任的事由主要是战争、受害人故意或重大过失、不可抗力。不可抗力作为免责事由应有所区别，法律对不可抗力另有规定的，依法律规定。

第二章 数人大气污染侵权责任

第一节 数人侵权责任基本理论问题

数人空气污染侵权行为是数人侵权行为的一种，因此，分析数人空气污染侵权责任首先需分析数人侵权责任相关基本理论问题。

数人侵权行为指二人以上实施侵害他人民事权益应承担侵权责任的行为。我国《侵权责任法》确立的数人侵权行为包括共同侵权行为，教唆、帮助行为，共同危险行为和无过错联系的数人侵权行为。

一、共同侵权行为

（一）共同侵权行为的含义

《侵权责任法》第8条规定："二人以上共同实施侵权行为，造成他人损害的，应当承担连带责任。"此为我国法律对共同侵权行为的规定。但理论界对于此条所称的"共同"有不同理解，主要有意思联络说、共同过错说、行为关联共同说、折中说等。意思联络说认为，数个行为人有共同故意或曰通谋，即数个加害人在实施侵害他人权益的行为中，不仅主观上意识到彼此的存在，具有共同追求的目的，而且客观上也为达致此目的而付出了共同的努力，他们各自承担了有一定数量的、相互之间有一定联系的行为部分。[1]共同过错说认为数个行为人在实施侵权行为时只要有过错就构成共同侵权，共同过错包括共同故意、共同过失和故意与过失的混合。[2]行为关联共同说认为即使行为人没有共同过错，只要数个行为客观上造成同一损害结果，亦成立共同侵权行为。[3]折中说则认为，单纯的主观说或客观说都不宜采用，正确的理论应当是把握加害人与受害人之间的利益平衡，而不可偏执于一端。在共同侵权行为的构成要件上既要考虑各行为人的主观方面，也要考虑各行为人的行为之间的客观联系。[4]

比较法上，各国对共同侵权行为中“共同”也存在不同认识。《德国民法典》第830条第1款前段规定，二人以上以共同实施的侵权行为引起损害的，每一个人就损害负责任。[5]对此规定，德国学界也存在不同理解。有德国学者认为，在内容上要确定共同行为的概念，应当在第830条的范围内，参照刑法中规定的情况，共同行为的必要条件，是存在对行为的共同作用的意识和愿望。行为只是同时发生，还不足以符合条件。[6]也有德国学者认为，意思联络并非共同侵权行为的构成要件。如Oertmann教授认为，各个加害人之间无须具备意思的联络，只要数人的行为在客观上发生同一损害结果，就应成立共同侵权行为。[7]《日本民法典》第719条第1款前段规定，因数人共同实施侵权行为加害于他人时，各加害人负担连带赔偿责任。日本学界和实务界对此条中的“共同”有客观共同说、主观共同说和主客观说。客观共同说认为，共同侵权行为的构成不以行为人主观上具有意思联络为必要，只要数人的

---

[1] 程啸：《我国〈侵权责任法〉中多数人侵权责任的规范目的与体系之构建》，载《私法研究》2010年第2期。

[2] 王利明：《侵权行为法研究》（上卷），中国人民大学出版社2004年版，第686～702页。

[3] 最高人民法院发布的《关于审理人身损害赔偿案件适用法律若干问题的解释》第3条第1款即采取此观点。

[4] 张新宝：《中国侵权行为法》（第2版），中国社会科学出版社1998年版，第167～168页。

[5] 《德国民法典》（第2版），陈卫佐译，法律出版社2006年版，第308页。

[6] [德] 马克西米利安·福克斯：《侵权行为法》，齐晓琨译，法律出版社2006年版，第233页。

[7] 郑玉波：《民法债编总论》，三民书局1998年版，第166页。

共同侵权行为与损害结果具有相当因果关系即可。[1]主观共同说认为，成立“共同”侵权行为，必须具备“更为紧密的意思参与”意义上的主观共同性。[2]主客观说在支持主观共同说立场的同时，也兼顾判例的客观共同说，将《日本民法典》第719条第1款前段的共同侵权行为区分为主观共同的情形与客观共同的情形。[3]我国台湾地区“民法”第185条第1款前段规定，数人共同部分侵害他人之权利者，连带地负损害赔偿责任。我国台湾学界对此规定也有主观共同和客观共同等不同解读。

本书认为《侵权责任法》第8条采取的是共同过错说。这种共同过错可以是共同故意，也可以是共同过失，还可以是故意与过失的混合。只有共同加害人具有共同过错，其行为才具有可责难性，应当承担民事责任。持意思联络说的学者在批评共同过错说时指出，不存在所谓的共同过失，而且采共同过错说将导致《侵权责任法》第8条和第10条的混用。本书并不认同此观点。在社会经济生活中，有许多需要共同协作完成的行为，在共同的生产、经营和其他社会活动中，人们相互协作、联系和影响的机会日益增加，产生大量的共同注意义务，就引申出共同过失的概念。[4]但在共同过失的情形下，数人是基于一致的意思而为一定的行为，该行为具有导致损害发生的可能性，而行为人却没能够预见或虽然预见到但没有能够避免该损害的发生。例如，甲、乙共抬一根5米长的木材穿越一条马路，在即将穿过时却因转弯过急致木材的尾端击伤行人丙。该案中，抬木材穿越马路是基于甲、乙一致的意思而作出的，在作出该行为时，甲、乙应当预见到该行为潜在的致害可能性，并且完全可以避免损害的发生，但却导致损害的发生，故存在共同过失，应承担连带责任。与共同故意一样，共同过失之中，也是一致行动的意

---

〔1〕［日］山田辉明：《日本侵权行为法》，顾竹轩、丁相顺译，北京大学出版社2011年版，第157页。

〔2〕［日］原田刚：《论“共同侵权行为规定”之解释——以“共同”的解释和加害人不明情形的解释为中心》，罗丽译，载《清华法学》2013年第3期。

〔3〕［日］原田刚：《论“共同侵权行为规定”之解释——以“共同”的解释和加害人不明情形的解释为中心》，罗丽译，载《清华法学》2013年第3期。

〔4〕王卫国：《过错责任原则：第三次勃兴》，中国法制出版社2000年版，第273页。

思将数人整合为一体，形成正当化连带责任的“一体性”。共同过失行为人基于一致意思而作出的共同行为，制造了统一的风险，行为人又均未能阻止风险的发生，从而发生连带责任。[1]故意和过失混合的共同侵权行为也可能存在，如甲有侵害他人权益的故意，但未告知乙，请乙与其一起实施该行为，乙因疏忽未预见到该行为会造成他人损害，也应构成共同侵权。无论是共同故意的共同侵权行为还是共同过失的共同侵权行为，所谓过错都是指各行为人内部的关系而不是对外关系。在共同故意的情况下，各行为人内部有实施侵权行为的通谋。在共同过失的情况下，各行为人或者应该预见到该共同实施的行为会造成某种损害结果，但因疏忽没有预见到；或者虽然预见到共同实施的行为可能会造成某种损害但轻信可以避免。

（二）共同侵权行为的构成要件

基于上述认识，构成共同侵权行为需要具备以下要件：

1. 主体的复数性。实施共同侵权行为的共同加害人须有两人以上，共同加害人可以是自然人，也可以是法人或者其他非法人组织。

2. 共同实施侵权行为。从主观上来说，各加害人具有共同过错，可以是共同故意、共同过失或故意和过失的结合。从客观上来说，各行为人的行为具有关联性，即数个行为人都实施了侵权行为，这些行为结合在一起，形成一个有机整体，共同造成了损害结果，数个侵权行为之间必须具有密切的关联性。

3. 受害人有损害。需要注意的是，与《人身损害赔偿解释》第3条第1款不同，《侵权责任法》没有强调结果的同一性，即使数人的侵权行为给受害人造成的损害后果不同，但只要是共同实施侵权行为，同样构成共同侵权行为。

4. 侵权行为与损害之间具有因果关系。在共同侵权行为中，数个侵权行为对造成损害后果的原因力可能不同，但与损害都具有因果关系，否则，不构成共同侵权行为。

---

〔1〕 叶金强：《共同侵权的类型要素及法律效果》，载《中国法学》2010年第1期。

（三）共同侵权行为的民事责任

共同侵权人应对损害结果承担连带责任，即每一个侵权人都负有全部赔偿受害人损失的责任；受害人也可以要求任何一个侵权人承担全部的赔偿责任。《侵权责任法》第13条规定："法律规定承担连带责任的，被侵权人有权请求部分或者全部连带责任人承担责任。"而《人身损害赔偿解释》第5条第1款规定："赔偿权利人起诉部分共同侵权人的，人民法院应当追加其他共同侵权人作为共同被告。赔偿权利人在诉讼中放弃对部分共同侵权人的诉讼请求的，其他共同侵权人对被放弃诉讼请求的被告应当承担的赔偿份额不承担连带责任。责任范围难以确定的，推定各共同侵权人承担同等责任。"

对于连带债务人内部的责任份额如何划分，《侵权责任法》第14条规定："连带责任人根据各自责任大小确定相应的赔偿数额；难以确定责任大小的，平均承担赔偿责任。支付超出自己赔偿数额的连带责任人，有权向其他连带责任人追偿。"责任大小，可以根据各自过错或原因力比较进行确定；难以确定过错或原因力的，可视为各行为人的过错或原因力相当，由各侵权行为人平均承担责任。

二、教唆、帮助行为

（一）教唆行为、帮助行为的含义

教唆行为是指利用言语对他人进行开导、说服或通过怂恿、刺激、利诱等办法使被教唆者接受教唆意图，进而从事某种侵权行为的过错行为。[1]帮助行为是指通过提供工具、指示目标或以语言激励等方式，从物质上或精神上帮助他人实施侵权行为的行为。[2]比较法上，教唆、帮助行为人视为共同侵权行为人。如《德国民法典》第830条第2款规定，教唆人与帮助人视为共同加害人。《日本民法典》第719条第2款规定，教唆人及帮助人，视为共同行为人。我国台湾地区"民法"第185条第2款规定，造意人及帮助人，视为共同行为人。我国《民通意

〔1〕王利明：《侵权行为法研究》（上卷），中国人民大学出版社2004年版，第710页。
〔2〕王利明：《侵权行为法研究》（上卷），中国人民大学出版社2004年版，第712页。

见》第148条第1款规定，教唆他人实施侵权行为的人，为共同侵权人，应当承担连带民事责任。教唆、帮助无民事行为能力人实施侵权行为的人，为侵权人，应当承担民事责任。教唆、帮助限制民事行为能力人实施侵权行为的人，为共同侵权人，应当承担主要民事责任。但是，《侵权责任法》第9条规定，教唆、帮助他人实施侵权行为的，应当与行为人承担连带责任。教唆、帮助无民事行为能力人、限制民事行为能力人实施侵权行为的，应当承担侵权责任；该无民事行为能力人、限制民事行为能力人的监护人未尽到监护责任的，应当承担相应的责任。这一规定改变了《民通意见》的规定。首先，《侵权责任法》没有明确教唆、帮助行为的性质。其次，明确了教唆、帮助无民事行为能力、限制民事行为能力人实施侵权行为的，教唆人、帮助人是侵权行为人，应承担侵权责任，无民事行为能力、限制民事行为能力人的监护人未尽到监护责任的，应当承担相应的责任。这样，只有教唆、帮助完全民事行为能力人实施侵权行为时，教唆人、帮助人才与行为人承担连带责任。尽管如此，我国理论上，一般还是把教唆、帮助完全民事行为能力人实施侵权行为，视为共同侵权行为。

（二）教唆行为、帮助行为的特征

1. 教唆行为具有以下特征：

（1）教唆行为采取的是积极的作为形式，可以通过开导、说服、怂恿、刺激、利诱、收买、授意等方式进行。

（2）教唆者主观大多是故意。在特殊情况下，因不注意向他人作出不正当的指示而致使他人加害于第三人，亦构成过失的教唆。[1]

（3）教唆的内容是教唆他人接受教唆意图，并实施特定的侵权行为，其内容须明确、具体。

2. 帮助行为具有以下特征：

（1）帮助的形式一般应是积极的作为，消极的不作为只有在行为人具有作为的义务并与实施加害的行为人之间具有共同故意的情况下，才属于帮助行为。

---

〔1〕 魏振瀛主编：《民法》，北京大学出版社2000年版，第706页。

（2）帮助行为的内容主要是从物质上和精神上帮助他人实施侵权行为，在行为的实施过程中只起辅助作用，这是帮助行为与教唆行为的主要区别。

（3）帮助者主观上一般出于故意，与实行行为人具有共同致人损害的意思联络，但在特殊情况下，不知他人的行为为侵权行为而提供帮助，对加害行为起到辅助作用的，亦构成共同侵权。[1]

（三）教唆、帮助行为视为共同侵权行为的条件

1. 教唆行为视为共同侵权行为需具备以下要件：

（1）教唆者实施了教唆行为，被教唆者按照教唆内容实施了加害行为，且二者之间具有因果关系。

（2）教唆者与被教唆者主观上有共同过错。

（3）教唆者与被教唆者在实施教唆行为或加害行为之时应具有完全民事行为能力。

2. 帮助行为视为共同侵权行为需具备以下要件：

（1）帮助者与被帮助者分别实施了帮助行为和加害行为。

（2）帮助者与被帮助者之间主观上具有共同过错。

（3）帮助者与被帮助者须具有完全民事行为能力。

（四）教唆、帮助行为的民事责任

《侵权责任法》第9条规定，教唆、帮助他人实施侵权行为的，应当与行为人承担连带责任。教唆、帮助无民事行为能力人、限制民事行为能力人实施侵权行为的，应当承担侵权责任；该无民事行为能力人、限制民事行为能力人的监护人未尽到监护责任的，应当承担相应的责任。

三、共同危险行为

（一）共同危险行为的含义

共同危险行为又称准共同侵权行为，是指两个或两个以上的行为人共同实施有侵害他人权利的危险行为，并造成实际损害结果，但不能确定何人是加害人的侵权行为。《最高人民法院关于审理人身损害赔偿案

---

〔1〕 魏振瀛主编：《民法》，北京大学出版社2000年版，第707页。

件适用法律若干问题的解释》（以下简称《人身损害赔偿解释》）第4条规定："二人以上共同实施危及他人人身安全的行为并造成损害后果，不能确定实际侵害行为人的，应当依照民法通则第130条规定承担连带责任。共同危险行为人能够证明损害后果不是由其行为造成的，不承担赔偿责任。"《侵权责任法》第10条规定："二人以上实施危及他人人身、财产安全的行为，其中一人或者数人的行为造成他人损害，能够确定具体侵权人的，由侵权人承担责任；不能确定具体侵权人的，行为人承担连带责任。"由此确定了共同危险行为的概念和基本规则。

（二）共同危险行为的构成要件

共同危险行为应具备以下要件：

1. 二人以上实施了危险行为。共同危险行为的行为主体必须是二人以上，这是共同危险行为成立的基本条件之一。一个人实施的行为即使造成他人损害，也只是单独侵权行为，不是共同危险行为。需要注意的是《侵权责任法》仅规定"二人以上实施危及他人人身、财产安全的行为"，而没有像《人身损害赔偿解释》第4条表述为"二人以上共同实施危及他人人身安全的行为"。那么，在共同危险行为中，数个行为人的行为是否需要具备时空上的共同性？有学者认为，要求共同危险行为人的行为具有时空上的共同性，并不妥当。首先，共同危险行为的规范目的在于减少因果关系不明时受害人的证明困难，以时空同一性作为共同危险行为之构成要件，有违规范目的。其次，担心缺少"时空同一性"的限制会导致共同危险行为适用范围过大，也是没有必要的。因为共同危险行为中的危险性并非一般的危险性，而是指对造成损害具有高度真实性或确定可能性的危险，这一要求可以避免滥用共同危险行为。[1]而参与立法的全国人大法工委专家则认为，在共同危险行为中，"共同"的含义主要是要求数个行为人必须在同一时间、同一场合行为，即"时空上的共同性"，如果数个被告的行为在时间上、场所上发生了分离，就不属于共同危险行为。[2]本书赞同第二种观点。共同危险行为并不要求数个行为

〔1〕 程啸：《侵权责任法》（第2版），法律出版社2015年版，第366页。

〔2〕 全国人大常委会法制工作委员会民商法室编：《中华人民共和国侵权责任法条文说明、立法理由及相关规定》，北京大学出版社2010年版，第41页。

人具有共同过错，如果没有“时空上共同性”的限制，一是会导致共同危险行为的泛化，二是有悖于立法者的意图。之所以《侵权责任法》第10条的条文里没有出现“共同”二字，是因为在第8条共同侵权行为中使用了“共同”，为避免在同一法律中，出现表达相同但含义不同的法律术语[1]，所以没有在第10条中使用“共同”表述。

2. 数人的行为均具有危险性。共同危险行为的危险性指的是有侵害他人民事权益的可能性。共同危险行为制度的目的是为了防止因无法确定具体侵权人而使受害人的请求权落空。因此，法律关注的不是各行为人是否具有共同过错，而是每个行为人都实施了危及他人人身、财产安全的行为。因此，共同危险行为在一般过错责任、过错推定责任、无过错责任中均可适用。

3. 其中一人或数人的行为造成了他人的损害。数人虽然都实施了危及他人人身、财产安全的行为，但真正造成受害人损害的是其中一人或几个人，而不是全部实施危险行为的人都造成了他人损害。

4. 不能确定具体侵权人。共同危险行为的损害结果不是共同危险行为人全体所造成的，而是其中一人或数人的危险行为造成的，但不能确定谁是加害人。这也是共同危险行为有别于共同侵权行为的重要特征。

5. 结果的同一性。与共同加害行为一样，共同危险行为的损害结果是不可分割的整体，是共同危险行为人共同过错的结果。

（三）共同危险行为的民事责任

由于共同危险行为具有危险的共同性、行为的共同性等特点，因此共同危险行为人对其中一人或者数人的行为造成他人损害的，不能确定具体侵权人的，各行为人应承担连带责任；能够确定具体侵权人的，由具体侵权人承担责任。

四、无过错联系的数人侵权行为

（一）无过错联系的数人侵权行为的含义

所谓无过错联系的数人侵权行为是指数个行为人没有共同过错，但

---

〔1〕 全国人大常委会法制工作委员会民商法室编：《中华人民共和国侵权责任法条文说明、立法理由及相关规定》，北京大学出版社2010年版，第41页。

其分别实施的侵权行为却造成了同一损害结果，行为人对损害结果承担连带责任或者按份责任的情形。《人身损害赔偿解释》第 3 条将其分为两种情况。一是分别实施的侵权行为直接结合的数人侵权。二是分别实施的侵权行为直接结合的数人侵权。前者在该条第 1 款中规定，即二人以上虽无共同故意或者共同过失，但其分别实施的数个侵害行为直接结合发生同一损害后果的，构成共同侵权，应当根据《民法通则》第 130 条规定承担连带责任。后者在该条第 2 款中规定，即二人以上没有共同故意或者共同过失，但其分别实施的数个行为间接结合发生同一损害后果的，应当根据过失大小或者原因力比例各自承担相应的赔偿责任。理论界对这种划分争议很大，有学者认为，共同侵权行为应坚持主观上的意思联络，不宜随意扩大共同侵权的类型。也有学者肯定该条规定，认为它在传统理论的基础上合理扩张了共同侵权行为的类型。但由于“直接结合”“间接结合”难以判断，这一规定备受诟病。《侵权责任法》放弃了这一表述，其第 11 条、第 12 条规定了承担连带责任的无过错联系的数人侵权行为和承担按份责任的无过错联系的数人侵权行为。

（二）无过错联系的数人侵权行为的特征

1. 侵权行为主体须为两个以上。

2. 各侵权行为人在主观上无共同过错。这一点是无过错联系的数人侵权行为与共同侵权行为的重要区别之处。共同侵权中，侵权人在主观上有共同的故意或过失，而无过错联系的数人侵权行为中数个侵权人在主观上没有共同的故意或过失。

3. 各行为人的行为给受害人造成同一损害。所谓同一损害是指数个侵权行为所造成的损害性质是相同的，都是身体伤害或财产损失，并且损害内容具有关联性。[1]这一点也与共同侵权行为不同。共同侵权行为中，只要有主观上的共同过错，即使行为造成的损害结果不同，也构成共同侵权行为。

4. 数个加害人的行为与损害之间有明确的因果关系。这一点与共

---

〔1〕 全国人大常委会法制工作委员会民商法室编：《中华人民共和国侵权责任法条文说明、立法理由及相关规定》，北京大学出版社 2010 年版，第 43 页。

同危险行为不同，共同危险行为中，数个加害人的行为与损害之间的因果关系是不明确的，即无法确定具体侵权人。

5. 各行为人承担连带责任或者按份责任。《侵权责任法》第 11 条规定："二人以上分别实施侵权行为造成同一损害，每个人的侵权行为都足以造成全部损害的，行为人承担连带责任。"所谓"足以造成全部损害"不是指每个侵权行为都实际造成了全部损害，而是指即便没有其他侵权行为的共同作用，独立的单个侵权行为也有可能造成全部损害。[1]第 12 条规定："二人以上能够分别实施侵权行为造成同一损害，能够确定责任大小的，各自承担相应的责任；难以确定责任大小的，平均承担赔偿责任。"

第二节　数人大气污染侵权责任

一、数人大气污染侵权的形态

在大气污染侵权中，也存在上述各种数人侵权行为。多个大气污染物排放者基于共同故意或共同过失排放大气污染物的行为虽极为少见，但是在各个侵权人存在一定委托关系、租赁关系、劳务合同关系或其他法律关系的情况下，各方共同故意或共同过失污染大气环境的情况并不少见，如污染物处理服务公司接受委托处理污染物，违法处理污染物，委托人与受托人合谋或明知却默认的或因疏忽未尽到注意义务的，都构成环境污染共同侵权。教唆、帮助行为也可能存在，如污染企业指使污染物处理单位违法排污；或者污染物处理单位为污染企业违法排污提供运输工具等。理论上，共同危险行为在大气污染侵权也有存在的可能。共同危险行为不以各行为人具有共同过错为要件，因此，数个行为人实施危及他人人身、财产安全的污染大气环境的行为，并造成实际损害结果，但不能确定何人是加害人的，即可构成大气污染共同危险行为。大

---

〔1〕 全国人大常委会法制工作委员会民商法室编：《中华人民共和国侵权责任法条文说明、立法理由及相关规定》，北京大学出版社 2010 年版，第 43 页。

气污染共同危险行为有存在的现实可能性，但通过北大法宝案例库和中国裁判文书网检索，尚未检索到大气污染共同危险行为判例。环境污染侵权实行因果关系推定，发生环境污染造成损害后，通常推定污染行为与损害之间具有因果关系，即能够通过推定确定侵权人，如果排污者能够证明排污行为与损害没有因果关系，则不承担侵权责任。在共同危险行为中，虽然共同危险行为发生后，也是推定共同危险行为与损害有存在因果关系，但共同危险实施人主张免责，要举证证明的是谁是具体加害人或证明自己的行为没有造成损害，否则，就要和其他共同危险实施人承担连带责任。

在司法实践中，各污染者往往是分别排放大气污染物，很难建立一种共同过错的联系，常常表现为无过错联系的数人大气污染侵权行为形态。有共同过错的情况，常常表现为前文所分析的共同侵权形态。因此，本书重点讨论大气污染共同侵权和无过错联系的数人大气污染侵权行为。

（一）大气污染共同侵权

最高人民法院《环境侵权责任解释》第 2 条规定："两个以上污染者共同实施污染行为造成损害的，被侵权人根据侵权责任法第八条规定请求污染者承担连带责任的，人民法院应予支持。"该解释第 1 条规定，因污染环境造成损害，不论污染者有无过错，污染者应当承担侵权责任。污染者以排污符合国家或者地方污染物排放标准为由主张不承担责任的，人民法院不予支持。司法解释强调了环境污染责任是无过错责任。如前所述，共同侵权需要具备各侵权人具有共同过错要件，那么，环境污染侵权适用无过错责任原则，环境污染共同侵权是否需要考虑各行为人具有共同过错要件呢？或许日本的做法可资借鉴。《日本民法典》第 719 条第 1 款前段没有明确共同侵权行为的"共同"的含义，日本学界对"共同"的理解存在"主观共同说"和"客观关联共同说"两种观点，而"客观关联共同说"为通说，并为判例所采纳。[1]在"四日市哮喘病案"中，在适用第 719 条时，提出了"弱关联共同说"和"强关联共同说"，法院认为，在个人的行为单独虽然不发生结果，但与其

〔1〕 于敏：《日本侵权行为法》，法律出版社 2006 年版，第 276～278 页。

他行为结合在一起就使结果发生的场合，成立共同侵权行为，各企业密不可分地与其他市场活动相互利用进行各自的操作，伴随这些活动排放煤烟，可以认定为强的关联共同性。[1]在“西淀川大气污染公害案”中，法院进一步强调，成立第719条第1款前段的共同侵权行为需要“强关联共同说”，成立该款后段共同危险行为只需要“弱关联共同说”。[2]本书认为，在大气污染侵权案件中，行为人承担环境污染责任不考虑其过错。因此，在存在数个行为人的大气污染案件中，如果能够认定各责任人具有共同过错时，可以成立共同侵权行为；不能判断各行为人是否具有共同过错时，可通过“客观关联共同”认定成立共同侵权行为，也可借鉴日本“强关联共同说”认定成立共同侵权行为。检索北大法宝案例库，虽然没有看到根据“客观关联共同”认定大气污染共同侵权案件，但是在其他环境污染案件中，可看到我国司法实务运用“客观关联共同”认定环境共同侵权，如常州市环境公益协会诉储某清、常州博世尔物资再生利用有限公司等土壤污染民事公益诉讼案。[3]在中华环保联合会与谭某洪、方某双环境污染责任纠纷案中，一审法院认为，方某双作为鱼塘的承包人，在明知谭某洪租赁鱼塘的目的用于倾倒污泥的情况下，既没有向集体土地的所有人报备承包鱼塘用地性质的变更，也未审查所倾倒的污泥来源和成分，反而承诺保证谭某洪运泥车辆在村路或鱼塘边发生争执时主动出面处理，将鱼塘转租给谭某洪倾倒污泥牟利，致使环境受到污染，由此可见，方某双对本次环境污染事件亦负有过错。方某双与谭某洪共同实施了侵权行为，对环境造成了污染，损害了公众利益，两人的行为构成共同侵权，因此，方某双应当与谭某洪共同承担连带责任。二审法院认为，虽然污染是由谭某洪倾倒污泥的行为所直接引起的，但涉案的鱼塘系由方某双承包和实际控制，如果没有方某双出租鱼塘提供场所和便利，谭某洪亦不可能独自向涉案鱼塘倾倒污泥，因此本次污染的损害后果是由谭某洪倾倒污泥的行为和方某双出租鱼塘的行为直接结合共同导致的，故二人构成共同侵权，应当承担连带

---

〔1〕 于敏：《日本侵权行为法》，法律出版社 2006 年版，第 273 页。
〔2〕 于敏：《日本侵权行为法》，法律出版社 1998 年版，第 273 页。
〔3〕 http：//www. court. gov. cn/zixun - xiangqing - 16396. html.

责任。对于方某双上诉认为其没有共同侵权的意思表示，也不存在过失的抗辩，《最高人民法院关于审理环境侵权责任纠纷案件适用法律若干问题的解释》第 1 条规定："因污染环境造成损害，不论污染者有无过错，污染者应当承担侵权责任。污染者以排污符合国家或者地方污染物排放标准为由主张不承担责任的，人民法院不予支持。"故方某双主观上是否存在故意或过失，不影响其承担侵权责任。[1]

综上所述，本书认为，在大气污染中，构成共同侵权行为，应具备以下条件：（1）有两个以上的大气污染者；（2）各大气污染者共同实施了大气污染行为；（3）各大气污染者的行为与损害结果都具有不可分性。

（二）无过错联系的数人大气污染侵权行为

实践中，大多数数人大气污染侵权行为表现为无过错联系的数人大气污染侵权行为。每个污染者都是独立的经济单位，各个排污单位分别排污造成大气污染，承担连带责任还是按份责任，仍应适用《侵权责任法》第 11 条和第 12 条的规定，即二人以上分别实施侵权行为造成同一损害，每个人的侵权行为都足以造成全部损害的，行为人承担连带责任。二人以上分别实施侵权行为造成同一损害，能够确定责任大小的，各自承担相应的责任；难以确定责任大小的，平均承担赔偿责任。《环境侵权责任解释》第 3 条第 1 款、第 2 款对《侵权责任法》第 11 条、第 12 条在环境污染中的适用作了进一步确认。需要注意的是，该条第 3 款补充规定了一种无过错联系数人污染行为的情形，即两个以上污染者分别实施污染行为造成同一损害，部分污染者的污染行为足以造成全部损害，部分污染者的污染行为只造成部分损害，被侵权人根据《侵权责任法》第 11 条规定请求足以造成全部损害的污染者与其他污染者就共同造成的损害部分承担连带责任，并对全部损害承担责任的，人民法院

[1] 中华环保联合会与谭耀洪、方运双环境污染责任纠纷案，广东省广州市中级人民法院（2015）穗中法民一终字第 3804 号民事判决书。

应予支持。学者将其称为半叠加的分别侵权行为。[1]在这种环境污染分别侵权行为中，其污染行为足以造成全部责任的污染者不仅要对其与其他污染者就共同造成的损害部分承担连带责任，并且对全部损害承担责任。而污染行为只造成部分损害的污染者，只对该部分与其他污染者承担连带责任，对其他部分的损害不承担侵权责任。这一规定体现了“污染者负担”原则，比较合乎情理。

二、数人大气污染侵权责任因果关系的认定

（一）数人大气污染侵权责任因果关系认定困难的原因

大气污染相对于固体废物污染、水污染等，在因果关系的认定上本来就更复杂、困难，数人大气污染环境因果关系的认定，就更为困难。这种复杂性主要表现在：

1. 空气的流动性较强，导致污染源确定更加困难。某一地区的污染源可能是数公里之外的其他地区。

2. 某类污染物可能是数家污染企业排放的，确定每家企业污染物排放的数量及所起的作用有一定的困难。

3. 单一污染物排放可能不会造成污染，但是，数家企业均排放了污染物，各类污染物累加或发生化学反应产生新的污染物，从而造成大气污染的情形也很多见。

（二）数人大气污染侵权责任因果关系的形态

数人大气污染侵权责任因果关系因侵权责任的类型不同，表现形态也各有不同。在大气污染共同侵权行为中，数个污染者或者具有共同过错，或者其行为具有客观关联共同，因此因果关系比较容易判断，以相当因果关系就可以判断。根据《侵权责任法》第66条和《环境侵权责任解释》第7条的规定，环境污染侵权实行因果关系推定，这一规则同样适用于共同侵权。当然在具体确定大气污染共同侵权因果关系时，一般环境污染侵权判断因果关系的各种理论或方法也可以根据案件情况运

---

〔1〕 杨立新：《环境侵权司法解释对分别侵权行为规则的创造性发挥——〈最高人民法院关于审理环境侵权责任纠纷案件适用法律若干问题的解释〉第3条解读》，载《法律适用》2015年第10期。

用，如疫学因果关系、优势证据说等。

无过错联系的数人大气污染侵权中的因果关系比较复杂。根据无过错联系数人环境污染侵权行为造成损害结果的不同，有学者将无过错联系的数人环境污染侵权行为分为环境聚合危害行为、环境加算危害行为、叠加危害行为和择一危害行为。所谓环境聚合危害行为也可称为环境重叠危害行为，指两个以上无过错联系的环境危害行为同时造成一个不可分割的损害事实，即使没有其他加害主体的加害行为，每一个加害主体的环境危害行为均足以造成同一损害后果。环境加算危害行为指两个以上无过错联系的加害主体的单个加害行为均不足以造成损害的发生，只有当这些单个的危害行为结合在一起时，才能造成一个不可分割的损害事实。环境叠加危害行为指两个以上无过错联系的加害主体分别实施的单个环境危害行为均可能导致一定程度的性质相同的损害发生，但其中任一单独行为均无法导致最终的损害结果，然而这些环境危害行为恰好同时发生，一起作用导致了一个完整不可分割的损害结果，而这些行为之间的损害“贡献”比例无法确定。环境择一危害行为指两个以上无过错联系的加害主体的单个环境危害行为均有导致损害结果发生的危险，但并非全部单个的行为均实际造成了损害，而究竟其中哪个或哪几个行为与损害结果有因果关系无法确定。[1]由此，环境侵权因果关系分为聚合因果关系、加算因果关系、叠加因果关系和择一因果关系。有学者依据各种环境污染行为是否足以造成同一损害，将数人环境污染责任中的因果关系分为共同的因果关系、竞合的因果关系、累积的因果关系和择一的因果关系。共同的因果关系，也称“结合的因果关系”或“部分的因果关系”，是指多个污染者分别实施了环境污染行为，给他人造成同一损害，其中任何一个环境污染行为单独发生均不足以造成部分或全部的损害，但这些污染行为相互结合后，造成了受害人的全部损害。竞合的因果关系是指多个污染者分别实施了污染环境行为给他人造成同一损害，即便其中任何一个环境污染行为单独发生，也足以造成同

〔1〕 竺效：《论无过错联系之数人环境侵权行为的类型——兼论致害人不明数人环境侵权责任承担的司法审理》，载《中国法学》2011 年第 5 期。

一损害。累积的因果关系是指数人分别实施环境侵权行为造成同一损害，其中一个或部分污染行为单独发生，也足以造成全部损害后果。择一因果关系是指数人从事环境污染行为，其中一人或数人的行为实际造成他人损害，但无法确定究竟是哪一个或哪几个污染行为造成了该损害。[1]

从上述观点来看，学者们在一些基本概念上存在分歧，如学者对累积的因果关系和叠加因果关系就有不同表述。杨立新教授认为叠加因果关系又称为累积的因果关系[2]，是指数人分别实施侵权行为，每个人的行为都足以造成同一损害。有的学者认为累积因果关系又称为聚合因果关系，是指数个行为单独实施时在量上都不足以造成损害后果的发生，但是当这些行为结合在一起，量上积累到一定程度时则可能导致损害结果的发生。[3]有的学者认为，叠加因果关系、聚合因果关系是不同概念。竺效教授认为叠加因果关系指数人分别实施的环境危害行为均可能导致一定程度的性质相同的损害发生，但其中任一单独行为均无法导致最终的损害结果，然而这些环境危害行为恰好同时发生，一起作用导致了一个完整不可分割的损害结果，而这些行为之间的损害“贡献”比例无法确定。他认为所谓环境聚合危害行为也可称为环境重叠危害行为，指两个或两个以上无过错联系的环境危害行为同时造成一个不可分割的损害事实，即使没有其他加害主体的加害行为，每一个加害主体的环境危害行为均足以造成同一损害后果。环境叠加危害行为与环境聚合危害行为的区别在于：环境叠加危害行为中任何单一危害行为均无法独自造成全部（最终）损害，而叠加后表现为最终的损害；而环境聚合危害行为中的任一单个危害行为均足以导致全部（最终）的损害。[4]程啸教授认为累积的因果关系是指数人分别实施环境侵权行为造成同一损害，其中一个或部分污染行为单独发生，也足以造成全部损害后果。如

〔1〕 程啸：《侵权责任法》，法律出版社 2015 年版，第 583～584 页。

〔2〕 杨立新：《环境侵权司法解释对分别侵权行为规则的创造性发挥》，载《法律适用》2015 年第 10 期。

〔3〕 王利明：《侵权行为法》（上），法律出版社 2004 年版，第 706 页。

〔4〕 竺效：《论无过错联系之数人环境侵权行为的类型——兼论致害人不明数人环境侵权责任承担的司法审理》，载《中国法学》2011 年第 5 期。

A 厂和 B 厂均向某水域排污造成 C 的鱼苗死亡，A 排放 1000 个单位污水足以造成全部损害，B 排放的 1 个单位污水只能造成 C 的一小部分损害。[1]这种理论界对有关概念的混乱解释，让人产生困惑。

概念是法学理论一个基本问题，概念的准确性将影响制度的建构，因此，理论上准确界定概念，厘清概念的含义具有重要意义。从词语的解释上来看，聚合是将分散聚集到一起。累积指层层增加，积聚的意思。叠加是一层加上一层的意思。从汉语的词义看，聚合、累积、叠加意思相近，都有量的增加的意思。由此，本书认为，累积因果关系、聚合因果关系和叠加因果关系是一个概念，应是指数人分别实施环境污染侵权行为，每个行为均不足以造成损害，但这些污染行为结合在一起，在量上累积到一定程度即造成损害。数人分别实施污染环境的行为，每个人的行为都足以造成同一损害的，称为竞合因果关系比较合适。《环境侵权责任解释》第 3 条第 1 款规定的是竞合因果关系的环境侵权行为，第 3 款是部分竞合因果关系的环境侵权行为。而数人分别实施污染行为，其中一人或数人的污染行为造成他人损害，但不能确定具体侵权人的，指的是择一因果关系。而《环境侵权责任解释》第 3 条第 2 款则是累积（聚合、叠加）因果关系的环境侵权行为。

（三）判断数人大气污染侵权责任因果关系的门前理论

空气的流动性，可能产生两种结果：一是会造成损害的大气污染物流动到其他地方，污染物浓度降低甚至消失；二是污染物可能来自于其他地区，致使污染源难以确定。这种情况下，如何认定侵权行为成立？理论和司法实务提出了门前理论学说。根据该理论，认定侵权行为是否成立，需考虑污染者排放的污染物的路径及其是否到达受害人所在区域（门前）。该理论将因果关系的证明分为三个阶段：（1）受害者受到损害的特征及原因物质（污染物）；（2）原因物质到达受害者的路径（污染路径）；（3）在加害者有原因物质的排放的基础上，受害者只需证明（1）和（2）的部分，也就是要证明到加害者门前为止的因果关系。如历时 10 余年的东京大气污染案中，法院即运用了这一理论。

---

〔1〕 程啸：《侵权责任法》，法律出版社 2015 年版，第 107～108 页。

1996年，在东京居住或工作的99名（后增至522名）原告认为机动车尾气造成他们支气管哮喘等病以及病症的恶化，对包括国家，原首都高速公路公团，东京市政府以及丰田、日产、三菱、日野、五十铃、日产柴油车、松田共7家汽车制造商在内的被告提起诉讼，要求各被告防治大气污染物质的排放并承担连带损害赔偿责任。日本东京地方法院2002年作出一审判决，认为大气污染与支气管哮喘等病没有一般性关联，同时也认为道路沿线大气污染（汽车尾气污染）与上述疾病及其恶化没有一般性关联，由此驳回了原告要求各被告防治大气污染物质排放的请求及大部分原告的损害赔偿请求。但对于个别原告患者的支气管哮喘病及病症的恶化与以道路为空气污染源的机动车尾气排放的因果关系加以了肯定，这部分因果关系的认定是根据原告是否生活或工作在道路两旁50米范围内的沿线区域、道路车流量的大小、沿线区域二氧化氮和颗粒悬浮物（pm_{10}以下）的浓度等作出的判断。法院因此作出了由国家、原首都高速公路公团和东京市政府对已认定因果关系的7名原告进行总计7920万日元赔偿的判决（7家汽车制造商基于无过失免责）。[1]除东京市政府服从判决并缴纳了6054万余元（日元）的损害赔偿金之外，被告责任方和原告均不服判决，双方上诉。经过二审东京高等法院审理，双方最终于2007年6月和解，由国家、东京市政府、原首都高速公路公团以及7家汽车制造商共同出资创设“东京都大气污染医疗费助成制度”；一审被告各方单独或共同制定了一系列治理大气污染以及汽车尾气污染的相关方针政策；7家汽车制造商连带支付全体原告共98761万日元。[2]

从日本的相关判例可以看出，汽车尾气排放大气污染诉讼的适格原告主要是道路两旁居住的居民，而且应当限制在一定的距离。对能够提出诉讼的原告的资格进行限制的目的在于防止不当诉讼的发生。[3]

---

〔1〕 毛东恒：《空气污染侵权责任中因果关系的认定——以“东京大气污染公害诉讼案”为参考》，载《浙江海洋学院学报》（人文科学版），2014年第5期。

〔2〕 毛东恒：《空气污染侵权责任中因果关系的认定——以“东京大气污染公害诉讼案”为参考》，载《浙江海洋学院学报》（人文科学版），2014年第5期。

〔3〕 王爱群：《日本汽车尾气排放大气污染诉讼的影响及特点》，载《日本研究》2014年第2期。

三、数人大气污染侵权责任承担

《侵权责任法》第 11 条“二人以上分别实施侵权行为造成同一损害，每个人的侵权行为都足以造成全部损害的”及《环境侵权责任解释》第 3 条第 1 款“两个以上污染者分别实施污染行为造成同一损害，每一个污染者的污染行为都足以造成全部损害”是竞合因果关系的数人环境污染行为，行为人对损害结果承担连带责任。

《环境侵权责任解释》第 3 条第 2 款“两个以上污染者分别实施污染行为造成同一损害，每一个污染者的污染行为都不足以造成全部损害的，应根据《侵权责任法》第 12 条的规定各污染者承担按份责任。”《侵权责任法》第 12 条“二人以上分别实施侵权行为造成同一损害，能够确定责任大小的，各自承担相应的责任；难以确定责任大小的，平均承担赔偿责任。”这种环境污染行为有两种情形，一种情形为数个污染者排放的污染物都不会造成他人损害，但这些污染物发生化学反应，产生新的污染物造成他人损害；另一种情形是数个污染者排放的污染物排放量都不足以造成他人损害，但这些污染物的排放量加在一起，足以造成他人损害。各污染者的责任大小能够确定的，根据责任大小承担责任，不能确定责任大小的，平均分担责任，是按份责任。《环境侵权责任解释》第 4 条“两个以上污染者污染环境，对污染者承担责任的大小，人民法院应当根据污染物的种类、排放量、危害性以及有无排污许可证、是否超过污染物排放标准、是否超过重点污染物排放总量控制指标等因素确定。”第 4 条规定的是按份责任还是连带责任的内部责任划分，学界有不同观点。有的认为是连带责任的内部责任划分；有的认为是污染环境的各行为人直接对受害者承担的责任。本书认为，该条规定只是对数人环境污染责任中各责任人之间的责任划分，既可以适用于连带责任的各行为人内部责任划分，也可以适用于《侵权责任法》第 12 条按份责任的对外责任。

数人分别实施环境污染行为，只是其中一人或数人的污染行为造成了他人损害，但无法确定具体是谁，是择一因果关系的数人环境污染责任即环境污染共同危险侵权责任，由全部实施危及他人权益的污染者承担连带责任。由于空气是流动的，数个污染者排放到大气中的污染物混杂在一起甚至发生化学或物理反应，很难分离，也很难辨别是哪一种或哪些污染者排放的污染物造成他人损害，这种数人分别实施环境污染侵权行为在大气污染侵权实务案件中很难判断。

由于大气相较于其他环境要素，流动性更强，受气候条件等外界因素的影响更大，大气污染侵权表现复杂，数人大气污染侵权更为复杂，因此，确定大气污染侵权责任也就比较复杂。而“由于环境污染损害赔偿案件本身具有专业性强、案情复杂的特点，当事人争议的焦点问题往往要涉及化学、生物、物理等自然科学领域，而这些学科知识又正是那些法律专业背景出身的法官在专业知识方面的欠缺。法官要运用当事人提供的高度专业性证据材料来准确认定案件的科学事实相当困难，尤其对于各污染行为人排污的具体情况的认定有相当的难度。”〔1〕

四、市场份额责任理论在数人空气污染侵权责任中的运用

如前文所述，空气污染来源复杂多样，排污主体众多，侵害主体难以认定，而各排污主体在空气污染中所起的作用大小也各不相同，为有效制裁加害人，保护受害人及大气环境，应完善数人污染大气环境的侵权责任制度。对此，我国司法实践已作了一些努力。2015 年 6 月 3 日施行的最高人民法院《环境侵权责任解释》对数人污染环境责任作了进一步的规定。该解释将数人环境污染责任分为四种情况〔2〕，但也只能解决排污主体确定、因果关系相对明确的情况，对于排污者众多且难以判断，以及因果关系难以确定的情形，上述规则难以解决。由此，市场份额责任理论在环境污染责任中的运用引起人们的重视。

（一）市场份额责任规则的缘起和发展

市场份额责任规则是美国法院通过判例确立的一种侵权责任认定规则。一般认为市场份额责任规则是 1980 年加利福尼亚州最高法院（以

---

〔1〕孙佑海、唐忠辉：《论数人环境侵权的责任形态——〈侵权责任法〉第 67 条的评析》，载《法学评论》2011 年第 6 期。

〔2〕参见《最高人民法院关于审理环境侵权责任纠纷案件适用法律若干问题的解释》第 2 条、第 3 条。

下简称加州最高法院）审理的辛德尔诉阿伯特实验室案（以下简称辛德尔案）首次确立的。在该案中，原告辛德尔的母亲在怀孕期间服用了由医生开出的 DES（一种保胎药），从而导致原告辛德尔在成年以后患上了生殖系统癌症。而从原告辛德尔的母亲服用 DES 到原告发病，其间经历了大约 20 年的时间。原告的母亲早已忘记其所服用的是哪一家制药企业生产的 DES。据统计，在 1947 年至 1971 年，大约有 300 家企业生产销售过此药，有 500 万至 1000 万美国妇女在怀孕期间服用过 DES。自 1971 年起，研究人员发现，在怀孕过程中使用 DES 的妇女所生育的女性后代可能在少年或者青年时期患上腺癌，这是一种罕见的生殖系统癌症。[1] 鉴于此，美国国家食品药品管理局随即发布药品公告，警告医生应当停止给怀孕妇女使用 DES。自 20 世纪 70 年代开始，一部分母亲在怀孕期间服用过 DES 的女孩患上了生殖系统癌症，而且随着时间的流逝，患上这种疾病的女性越来越多，一些受害者向法院提起侵权诉讼，要求财产损害赔偿和精神损害赔偿，辛德尔案即是其中一例。然而，虽然能够明确此案损害来源于 DES，但从原告辛德尔的母亲服用 DES 到原告发病，其间经历了大约 20 年的时间。而且当时生产 DES 的厂家众多，DES 没有被申请专利，各个制药企业所生产的 DES 一般并不加注商标，而医生在使用这种药物时也仅仅以“DES”或者“Diethylstilbestrol”加以标明，通过医院的处方也无法查明原告的母亲到底服用了哪一家制药企业生产的 DES。因此，原告无法证明其母亲服用了哪家制药企业生产的 DES。这些事实使本案的被告认定异常困难。最后，原告辛德尔将包含阿伯特实验室在内的在全美国占有市场份额最大的 5 家 DES 生产企业起诉到法院。负责审理该案的加州最高法院认为 DES 生产企业在市场中占有的份额与其造成损害的可能性之间存在直接的联系，由此，被告造成原告损害的可能性就应依照其所占有的市场份额来确定。本案中作为被告的 5 家制药企业所生产的 DES 占全部市场份额的 90%，那么，这 5 家 DES 生产企业造成原告损害的概率就是 90%，而另外 200 多家企业造成原告损害的概率则仅为 10%；被告在造成原告

---

〔1〕 Sindelll v. Abbott Labs.，2d. 924，928（Cal.，1980），p. 607.

损害方面如此高的概率足以作为要求其承担责任的依据。[1]故，加州最高法院判决5家DES生产企业按照其在市场中占有的相应份额来承担各自的责任，此外，当某一被告因破产等原因而无力承担赔偿责任时，为了使原告的损害获得充分的赔偿，其他被告应当对原告承担连带责任。由此，市场份额责任规则得以确立。此后，至少有8个州的法院在某种程度上明确适用市场份额责任规则。[2]但是，至少有9个州和哥伦比亚特区在“DES案”的判决中没有适用市场份额责任规则。[3]适用市场份额责任规则的各州也多对加利福尼亚州最高法院的做法作了变通，形成了所谓修正的市场份额（modified market share liability）理论。典型案例是威斯康星州“柯林斯诉伊莱利利公司案”（Collins v. Eli Lilly Co.）、华盛顿州“马丁诉艾伯特实验室案”（Martin v. Abbott Labs.）、纽约州“海默维茨诉伊莱利利公司案”（Hymowitz v. Eli Lilly Co.）。在“柯林斯诉伊莱利利公司案”中，确立了以“风险份额”为基础的产品份额责任。

1989年，在海默维茨诉伊莱利利公司案[4]中，纽约州上诉法院适用市场份额规则，并在一定意义上修正此规则，以使其适用于不同的个案。此后，华盛顿州最高法院在马丁诉阿伯特实验室案中确立了名为“选择性的市场份额规则”。[5]最早确立市场份额规则的加州最高法院，也在辛德尔案之后审理的布朗诉最高法院案中，改变了对被告承担连带责任的态度，而认定被告承担按份责任。[6] 目前在美国除加利福尼亚州之外，佛罗里达州、夏威夷州、马萨诸塞州、密歇根州、纽约州、南达科特州、德克萨斯州、华盛顿州、威斯康星州等十余州均不同程度地适

---

〔1〕 Nomi Sheiner: DES and a Proposed Theory of Enterprise Liability, 46 Fordham Law Review (1978), p. 996.

〔2〕 王竹：《试论市场份额责任在多因大规模网络侵权中的运用——以“艳照门”事件为例》，载《政治与法律》2008年第4期。

〔3〕 See James A. Henderson, Jr. Product Liability—Problems and Process (Second Edition), Little, Brown & Company Limited (1992), pp. 199-200, 207.

〔4〕 Hymowitz v. Eli Lilly Co., 73 N. Y. 2d p. 487 (1989). 转引自马新彦、孙大伟：《我国未来侵权法市场份额规则的立法证成——以美国侵权法研究为路径而展开》，载《吉林大学社会科学学报》2009年第1期。

〔5〕 Martin v. Abbott Labs., 102 Wash. 2d p. 581, 689; 2d 368 (Wash 1984).

〔6〕 Brownv Superior Ct., 44 Cal. 3d p. 1049, 751. 2d 470.

用市场份额规则，而且，这一规则无论在适用的区域，还是在适用案件的类型上均有扩张发展的趋势。[1]

（二）市场份额责任的适用范围、条件

通过上述案例可知，所谓市场份额规则，是指在某些有毒、有害物质的致害案件中，由于该致害物质被包含于某种具有可替代性的通用工业产品中，原告没有证据证明造成其损害是哪一品牌的产品，从而无法认定侵权责任主体，对此，法院经过政策考量后认定在市场中占有较大份额的若干厂商作为共同被告，在其各自所占有的市场份额范围内对原告的损害承担赔偿责任。但是，需要注意的是，市场份额责任规则并非是完美的，从其产生起就伴随着争议。其中最大的争议就在于，实际承担责任的主体可能并非实际侵权人，这会导致真正的侵权人逃脱责任，有失法律的公平和公正。市场份额责任理论的适用尽管为受害人的保护提供了新的方法和路径，但却可能加重企业的负担、危及经济行为，从而给经济、社会的发展带来负面影响，对传统责任规则的突破还可能危害侵权责任体系的稳定。[2]因此，对市场份额责任规则进行限制是必要的。适用市场份额责任必须符合以下条件[3]：（1）被告当时生产了产生损害的产品。（2）产品必须具有可替代性。一般认为符合以下条件可认为产品具有可替代性：第一，功能上可互换，即不同生产者的产品具有功能的一致性，可以与其他品牌的同类产品互换使用。这是因为，产品功能的一致决定了消费者必然很少关心具体使用的产品是由哪个生产者生产的，而这将增加原告举证指明具体侵害人的难度。第二，形态上不可区分，即产品在外形上难以区分，从而造成原告举证具体被告人的困难。第三，危险具有一致性，即不同生产者的产品造成的危险程度相

---

〔1〕 马新彦、孙大伟：《我国未来侵权法市场份额规则的立法证成——以美国侵权法研究为路径而展开》，载《吉林大学社会科学学报》2009 年第 1 期。

〔2〕 鲁晓明：《论美国法中市场份额责任理论及其在我国的应用》，载《法商研究》2009 年第 3 期。

〔3〕 Daniel J. Grimm: Global Warming and Market Share Liability: A Proposed Model For Allocating Tort Damages Among CO_2 Producers, 32 Colum. J. Envtl. L. (2007), pp. 216 – 217.

同，具有相同的缺陷，没有一个产品比其他的产品更加危险或安全。[1]（3）侵权人判断困难，因果关系认定困难。因此，按照市场份额责任规则，法院既不要求原告证明某一被告的产品与损害之间的实际联系，也不要求原告证明被告中必定包含实际致害人。（4）产品的共同性使损害难以区分或代价巨大。[2]

（三）市场份额责任理论在大气污染侵权中适用的可行性

市场份额责任理论虽然是为了解决产品责任问题而确立的一项侵权法上的规则，但并不意味着该理论在其他领域没有适用的余地。从美国的司法实践看，市场份额责任理论已经突破产品责任领域，向其他领域扩展，如2007年的甲基叔丁基醚（MTBE）案。MTBE是一种汽油添加剂，化学含氧量较甲醇低得多，利于暖车和节约燃料，蒸发潜热低，对冷启动有利，常用于无铅汽油和低铅汽油的调合。MTBE含氧量相对较高，能够促进清洁燃烧，降低排气中CO含量。但是，研究也发现MTBE在水中有一定溶解度，会污染地下水源，1999年加州政府立法禁止MTBE的使用，以保护公众健康。虽然MTBE案是以含有MTBE的汽油属于缺陷产品为由提起诉讼，但该案的实质问题是生产、使用含有MTBE的汽油污染了环境，这意味着市场份额责任理论在环境侵权领域仍然有适用的余地。

市场份额责任理论在产品领域的适用最为人们诟病的是其公平性。市场份额责任理论要求原告选取占有市场实质份额的部分企业作为被告，可能使没有责任的主体成为被告，而使有责任的主体逃脱责任。如DES案中，原告起诉了5个被告，但原告的母亲不一定将5个被告生产的药物都服用了，即不是每一个DES生产者都给原告造成了损害；也有可能其母亲服用的药物并非这5家企业的，这样就可能使不是具体实施侵权的主体承担责任，而具体侵权的主体没有承担责任，确实存在不公平、不合理之处。但这种不公平，在大气污染侵权责任中反而不那么

---

〔1〕 Martin v. Abbott Labs., 102 Wash. 2d, p. 368 (Wash 1984). 转引自鲁晓明《论美国法中市场份额责任理论及其在我国的应用》，载《法商研究》2009年第3期。

〔2〕 Daniel J. Grimm: Global Warming And Market Share Liability: A Proposed Model for Allocating Tort Damages Among CO_2 Producers, 32 Colum. J. Envtl. L. pp. 216 – 217.

突出了。大气污染的来源有工业生产、化石燃料的燃烧、汽车尾气排放等。因为每一个污染物排放者都对大气污染负有责任，所以受害者选择起诉这些大气污染者，不会使无辜者担责；而且国家可以通过技术手段检测排污者排放的污染量，可根据其排放量所占比例确定被告。

市场份额责任适用的一个重要前提是产品具有可替代性。在大气污染侵权责任中此处的“产品”指大气污染物。某种污染物会造成何种损害，当然是根据科学知识进行判断。大气环境的不断恶化，后果之一即是人体健康遭到威胁，造成某些疾病发病率和死亡率的不断上升，据联合国环境规划署统计，全世界每年约有120万人成为新的癌症患者，呼吸系统和心血管疾病日趋增加。研究表明，煤炭燃烧产生的污染物主要是二氧化硫、氮氧化物、一氧化碳及悬浮颗粒等污染物。其中二氧化硫极易对人体健康主要是呼吸系统和皮肤等造成损害，如1930年的比利时马斯河谷烟雾事件中，有几千人呼吸道发病，有63人死亡，是同期正常死亡人数的10.5倍，主要致害物质即是二氧化硫。此后世界各国又有多例空气污染事件与二氧化硫有关，如1948年的美国多诺拉污染事件造成5911人发病，17人死亡。1952年12月4日至9日伦敦烟雾事件在大雾持续的5天时间里，据英国官方的统计，丧生者达5000多人，在大雾过去之后的两个月内有8000多人相继死亡，事件发生的一周中因支气管炎死亡是事件前一周同类人数的93倍。二十世纪六七十年代，日本四日市污染事件共确认哮喘病患者达817人，死亡10多人。氮氧化物主要来源于汽车尾气和煤炭燃烧，由于机动车数量的增加，城市氮氧化物的浓度显著增加，其中一氧化氮和二氧化氮对人体健康的危害较大。氮氧化物在日光的作用下，通过形成以臭氧为主的光化学烟雾，造成眼睛痛、头痛、呼吸困难等症状，美国洛杉矶光化学烟雾事件即是此类污染物引发的。这次事件共造成800多名老人死亡。煤的不完全燃烧和汽车尾气是一氧化碳的主要来源，一氧化碳易造成心血管疾病的发生。目前我国工业生产70%使用的还是煤炭等燃料，是大气污染的一个重要来源。工业生产排放到大气中的污染物种类繁多，有烟尘、硫的氧化物、氮的氧化物、有机化合物、卤化物、碳化合物等，其中有的是烟尘，有的是气体。煤炭在燃烧过程中要释放大量的灰尘、二氧化硫、一氧化碳等有害物质污染大气。汽车排放的废气主要有一氧化碳、二氧化硫、氮氧化物和碳氢化合物等，前三种物质危害性很大。不管是工业生产、煤炭燃烧还是汽车尾气排放都向空气中排放了污染物。各种污染物对环境都有危害、难以区分各主体排放的污染物、污染物对环境的危害具有一致性，大气污染物符合市场份额责任中的“产品具有可替代性”这个要件。在大规模大气污染的情况下，难以区分各个侵权人，因果关系难以判断，但是每一个污染者都对大气污染做出了贡献，各主体排放的污染物共同性使损害也难以区分。因此，市场份额责任在大气污染侵权责任应有适用的余地，根据科学已经证实的污染物与某种疾病的发病率之间的联系，确定某种污染物的主要排放者，根据这些排放者排放污染物所占份额，确定其应承担的责任。

（四）市场份额责任与共同危险责任的关系

市场份额责任与共同危险责任虽然都是数人侵权，难以确定具体侵权人，但是，二者还是有区别的。

1. 适用案件类型不同。市场份额责任适用于大规模侵权案件，是基于同一个侵权行为或者多个具有同质性的侵权行为，给众多受害人造成损害的情形。适用的案件具有侵权人难以确定、因果关系难以认定、损害结果难以区分等特点。而共同危险行为通常发生在单一案件中，受害人和损害后果都具有单一性。

2. 市场份额责任中的各个侵权人对损害都有贡献，虽然不一定对案件中的原告造成损害，但一定造成了其他人的损害；共同危险侵权行为中，虽然每个人的行为都具有危险性，但不是每个人的行为都造成了损害，只是其中个别行为人的行为造成损害，只不过难以确定具体侵权行为人。

第三章　大气污染侵权责任特殊类型

第一节　环境服务机构侵权责任

近年来，随着环境服务业的快速发展，一些环境服务机构成为排污企业违法排污的帮凶，与排污单位恶意串通提供虚假环评材料、伪造或者篡改监测数据等违法行为屡见不鲜。环境服务机构协助相关单位逃避环境监管更具隐蔽性，社会影响也更恶劣。因此，规范环境服务机构行为，培育健康良好的环境服务市场，对环境污染负有责任的环境服务机构追究责任非常必要和迫切。修订后的《环境保护法》第65条规定："环境影响评价机构、环境监测机构以及从事环境监测设备和防治污染设施维护、运营的机构，在有关环境服务活动中弄虚作假，对造成的环境污染和生态破坏负有责任的，除依照有关法律法规规定予以处罚外，还应当与造成环境污染和生态破坏的其他责任者承担连带责任。"该规定为环境服务机构应承担何种法律责任提供了法律依据，但该条规定过于简单化，确定责任时没有区分各类环境服务机构的性质及其在环境污染中所起的作用，实践中污染企业和环境服务机构互相推卸责任的现象时有发生，从而导致法律适用困难，环境服务机构侵权责任尚需进一步探讨。

一、环境服务的界定和类型

（一）国际上对环境服务所作的界定与分类

国际上对环境服务没有统一的定义和分类，目前比较有影响的分类有四种：

（1）联合国中心产品分类（Central Product Classification，CPC）将环境服务定义为污水处理服务、废物处置服务、卫生和类似服务、废气消除服务、噪声消除服务、自然与景观维护服务及其他环境保护服务。（2）世界贸易组织签署的《服务贸易总协定》（GATS）将环境服务分类为污水处理服务、废物处置服务、卫生和类似服务和其他环境服务分类。GATS 服务部门分类目录是关贸总协定秘书处与各成员协商的结果，因此，它应被看成是一个谈判目录，而不是一个统计分类。（3）经济合作与发展组织和欧盟统计局（OECD/EUROSTAT）认为环境服务是指提供度量、预防、限制与水、空气、土壤、废物、噪声、生态系统等相关的环境破坏的服务，以及将这些环境破坏程度降低到最低的服务。该分类包括两部分：一是为一次或多次环境保护、污染控制、补救或预防活动提供的服务，具体包括提供有关分析或监测服务、技术工程服务、环境研发、培训与教育、环境核算与法律服务、咨询服务、其他环境事务等；二是具体环境媒介所提供的服务，具体包括从事废水处理、废物处置、大气污染控制、消除噪声等方面的操作。（4）欧盟的环境服务分类。欧盟将环境服务分为核心环境服务及与环境相关的分部门。核心环境服务分类包括人类用水和废水管理、固体/危险废物管理、大气和气候变化、土壤和水的恢复及清洁、噪声和振动消除、生物多样性和景观、其他环境和附属服务。与环境相关的分部门分类包括有环境内容的商业服务、有环境内容的 R&D 服务、有环境内容的咨询、合同和工程、有环境内容的建筑服务、有环境内容的分销服务、有环境内容的运输服务、有环境内容的其他服务。上述四种界定，联合国中心产品分类和《服务贸易总协定》的界定比较狭窄和笼统，而欧盟的界定比较宽泛。

基于本书讨论问题的需要，有必要进一步明确大气污染环境服务的含义及内容。CPC 涉及大气污染环境服务的内容是废气清除服务。GATS 涉及大气污染环境服务的内容是废气治理服务，包括污染物的排放监视及管制服务（移动源或固定源）、污染物在大气环境中的浓度检测管制与减量服务。OECD/EUROSTAT 涉及大气污染环境服务的内容是空气污染管制，包括设计、管理系统或提供从固定或移动污染源中去除废气及微粒物质的其他服务。欧盟涉及大气污染环境服务的内容是消减废气和其他排放服务及改善空气质量的服务，具体包括电厂或工业配电站消除空气污染的服务、汽车尾气检测及控制系统削减计划的实施，此外，还包括大气检测服务等。

（二）我国环境服务的界定与分类

2000 年国家环保总局印发的《全国环境保护相关产业状况公报》首次将环境服务界定为与环境相关的服务贸易活动，具体分为环境技术服务、环境咨询服务、污染设施运营管理、废旧资源回收处置、环境贸易与金融服务、环境功能及其他服务六类。（见表 3－1）

表 3－1　中国环境服务业分类

类别	具体描述
环境技术服务	包括环境技术与产品的开发、环境工程设计与施工、环境监测与分析服务等
环境咨询服务	包括环境影响评价、环境工程咨询、环境监管、环境管理体系与环境标志产品认证、有机食品认证、环境技术评估、产品生命周期评价、清洁生产审计与培训、环境信息服务等
污染设施运营管理	包括水污染治理设施、空气污染治理设施、固体废物处理设施、噪声控制设施等的管理、运营和维护服务
废旧资源回收处理	包括废旧金属及制品、废旧造纸原料、废塑料、废旧化工制品、废木材、废包装物等废旧资源的回收处置
环境贸易与金融服务	包括环境相关产品的专业营销、进出口贸易、环境金融服务等
环境功能及其他服务	包括生态旅游、人工生态环境设计等

资料来源：《中国环境发展报告　2006 年》。

从这个规定可以看出，我国环境服务的定义、分类与国际上环境服务的定义、分类不同，国际上的分类根据环境要素的不同而进行分类，我国环境服务分类则具有综合性。基于本书讨论环境服务机构空气污染侵权责任的目的，本书所探讨的环境服务主要指环境影响评价服务、环境监测服务和环境污染治理设施运营服务。

环境影响评价是指对规划和建设项目实施后可能造成的环境影响进行分析、预测和评估，提出预防或者减轻不良环境影响的对策和措施，进行跟踪监测的方法与制度。[1]环境影响评价包括规划项目的环境影响评价和建设项目的环境影响评价。《大气污染防治法》第18条规定，企业事业单位和其他生产经营者建设对大气环境有影响的项目，应当依法进行环境影响评价、公开环境影响评价文件。环境影响评价服务是指社会化环境服务机构接受政府或污染企业的委托对规划项目或建设项目进行环境影响评价的服务。

环境监测是由环境监测机构按照规定程序和有关法规的要求，对代表环境质量及发展趋势的各种环境要素进行技术性监视、测试和解释，对环境行为法规符合情况进行监督、控制和评价的活动。依据检测对象的不同，环境监测分为污染源监测和环境质量检测。环境监测服务是指具有相应资质和能力的社会环境监测机构，按照规定程序和有关法律法规规定接受有关部门、企事业单位的委托提供环境监测的服务。

环境污染治理设施运营服务是指专门从事污染物处理、处置的社会化有偿服务活动，或者根据双方签订的合同承担他人环境污染治理设施运营管理的有偿服务活动。我国的环境污染治理设施运营服务主要包括：生活污水、工业废水、除尘脱硫、工业废气、工业固体废物、危险废物、生活垃圾等的环境污染治理设施的运营管理。2014年国务院办公厅发布《关于推行环境污染第三方治理的意见》，要求以市场化、专业化、产业化为导向，健全统一规范、竞争有序、监管有力的第三方治理市场，吸引和扩大社会资本投入，推动建立排污者付费、第三方治理的治污新机制，不断提升我国污染治理水平。环境污染治理设施运营社会

---

〔1〕 参见《中华人民共和国环境影响评价法》第2条。

化逐渐发展起来。通过环境污染治理设施社会化运营服务，原来由国家主导或企业自行治理的环境污染治理模式转化为环境污染第三方治理模式，使环境污染治理走向专业化、市场化和产业化。

环境服务模式有两种：一是 G－C 模式，即政府与环境服务机构之间基于委托、采购等方式形成的环境服务模式；二是 C－C 模式，即污染企业与环境服务机构之间基于委托、购买等方式形成的环境服务模式。本书探讨的是 C－C 模式下的环境服务。

二、环境服务机构的界定

环境服务机构是依法经环境主管部门的审核，获得相应环境服务资质，从事环境服务的社会组织。[1]包括环境影响评价机构、环境监测机构、环境污染治理设施运营机构等。

环境影响评价机构是指依法取得环境影响评价资质，从事环境影响评价的企事业法人。

环境监测机构是指县级以上环境保护主管部门所属环境监测机构、其他负有环境保护监督管理职责的部门所属环境监测机构以及承担环境监测工作的实验室与从事环境监测业务的企事业单位等其他社会环境监测机构。[2]

环境污染治理设施运营机构是专门提供污染物处理、处置社会化有偿服务活动，或者根据合同约定承担他人环境污染治理设施运营管理的法人。我国环境服务机构有隶属于政府环境保护部门的，也有社会化环境服务机构，本书探讨的对象是社会化环境服务机构。

三、环境服务机构侵权责任的归责

环境服务机构侵权责任如何归责，理论上有不同观点，有的主张环境服务机构承担过错责任，认为在环境服务活动中，污染企业仍应承担

---

〔1〕 2014 年 4 月环保部废止了《环境污染治理设施运营资质许可管理办法》，政府不再对环境污染治理设施运营资质实行审批制度。

〔2〕 参见环保部《环境监测数据弄虚作假行为判定及处理办法》第 2 条第 3 款。

主体责任，环境服务机构只对其过错承担环境责任。[1]有的针对某类环境服务机构的环境责任归责进行了探讨，如在讨论环境污染第三方治理有关问题时，认为环境污染治理第三方应承担无过错责任[2]。从《环境保护法》第65条规定看，环境服务机构承担环境侵权责任适用过错责任原则。本书认为，应对环境服务机构侵权责任归责问题进行类型化分析。

如前所述，过错责任和无过错责任产生的理论基础不同。过错责任在于行为的非难性，其基本思想是对不法行为的制裁。无过错责任的基本思想不在于对不法行为的制裁，而在于“不幸损害”的合理分配，乃基于分配正义的理念[3]令责任人承担侵权责任。多数国家建立了环境污染无过错责任。从各国法律规定看，环境污染责任的责任人可能是持有或经营具有某种环境污染物或设施的人，也可能是从事环境污染活动的人。前者如《德国环境责任法》第1条规定，设备对环境造成影响而导致任何人身伤亡、健康受损或财产损失，设备所有人应对受害人因之而生的损害负赔偿责任。[4]该法附录一所列举的设备包括废物、废渣的处理设备。《德国水利法》第22条第2款规定，因制造、加工、储藏、堆积、运送或毁弃物品，从其设备向水体排放物质，给他人造成损害的，设备运营人就所产生的损害承担赔偿责任。《加拿大环境保护法》第205条规定，在环境紧急事件之前所有或负责、管理或控制物质的人承担环境损害责任。《荷兰民法典》第176条和第177条分别规定了垃圾场经营者污染责任和采矿工作物经营者责任。后者如日本《大气污染防治法》第25条第1款规定，企业因伴随其活动向大气中排放（包括飞散）有害于人体健康的物质，从而危害了人的生命或健康时，与该排放有关的企业者对由此引起的损害应承担责任。《日本水污染防治法》

---

〔1〕 徐春成：《论环境服务组织的连带责任》，载《河南财经政法大学学报》2016年第4期。

〔2〕 周珂、史一舒：《环境污染第三方治理法律责任的制度建构》，载《河南财经政法大学学报》2015年第6期；马云：《水污染第三方治理机制中第三方法律责任的归责原则探析》，载《环境保护与循环经济》2015年第9期。

〔3〕 王泽鉴：《侵权行为法》（第1册），中国政法大学出版社2001年版，第16页。

〔4〕 《德国环境责任法》，张一粟译，北大法律信息网。

第 19 条规定，伴随企业活动排放含有有害物质的废水或废液，或者向地下渗透而危害了人的生命或身体时，与该排放或向地下渗透有关的企业者，应承担损害赔偿责任。1993 年欧洲理事会签署的《环境危险活动造成损害的民事责任公约》第 2 条定义的污染活动不仅包括所有使用危险物质的活动，而且包括生产或利用转基因生物或利用对人类或环境有危险的生物，以及处置或储存废物的活动。第 6 条第 1 款规定："危险活动的操作者……在其对危险活动实行控制的时间和期间内，应对作为事故后果的、该危险活动所造成的损害，承担民事责任。"[1]我国法律以侵权行为定义环境污染责任人，《侵权责任法》第 65 条规定，因污染环境造成损害的，污染者承担侵权责任。至于责任人是危险物或危险设施的所有人或经营人，还是从事危险活动的人，没有进一步在条文中释明。本书认为，以侵权行为定责任，意味着无论是环境污染危险物或危险设施的所有人或经营人，还是从事环境污染危险活动的人，只要实施了环境污染行为而造成损害，都应依法承担侵权责任。

如前文所述，环境服务形式是多样的，包括环境影响评价服务、环境监测服务、环境污染治理设备运营服务等。环境污染治理设施运营服务又分为委托式环境污染治理设备运营服务和托管式环境污染治理设备运营服务，各自在环境污染或生态破坏中所起的作用不同。在确定各类环境服务机构侵权责任归责原则时，要具体分析它们在从事各类环境服务时是否具有以过错责任或无过错责任追责的理由。

建设项目环境影响评价是建设项目建设前，对建设项目可能对环境造成的影响进行分析、预测、评估等活动，是预防环境污染、生态破坏和控制新污染源的重要制度，是防治环境污染或生态破坏的第一道关卡。因此，环境影响评价客观、真实、专业、公正至关重要。但是，环境影响评价活动本身不是危险活动，环境影响评价机构既不直接生产、排放污染物或破坏生态，也不持有产生污染物的设备，对其追责应在于其行为是否具有非难性，在环境服务中对造成环境污染和生态破坏是否

---

〔1〕 上述国外法律规定参见全国人大常委会法制工作委员会民法编：《侵权责任法立法背景与观点全集》，法律出版社 2010 年版，第 212 页。

有过错，即适用过错责任归责原则。

环境监测是对环境行为是否符合法律法规情况进行监督、控制和评价等。环境监测的目的是查出污染源，摸清污染物分布和变化的规律并对环境污染的趋势作出预测预报，通过对监测数据的分析准确评价环境质量，提出控制环境污染的对策。环境监测是环境保护中的一个重要环节，为环境保护提供可靠数据和决策依据，是环境管理的耳目，[1]因此，环境监测数据必须准确、真实、客观、全面。与环境影响评价服务一样，环境监测服务活动并非污染环境和破坏生态的危险活动，环境服务机构既不是污染物的制造者，也不是污染设备的持有者，对其追责同样在于其行为的非难性，适用过错责任原则是合理的。

在委托式污染治理设施运营服务中，污染治理设施属于环境服务机构所有，环境服务机构运行其设施对污染物进行处理，污染物经处理达到排放标准再进行排放。国务院办公厅发布的《关于推行环境污染第三方治理意见》指出，在环境污染第三方治理模式中，排污企业承担污染治理的主体责任，第三方治理企业按照有关法律法规和标准以及排污企业的委托要求，承担约定的污染治理责任。学界对这一意见有不同的理解，有的学者主张在引入第三方治理的情况下，不意味着治污责任的转移，排污企业仍需承担污染治理责任；[2]有的学者主张在环境污染第三方治理中，环境服务机构是第三人，应依据《侵权责任法》第28条之规定，由环境服务机构承担；[3]有的学者主张由排污者与治污者对外承担连带责任，对内双方均可以依据委托治理协议的规定，向违反约定者追偿。[4]本书认为，应由环境服务机构承担环境侵权责任。首先，在这种法律关系中，污染企业产生的污染物没有直接排放到环境中，而是进

[1] 吴景峰：《环境监测机构管理实务》，中国环境科学出版社2000年版，第6页。

[2] 王琪、韩坤：《环境污染第三方治理中政企关系的协调》，载《中州学刊》2015年第6期。

[3] 周珂、史一舒：《环境污染第三方治理法律责任的制度建构》，载《河南财经政法大学学报》2015年第6期；鄢斌、李岩：《合同环境服务法律责任竞合初探》，载《环境经济》2014年第4期。

[4] 刘畅：《环境污染第三方治理的现实障碍及其化解机制探析》，载《河北法学》2016年第3期。

入环境服务机构的污染治理设施控制范围内，环境服务机构对污染物处理后再行排放进入环境，此时，污染企业只是污染物事实上的生产者，而环境服务机构是污染物的法律意义上的排放者。“污染者付费，环境服务机构治理”的模式改变了传统的“污染者自行治理”模式。生产企业与环境服务机构通过环境服务合同，将原本生产企业承担的治污义务转移给了环境服务机构，环境责任也由传统的“谁生产，谁负责”向“谁治理，谁负责”转变。其次，环境服务机构不仅是污染治理设备的所有者，某种程度上控制着污染物；而且是法律上的污染者和治理者，对其以无过错责任追责体现了公平、正义、秩序等法律价值。前文提到的《德国环境责任法》《德国水利法》《加拿大环境保护法》《荷兰民法典》等都确立了设施所有者承担污染者责任的规则。欧盟理事会1991年《关于废弃物回填的理事会指令的议案》第14条也规定，垃圾场的经营者对产生于垃圾堆放的所有损害和环境损害承担有关责任。[1]最后，我国推行环境污染第三方治理的主要原因是传统的“谁生产，谁治理”的模式没有达到防治环境污染的目的，希望通过推行第三方专业治理模式，提高环境污染治理的效果，减轻生产企业的负担，将精力投入生产经营中。如果生产企业付费购买了服务后，无论是否有过错，仍然要承担环境污染责任，无疑会打击生产企业采取这种治污模式的积极性，不仅不利于环境污染第三方治理模式的推行，而且会导致环境污染治理第三方懈怠履行义务和推卸责任。基于上述理由，笔者认为，委托式环境污染治理运营服务改变了传统的污染治理模式，相应的规则也应随之改变，在这种污染治理模式中，环境服务机构是法律上的、也是最终的事实上的排污者，应承担无过错责任。

在托管式污染治理设施运营服务中，污染治理设施属于排污企业所有，环境服务机构接受委托负责对污染治理设施进行管理和运行，污染物的产生者和排放者都是生产企业，环境服务机构只是治理设施的管理者，治污义务没有转移，仍由生产企业承担。因此，环境服务机构只需

---

〔1〕［德］克雷斯蒂安·冯·巴尔：《欧洲比较侵权行为法》（上），张新宝译，法律出版社2001年版，第469页。

对其管理中的过错承担责任，即适用过错责任原则。

四、环境服务机构承担侵权责任的构成要件

侵权责任构成要件是行为人承担侵权责任必须具备的条件。在适用过错责任原则的情况下，环境服务机构承担责任需要具备以下条件：

1. 环境服务机构实施了违法行为。《环境保护法》第 65 条规定，环境服务机构在有关环境服务活动中弄虚作假，对造成的环境污染和生态破坏负有责任的，应与污染者承担连带责任。如何认定环境服务机构的“弄虚作假”行为，最高人民法院《环境侵权责任解释》第 16 条规定了四种应当认定为“弄虚作假”的行为。[1]2016 年 1 月 1 日实施的环保部《环境监测数据弄虚作假行为判定及处理办法》第 2 条规定环境监测数据弄虚作假行为，系指故意违反国家法律法规、规章等以及环境监测技术规范，篡改、伪造或者指使篡改、伪造环境监测数据等行为。篡改监测数据，系指利用某种职务或者工作上的便利条件，故意干预环境监测活动的正常开展，导致监测数据失真的行为[2]；伪造监测数据，系指没有实施实质性的环境监测活动，凭空编造虚假监测数据的行为[3]。涉嫌指使篡改、伪造监测数据的行为包括：强令、授意有关人员篡改、伪造监测数据；将考核达标或者评比排名情况列为下属监测机构、监测人员的工作考核要求，意图干预监测数据；监测机构工作人员接受委托方人员授意篡改、伪造监测数据，等等。本书认为，该规定将可以追责的环境服务机构的行为限定为“弄虚作假”过于狭窄，有些环境服务机构的行为并不能以弄虚作假认定，但确实因其过失行为导致环境污染或生态破坏，如环境评价机构在进行环境影响调查、评估时，调查不充分、评估不全面、预测失误，导致建设项目开工后污染环境或破坏生态。建议适当扩大环境服务机构违法行为的范围。

---

〔1〕具体参见《最高人民法院关于审理环境侵权责任纠纷案件适用法律若干问题的解释》第 16 条规定。

〔2〕参见环保部《环境监测数据弄虚作假行为判定及处理办法》第 4 条，该条还列举了篡改监测数据的具体情形。

〔3〕参见环保部《环境监测数据弄虚作假行为判定及处理办法》第 4 条，该条同样列举了伪造监测数据的具体情形。

2. 环境服务机构有过错。过错包括故意和过失，过失又有重大过失和一般过失之分。《环境侵权责任解释》及《环境监测数据弄虚作假行为判定及处理办法》将环境服务机构的行为限定为弄虚作假行为，弄虚作假在主观上即是故意，主观恶意大，理应对其行为造成的环境污染或生态破坏承担责任。与本书前文建议应扩大环境服务机构违法行为范围相呼应，应适当扩大环境服务机构过错范围，因重大过失出具错误环境影响评价报告或因重大过失未运营或不正常运行环境监测设备或者防治污染设施的，也应承担侵权责任。重大过失是一种严重的疏忽，即不明了所有的人都明了的事情，构成重大过失。[1]重大过失的情况下，行为人欠缺一般人具有的注意义务，自罗马法以来，多数大陆法系国家的立法采用了“重大过失等同故意”的规则，将重大过失与故意同等对待。[2]

3. 损害后果。在传统侵权责任法下，污染环境造成损害指私益损害，包括自然人的生命健康损害，自然人的精神损害，自然人、法人、其他社会组织的财产损害。因污染环境或破坏生态造成的生态环境损害不在侵权法救济的范围。但随着社会的发展及环境保护意识的提高，许多国家（地区）建立了生态环境损害赔偿制度。2015 年 12 月，中共中央办公厅、国务院办公厅印发《生态环境损害赔偿制度改革试点方案》，明确提出对造成生态环境损害的责任者严格实行赔偿制度，逐步建立生态环境损害赔偿制度。生态环境损害赔偿制度建设已经提上议事日程，并且已在部分省市进行试点。2017 年 12 月 17 日中共中央办公厅、国务院办公厅印发《生态环境损害赔偿制度改革方案》，从 2018 年 1 月 1 日起，在全国试行生态环境损害赔偿制度，到 2020 年，力争在全国范围内初步构建责任明确、途径畅通、技术规范、保障有力、赔偿到位、修复有效的生态环境损害赔偿制度。环境服务机构对因其过错造成的生态环境损害也应承担责任。

4. 损害后果与环境服务机构的违法行为之间具有因果关系。即环

---

〔1〕［意］桑德罗·斯契巴尼选编：《契约之债与准契约之债》，中国政法大学出版社 1998 年版，第 463 页。

〔2〕张新宝：《侵权责任构成要件研究》，法律出版社 2007 年版，第 448 页。

境服务机构的违法行为促成了或直接造成环境污染和生态破坏。

在适用无过错责任原则的情况下，环境服务机构承担责任只需具备三个条件：侵害行为、损害后果以及环境服务机构的侵害行为与损害后果之间有因果关系。

五、环境服务机构的责任承担

环境服务机构的侵权责任是环境服务机构在履行环境服务合同的过程中，因其原因造成环境污染或生态损害应承担的侵权责任。《环境保护法》第65条规定，因环境服务机构的过错污染环境或破坏生态的，排污者或生态破坏者承担侵权责任，环境服务机构承担连带责任。本书认为，这一规定值得商榷。

在侵权法中，连带责任是指数个责任人中的每个人对受害人都应当承担全部责任，各连带责任人内部有责任份额，承担了责任的责任人对内有权向其他责任人追偿其应承担的份额。连带责任只适用于法律有规定的情形。在传统民法中，连带责任与共同侵权密不可分，若构成共同侵权，则承担连带责任；若承担连带责任，则行为往往是共同侵权行为。但随着社会发展，社会活动日益复杂和多样，不断出现新的行为类型，连带责任的适用范围呈扩大之势。不仅因共同侵权行为而承担连带责任，即使不构成共同侵权，法律也规定行为人应当承担连带责任。我国《侵权责任法》规定的承担连带责任的情形主要包括：共同侵权行为人的连带责任（第8条）；教唆、帮助行为人的连带责任（第9条）；共同危险行为人的连带责任（第10条）；分别实施的行为都足以造成全部损害的行为人的连带责任（第11条）；网络服务提供者与网络用户的连带责任（第36条）；非法买卖拼装或者报废机动车的连带责任（第51条）；高度危险物所有人与管理人、非法占有人的连带责任（第74条、第75条）；建设单位与施工单位的连带责任（第86条）。从这些规定可以看出，连带责任已经不能与共同侵权行为画等号，不构成共同侵权行为的，法律规定应当承担连带责任的，也应当承担连带责任。

尽管如此，连带责任并非法律随意规定。连带责任的产生，或者基于数个行为人具有共同过错，或者基于共同违法行为，或者基于对损害结果都负有全部责任，或者行为人虽没有共同过错或实施共同违法行为，但存在对他人或物的管理过错。也就是说，连带责任的产生是由于每个责任人的行为都具有法律上的责难性，每个责任人的行为对损害的发生都发挥了作用。

根据《环境保护法》第65条规定，因环境服务机构的过错污染环境或破坏生态的，排污者或生态破坏者承担侵权责任，环境服务机构承担连带责任，无须考虑污染者或生态破坏者是否有过错。法律作出这样规定的主要原因之一是污染者承担环境污染责任适用无过错责任，无论污染者是否有过错，只要污染环境造成损害，都应承担侵权责任。[1]这一规定存在以下问题：（1）与连带责任产生的法理基础不符。如前文所述，连带责任是建立在每个责任人的行为都具有责难性，或者每个行为人的行为都对损害的发生或扩大发挥了作用。《环境保护法》第65条规定环境服务机构承担连带责任，是因为其在环境服务活动中有弄虚作假的行为。环境服务活动中弄虚作假的行为，可能污染者或生态破坏者知道，也可能不知且不知并无过错，如环境服务机构故意隐瞒污染物超标排放或故意不运行污染物治理设施，此种情形，污染者与环境服务机构承担连带责任与法律精神不符。（2）由于连带责任人的行为对损害结果都具有可非难性，因此，在内部根据过错程度或行为对损害结果原因力大小划分责任份额；不能确定过错程度或原因力大小的，平均分担。承担了连带责任的责任人在内部对其他责任人有追偿的权利。而在环境服务活动中，如果完全由于环境服务机构的过错造成环境污染或生态破坏的，所谓的污染者或生态破坏者承担了全部责任后，如何行使追偿权，不无疑问。（3）环境服务类型包括环境影响评价服务、环境监测服务、环境污染治理设施运营服务等，环境服务的内容不同，违法行为的类型不同，所承担的责任也不同，《环境保护法》不区分环境服务内容和性质，统一规定承担连带责任对污染企业是不公平的。

---

〔1〕现行法律仅确立了环境污染者承担无过错责任，没有规定生态破坏者的责任归责，生态破坏责任适用和归责原则，学者有不同的认识，笔者赞同生态破坏责任为无过错责任，此问题将另文探讨。

基于上述认识，《环境保护法》第65条规定的合理性有必要重新审视。本书认为，不宜统一规定环境服务机构的侵权责任，应依据环境服务机构服务类型及行为性质而确定其应承担的环境责任，服务类型及其所实施的行为性质不同，承担的责任也不同。

1. 环境影响评价机构的责任。环境影响评价机构明知委托人提供虚假材料而出具严重失实的评价文件，造成环境污染或生态破坏的，属于环境影响评价机构与污染者恶意串通，主观上具有共同故意，应承担共同侵权的连带责任。但若环境影响评价机构重大过失出具错误环境影响评价报告，致使污染企业通过环境影响评价审核开工建设并投入生产，造成环境污染或生态破坏的，污染者污染环境或破坏生态是由于环境影响评价机构的过错造成的，应依据《侵权责任法》第68条承担不真正连带责任。所谓不真正连带责任是指数个侵权人基于不同事由对同一被侵权人承担全部赔偿责任，任何一人承担了全部责任后，被侵权人不得向其他责任人请求损害赔偿，非最终责任人承担了责任后，有权向最终责任人追偿。立法机构的有关部门在阐述环境污染不真正连带责任的理由时指出，一般情况下污染者的赔偿能力比第三人强，规定污染者先替第三人承担责任再追偿的本意是对被侵权人的保护，但在第三人的赔偿能力比污染者强的情况下，应当赋予被侵权人对赔偿对象的选择权，被侵权人可以向污染单位请求赔偿，也可以向第三人请求赔偿。污染单位赔偿后，有权向第三人追偿。[1]因环境影响评价机构原因污染环境造成损害承担不真正连带责任的，受害人可以向污染单位请求赔偿，也可以向环境影响评价机构请求赔偿。污染单位赔偿后，有权向环境影响评价机构追偿。

2. 环境监测机构的责任。《环境侵权责任解释》第16条第（2）项及《环境监测数据弄虚作假行为判定及处理办法》所规定的篡改、捏造监测数据等行为，难以认定污染者和环境服务机构之间具有共同故意的，不宜以共同侵权认定。笔者认为，这种情况下，环境服务机构与污

---

〔1〕 全国人大法制工作委员会民法室编：《中华人民共和国侵权责任法条文说明、立法理由及相关规定》，北京大学出版社2010年版，第284页。

染单位依据《侵权责任法》第68条规定承担不真正连带责任比较恰当。但是，若委托方（污染者）授意监测机构工作人员篡改、伪造监测数据，弄虚作假出具环境监测报告，检测机构应与委托方（污染者）构成恶意串通，应承担连带责任。在污染者污染物排放监测不合格未作整改的前提下，进行多家或多次监测委托并挑选其中“合格”监测报告，监测机构不知情的，检测机构不承担环境污染损害责任，由污染者承担责任。

3. 委托式污染治理设施运营机构的责任。在此种环境污染治理模式下，环境服务机构是污染物排放者，无论是否有过错，只要从其污染治理设施中排放污染物造成损害的，都应当承担污染者责任。如果生产单位排放污染物的种类、浓度、性质、数量等不符合环境服务合同约定的，二者应承担连带责任。

4. 托管式污染治理设施运营机构的责任。环境服务机构因故意或重大过失不运营或不正常运营治理设施造成环境污染或生态破坏的，应与生产单位承担不真正连带责任，若生产单位承担责任的，生产单位承担了连带责任后，可以向环境服务机构追偿。同样，如果生产单位排放的污染物种类、浓度、性质、数量等不符合环境服务合同约定的，二者应承担连带责任。

第二节　环保缺陷机动车召回制度

2015年8月修订后的《大气污染防治法》第58条确立了我国环保缺陷机动车召回制度，规定生产、进口企业获知机动车、非道路移动机械排放大气污染物超过标准，属于设计、生产缺陷或者不符合规定的环境保护耐久性要求的，应当召回；未召回的，由国务院质量监督部门会同国务院环境保护主管部门责令其召回。此年9月美国曝出了大众汽车存在排污系统缺陷，美国环保署立即责令其召回50万辆汽车，并处以高达180亿元的罚款。大众汽车承认有1950辆涉事汽车售给中国，虽然大众汽车（中国）称已经公布召回计划并正在开发相应的技术解决方案，但我国有关部门的反应却与美国大相径庭。事发后，环保部只是通报将“密切关注”，质检总局向市场发布风险警示通告，敦促大众汽车（中国）执行召回计划，并提醒车主尽快妥善处置，但至今都没有发布对大众的处罚措施和公布有关召回信息。这与我国尚未建立完善的环保缺陷机动车召回制度不无关系。因此，为保证环保缺陷机动车召回制度顺利实施，必须进一步明确和完善相关规定。

一、环保缺陷机动车召回的产生和发展

所谓召回，是指产品生产者对其已售出的产品采取措施消除缺陷的活动。[1]环保缺陷机动车召回，是环保缺陷机动车生产者对其已售出的机动车采取措施消除环保缺陷的活动。环保缺陷机动车召回制度是随着汽车产业和环境保护运动的发展而出现的新型缺陷产品召回制度。美国是世界上第一个建立环保缺陷机动车召回制度的国家。美国是汽车产业的发源地，也是世界上汽车产业最发达的国家之一。随着汽车拥有量的增加，汽车尾气排放带来的环境污染也日益严重。二十世纪四五十年代，美国最发达的城市之一洛杉矶先后发生过三次重大光化学烟雾事件，光化学烟雾是汽车向大气排放大量碳氢化合物、氮氧化物、一氧化碳等废气，在阳光作用下，形成以臭氧为主的光化学烟雾。洛杉矶化学烟雾事件也成为世界有名的公害事件之一。汽车产业以及工业的发展带来的空气污染问题促使美国加强空气污染防治立法。光化学烟雾事件发生地洛杉矶所在的加州政府制定了机动车尾气排放标准，这是美国第一个实行机动车尾气排放控制的地区。1966 年美国国会颁布了《国家交通与机动车安全法》，规定了机动车召回的情况不仅包括设计或者制造存在缺陷、安全隐患，还考虑了环保因素。[2]1968 年，美国国会通过了《空气清洁法》修正案，开始在全美实施机动车尾气排放控制。1990 年《空气清洁法》修正案第 207（c）条首次规定了环保缺陷机动车召回制度。在《清洁空气法》的授权下，美国环保署制定了机动车排放技术法

---

〔1〕《缺陷汽车产品召回管理条例》第 3 条第 2 款。

〔2〕 孟霁宇、王刚：《美国汽车召回制度对我国的启示》，载《黑龙江省政法管理干部学院学报》2004 年第 6 期。

规和召回制度，《美国联邦法规集》第40卷第85部分的S、T节详细规定了机动车排放缺陷召回和排放缺陷报告制度。根据《清洁空气法》的授权，加州政府颁布了《健康和安全法案》，并授权加州大气资源委员会制定机动车召回法规。美国联邦和加州政府相关规定对排放缺陷的概念、类型，召回的类型、程序，召回措施，召回监管等作了明确规定，使美国成为世界上排放缺陷机动车召回制度比较健全的国家。根据美国环保署官方统计，从1991年到2006年，每年因为排放缺陷被召回的车辆在100万~300万辆，每起召回的成本少则几百万美元，多则上亿美元。[1]2015年大众汽车在碳排放测试中利用所谓“失效装置”（defeat device）的隐藏软件来规避空气清洁标准，排放系统存在缺陷，违反了美国《空气清洁法》相关规定，2015年9月18日，美国环境保护署下达命令，责令大众汽车召回近50万辆汽车，并开出了每辆车37500美元，总计180亿美元的罚单。

韩国和美国一样，安全缺陷机动车召回和环保缺陷机动车召回分别立法，前者由《民法》调整，后者由《大气环境保全法》调整，根据《大气环境保全法》的规定，韩国环境保护部负责排放缺陷机动车召回工作。2016年10月宝马、起亚和福特等14个车种1.5万余辆汽车因尾气排放系统存在缺陷实施召回。[2]日本则由《道路运输与车辆法》调整环保缺陷机动车召回，规定日本国土运输省负责环保缺陷机动车召回的监管工作。2016年6月，日本丰田汽车因排放控制元件可能存在缺陷，召回了287万辆汽车。[3]

随着经济的发展，我国逐渐成为机动车生产和消费大国，据有关部门统计，2015年年底，我国机动车保有量为2.79亿辆。[4]随着机动车

---

〔1〕潘朋、方茂东：《美国汽车排放缺陷召回制度探析》，载《城市车辆》2007年第7期。

〔2〕《宝马等14个车种因汽车尾气排放系统缺陷召回》，载 http://www.cankaoxiaoxi.com/world/20161026/1374414.shtml，最后访问日期：2018年2月13日。

〔3〕《丰田将召回287万辆汽车因排放控制装置或有瑕疵》，载 http://www.chinanews.com/gj/2016/06-29/7921679.shtml，最后访问日期：2018年2月13日。

〔4〕此后还在逐年上升，2016年年底，机动车保有量为2.9亿辆，2017年6月底，我国机动车保有量已达3.04亿辆。参见《全国机动车保有量达3.04亿辆机动车驾驶人达3.71亿人》，载 http://cnews.chinadaily.com.cn/2017-07/11/content_30072222.htm，最后访问日期：2018年2月13日。

保有量的增加，机动车尾气排放污染也成为我国大气污染的主要原因之一。在此背景下，2015 年修订的《大气污染防治法》首次在法律中确立了环保缺陷机动车召回制度。

二、环保缺陷机动车召回的性质

环保缺陷机动车召回与传统的缺陷产品召回是何关系？环保缺陷机动车召回的性质是什么？理论界存在不同观点。

有学者认为，环保缺陷机动车召回制度属于产品召回制度，是一种以生产者责任为核心的制度。[1]也有学者认为，环保缺陷机动车召回制度是生产者责任的延伸。

环保缺陷可以说是产品自身的一种缺陷，但环保缺陷毕竟不同于传统产品安全缺陷，二者也存在诸多不同：

1. 功能不同。通过对环保缺陷机动车召回制度的产生和发展轨迹的考察，可以看出环保缺陷机动车召回制度是环境保护的产物，其功能在于保护环境；传统缺陷产品召回制度的功能在于保护消费者的人身和财产安全。

2. 性质不同。环保缺陷机动车召回是生产者的环境责任，是环境污染损害的预防性机制；而传统缺陷产品召回是产品责任的预防性机制。

3. 召回的原因不同。环保缺陷机动车召回的原因是不符合环境保护的要求，汽车尾气排放超标；而传统缺陷产品召回是产品存在危害人身和财产安全的不合理危险，是产品安全不符合法律规定。

4. 监管主体不同。环保缺陷机动车召回与环境保护有关，必须有环境保护主管机构的参与，质监部门难以实施环保缺陷机动车召回。

生产者责任延伸理论是瑞典的托马斯于 1990 年提出的，他认为延伸生产者责任是一种环境保护战略，旨在降低产品的环境影响目标。他通过使产品制造者对产品的整个生命周期，特别是对产品的回收、循环和最终处置负责来实现。[2]此后学者的研究，又提出了各种观点。但从

---

〔1〕 楚道文、安如喜：《论我国移动源大气污染防治制度的完善——以〈大气污染防治法〉规范分析为视角》，载《法学杂志》2013 年第 8 期。

〔2〕 刘芳：《生产者责任延伸法律研究》，南开大学 2009 年博士学位论文，第 13 页。

总体上来看，生产者责任延伸实质是将生产者责任延伸到生态环境保护和资源的循环利用领域，特别是产品末端的回收、循环和最终处置，是为了防止产品废弃后造成环境污染、资源浪费而对生产者课以的责任，不仅是基于环境保护的目的，而且是基于废物再回收利用的目的，是循环经济法律体系的重要组成部分。环保缺陷机动车召回是生产者对由于设计、制造、标识或排放耐久性不符合环境保护要求的机动车实施召回，而不是机动车产品末端（废弃机动车）的回收、处置。因此，环保缺陷机动车召回不同于生产者责任延伸。

本书认为，环保缺陷机动车召回既不是产品责任，也不是生产者责任延伸。环保缺陷机动车召回是生产者承担的环境责任，环保缺陷机动车召回的原因是存在环保缺陷，召回的目的是防止超标排放污染大气环境，造成大气环境污染损害，本质上是环境污染责任。犹如工厂的生产设备未安装合格的除硫或脱硫装置，向大气中排放污染物造成环境损害一样，环保缺陷机动车生产者应承担环境污染责任，如美国发生数起针对电力公司和汽车生产者的温室气体侵权诉讼[1]。日本东京大气污染案中，因机动车尾气污染而患有各种疾病受害人及其家属向东京地方法院提起了民事诉讼，请求日本政府、东京都自治政府、日本首都高速道路公司以及丰田、日产、日产狄赛尔、三菱、五十铃、日野、马自达共7家机动车制造商赔偿因健康受损而产生的各种损失，并立即停止向东京都23区排放机动车尾气。[2]环保缺陷机动车召回只不过是机动车生产者承担的环境污染责任中的一种，是环境污染损害预防性措施。

三、我国环保缺陷机动车召回制度存在的问题

（一）环保缺陷机动车召回相关问题缺少法律具体规定

《大气污染防治法》第58条只是对环保缺陷机动车召回作了原则性规定，关于环保缺陷的内涵及类型、召回相关主体的法律地位、召回程

---

〔1〕 黄萍：《美国气候变化侵权诉讼发展和评价》，载《上海政法学院学报》2016年第6期。

〔2〕 杨凌雁、甘佳：《日本公害健康损害侵权诉讼之管窥——以东京大气污染诉讼案为例》，载《江西理工大学学报》2013年第6期。

序、召回措施等都没有进一步规定，以至于环保缺陷难以认定，召回主体无法确定，召回无法实施。

（二）环保缺陷机动车召回的配套机制不健全

1. 机动车检测机制不健全

环保缺陷机动车召回的前提是机动车超标排放，机动车排放检测是机动车环保缺陷召回制度中的一个重要环节。机动车环境保护检测应当由专业的技术检验机构进行检测，而检验机构的检验资质、检验技术水平和检验能力是及时发现机动车排放是否超标的关键。

《大气污染防治法》规定，机动车排放检验机构应当依法通过计量认证，使用经依法检定合格的机动车排放检验设备，按照国务院环境保护主管部门制定的规范，对机动车进行排放检验。《计量法》规定，大气污染防治检测设备和机动车检测设备等实行强制检定，需依法取得《制造计量器具许可证》；未取得许可证，是违法生产、销售。但是，2005 年国家质量监督检验检疫总局发布的第 145 号公告规定，列入“中华人民共和国依法管理的计量器具目录（型式批准部分）”的项目要办理计量器具许可证、型式批准和进口计量器具检定。未列入本目录的计量器具，不再办理计量器具许可证、型式批准和进口计量器具检定。而该目录只列入了汽车排放气体测试仪、烟度计（滤纸式烟度计、透射式烟度计）。其他未列入的机动车排放检测不再检定，也不再办理计量器具许可证。而随着技术发展，必然会出现新的机动车排放检测技术和检测设备。这种规定上的矛盾，导致实务中机动车排放检测设备无法进行计量认证，获得计量器具许可证；如果没有计量器具许可证，那么生产、销售机动车排放检测设备就是违法的。

2016 年 4 月环保部发文不再对新生产机动车排放污染申报检测机构进行核准，实行新机动车排放检验机构计量认证制度，资质认定成为检验检测机构能力评价和市场准入条件的基础。虽然 2015 年 8 月 1 日施行的《检验检测机构资质认定管理办法》第 9 条明确了申请资质认定的检验检测机构应当具备的条件，但是，对于机动车排放检验检测技术人员和管理人员资质认定、检验检测设备设施的计量认证等却没有相关认定标准，导致该条规定形同虚设。而“具有固定的工作场所，工作环境满足检验检测要求”“应具有并有效运行保证其检验检测活动独立、公正、科学、诚信的管理体系”等都是原则性规定，缺乏可操作性。

法律法规的不健全导致目前机动车排放检测设备多“无证上路”，检测检验数据和机动车排放检测数据造假现象普遍。检测机构“杂、乱、多”，缺乏技术能力和检测场地的现象普遍。各地政府投资建设的机动车检测监管网络形同虚设，不能实现互联互通，对检测作假和虚假数据无法监管。同时，缺乏统一的机动车尾气检测方法、检测标准，致使各地机动车检测方法和检测标准限值不统一，新车排放标准限值与在用排放标准相差 11 ~21 倍。[1]

2. 尚未建立环保缺陷机动车召回信息系统

目前我国仅建立了安全缺陷汽车产品召回信息管理系统，尚未建立环保缺陷机动车召回信息管理和共享系统。环保缺陷机动车信息不透明，不利于召回的实施和监督。

（三）环保缺陷机动车召回监管机制尚未建立

由于环保缺陷机动车召回不在《缺陷汽车产品召回管理条例》调整范围内，因此，该条例有关缺陷汽车产品召回监管规定不能当然适用于环保缺陷机动车召回。《大气污染防治法》第 58 条规定，机动车生产者、进口商未按规定召回环保缺陷机动车的，由国务院质量监督部门会同国务院环境保护主管部门责令其召回，从而确立了质监部门和环保主管部门作为环保缺陷机动车召回的监管机构。但是，关于两机构的职责划分却没有进一步规定，易造成相互扯皮，实际无人监管的现象。而监管机构在环保缺陷机动车召回中的权责范围更是没有具体规定。

（四）环保缺陷机动车召回实施程序和方式尚无不完善

从《大气污染防治法》第 58 条的规定看，环保缺陷机动车召回的类型有两种：自主召回和强制召回。但是，对环保缺陷机动车自主召回和强制召回的程序尚没有明确规定。目前《大气污染防治法》规定的排放缺陷机动车召回的方式包括修理、更换、退货（第 110 条），经修理、

---

〔1〕《专家曝机动车尾气检测造假，质疑无许可厂商为何上市》，载 http://finance.sina.com.cn/chanjing/cyxw/20150518/094222203651.shtml，最后访问日期：2018 年 3 月 1 日。

更换，仍然无法达到污染物排放标准的，应没收销毁（第 109 条）。但却没有环保标识缺陷修正的规定。

（五）环保缺陷机动车召回相关责任不健全

《大气污染法防治法》规定，生产、进口、销售不符合排放标准的机动车以及对发动机、污染控制装置弄虚作假的，应承担改正、没收违法所得、罚款、没收销毁无法达到污染物排放标准的机动车等行政责任。但是，生产、进口、销售环保缺陷的机动车的民事、刑事责任则不明确。《大气污染法防治法》第 125 条规定，排放大气污染物造成损害的，应当依法承担侵权责任。该条规定是以污染大气环境造成私人人身或财产损害为规范目的，对于纯粹大气生态环境损害则不适用。该法第 127 条规定，违反本法规定，构成犯罪的，依法追究刑事责任。按照《刑法》第 338 条的规定，违反国家规定，向土地、水体、大气排放、倾倒或者处置污染物，造成重大环境污染事故，致使公私财产遭受重大损失或者人身伤亡的严重后果的，才追究刑事责任。而机动车排放污染对人身、财产和生态环境的损害是潜移默化的、长期的，很难认定为重大环境污染事故，因此，按照现行法律规定很难追究刑事责任。

四、我国环保缺陷机动车召回制度的完善

基于上述分析，本书认为，应从以下几个方面构建我国环保缺陷机动车召回制度。

（一）明确环保缺陷机动车召回相关基本问题

1. 科学界定环保缺陷的内涵和类型

机动车运行中排放污染物是不可避免的，因此不能有污染物排放就认定存在排放缺陷。科学界定环保缺陷是建立环保缺陷召回制度的基础，未来法律应首先明确环保缺陷的含义和类型。国家对机动车排放标准有明确规定，因此，环保缺陷首先表现为机动车排放不符合法律规定的排放标准。目前我国有许多进口车，由于各国（地区）制定的机动车排放标准各不相同，可能出现进口车在其生产国或其他国家排放不达标，而在我国符合排放标准的情形，此种缺陷是否构成环保缺陷也必须加以明确。本书认为，环保缺陷机动车召回的前提是存在危害环境的不合理排放，环保缺

陷机动车召回是防治环境污染的预防性措施，是机动车生产者、销售者承担的环境污染责任。因此，即使符合进口国的环保标准，但只要存在污染环境的不合理排放，都构成环保缺陷。因此，所谓机动车环保缺陷是指进入流通领域的同一批次、同一型号的量产机动车排放大气污染物不符合机动车排放国家标准或存在其他危害环境的不合理排放。

《大气污染防治法》第 58 条隐含了环保设计缺陷、制造缺陷和排放控制装置耐久性缺陷。本书认为，还应包括环保标识缺陷。环保标识缺陷主要是指对机动车使用地区、使用油品、使用环境等的说明缺陷。如果环保标识存在缺陷，机动车可能因使用地区、使用油品、使用环境错误而超标排放污染环境。

2. 明确环保缺陷机动车召回的含义和措施

《美国空气清洁法》第 207 条规定，如果主管部门发现一定数量的某一等级或类型的机动车，在正常保养和使用情况下，在规定的使用寿命内不符合该法案相关的排放标准，主管部门将通知制造厂采取有效的补救措施计划，来消除相关的排放缺陷，修理费用由制造厂承担。这是美国对排放缺陷机动车召回所作的界定。我国目前尚无法律法规对环保缺陷机动车召回进行界定。质检总局《关于贯彻实施〈缺陷汽车产品召回管理条例〉若干问题的意见》（国质检法〔2013〕58 号）对召回所作的界定是“汽车产品生产者对其已售出的汽车产品采取修正或者补充标识、修理、更换、退货等措施消除缺陷的活动”。本书认为，可借鉴上述有关规定，规定环保缺陷机动车召回是指机动车生产者对其已售出的机动车采取修正或者补充环保标识、修理、更换、退货等措施消除排放缺陷的活动。召回的措施包括修理、更换排放控制装置、补充环保标识、退货等方式。目前《大气污染防治法》规定了排放缺陷机动车召回的方式包括修理、更换、退货（第 110 条），经修理、更换，仍然无法达到污染物排放标准的，应没收销毁（第 109 条）。但缺少对环保标识缺陷修正的规定，因此，应完善法律规定，明确环保标识不符合要求的，应补充或修正环保标识。

3. 明确召回相关主体的法律地位

按照《大气污染法》第 58 条的规定，环保缺陷机动车的召回主体是机动车的生产者和进口商。该规定没有明确销售者、零配件的生产者、车主在环保缺陷机动车召回中的地位。销售者是机动车生产者和消费者之间的重要联结者，销售者掌握着销售的机动车去向。一旦环保缺陷机动车实施召回，通常机动车的生产者、进口商除进行公告外，首先会通知销售者，销售者再告知消费者，因此，在环保缺陷机动车召回中，销售者虽不是召回主体，但须协助机动车生产者实施召回。如果机动车环保缺陷是零部件生产者供应的零部件所致，零部件生产者也是召回主体。我国实行机动车环保年检制度，若机动车在年检中环保不达标，将不发放环评合格标识。因此，车主有权要求机动车生产者、进口商、销售商进行修理、更换以使机动车排放达标，若机动车需要召回，车主也有义务配合机动车生产者实施召回。

4. 明确环保缺陷机动车召回程序

环保缺陷机动车召回有自主召回和强制召回两种类型。召回能否顺利实施，明确的召回程序至关重要。

环保缺陷机动车强制召回可按照以下程序实施：（1）召回通知。监管机构接到举报经调查或在履行监管职责过程中发现机动车存在环保缺陷的，应通知机动车生产者环保缺陷情况并要求其采取召回措施。（2）环保缺陷异议调查。生产者认为其汽车产品不存在环保缺陷的，可以自收到通知之日起一定期限内向监管部门提出异议，并提供证明材料。监管部门应当组织与生产者无利害关系的专家对证明材料进行论证，必要时对机动车排放系统进行技术检测或者鉴定。（3）责令实施召回。生产者既不按照通知实施召回又不在规定期限内提出异议的，或者经监管部门依照规定组织论证、技术检测、鉴定确认机动车确实存在环保缺陷的，监管部门应当责令生产者实施召回。（4）制订召回计划并向监管部门备案。责令生产者实施召回后，生产者应当立即停止生产、销售、进口缺陷机动车，按照规定制定召回计划，并报监管部门备案，通报销售者停止销售缺陷机动车。（5）向大众公布召回信息并通知消费者。生产者应以便于公众知晓的方式发布召回信息，告知消费者机动车因环保缺陷召回的事实、消费者损害的补偿办法及实施召回的其他相关信息。（6）实施召回。按照召回计划实施召回并对召回进行记录制作召回报告。召回的方式包括修正或者补充环保标识、修理、更换、退货等。(7) 提交召回报告。生产者应当按照监管部门的规定提交召回阶段性报告和召回总结报告。

环保缺陷机动车自主召回可按照以下程序实施：(1) 机动车生产者发现环保缺陷后，主动向监管机构提交环保缺陷报告。缺陷报告应包括生产者名称，缺陷描述，缺陷机动车的车型、构造、年型及其他相关资料，已知或估计的缺陷机动车数量，排放数据及缺陷的影响等。(2) 向监管部门提交召回计划，发布召回措施，通知消费者，实施召回。(3) 向监管部门提交召回报告，说明召回进程和召回实施情况。

(二) 规范机动车排放检测制度

1. 完善检测机构准入制度和检测设施计量认证制度

如前文所述，机动车排放检测是环保缺陷机动车召回制度的基础，因此，应完善相关法律法规，加强对检测机构资质准入、检测设备计量认证、检测能力、检测场地和检测水平的监督管理，取缔不合格检测机构，对弄虚作假的检测机构严格追责。建议修改2005年《中华人民共和国依法管理的计量器具目录（型式批准部分）》，以免与《大气污染防治法》相冲突。

2. 规范机动车检测信息联网管理

经批准的检测机构应建立机动车检测信息网上查询系统，并与环保主管部门、海关部门、交通管理部门等部门联网，实现检验数据实时共享，并向社会公众公开。

3. 加快相关标准、法规、规程和技术要求的制定、补充和修订，统一尾气检测方法。

如前文所述，目前我国尚缺乏统一的机动车尾气检测方法、检测标准，有关部门应加快制定机动车尾气检测相关标准，完善相关法规和技术要求，统一的机动车尾气检测方法，以避免机动车尾气检测标准不统一等情况。

4. 加大对违规排放检测机构的处罚力度

实践中，一些不合规定的检验机构使用不合格的检验设备进行机动车排放检测，致使排放不合格的机动车上路行驶的现象时有发生。如在山东省济南市机动车环保检测数据造假案中，山东省多家汽车检测机构，在汽车年检（包括安检和环检）中，利用不合格检测设备进行违规操作，人为控制汽车年检报告结果、非法牟利。[1]因此，应加大处罚力度，促使检测机构依法依规进行检测。《大气污染防治法》第58条规定，机动车排放检验机构及其负责人对检验数据的真实性和准确性负责。违反法律规定，伪造机动车、非道路移动机械排放检验结果或者出具虚假排放检验报告的，由县级以上人民政府环境保护主管部门没收违法所得，并处十万元以上五十万元以下的罚款；情节严重的，由负责资质认定的部门取消其检验资格。（第121条）实务中，对弄虚作假的监测机构往往处罚较轻，罚款也多是最下限的罚款，不足以制裁震慑违法者。因此，笔者建议提高罚款数额；建立诚信平台，对违法者不仅要没收违法所得、罚款、取消其检验资格，而且将其列入诚信黑名单，责令一定期限内不得从事该领域的活动。同时明确规定违法检测机构及其负责人应承担的民事责任和刑事责任。

（三）建立环保缺陷机动车监管制度

《大气污染防治法》第58条规定，由国务院质量监督部门会同国务院环境保护主管部门负责环保缺陷机动车召回。但是，如前文所述，环保缺陷不同于其他危害人身及财产安全的机动车产品安全缺陷，没有安全缺陷的机动车可能存在环保缺陷，质监部门并非专业的环保部门，在机动车环保缺陷认定方面，专业性略显不足。《大气污染防治法》规定，环保主管部门负责对机动车、非道路移动机械进行排放检验、检测和监督检查。环保缺陷机动车损害的不是机动车消费者的个体利益，而是环境利益，环保缺陷机动车召回是环境保护制度的一部分，也应由环保主管部门负责。从域外一些国家的规定看，一般由环境保护主管部门或交通管理部门负责环保缺陷召回监管工作。美国区分机动车安全缺陷和环保缺陷，安全缺陷机动车召回由交通运输部负责，环保缺陷机动车由联邦环境保护总署负责。环保署既是美国机动车环保缺陷调查机构，也是

---

〔1〕 陈锋：《山东尾气检测造假案高举轻放省长批示仍没有结果》，载《华夏时报》2016年4月23日。

负责环保缺陷机动车召回的主管机构。加州明确规定加州空气资源委员会是环保缺陷机动车调查和召回机构。在韩国，根据《韩国大气环境保全法》的规定，由韩国环境保护部负责环境缺陷机动车召回工作。日本《道路运输与车辆法》规定日本国土运输省负责环保缺陷机动车召回的监管工作。建议我国借鉴美国立法模式，安全方面的缺陷机动车召回和环保缺陷机动车召回分别立法，分别由不同专业管理机构负责监管，建立由环境保护主管部门负责环保缺陷机动车召回的监管制度。

由于环保缺陷不同于安全缺陷，没有安全缺陷的机动车可能存在环保缺陷，质监部门并非环保的专业监管部门，对环境保护并不专业；而且环保缺陷机动车召回也是环境保护工作的一部分，因此，由环境保护部门负责环保缺陷产品召回工作更为科学合理。

环保缺陷机动车召回的监管主体的具体职责应包括机动车排放检测管理、检测信息联网管理、缺陷调查监督、召回监督及处罚。

（四）建立和完善机动车环保信息公开和召回公开制度

机动车环保信息是判断机动车排放是否超标的重要依据。《大气污染防治法》规定，生产者应将排放检验信息、污染控制技术信息和有关维修技术信息向公众公开，机动车排放检验机构和环保部门联网共享排放检测信息。但是，现行法律只是规定了机动车排放检验机构与环保主管部门建立联网系统，没有规定机动车检验机构、环保主管部门与海关、交管部门等部门联网。如在美国环保署发现大众汽车排放系统造假被曝光后，环保组织绿发会曾向海关总署申请公开 2015 年所有进口中国搭载柴油发动机的德国大众汽车的数量、型号以及发动机型号信息，但未得到回复。[1]可见我国在机动车排放信息管理制度存在重大缺陷，这也是目前我国排放缺陷机动车召回难的主要根源之一。机动车环保信息网络平台的建立主体首先是机动车的生产者，其次是机动车环保检测部门。机动车生产者、环保监测机构的环保信息网络应与环保部门、交通管理部门、海关等部门联网并向公众公开。环保部门也应建立机动车

---

〔1〕 刁凡超：《大众汽车“排放门”余波未平，环保组织提公益诉讼获法院立案》，载澎湃新闻网：http：//www. thepaper. cn/newsDetail_ forward_ 1409050_ 1，最后访问日期：2018 年 2 月 10 日。

环保信息档案，并将环保信息与交通管理部门、海关等部门联网，向公众公开。建立机动车环保信息公开制度的目的是便于公众和有关主管部门的监督。

机动车环保召回信息公开主要包括：（1）机动车排放信息公开。生产企业、检测部门和环保主管机关应将机动车排放检测结果向公众公开。（2）机动车召回情况公开。机动车排放超标的，依照规定应当召回的，生产者和有关主管部门应当将被召回机动车的信息、生产企业、召回方案、召回进展等情况向社会公众公开，保证消费者的知情权，便于公众监督。

（五）完善环保缺陷机动车召回责任制度

修改后的《大气污染防治法》加大了对污染者的行政处罚力度。但是，由于我国尚处在经济发展关键阶段，近年来我国汽车需求量大，汽车行业在拉动地方经济发展、解决就业等方面都发挥着重要作用。在环境保护和经济发展之间，地方政府更多地愿意牺牲环境而保护企业，所以即使知道机动车排放不达标，也往往不愿或不及时处理。如山东省济南市机动车环保检测数据造假案，自 2015 年 9 月媒体曝光后，省长批示，历经数月的专项调查、专家讨论、环保部门审核后，依然未见任何查处、通报。[1]而在大众汽车排放造假案中，美国环保署在短时间内即作出责令大众汽车召回近 50 万辆排放缺陷汽车，并处以高达 180 亿美元的罚款。2016 年伊始，美国政府有关部门对大众汽车提起了民事诉讼，此间先后达成两次和解协议。2016 年 6 月 28 日，大众公司与美国政府达成第一次和解，和解金高达 147 亿多美元，其中 100.3 亿美元用于回购消费者手中的问题汽车或终止消费者的汽车租约，47 亿美元用于治理这些问题汽车所造成的污染，并研发绿色汽车技术。2016 年 12 月 10 日，大众公司与美国政府相关部门达成了第二次和解，和解金高达 40 亿美元，和解金的用途与第一次类似。2017 年 1 月 11 日，大众公司与环境保护署、关税和边境保护局等机构之间达成第三次和解，大众

〔1〕 陈锋：《山东尾气检测造假案高举轻放，省长批示仍没有结果》，载《华夏时报》2016 年 4 月 23 日。

公司同意支付 14.5 亿美元用于建立产品开发和产品合格检测分立制度、内部举报制度、年度环境管理制度、审计报告制度等相关防止欺诈、环境违法行为的制度。2017 年 1 月 11 日，检察官对大众公司 6 名管理人员和雇员提起刑事指控，主要罪行涉及阴谋欺骗美国及其消费者、电信欺诈、违反清洁空气法等。4 月 21 日法院接受了控辩双方达成的辩诉交易，作出了有罪判决。[1]2017 年 12 月大众汽车集团前北美高管奥利弗·施密特（Oliver Schmidt）在美国被判处 7 年监禁和 40 万美元罚款。[2]

与之形成鲜明对比的是，我国有关部门在这一问题上的漠然。大众汽车排放造假案发生后，查明有 1950 辆销往中国，环保部只是通报将“密切关注”，质检总局只是向市场发布风险警示通告，敦促大众汽车（中国）执行召回计划，并提醒车主尽快妥善处置，环保组织绿发会向有关部门询问后续进展情况，也未得到答复。[3]国家有关部门应认真履行国家赋予的职责，严格执法，将处罚落到实处，警示生产企业，促进生产企业改进生产技术，提高法律意识，保护生态环境。在认真落实行政处罚的同时，完善环保缺陷机动车生产者、进口商、销售者等主体的民事责任和刑事责任。我国应该尽快建立生态环境损害赔偿制度，建立严格的机动车排放污染刑事责任制度。

---

〔1〕杨先德：《美国大众“排放门”事件诉讼进程观察》，载《检察日报》2017 年 8 月 1 日。

〔2〕《“排放门”事件酿苦果大众北美高管判七年监禁》，载 http://news.xinhuanet.com/auto/2017-12/08/c_1122077928.htm，最后访问日期：2018 年 3 月 1 日。

〔3〕刁凡超：《大众汽车排放超标，环保组织提公益诉讼已获立案》，载 http://www.thepaper.cn/newsDetail_forward_1409050，最后访问日期：2018 年 3 月 1 日。

第四章　大气污染侵权责任方式

《侵权责任法》第15条规定了八种侵权责任方式，即停止侵害、排除妨碍、消除危险、返还财产、恢复原状、赔偿损失、赔礼道歉、消除影响、恢复名誉。返还财产适用于物被他人非法侵占的情形，消除影响、恢复名誉是侵害名誉权的情形，这两种责任不适用于大气污染侵权行为，其他侵权责任均可以适用于大气污染侵权行为。其中停止侵害、排除妨碍、消除危险是预防性责任，赔偿损失是赔偿性责任，恢复原状是损害赔偿责任的特殊形式，而赔礼道歉是精神性责任。

第一节　预防性责任

《侵权责任法》第21条规定，侵权行为危及他人人身、财产安全的，被侵权人可以请求侵权人承担停止侵害、排除妨碍、消除危险等侵权责任。在我国预防性责任包括停止侵害、排除妨碍、消除危险。

一、停止侵害

停止侵害是指受害人依法请求法院责令侵害人停止正在实施的侵权行为的一种民事责任方式。此种责任形式的主要作用在于能够及时制止侵害行为，避免损害的发生和进一步扩大。停止侵害的责任形式适用于各种正在进行的侵权行为，对尚未发生的或已经终止的侵权行为不得适用。停止侵害是预防性保护措施，预防性保护措施的本质在于它不以加害行为已经发生为前提。[1]因此，一些国家的立法适当扩大了停止侵害的适用范围，“只要存在不法侵害行为的危险”当事人就可以提起停止侵害行为之诉，而不“以侵害行为已经发生为前提”。[2]大气污染对人身或财产造成的损害有些是不可逆的，“防患于未然”的预防性责任对于受害人更重要。因此，正在进行的污染空气的行为以及可能污染空气的行为都可以适用停止侵害责任形式。如工厂的空气污染物除硫装置不符合国家规定的排放要求，如果允许其开工生产，必然污染空气，此时可不允许其开工生产，并进行整改。

如前文所述，《侵权责任法》在预防性责任的归责问题上存在规范漏洞，需要弥补法律漏洞。在确定预防性责任的归责原则时，应考虑预防性责任的基础、功能，进行利益衡量，对侵权行为可能造成的损害进行区分，采取不同的归责原则。环境污染适用预防性责任时，如果侵权行为危及他人生命健康时，应不问过错和行为的违法性；如果侵权行为只是危及他人财产权益，行为继续实施造成财产损害是确定的，也不需要过错和行为违法性要件。其他情形，可运用利益平衡原则，根据侵权行为造成损害的可能性、可能造成损害的性质和范围包括对环境和居民生活的影响、土地利用的先后关系、行为人的主观过错、行为的违法性等情况，在对当事人双方利益及社会利益进行综合利益衡量的基础上，决定是否采取预防性责任方式。

二、排除妨碍

排除妨碍是指侵权行为人实施的不法行为妨碍了受害人行使权利或者对受害人行使权利造成妨碍危险时，受害人可以请求行为人排除妨碍。[3]

---

〔1〕［德］克雷斯蒂安·冯·巴尔:《欧洲比较侵权行为法》(下卷)，张新宝译，法律出版社2001年版，第167页。

〔2〕［德］克雷斯蒂安·冯·巴尔:《欧洲比较侵权行为法》(下卷)，张新宝译，法律出版社2001年版，第167~168页。

〔3〕《物权法》第35条规定:“妨害物权或者可能妨害物权的。权利人可以请求排除妨害或者消除危险。”

例如，在他人的通道上堆放物品，妨碍他人通行的，应将物品搬走。排除妨碍的适用以行为人妨碍了受害人行使民事权利或者对受害人行使权利造成妨碍危险为前提条件。因此，排除妨碍既包括排除实际存在的妨碍行为，也包括排除可能出现的妨碍。排除妨碍是我国法律特别规定的一种责任形式，其他国家没有此概念。停止侵害与排除妨碍都是预防性责任，停止侵害与排除妨碍的区别在于：停止侵害是行为人停止可能给他人造成损害的行为，一般是以损害尚未发生为前提。而排除妨碍是行为人的行为对他人行使权利造成妨碍或妨碍危险，而请求其排除妨碍行为。也就是说，排除妨碍就是停止对他人行使权利造成妨碍或妨碍危险的行为，从这个意义上来说，排除妨碍也是一种停止侵害。

三、消除危险

消除危险是指行为人的行为和其管领下的物件对他人的人身和财产安全造成威胁，或存在侵害他人人身或财产的可能时，权利人有权请求行为人消除此种危险。例如，房屋的所有人或管理人不修缮房屋，致使房屋处于随时倒塌、危及他人人身和财产安全的，或者环境污染有可能造成损害，易燃易爆物品等高度危险作业有可能造成损害等，此时受害人有权请求行为人承担消除危险的民事责任。《民通意见》第 154 条规定；“从事高度危险作业，没有按有关规定采取必要的安全防护措施，严重威胁他人人身、财产安全的，人民法院应当根据他人的要求，责令作业人消除危险。”《物权法》第 35 条规定，可能妨害物权的，权利人可以请求消除危险。《侵权责任法》第 21 条规定，侵权行为危及他人人身、财产安全的，被侵权人可以请求侵权人承担停止侵害、排除妨碍、消除危险等侵权责任。

适用消除危险的责任方式，必须是损害尚未实际发生，也没有妨碍权利人民事权利的行使，但又有危险存在，确有可能造成损害的后果，对权利人造成威胁。适用此种责任方式，能有效地防止损害的发生，充分保护民事主体的民事权利和防治大气污染。

四、比较法上的预防性责任

预防性责任可追溯到罗马法，罗马法中具有预防性责任性质的制度包括“排除妨害之诉”“潜在损害保证”“新作业告令”“防止暴力和欺诈令状”制度。“排除妨碍之诉”可以由所有主针对侵害其权利的轻微行为提起，以便排除或阻止对物滥用权利的活动，无论这类侵犯行为已经出现，还是所有者担心它出现。[1]“潜在损害保证”制度是一种防止在土地关系中发生潜在损害的制度，是通过一项要式口约许诺将弥补尚未发生的（infectum）但有理由担心发生的损害。[2]“新作业告令”是在现场使用最古老的圣事用语命令不得实施某一作业，可以因为某一公共权利受到损害或者为要求“潜在损害保证”而发布这种告令，比较常见的典型情况是以侵害物权为根据而发布告令。[3]“防止暴力和欺诈令状”是类似于新作业告令和拆除令状的法律补救措施，它产生于前者，但具有较大的广泛性和自由性。如果某人在一块土地上违反禁令实施任何性质的作业，已宣布禁令或担心受损害的受害人有权要求拆除或赔偿，这种反对权可以任何性质的权利为基础。[4]

当代大陆法系各国民法典继受了罗马法中的预防性责任，但随着时代的变迁有所变化。德国法和私法判例确立的预防性责任有两种，即排除妨害和停止侵害。《德国民法典》赋予了人格权人、占有人、所有权人以排除妨害请求权（第 12 条、第 862 条、第 1004 条）。虽然在侵权部分的条文中未规定预防性责任，但在司法实践中发展出了排除妨害请求权和不作为请求权（停止侵害请求权）。对于已发生的侵害适用排除妨害请求权；对于可能发生的侵害适用不作为请求权。[5]停止侵害包括

〔1〕［意］彼得罗·彭梵得：《罗马法教科书》，黄风译，中国政法大学出版社 1992 年版，第 230 页。

〔2〕汪洋：《论罗马法上的潜在损害保证》，载费安玲主编：《学说汇编》（第 3 卷），知识产权出版社 2011 年版，第 89 页。

〔3〕［意］彼得罗·彭梵得：《罗马法教科书》，黄风译，中国政法大学出版社 1992 年版，第 238 页。

〔4〕［意］彼得罗·彭梵得：《罗马法教科书》，黄风译，中国政法大学出版社 1992 年版，第 238～239 页。

〔5〕叶名怡：《论侵权预防性责任对传统侵权法的挑战》，载《法律科学》2013 年第 2 期。

正在发生的侵害行为，也包括停止不法侵害危险。[1]停止侵害须借助于法院的介入才能实现。[2]在法国，侵权预防责任也是通过判例法发展起来的，预防性责任适用于四种情况：侵害尚未发生但未来确定会发生情形；损害已经发生，为防止其进一步扩大的情形；损害结果虽未发生但侵害行为在诉讼时已经开始且有持续进行之风险的场合；存在“损害之风险”或者“迫近之损害”的场合。[3]此外，欧洲其他一些国家如意大利、荷兰、葡萄牙、希腊、瑞士、奥地利等国的法律和判例也确立了预防性责任。

预防性责任在英美法上以禁令（Injunction）这一制度出现。禁令又称强制令，是法院根据申请人的申请命令被申请人停止某种行为或者实施某种行为的一种衡平法上的救济制度，是对普通法上的救济不足的补充。禁令有四种类型：禁止性禁令、命令性禁令、中间禁令和永久性禁令。禁止性禁令（Prohibitory Injunction）即禁止被告实施某种行为。禁止性禁令针对的是对已开始侵权且会继续下去的情形。“只要有法律权利的存在和被侵犯的事实，原告即可理所当然的取得一个最后禁令去防止再被侵犯，除非是有特殊情况，如原告受的干预太轻微。”[4]命令性禁令（Mandatory Injunction）是法院强制被告履行某种行为，如减少侵扰。中间禁令（Interlocutory Injunction ）又称为临时性禁令，是指在原告提供了保证书后，可以禁止被告做某种行为或中止某些行为等待诉讼的听证会。[5]永久性禁令（Perpetual Injunction）即永久性强制被告实施某种行为或者永久性禁止做某种行为。

与域外禁令制度相比，我国虽然建立了预防性责任制度，但规定过于简单，在适用中难免出现偏差，如无须永久停止的行为被永久停止，

---

〔1〕［德］克雷斯蒂安·冯·巴尔：《欧洲比较侵权行为法》（下卷），焦美华译，张新宝审校，法律出版社2001年版，第167页。

〔2〕［德］克雷斯蒂安·冯·巴尔：《欧洲比较侵权行为法》（下卷），焦美华译，张新宝审校，法律出版社2001年版，第167页。

〔3〕叶名怡：《论侵权预防性责任对传统侵权法的挑战》，载《法律科学》2013年第2期。

〔4〕Kerr on Injunction（6th 1927 ）p. 30. 转引自丁海俊：《预防性民事责任》，载《政法论坛》（中国政法大学学报）2005年第4期。

〔5〕徐爱国：《英美侵权行为法学》，北京大学出版社2004年版，第284页。

无须全面禁止的行为被全面禁止；或者反过来，需要永久禁止的没有被永久禁止，需要被全面禁止的没有被全面禁止等。笔者建议完善预防性责任，区分侵权行为的危害程度，规定不同的预防性责任适用方式。

五、预防性责任在大气污染侵害责任中的运用

随着环境污染问题的日益突出，预防性责任在环境侵权领域的运用越来越引起各国的重视。在美国，禁令被广泛运用到环境侵害和生态破坏案件中；在德国、法国等欧洲大陆法系国家，停止侵害、排除妨碍（妨碍危险）也经常在环境污染侵害案件中适用。我国《大气污染防治法》只规定了排放大气污染物造成损害的，应当依法承担侵权责任，没有明确尚未造成损害的污染大气行为应承担的责任。但是，《环境侵权责任解释》弥补了立法的不足，明确了预防性责任的适用。该解释第13条规定，人民法院应当根据被侵权人的诉讼请求以及具体案情，合理判定污染者承担停止侵害、排除妨碍、消除危险、恢复原状、赔礼道歉、赔偿损失等民事责任。而且规定适用预防性责任时，符合一定情形的，当事人或者利害关系人可依据的申请诉讼保全，人民法院可以裁定责令被申请人立即停止侵害行为或者采取污染防治措施。这些情形包括：（1）建设项目未依法进行环境影响评价，被责令停止建设，拒不执行的；（2）违反法律规定，未取得排污许可证排放污染物，被责令停止排污，拒不执行的；（3）通过暗管、渗井、渗坑、灌注或者篡改、伪造监测数据，或者不正常运行防治污染设施等逃避监管的方式违法排放污染物的；（4）生产、使用国家明令禁止生产、使用的农药，被责令改正，拒不改正的。第17条明确了停止侵害、排除妨碍、消除危险不受《环境保护法》第66条规定的3年时效期间的限制。

我国不仅确立了预防性责任在环境侵权民事案件中的适用，而且明确了预防性责任在环境公益诉讼案件中的适用。《环境民事公益诉讼解释》第18条规定，对污染环境、破坏生态，已经损害社会公共利益或者具有损害社会公共利益重大风险的行为，原告可以请求被告承担停止侵害、排除妨碍、消除危险、恢复原状、赔偿损失、赔礼道歉等民事责任。第19条规定，原告为防止生态环境损害的发生和扩大，请求被告停止侵害、排除妨碍、消除危险的，人民法院可以依法予以支持。原告

为停止侵害、排除妨碍、消除危险采取合理预防、处置措施而发生的费用，请求被告承担的，人民法院可以依法予以支持。司法实践中，一些法院也积极运用预防性责任防止污染，保护大气环境。如在北京市人民检察院第四分院诉北京多彩联艺国际钢结构工程有限公司（以下简称多彩公司）大气污染责任纠纷案，北京市大兴区环境保护局在环保检查中发现多彩公司经营的喷漆作业产生废气造成大气环境污染，北京市大兴区环境保护局作出兴环保监罚字（2016）第206号行政处罚决定书，决定对多彩公司处罚20万元。但处罚之后多彩公司违法行为仍在持续进行中。北京市人民检察院第四分院提起公益诉讼，并向法院提出行为保全措施申请，法院经调查发现多彩公司虽然已经停止生产，但仍然存在恢复生产继续污染环境的可能性，且其曾经在接受行政处罚后仍存在实施侵害环境的违法行为。法院认为有必要采取行为保全措施，防止损害扩大，保护生态环境。故，法院依法裁定多彩公司对其位于北京市大兴区某生产加工基地在办理环境审批手续或者向法院提交继续生产符合环境保护标准，不存在污染环境、破坏生态的证据之前，禁止在该生产加工基地从事涉及喷漆、焊接及废气排放的生产行为。[1]

第二节　恢复原状

一、恢复原状的基本问题

恢复原状是指“重建赔偿权利人受侵害权利法益之原貌，如同损害事故未曾发生者然”。[2]恢复原状有广义和狭义之分。广义的恢复原状是指将权利恢复到被侵犯前的状态，如通过返还财产使财产关系恢复到原有的状态，通过恢复名誉使受侵害的名誉权得到恢复。有学者指出，在侵权法上，恢复原状的内容可以是物的返还，可以是对身体健康的救治、销毁有损人格权的张贴画或标语、更正有损名誉的陈述、公开所涉

〔1〕《北京首例大气污染公益诉讼案，首次采取行为保全措施》，载《法制晚报》2017年8月18日。

〔2〕曾世雄：《损害赔偿法原理》，中国政法大学出版社2001年版，第148页。

及的判决书、消除秘密制作的录音录像等。[1]狭义的恢复原状是指将被损害的财产修复，即所有人或合法占有人的财产在被他人非法侵害遭到损坏时，如果能够修复，则所有人有权要求加害人通过修补，恢复财产原有的状态。这里的恢复原状是指狭义的恢复原状。侵权法理论通说认为，狭义的恢复原状的适用应当具备以下条件：一是权利受到损害；二是须有修复的可能，若无法修复或修复不可能，则不宜适用此责任；三是须恢复原状具有合理性。如果被损坏的财产虽可修复，但恢复原状是不合理的，原则上不宜适用恢复原状。如何判断恢复原状是否具有合理性？通常从恢复原状所花费的代价与被损害的物的价值进行比较进行判断，即如果恢复原状支出的费用高于原物价值的，则不宜恢复原状。但这一判断标准不是绝对的，不宜机械适用。如果受损的物是种类物，恢复原状和重新购买的费用差不多甚至低于购买所花费的费用的，可以选择适用恢复原状；若被损害的物是不可替代物或者有附加价值的，如附加了所有人的情感或家族传承利益的，则即使恢复原状的费用过高，受害人请求恢复原状的，原则上能够恢复原状的应当恢复原状。

二、恢复原状和损害赔偿的关系

有学者认为，恢复原状是与损害赔偿并列的、独立的民事责任。恢复原状与损害赔偿在目的、是否有利于救济受害人、监护人支付的费用等方面都存在明显的区别。[2]我国《民法通则》《民法总则》《侵权责任法》《物权法》等也将恢复原状和损害赔偿作为两个责任形式分别规定。也有观点虽然承认恢复原状与损害赔偿是两种责任，但认为恢复原状本质上属于损害赔偿，不能将恢复原状和金钱损害赔偿对立起来[3]，恢复原状和金钱损害赔偿是损害赔偿的两种方式，恢复原状往往也表现为支付一定的金钱。如将损害的物品修复，需要支付一定的维修费用，这些费用应由侵害人支付，与损害赔偿无异。即使以付出一定劳动修复

---

〔1〕 王洪亮：《论侵权法上的防御请求权》，载《北方法学》2010 年第 1 期。

〔2〕 王利明：《侵权责任法研究》（上卷），中国人民大学出版社 2011 年版，第 642 页。

〔3〕［德］克雷斯蒂安·冯·巴尔：《欧洲比较侵权行为法》（下卷），焦美华译，张新宝审校，法律出版社 2001 年版，第 172 页。

损害，也需支付劳动报酬，这些费用同样由侵害者支付，实质也是损害赔偿。因此，有学者将其称为恢复原状的损害赔偿。[1]

本书认为，恢复原状与损害赔偿在适用的对象、条件、目的、效果等方面存在不同。恢复原状保护的是受害人的完整利益，也称“维持利益”，金钱赔偿保护的是受害人的价值利益，也称“金额利益”。[2]在许多案件中，受害人追求的不是金钱补偿，而是被损害的权利的完整性。如果通过侵害人的行为能够恢复原状的，就不必金钱赔偿。因此，宜将二者作为各自独立的责任进行规定。

恢复原状本意是由加害人恢复原状，但实践中多见由受害人或委托第三人恢复原状，加害人支付恢复原状费用，这也是一些学者主张恢复原状是损害赔偿的原因之一。但是，二者之间具有区别也有联系。有学者从保护对象和规范目的、请求权行使的要件、受害人是否必须实际支出金钱、风险负担的规则、计算方法五个方面分析了二者的区别。[3]在恢复原状和金钱赔偿的适用上有恢复原状优先原则、金钱赔偿主义和自由裁量主义三种不同的立法例。[4]从我国《民法通则》第117条、第134条，《物权法》第37条和《侵权责任法》第15条的规定看，我国采取的是自由裁量主义，恢复原状和金钱损害赔偿可以分别适用或同时适用，即发生损害后，受害人可以请求加害人恢复原状或金钱损害赔偿；如果恢复原状后，受损的物价值尚未恢复到损害发生时的状态的，还可以金钱损害赔偿。

三、恢复原状在大气环境污染侵权中的运用

根据《环境侵权责任解释》第13条相关规定，恢复原状可以适用于环境污染侵权。大气污染造成私人权益损害往往表现为财产损害和健康损害。恢复原状在大气污染造成的财产和健康损害中的适用非常有

---

〔1〕［德］克雷斯蒂安·冯·巴尔：《欧洲比较侵权行为法》（下卷），焦美华译，张新宝审校，法律出版社2001年版，第177页。

〔2〕 Medicus/Lovenz，Schuldrecht I，Rn. 625ff. 转引自程啸：《侵权责任法》，法律出版社2015年版，第664页。

〔3〕 程啸：《侵权责任法》，法律出版社2015年版，第672~674页。

〔4〕 程啸：《侵权责任法》，法律出版社2015年版，第665页。

限。如农作物因大气污染减产或损害，无法通过修复恢复到未受侵害时的状态，往往通过损害赔偿责任进行救济。因大气污染身体健康受到损害，经治疗恢复健康的，依广义的恢复原状概念，可以说是恢复原状，但通常理论上把这种情况归类在损害赔偿责任中。但是，这不意味着恢复原状在大气污染侵权案件毫无适用的余地。通过一定的方式能够恢复财产原状的，还是可以运用恢复原状进行救济。在上饶碧源茶业开发有限公司与上饶市公路管理局上饶分局大气污染责任纠纷案中，因上饶市公路管理局上饶分局道路施工扬尘导致原告租赁经营茶园的茶叶附着粉尘，附着粉尘后可以通过清洗恢复原状，法院判决被告赔偿原告茶叶浮尘的清洗费用 11200 元。[1]

第三节　赔礼道歉

一、赔礼道歉的界定和性质

赔礼道歉是指侵权行为人通过口头或书面形式向受害人承认错误，表示歉意，以取得受害人谅解的一种民事责任方式。侵权人的赔礼道歉能够平复受害人的愤怒，修复受害人的精神创伤；同时也有助于化解义愤，伸张正义，重树法律权威，解除可能发生的新冲突。[2]赔礼道歉还可以引发侵权人的自我悔悟和自我约束。[3]赔礼道歉可以采取口头形式，也可以采取书面形式。口头道歉由加害人直接向受害人表示。书面道歉以文字形式进行，可以登载在报刊上，张贴于有关场所，或者以信件的方式转交受害人。赔礼道歉一般由侵权行为人作出，如果侵权人拒不执行赔礼道歉的，法院可以按照判决确定的方式进行，费用由侵权人

〔1〕 上饶碧源茶业开发有限公司与上饶市公路管理局上饶分局大气污染责任纠纷案，江西省上饶县人民法院（2015）饶民一初字第 55 号民事判决书。

〔2〕 黄忠：《赔礼道歉的法律化：何以可能及如何实践》，载《法制与社会发展》2009 年第 2 期。

〔3〕 黄忠：《赔礼道歉的法律化：何以可能及如何实践》，载《法制与社会发展》2009 年第 2 期。

承担。日本根据赔礼道歉的方式不同，把书面赔礼道歉分为道歉信和道歉广告两种形式。加害人私下向受害人所作的书面道歉，为道歉信。在报纸、杂志、网络等媒体上刊登道歉内容的赔礼道歉是道歉广告。日本民法学者认为，道歉广告是恢复原状的救济方式。[1]把赔礼道歉作为恢复原状方式的国家（地区）还有韩国、我国台湾地区等。我国法律将赔礼道歉作为独立的民事责任加以规定。

二、赔礼道歉的适用范围

根据民法通说理论，赔礼道歉一般适用于侵害受害人人格权益或者其他具有精神利益的权利（如著作权）侵权案件，这些权益包括名誉权、姓名权（名称权）、隐私权、肖像权、荣誉权等人格权，或者侵害死者名誉、隐私、肖像等人格利益以及具有精神利益的权利如著作权等。侵害财产权如物权、合同债权等不适用赔礼道歉。[2]如在航班延误的情况下，乘客要求航空公司赔礼道歉的，无法获得法院的支持。饲养的宠物狗被机动车压死，饲养人要求机动车驾驶人赔礼道歉的，也难以获得法院的支持。但是，也有学者认为，赔礼道歉针对的是对他人的精神造成伤害的侵权行为，由于许多侵权行为都可能对他人造成精神损害，所以可以广泛适用于任何侵权行为，只不过要从侵权人的过错程度角度控制该责任的适用，通常要求必须具有故意。[3]司法实务中，在有些侵害财产权的案件，法院判决侵权人赔礼道歉，如在崔梅娥与杨伦、毋艳丽财产损害赔偿纠纷案[4]，一审、二审法院都支持了原告要求被告赔礼道歉的诉讼请求。

在我国，赔礼道歉这一责任最早出现在《民法通则》第134条，根

---

〔1〕 程啸：《侵权责任法》，法律出版社2015年版，第676页。

〔2〕 王利明教授认为，侵害财产权益时，受害人通常没有精神损害；即便有，也是不具有可救济性的损害。参见王利明：《侵权责任法研究》（上卷），中国人民大学出版社2010年版，第648页。

〔3〕 付翠英：《论赔礼道歉民事责任方式的适用》，载《河北法学》2008年第4期。

〔4〕 上诉人崔梅娥与被上诉人杨伦、毋艳丽财产损害赔偿纠纷案，河南省许昌市中级人民法院（2010）终审判决书，载http：//vip. chinalawinfo. com/newlaw2002/SLC/SLC. asp? D6 二 fnl&Gid =117669359，最后访问日期：2017年9月1日。

据该法起草者的介绍，这是总结革命老区的民事审判经验并吸收借鉴苏联民事立法规定的产物。[1]损害责任的目的是对受害人因权利被侵害而遭受的精神上痛苦的慰藉，是非财产性责任。名誉权、姓名权、肖像权、隐私权等人格权益等直接体现了权利主体的精神利益，这些权益受到侵害时，要求加害人赔礼道歉从而获得人格尊严或心理的满足是顺理成章的。而财产权益一般不具有精神性利益，所以赔礼道歉不适用。但是，需要注意到，某些财产或利益上也倾注了权利主体的情感，关乎权利人的尊严，如果受到损害，受害人也会产生精神上的痛苦、不安、担心、焦躁等精神上的损害。《精神损害赔偿解释》第4条规定，具有人格象征意义的特定纪念物品，因侵权行为而永久性灭失或者毁损，物品所有人以侵权为由，向人民法院起诉请求赔偿精神损害的，人民法院应当依法予以受理。第4条确认了具有人格象征意义的物品受到侵害的，受害人具有精神性的损害。此种情况下，要求侵权行为人承担仅具有心理慰藉性质的非财产性责任——赔礼道歉，是无可厚非的。基于此，本书认为，应适当扩大赔礼道歉的适用范围，不仅具有精神利益的人格权受到侵害可以适用赔礼道歉责任，而且对受害人具有精神价值的财产受到损害，也可以适用赔礼道歉责任。

三、赔礼道歉在大气环境污染侵权中的适用

《环境侵权责任解释》第13条规定，人民法院应当根据被侵权人的诉讼请求以及具体案情，合理判定污染者承担停止侵害、排除妨碍、消除危险、恢复原状、赔礼道歉、赔偿损失等民事责任。大气污染物会对人体健康和财产安全产生危害是常识，当某工厂烟囱长时间排放浓重空气污染物，一方面，污染大气环境损害人体健康和财产安全；另一方面，即使尚未造成健康或财产的损害，但在周围生活的居民每日看到滚滚浓烟也会产生担心、恐惧、焦虑、不安、烦躁等精神上的不良反应，受害人若要求赔礼道歉，法院应予支持。对于大气污染等环境污染造成

[1] 魏振瀛：《民事责任》，载顾昂然、王家福、江平等编：《中华人民共和国民法通则讲座》，中国法制出版社2000年版，第245页。

的受害人财产损失，人民法院应当根据被侵权人的诉讼请求以及具体案情，合理判定适用赔礼道歉。

第四节　损害赔偿

人类社会生活中，因人的行为，使他人财产或精神蒙受不利益，称为损害，如因交通事故侵害他人生命、身体或健康，致被害人发生财产上或精神上不利益。损害发生后，应恢复原状，于不能恢复原状时，以给付金钱赔偿损害，称为损害赔偿。[1]按照《布莱克法律辞典》的解释，损害赔偿是指凡是其人身、财产、权利因他人的非法行为、疏忽或过失而遭受损失、伤害或损害的而可以在法庭得到弥补的财产补偿或补救，其中侵权的一方将向受害方支付一定数量的金钱。[2]按照《中国大百科全书·法学》的解释，损害赔偿是指当事人一方因侵权行为或不履行债务而对他方造成损害时应承担补偿对方损失的民事责任，对权利人来说，损害赔偿是一种重要的保护民事权利的手段；对义务人而言，它是一种重要的承担民事责任的方式。[3]按照《法学词典》的解释，损害赔偿是加害人或者债务人因侵权行为或债务不履行使受害人人身、财产遭受损害而产生的债权债务关系。[4]

综上所述，本书认为，所谓侵权损害赔偿是指当事人一方因其侵权行为给他人造成损害时，通过支付一定数额金钱或其他替代物的方式承担对他方的损害予以赔偿的责任。

大气污染侵权损害赔偿是指行为人污染空气造成损害的，通过支付一定数额金钱或其他替代物的方式予以赔偿的责任。《大气污染防治法》第125条规定，排放大气污染物造成损害的，应当依法承担侵权责任。《环境保护法》第64条规定，因污染环境和破坏生态造成损害的，应当

---

〔1〕曾隆兴：《祥解损害赔偿法》，中国政法大学出版社2004年版，第1页。
〔2〕《布莱克法律辞典》，西方出版公司1979年版，第351~352页。
〔3〕《中国大百科全书·法学》，中国大百科全书出版社1988年版，第571页。
〔4〕《法学词典》，上海辞书出版社1988年版，第749页。

依照《中华人民共和国侵权责任法》的有关规定承担侵权责任。而根据《侵权责任法》第65条规定，因污染环境造成损害的，污染者应当承担侵权责任。空气污染侵权损害赔偿包括对特定主体的财产损害损害赔偿、人身损害赔偿和精神损害赔偿。

一、财产损害赔偿

财产损害是侵权行为人侵害他人民事权益所造成的财产利益的损失。侵害财产权益、人身权益都会造成财产利益的损失，侵害人身权益造成的财产损害将在下文分析，此处所述财产损害仅指侵害财产权益所造成的财产损害，即因大气污染侵权而使财产权客体受到破坏，财产的价值和使用价值遭到贬损、降低或者丧失以及因财产权受到侵害而遭受的未来可得财产利益的丧失。财产损害赔偿属于损害赔偿的一种，因此关于损害赔偿的一般原理都可以适用于此种损害赔偿。《民法通则》第117条第1款、第2款规定："侵占国家的、集体的财产或者他人财产的，应当返还财产，不能返还财产的，应当折价赔偿。损坏国家的、集体的财产或者他人财产的，应当恢复原状或者折价赔偿。"《物权法》第37条规定，侵害物权，造成权利人损害的，权利人可以请求损害赔偿，也可以请求承担其他民事责任。《民法总则》第120条规定，民事权益受到侵害的，被侵权人有权请求侵权人承担侵权责任。

（一）财产损害赔偿的范围

财产损害赔偿的范围包括直接损失和间接损失。直接损失是指现有财产的减少，既包括积极财产的减少，也包括消极财产的增加。积极财产的减少即因财产毁损或灭失而直接减少的价值，如种植的果树因大气污染而枯死所直接减少的价值。考虑到财产受损害时的价值可能与取得财产时的价值存在差异，《侵权责任法》第19条规定："侵害他人财产的，财产损失按照损失发生时的市场价格或者其他方式计算"。这样规定可以更好地弥补受害人的损失。消极财产的增加是指侵权人因财产权益被侵害而增加的支出。如因遭受大气污染导致酸雨而使承包土地遭受损害，为修复土地而花费的费用。《环境损害鉴定评估推荐方法（第Ⅱ版）》所界定的财产损害是指因污染环境或破坏生态行为直接造成的财产毁损或价值减少，以及为保护财产免受损失而支出的必要的、合理的费用，这些损失均是直接损失。间接损失是指被侵权人财产权益被侵害后本应获得的利益但未获得的利益，即未来可得财产利益损失。受害人对这种可得财产利益的损失可请求加害人予以赔偿。《民法通则》第117条第2款、第3款规定："损坏国家的、集体的财产或者他人财产的，应当恢复原状或者折价赔偿""受害人因此遭受其他重大损失的，侵害人并应当赔偿损失。"这里的"其他重大损失"是指可得财产利益的损失。一般而言，可得财产利益主要有：营业利润损失，如侵权行为导致营业停止、损害致使营业利润下降；孳息损失，如侵占、毁损他人财产，不仅会造成他人的财产因被侵占、毁损本身所造成的损失，而且会造成基于该财产所生孳息的损失。

排放大气污染物侵害他人财产权益，造成财产毁损，是直接损失，应予赔偿；因财产权益遭受损害而使因该财产应获得的收益未获得，即为间接损失，也应予以赔偿。如在李某海诉郑州轻金属研究院、中国铝业股份有限公司郑州研究院大气污染侵权纠纷案〔1〕中，2005年原告李某海在其承包地种植了晚秋黄梨，2007年果园即有收获。2007年8月，二被告在其承包的果园西侧建设工业试验基地，投入生产后每天排放废气，污染了环境，使原告果园的梨花几乎全部脱落，致使果园绝收。最终法院根据案情和法律规定，判决被告中国铝业股份有限公司郑州研究院停止对原告李某海的果园的污染侵害，并赔偿原告李某海的果园损失45.8784万元。〔2〕此损失主要为种植果树所结果实的损失，果实是果树的孳息，属于间接损失。

（二）财产损害赔偿规则

在确定侵害人损害赔偿的范围时，应遵循完全赔偿规则、损益相抵规则、过失相抵规则和衡平规则。这些规则在空气污染侵权损害赔偿中

---

〔1〕河南省荥阳市人民法院（2009）荥民一初字第523号，载 http：//www. pkulaw. cn/Case/pfnl_ 118194545. html？match = Exact，最后访问日期：2018年3月1日。

〔2〕此案被告轻金属研究院与被告铝业公司研究院不是同一民事主体，原告没有证据证明二被告共同实施了侵权行为，二被告共同承担侵权责任没有事实和法律依据。因此，法院未支持原告针对被告轻金属研究院的诉讼请求。

同样适用。

1. 完全赔偿规则

完全赔偿是指根据财产损失的多少确定赔偿的范围。完全赔偿是由损害赔偿的功能决定的。损害赔偿的基本功能具有补偿性，因此，对于当事人一方因他方的侵权行为所遭受的损失适用完全赔偿规则确定加害一方的赔偿责任这也是民法公平正义原则应有之义。财产损害又有积极损害与消极损害之分，前者指因损害事实的发生，致使受害人现有财产的减少；后者指因损害事实的发生，致使受害人的财产应增加而未增加的利益。需要注意的是，对消极损害适用完全赔偿规则时，应当是当事人已经预见或者能够预见的利益，并且是可以期待、必然得到的利益。

2. 损益相抵规则

损益相抵又称损益同销，是指赔偿权利人基于与受损害之同一赔偿原因受有利益者，由其损害扣除利益，以为实际之损害赔偿。[1]损益相抵规则的法理依据主要有两种观点：损害差额说和禁止得利说。所谓差额，是指受害人在损害发生前的财产状况与损害发生后的财产状况的差额，该差额决定了致害人一方应承担的赔偿责任的大小。其中损害发生后的财产状况包括受害人所受损害以及因同一致害原因所得利益。禁止得利说认为，英美侵权行为法有一条著名的谚语："损害赔偿不是中六合彩。"意思是说赔偿不过是为了使受害人得到补偿，使其恢复到受害前的状况，而不是使受害人得到更大的利益。它与大陆法系中侵权行为法中"禁止得利"规则的含义相同，都是认为损害赔偿旨在填补损害，受害人要求赔偿的数额应与其受害程度相当，不能少更不能多。而且，当受害人因同一致害原因受有利益时，在计算损害赔偿额时，应当予以扣除。两种理论相比较，后者更公平合理，也为多数国家所接受。因为，前者关注的是受害人在损害发生后其财产的实际减损，后者则立足于禁止受害人因其遭受损害而额外得利。它体现了损害赔偿的补偿功能，既符合侵权法的基本宗旨，在司法实践中也便于理解、运用。

我国法律虽未明确损益相抵规则，但在司法实践中，一些法院已将

---

〔1〕 史尚宽：《债法总论》，中国政法大学出版社2000年版，第310页。

此规则运用在大气污染侵权案件中，以公平维护双方当事人的合法权益。如在江西星光现代生态农业发展有限公司诉江西鹰鹏化工有限公司大气污染责任纠纷案中，法院在确定侵权人承担的损害赔偿范围时就考虑了这一原则。2014 年 6 月，鹰鹏公司在生产中因故导致生产废气泄漏，致使星光公司苗木叶面受损，星光公司根据资产评估报告自行按比例计算损失为 3742600.1 元，据此诉请判令鹰鹏公司赔偿苗木损失。江西省赣州市中级人民法院一审认为，鹰鹏公司作为侵权人应当承担侵权责任，赔偿星光公司因此造成的损失，但因其委托资产评估机构所作的资产价格评估不属于损失鉴定，评估报告亦未对其苗木损失作出鉴定意见，不能达到其证明损失数额的证明目的，故参照当地林业部门的建议补偿标准，结合星光公司受损苗木面积、品种、树龄等本案实际情况，判令酌定由鹰鹏公司向星光公司赔偿损失共计 160000 元。江西省高级人民法院认为，涉案资产评估报告可信程度较高，该评估报告虽未直接给出星光公司的受损价值金额，但根据该评估报告确定的资产评估价值，结合会昌县林业局出具的《关于江西会昌县鹰鹏公司废气污染林业苗木受害情况调查报告》，可以计算出星光公司的受损价值金额，会昌县林业局《2014 年鹰鹏污染事故林业苗木受损情况调查登记表》中载明了星光公司因案涉污染事故而受损苗木的树种、苗龄、面积、株数、受害程度（分轻度、中度、重度三个等级）等具体信息，评估机构的《苗木资产评估明细表》对应《2014 年鹰鹏污染事故林业苗木受损情况调查登记表》中载明的受损苗木的树种作出了单项评估价值，两者相结合并扣除必然发生的税费和交易成本，可以计算出星光公司的受损总值为 1363217.29 元，据此改判由鹰鹏公司赔偿星光公司因废气污染造成的苗木损失 1363217.29 元。鹰鹏公司不服二审判决，向最高人民法院申请再审。最高人民法院认为，二审判决对星光公司苗木损失的计算方法公允、客观，事实依据充分，裁定驳回了鹰鹏公司的再审申请。[1] 在此案中，涉案苗木的实际交易成本和税费是在苗木未受损状态下，进行

〔1〕 江西星光现代生态农业发展有限公司诉江西鹰鹏化工有限公司大气污染责任纠纷案，最高人民法院（2016）最高法民申 1654 号民事裁定书。

正常交易所花费的费用，苗木因侵权行为而受损，这部分应支出的费用免于支付，二审法院在确定受害人的财产损失时将涉案苗木的实际交易成本和税费扣减，即遵循了损益相抵规则。

在人身损害赔偿案件中，最高人民法院给出的指导意见是，被侵权人有权获得工伤保险待遇或者其他社会保险待遇的，侵权人的侵权责任不因受害人获得社会保险而减轻或免除，即不适用损益相抵规则。社会保险机构已支付医疗费的，社会保险机构有权向侵权人追偿。也就是说，既不允许侵权人减轻或免除的侵权责任，但也不允许受害人获得双重赔偿，在此情况下，已支付医疗保险金的社保机构获得向侵权人追偿的权利。[1]

3. 过失相抵规则

过失相抵又称与有过失，指受害人对损害的发生或者扩大也有过错的，须减少或者免除加害人的损害赔偿，而并非指双方的过失相互抵销。过失相抵规则原是过错责任原则在侵权责任法中的体现：加害人对因其过错产生的损害后果承担责任，受害人同样对因其过错造成的损害或者损害的扩大承担相应责任。问题是大气污染损害赔偿责任是无过错责任，过失相抵能否适用于无过错责任的侵权损害赔偿呢？对此，有肯定说和否定说两种观点。肯定说认为，无论是过错责任，还是无过错责任，均可适用过失相抵。过失相抵规则是诚信、公平原则的体现，具有普遍的妥当性，其适用的领域不因责任之为何而不同。[2]采取肯定说的国家和地区主要有德国、英国、美国、荷兰、瑞士、比利时、奥地利、日本，以及我国台湾地区等[3]。如《德国环境责任法》第 11 条，如果损害发生之部分原因归因于受害人过错，应适用《德国民法典》第 254 条之规定。在财产受损之情形，财产实际控制人的过错视为受害人过错。《德国民法典》第 254 条规定，（1）被害人对损害的发生负有共同

〔1〕 参见《民事审判指导与参考》第 57 辑第 133 页，最高人民法院（2015）民申字第 993 号民事裁定书，2016 年 11 月 30 日发布的第八次全国法院民事商事审判工作会议（民事部分）纪要，《民事审判指导与参考》第 64 辑第 241 ~ 242 页。

〔2〕 王泽鉴：《民法学说与判例研究》，北京大学出版 2009 年版，第 58 页。

〔3〕 程啸：《过失相抵与无过错责任》，载《法律科学》2014 年第 1 期。

过失的，应根据情况，特别是根据损害在多大程度上是由当事人的一方或者另一方造成的，来确定赔偿义务和赔偿范围。（2）即使被害人的过失仅限于对债务人既不知也不可知的、有造成异常严重损害的危险怠于提醒债务人注意，或者怠于防止或者减少损害时，也同样适用前款规定。否定说认为，无过错责任不能适用过失相抵规则。由于无过错责任或者说真正意义上的严格责任并不在一切方面都遵循传统侵权行为法的规则，虽然它存在于私法体系当中，却具有社会法的特征。它主要是通过第三人责任险的发展而变得可能和必要的社会团结的一种形式。[1]无过错责任通过责任保险对损害进行分摊，因此，没有必要适用过失相抵。采取否定说的国家主要有意大利、法国等[2]。

本书认为，过失相抵规则适用于无过错责任。首先，过失相抵规则实际上贯彻了民法上的公平正义原则。如果受害人对损害的发生或者扩大有过失，相应的后果却让加害人承担，显然有违民法的公平正义原则，无形之中加重了加害人的赔偿义务。其次，过失相抵规则的目的不是加害人和受害人过失的相互抵销，而是在确定损害赔偿时，将受害人的过错作为加害人免责或减轻责任的考虑因素。无论加害人对造成的损害主观上有无过错，只要受害人对损害的发生和扩大有过错，都应作为减轻甚至免除加害人责任考虑的因素。过失相抵规则是我国民法确立的一项重要制度。《民法通则》第131条明确规定："受害人对于损害的发生也有过错的，可以减轻加害人的责任。"依此规定，法院可以依职权减轻或者免除加害人的赔偿责任；法院对受害人过错在何种程度上加以斟酌是法院的自由裁量权，一般应考虑过错的大小、原因力的强弱等因素。《侵权责任法》第26条也规定，被侵权人对损害的发生也有过错的，可以减轻侵权人的责任。第27条规定，损害是因受害人故意造成的，行为人不承担责任。过失相抵有两种情况，一种是受害人对损害的发生有过错，另一种是受害人对损害的扩大有过错。受害人的过错可能是故意、也可能是重大过失或者一般过失。如果因受害人故意造成空气

---

〔1〕［德］克里斯蒂安·冯·巴尔《欧洲比较侵权行为法》（下卷），焦美华译，张新宝校，法律出版社2001年版，第657页。

〔2〕程啸：《过失相抵与无过错责任》，载《法律科学》2014年第1期。

污染损害的，排放者不承担责任。如果受害人具有重大过失的，可减轻排放者的责任，根据受害人过错的原因力大小，确定排放者承担损害赔偿的范围。如果受害人是一般过失或轻微过失的，在大气污染案件中是否可减轻排放者的责任呢？由于大气污染适用无过错责任，因此只有受害人具有重大过失的情况下，方可减责。受害人对损害的发生或扩大具有一般过失或轻微过失的，不减轻排放者的责任。

（三）纯经济损失

1. 纯粹经济损失的界定

纯粹经济损失概念在比较法上被大量使用，我国民事法律对纯粹经济损失没有明确规定。域外仅少数国家（地区）对其作了明确规定，1972 年的《瑞典侵权责任法》第 2 条对纯粹经济损失作了界定：纯粹经济损失是指不与任何人身体或者财产损害相联系而产生的救济损失。1995 年生效的《芬兰侵权责任法》第 5 章第 1 条规定："赔偿包括对人身伤害或者财产损害的获赔。如果损害是因被刑法禁止的行为或者授权行为所致，或者在其他情况下有特别的理由，则赔偿应包括与人身伤害或者财产损害不相联系的经济损失。"[1]理论上对纯粹经济损失也有不同的表述。如有的认为，纯粹经济损失是指在本质上是一种纯粹的经济损失或者金钱损失，也即是说，它与原告所遭受的人身或物质损害没有联系。[2]有的认为，纯粹经济损失不是建立在原告财产受到损害而产生的经济损失。[3]德国民法学者冯·巴尔认为从各国的规定看，纯粹经济损失可以总结出两个主要流派：其一，所谓纯粹经济损失是指那些不依赖于物的损坏或者身体及健康损害而发生的损失；其二，非作为权利或受保护的的权利或者利益侵害结果存在的损失。[4]第一种流派即是上述立法和学者的观点。第二种流派是学者对《德国民法典》侵权行为保护对象进行解释所得出的结论。《德国民法典》保护的利益主要是绝对权

---

〔1〕［意］毛罗·布萨尼、［美］弗农·瓦伦丁·帕尔默主编：《欧洲法中的纯粹经济损失》，张小义、钟洪明译，法律出版社 2005 年版，第 116～117 页。

〔2〕 D. F. Bias and B. S. Markesinis, Tort law, Clarendon Press, 4th ed., 1999, p. 88.

〔3〕 Alastair Mulis and Ken Oliphant, *Tort Law*, Macmillan Press Ltd., 1993, p. 47.

〔4〕［德］克里斯蒂安·冯·巴尔：《欧洲比较侵权法》（下），焦美华译，法律出版社 2001 年版，第 33～34 页。

利，根据该法第823条第1款的规定，因故意或者过失不法侵害他人的生命、身体、健康、自由、所有权或者其他权利，造成他人损失的，行为人应承担损害赔偿责任。[1]对绝对权利之外的利益，德国民法区分不同情况进行保护。该法第823条第2款规定，违反以保护他人为目的的法律的人，侵害他人的生命、身体、健康、自由、所有权或者其他权利，造成他人损失的，行为人负同样的损害赔偿责任。第826条规定，以违背善良风俗的方式故意致人损害的，承担损害赔偿义务。一般认为，上述三个规定是德国民法典有关一般侵权行为的规定，是侵权损害赔偿请求权的法律基础，保护的权利类型一般认为是绝对权。上述规定不能直接得出德国民法对纯粹经济损失进行保护。但是司法实践和学说通过对德国民法典上述法条进行扩张解释，使纯粹经济损失有了的救济的可能。但也有学者指出，纯粹经济损失获得救济的理由并非其是纯粹经济损失，而是因为违反了保护他人的法律或者故意违反公序良俗侵害了他人利益。[2]

在我国，对纯粹经济损失也有不同的表述。有的认为，纯粹经济损失是指“行为人的行为给他人造成的人身伤害和有形财产损害之外的经济损失。”[3]有的认为，纯粹经济损失是由他人一定的行为所造成，没有受害人本人被侵害的绝对权或被违反的债权可依附的金钱上的损失。[4]上述各种观点，尽管表述上有一定的差异，但都承认纯粹经济损失是因一定的行为造成的，与特定的人身或财产损害无关的其他经济损失。我国台湾学者王泽鉴教授认为，所谓纯粹经济上损失，系指被害人直接遭受财产上不利益，而非因人身或者物被侵害而发生。[5]他进一步指出，纯粹经济上损失的保护是侵权行为法上最为困难的课题，涉及三个问题：（1）在利益衡量上，纯粹经济上损失不能与人身或所有权同等并重；（2）纯粹经济上损失的范围具有不确定性；（3）纯

---

〔1〕《德国民法典》，郑冲、贾红梅译，法律出版社1999年版，第196页。

〔2〕Walter van Gerven etc.：*Tort Law*，Hart Publishing 2002，pp. 245－246.

〔3〕王利明：《侵权行为法研究（上卷）》，中国人民大学出版社2004年版，第368页。

〔4〕姜战军：《论纯粹经济损失的概念》，载《法律科学》2012年第5期。

〔5〕王泽鉴：《挖断电缆的民事责任：经济上损失的赔偿》，载《民法学说与判例研究》（第7册），中国政法大学出版社1998年版，第79～80页。

粹经济上损失尚涉及侵权行为法和契约的规范机能，如何处理各国法律不同。[1]

从上述规定和学者的观点可以看出，纯粹经济损失是侵害受害人财产权、人身权之外的财产利益而遭受的经济损失。具有以下属性：（1）非侵害受害人特定的财产权或人身权而产生的损失；（2）是纯粹经济上的不利益；（3）范围具有不确定性。

2. 各国对纯粹经济损失赔偿的态度

在英美侵权法下，纯粹经济损失通常在以下情况下可获得赔偿：（1）故意引起的纯粹经济损失。多表现为以欺诈、胁迫、干预契约关系、诽谤等方式造成他人纯粹经济利益损失，多发生在事业交易领域。（2）违反法定义务造成的纯粹经济损失。（3）因过失造成的纯粹经济损失。王泽鉴教授指出：在英美法（尤其是英国法），因其契约法采约因理论，且不承认第三人利益契约，致其契约法的规范功能受到限制，乃扩张过失侵权行为（negligence），而以 duty of care（注意义务）作为控制手段，特别强调此政策问题，基本上并采排除责任原则（exclusionary rule）。[2]在早期的英国法中，纯粹经济损失受此排除责任原则的限制，难以获得赔偿。但在 1932 年发生的 Donoghue v. Stevenson 案中，法官 Lord Atkin 提出了“邻人规则”，并认为应以“可预见性”作为检验注意义务的标准。此后，纯粹经济损失案件逐渐增多，发展出以“特殊关系规则”“对直接有形损害的预见性”等作为判断“注意义务”的标准，有的案件获得了法院的支持，有的案件没有得到法院的支持。[3]因此，纯粹经济损失赔偿在英国仍是一个备受争议的问题。

属于英联邦法律体系的澳大利亚运用“邻人规则”判断纯粹经济损失是否应获得赔偿，该原则考虑了两个因素作为判断注意义务的标准：对损害的可预见性和关系的密切性。所谓“密切性”是指当事人之间的关系，即被告的过失行为与原告的损害之间的关系，分为三种情形：一

---

〔1〕 王泽鉴：《侵权行为法》（第 1 册），中国政法大学出版社 1999 年版，第 98 ~ 99 页。

〔2〕 王泽鉴：《侵权行为法》（第 1 册），中国政法大学出版社 1999 年版，第 100 ~ 101 页。

〔3〕 李昊：《纯经济损失赔偿制度研究》，北京大学出版社 2004 年版，第 26 ~ 39 页。

是物理上的密切性，二是环境中的密切性，三是近因性。[1]

在美国侵权法中，纯粹经济损失赔偿也是一个颇为棘手的问题，法院对其有不同的认识。尽管如此，在一些案件中，法院还是支持当事人纯粹经济损失赔偿的请求。在“不实陈述案”“产品责任案”“服务合同案”“遗嘱案”“油污案”等案中都有体现。总体来说，虽然美国法律对纯粹经济损失也存在限制，但相对于英国法来说，表现出比较开明的态度，而且在侵权责任法重述和油污法中都有明确规定。

大陆法系各国对待纯粹经济损失赔偿问题同样很谨慎。《德国民法典》没有明确规定纯粹经济损失概的念，也没有明确规定纯粹经济损失可以获得赔偿。但正如前文所述，在侵权法领域，通过对侵权法有关条文的解释，建立了纯粹经济损失救济制度，但这不意味着德国对所有侵权行为所产生的纯粹经济损失都予以赔偿。《法国民法典》也没有纯粹经济损失的概念。司法实践和学理基于对《法国民法典》相关条文的解释，建立了有限制的纯粹经济损失赔偿制度。

3. 纯粹经济损失赔偿的限制

总体来说，在侵权法领域，各国对纯粹经济损失的救济都比较谨慎，甚至在司法实践中出现反复，之所以如此，是因为纯粹经济损失常常是无法预见而且无法确定其界限，正如学者所言：纯粹经济损失赔偿是被告在不确定的时间对不确定的人承担不确定责任。[2]因此，各国基于各种考虑往往会对纯粹经济损失赔偿进行限制，这些考虑的因素主要有：是否会产生大量的诉讼、是否限制人们行为的自由、是否能够合理确定利益的范围等。如前文所述，纯粹经济损失是人身权益或财产权益之外的经济损失，受害人是不确定的，损失也是巨大的，如果不对纯粹经济损失赔偿作出限制，不仅会导致大量的诉讼，而且行为人要承担大量的其在行为发生时无法预知的风险，进而限制了人们的行为自由，引

---

〔1〕 155 C. L. R. 549. （1984）.

〔2〕 Willem H. Van Boom, Pure Economic Loss: A Comparative Perspective, in Willem van Boom, Helmut Koziol & Christian A. Witting, eds., Pure Economic Loss, Vienna: Springer Wien New York, 2004, p. 34.

发威慑过度的后果。理论上将此称为“水闸理论”。“水闸理论”是反对纯粹经济损失赔偿的主要观点。在确定纯粹经济损失是否应赔偿时要考虑的另一个重要的因素是纯粹经济利益的范围。一般侵权法所保护的人身权、财产权都具有明确的内容和界限。而纯粹经济损失范围不明确而且往往难以察知。通过对他人承担更大范围的注意义务，对既不具有明确内容也难以察知的利益（如纯粹经济利益）给予全面保护，同样会对他人的行为自由造成不合理的限制。为此也应限制对该种利益的保护。[1]另外，从利益价值位阶来看，优先保护的是受害人的人身权财产权，纯粹经济损失是次序保护的利益，如果对纯粹经济损失进行全面保护，势必也会限制人们的行为自由。综上所述，在侵权法上，如果对纯粹经济利益进行全面保护，则他人的行为自由将受到严重的限制。因为，第一，个案中所产生的赔偿数额可能是非常巨大的；第二，原告的数量也可能非常庞大；第三，纯粹经济利益本身难以察知，内容不明确。[2]尽管如此，不意味着纯粹经济利益不能给予保护，当有恰当的理由支持保护纯粹经济利益时，对该种利益进行保护或许更为合理。关键在于何时及在何种程度上对纯粹经济利益的保护是合理的，以及是否可以构建一个在原则上统一的保护制度。[3]本书认为，纯粹经济损失赔偿应作出严格限制。在判断是否对纯粹经济损失赔偿时，可以考虑以下因素：首先，受害人必须是确定的；其次，损失必须是确定的；再次，行为具有违法性；最后，违法行为与损害之间具有直接因果关系。

4. 环境污染侵权中的纯粹经济损失

随着各国对环境保护的重视，环境污染领域中的纯粹经济损失在一些国家也获得了实务或立法的支持。在美国，1974 年的 Union Co. v. Oppen案中，法院认为，渔民因溢油污染海域造成的渔业收入损

---

〔1〕［奥］海尔穆特·库齐奥：《欧盟纯粹经济损失赔偿研究》，朱岩、张玉东译，载《北大法律评论》2009 年第 1 辑。

〔2〕［奥］海尔穆特·库齐奥：《欧盟纯粹经济损失赔偿研究》，朱岩、张玉东译，载《北大法律评论》2009 年第 1 辑。

〔3〕［奥］海尔穆特·库齐奥：《欧盟纯粹经济损失赔偿研究》，朱岩、张玉东译，载《北大法律评论》2009 年第 1 辑。

失可以获得赔偿。[1]纯粹经济损失救济在1990年的《美国油污法》得到了肯定，该法第2702条规定，因石油污染对自然资源、动产或不动产、对自然资源的生存利用、税收和版税收入减少、营业能力及利润和公共服务的损害均应承担赔偿责任。[2]2010年4月20日，BP位于墨西哥湾的深水地平线钻井平台发生爆炸，爆炸发生后，平台所在的Macondo油井所出现的三个漏油点持续向外泄漏原油，据估计，每天有相当于5000桶的原油流进海洋。至2010年5月10日，已经有约350万加仑原油泄漏进了海洋。这些原油向海滩蔓延，已经威胁到了路易斯安那州南部沿岸占全美40%面积的湿地。如果油井不能被及时封堵，这些泄漏出的原油将会借助墨西哥湾回旋洋流的力量污染佛罗里达州沿岸，直至东海岸。至2011年1月，BP已经向美国政府支付6.06亿美元作为清理费用，估测其总责任将达410亿美元，其中200亿元设立赔偿基金，用于赔偿包括渔民所遭受的纯粹经济损失。[3]

5. 纯粹经济损失赔偿在我国的际遇

在我国，纯粹经济损失是否可以获得赔偿，存在不同看法。我国《侵权责任法》第2条规定，侵害民事权益，应当依照本法承担侵权责任。有学者认为，第2条采取“概括+列举”的方式阐述了侵权法保护的客体，实际上将纯粹经济损失囊括在其保护的客体中。[4]本书认为，第65条规定，因污染环境造成损害的，污染者应当承担侵权责任。从法律解释学的角度分析，我国法律为纯粹经济损失留下了救济余地。但由于法律没有明确规定，在实践中，如何认定纯粹经济损失，纯粹经济损失能否获得赔偿仍是一个难解之题。2010年7月16日，位于辽宁省大连市保税区的大连中石油国际储运有限公司原油库输油管道发生爆炸，引发大火并造成大量原油泄漏，导致部分原油、管道和设备烧损，

---

〔1〕 501 F. 2d 566 (9th Cir. 1974).

〔2〕 Vernon Valentine Palmer, The Great Spill in the Gulf ... and a Sea of Pure Economic Loss: Reflections on the Boundaries of Civil Liability, Penn State Law Review, 2011.

〔3〕 施鸿鹏：《美国侵权法中的纯粹经济损失问题研究文献检索报告》，载 http://article.chinalawinfo.com/ArticleHtml/Article_71851.shtml，最后访问日期：2017年12月1日。

〔4〕 郭玉坤，郭萍：《海洋油污染纯粹经济损失赔偿标准探究》，载《大连理工大学学报》2015年第2期。

另有部分泄漏原油流入附近海域造成污染。此次事故除造成有关人员伤亡外，直接财产损失为22330.19万元。[1]事故造成的海洋生态损失、补救措施费用损失、渔民损失等没有官方确定的评估结果，而据有关媒体报道，当年因污染而带给旅游区的损失至少在1000万元人民币以上。[2]此事故中依赖污染海域生活的渔民的收入损失及旅游经济损失都属于纯粹经济损失。据报道，受损渔民们因求诉无门，曾再三上访维权。事故发生一年后，此事故的油污清理结束的后续赔偿工作由大连市政府负责，中石油“以投资抵赔偿”——在大连的长兴岛投资2000万吨/年炼油、100万吨/年乙烯项目。而渔民的经济损失如何赔偿仍没有给予明确的答复。[3]至少1000万元人民币以上的旅游经济损失在现行法律体系下也难以获得赔偿。2011年6月4日，康菲石油公司在我国渤海湾地区造成重大溢油海洋污染事故，污染了6200平方公里海水，其中870平方公里海水受到重度污染。导致渤海湾水产品减产九成，依靠该海域生活的山东、河北、天津等地渔民遭受重大经济损失。事故发生后，农业部、国家海洋局等部门以行政协调机制索赔的方式，先后于2012年1月25日、4月26日与康菲石油公司、中海油公司达成赔偿补偿协议，康菲石油公司、中海油公司承诺支付10亿元渔业损失赔偿补偿金、16.83亿元海洋生态损害赔偿补偿金，其中7.315亿元用于赔偿补偿渔民养殖损失。截至2012年年底，绝大多数受损渔民（约4500余户渔民）接受了行政协调并获得赔偿。通过协商方式解决损失赔偿补偿问题，没有解决康菲公司、中海油公司承担责任的规则，渔民何种权利受到侵害、赔偿金的计算标准、生态环境损害赔偿的范围等问题，难以给公众一个明确的交代。不过，值得注意的是，栾树海等21名养殖户没有参与行政协调赔偿补偿，并于2011年12月7日向天津海事法院起诉康菲公司、中海油公司，请求两公司连带赔偿养殖损失。天津海事法院

---

〔1〕《国务院安委办通报大连7·16火灾等4起事故处理结果》，载中华人民共和国政府网：http：//www.gov.cn/gzdt/2011-11/26/content_2003974.htm，最后访问日期：2018年2月2日。

〔2〕《大连新港原油污染损失谁埋单?》，载《第一财经日报》2010年7月23日。

〔3〕《大连漏油事件后续：中石油以投资抵赔偿款》，载http：//www.infzm.com/content/54205，最后访问日期：2017年12月10日。

于2011年12月30日立案受理该案。天津海事法院审理认为，在2011年6月发生的蓬莱19－3油田B平台和C平台溢油事故中，栾树海等21名原告的养殖海域遭受了污染，其养殖权利应当受到保护。康菲公司作为蓬莱19－3油田的作业者，应当承担赔偿责任。中海油公司不是油田的作业者，也不控制污染源，不承担赔偿责任。2015年10月30日天津海事法院依法作出判决，判令被告康菲公司对栾树海等21名原告承担赔偿责任，共计支付人民币1683464.4元。[1]栾树海等人不服判决，提起上诉，2016年10月，天津市高级人民法院判决驳回上诉，维持原判。此案法院以康菲公司污染海域侵害渔民养殖权为由作出判决，养殖权是财产权，因侵害财产权而遭受的损失，依据上述定义，此损失不属于纯粹经济损失。

2011年7月1日施行的《最高人民法院关于审理船舶油污损害赔偿纠纷案件若干问题的规定》第9条规定的船舶油污损害赔偿范围包括：（1）为防止或者减轻船舶油污损害采取预防措施所发生的费用，以及预防措施造成的进一步灭失或者损害；（2）船舶油污事故造成该船舶之外的财产损害以及由此引起的收入损失；（3）因油污造成环境损害所引起的收入损失；（4）对受污染的环境已采取或将要采取合理恢复措施的费用。有观点认为其中第三项因油污造成环境损害所引起的收入损失即为纯粹经济损失。本书认为，对收入损失不作分析，一概认定为纯粹经济损失有些武断。根据我国《海洋保护法》《海域使用管理法》《渔业法》的规定，我国养殖业和捕捞业施行许可证制度，渔民经向渔业行政主管部门申请，经批准获得养殖许可证和捕捞许可证，依法取得养殖权和捕捞权。根据我国《物权法》第123条的规定，养殖权和捕捞权是用益物权，污染海域首先侵害的是渔民的养殖权和捕捞权，因养殖权和捕捞权受到侵害引起收入减少，根据上述关于纯粹经济损失含义的分析，此种情况下的渔民收入损失不属于纯粹经济损失。只有当渔民的收入损失不以任何财产权受侵害为基础，这些收入损失才是纯粹经济损失，但是，

---

〔1〕 栾树海、刘明炜等与康菲石油中国有限公司、中国海洋石油总公司海上、通海水域污染损害责任纠纷案，中华人民共和国天津海事法院（2012）津海法事初字第1号民事判决书。

如前文所述，根据我国法律规定，从事海上养殖、海洋捕捞等活动必须经有关行政主管部门许可，因此，《最高人民法院关于审理船舶油污损害赔偿纠纷案件若干问题的规定》规定，未经相关行政主管部门许可，受损害人从事海上养殖、海洋捕捞，主张收入损失的，人民法院不予支持。也就是说，这类纯粹经济损失在我国司法实务中是不予赔偿的。那么，此解释中的清洗、修复、更换养殖或者捕捞设施的合理费用是否属于纯粹经济损失呢？本书认为，这类损失也不是纯粹经济损失，养殖或捕捞设施因污染而损坏，是渔民的财产所有权受到侵害，因清洗、修复、更换而花费的费用是财产所有权受到侵害而产生的损失，是直接损失，侵权人应当赔偿。

在2010年大连漏油事故中，因污染而带给旅游区的损失至少在1000万元人民币以上。因油污造成环境损害所引起的旅游收入损失是否属于纯粹经济损失，本书认为，这种损失也不属于纯粹经济损失。根据《海域使用管理法》的规定，旅游、娱乐用海也同样施行海域使用许可证制度，经海洋行政主管部门的许可颁发海域使用权证，取得海域使用权，才能从事旅游、娱乐活动。因此，因油污所遭受的旅游、娱乐损失是侵害旅游、娱乐海域使用权而引起的，同样不是纯粹经济损失。

综上所述，我国法律和司法实务在船舶油污损害赔偿中，并没有确立对纯粹经济损失赔偿的赔偿。《最高人民法院关于审理船舶油污损害赔偿纠纷案件若干问题的规定》第9条第（3）项规定的因油污造成环境损害所引起的收入损失，在我国法律背景下，将其认定为纯粹经济损失是不恰当的。

需要探讨的是污染空气是否造成纯粹经济损失？能否获得救济？如张某承包了一片地，依法申请并经批准经营农业旅游，经营权5年，生意兴隆。一年后，在距其300米处开办了一座化工厂，每日排放废气，虽达标排放仍有刺鼻气味，让许多游客望而却步致使收入大减，此损失是否为纯粹经济损失？此案化工厂污染环境没有侵害张某的具体人身权或财产权，但其排放废气污染环境的行为确实对张某农业旅游项目造成影响，根据前述对纯粹经济损失的界定，此收入损失应属于纯粹经济损失。但能否获得赔偿呢？本书认为，应严格把握。首先，因果关系应采近因原则；其次，判断此利益是否为其生活必要来源；最后，有无其他解决办法。本案中，如果能排除其他原因造成的收入减少，对比化工厂开工前后张某的游客数量、营业收入，可以认定张某收入损失与化工厂排放废气有因果关系；张某对这块土地的承包经营权是 5 年，尚有 4 年承包经营合同到期，若终止承包经营权必违约，还需承担违约责任；此收入是其家庭主要生活来源。如果符合上述条件，本书认为此纯粹经济损失应予以赔偿。

综上所述，本书认为，污染大气等环境要素造成纯粹经济损失是客观事实，应加强立法，明确纯粹经济损失救济的原则和规则。

二、人身权损害赔偿

人身损害赔偿是指侵害自然人的生命权、健康权，造成死亡、伤残，侵权人应承担的损害赔偿责任。《民法通则》第 119 条规定了人身损害赔偿制度的基本内容，《侵权责任法》《国家赔偿法》《消费者权益保护法》等法律法规以及《人身损害赔偿解释》等司法解释，对人身损害赔偿制度进行了补充和完善。《侵权责任法》第 20 条规定："侵害他人人身权益造成财产损失的，按照被侵权人因此受到的损失赔偿；被侵权人的损失难以确定，侵权人因此获得利益的，按照其获得的利益赔偿；侵权人因此获得的利益难以确定，被侵权人和侵权人就赔偿数额协商不一致，向人民法院提起诉讼的，由人民法院根据实际情况确定赔偿数额。"

（一）人身损害赔偿当事人

1. 人身损害赔偿权利人

赔偿权利人，又称赔偿请求权人，是指基于损害事实，有权请求损害赔偿的受害人。赔偿权利人包括受害人、受害人的利害关系人、死者的近亲属三个层次。最高人民法院《人身损害赔偿解释》第 1 条第 2 款规定："本条所称赔偿权利人，是指因侵权行为或者其他致害原因直接遭受人身损害的受害人，依法由受害人承担扶养义务的被扶养人以及死亡受害人的近亲属。"其中，直接遭受人身损害的受害人，理论上又称为"直接受害人"；因直接受害人伤残、死亡而蒙受生活来源损失的被扶养人以及直接受害人的近亲属，被称为“间接受害人”。

（1）直接受害人

直接受害人原则上应为赔偿权利人。但由于损害后果的不同，直接受害人能否在法律上取得赔偿权利人的地位，需要具体分析。按照损害后果的形态划分，直接受害人包括生命受到侵害的受害人和身体、健康受到侵害的受害人等不同情形。其中，生命受到侵害以受害人死亡为成立要件。死亡结果导致受害人权利主体资格消灭，所以理论上认为此种情形不发生损害赔偿请求权，死亡受害人也不是赔偿权利人，不能就其生命权受侵害请求损害赔偿。理论上也有相反的观点，认为死亡受害人可以因生命权被侵害取得损害赔偿请求权，该请求权并可由其继承人继承，称为“权利能力转化说”和“人格继承说”。前者认为，死亡与权利能力丧失，虽然时间上发生于同一点，但死亡现象本身，在质量上系由权利能力存在趋向于权利能力不存在的转化过程。受害人的赔偿请求权也可以视为是在此权利能力转化过程中发生，再使之移转于继承人。后者认为，继承人与被继承人之人格在纵的方向相连接而为同一人格，因此被继承人因生命侵害而死亡，即由继承人原始取得损害赔偿请求权。通说认为，“权利能力转化说”与生活实态不符；“人格继承说”与现代继承观念相悖。两说解释死亡受害人享有损害赔偿请求权，均显牵强，与民法权利能力原理相悖，故不足采。[1]

大陆民法学者也不接受“权利能力转化说”与“人格继承说”。但在实际生活中人们多习惯于凭直觉将损害赔偿请求权与死亡事实相联系，或者将死亡赔偿金与生命侵害相联系，就如同将残疾赔偿金与身体侵害相联系一样。进而得出结论，死亡受害人就其生命权受侵害享有损害赔偿请求权，可以作为赔偿权利人，如同残疾受害人可以就其身体权受侵害享有损害赔偿请求权，并作为赔偿权利人一样。所以，现实生活中，人们多简单地认为死亡赔偿金就是对侵害生命的损害赔偿，因生命具有同质性，死亡赔偿金也不应有价值之别。但实际上，死亡赔偿金并非基于对生命价值的衡量计算的赔偿。生命是无价的，不能用金钱来计

---

〔1〕 龙显铭编：《私法上人格权之保护》，台湾中华书局印行1958年版，第47页。

算和评价；赔偿只能就生活实态上可以计算的利益进行填补，因此所谓死亡赔偿金实质是对赔偿权利人收入损失的赔偿。所以此时的赔偿权利人不是死亡受害人而是其近亲属；死亡赔偿金也不是死亡受害人生前劳动所得的全部收入，而是扣除其个人消费以外的其他可支配收入。这就说明，死亡受害人就生命丧失本身并不享有赔偿请求权，也不是赔偿权利人。因为对于权利能力已经消灭的受害人来说，并不存在生活实态上可以填补的利益损失，因而也不存在针对死亡受害人的死亡赔偿。这时要填补的利益损失，是受害人近亲属因受害人死亡导致的生活资源的减少和丧失。因此，立法上所认可的赔偿权利人无论在理论上还是在事实上都应当是死亡受害人的近亲属以及被扶养人。

（2）间接受害人

间接受害人，是指侵害行为直接指向的对象以外因法律关系或者社会关系的媒介作用受到损害的人。间接受害人的人格利益并未受到来自侵害行为的直接破坏性损害，而仅有财产利益的间接减损和精神利益的反射性损害。我国法律所保护的间接受害人，不仅包括死亡受害人的近亲属以及生前依法承担扶养义务的被扶养人，而且还包括残疾受害人丧失劳动能力前依法承担扶养义务的被扶养人。

直接受害人依法承担扶养义务的被扶养人是赔偿权利人，享有损害赔偿请求权。这里的“扶养”，是广义的扶养，包括狭义的扶养即平辈之间的扶养，以及长辈对晚辈的抚养和晚辈对长辈的赡养。因此，承担扶养义务的前提，是当事人之间具有法律规定的身份利益。被扶养人则包括未满十八周岁的未成年人（但已满十六周岁，以自己的劳动收入为主要生活来源的除外）以及丧失劳动能力没有其他生活来源的成年人。被扶养人作为间接受害人，其损害赔偿请求权具有独立请求权的性质，并非先在被害人身上发生，再由其承继。

直接受害人因侵权致死的情形，其近亲属作为间接受害人享有独立的损害赔偿请求权，就其办理丧葬事宜支出的费用以及因受害人死亡导致的收入损失等财产损害和反射性精神损害，有权作为赔偿权利人请求损害赔偿。

直接感知侵权损害事故而使其健康权受损的第三人也是间接受害

人。此种侵权类型在英美判例法中称为“第三者休克损害”，其构成要件为：第一，间接受害人直接感知受害人遭受人身损害，如目睹事故场面、耳闻事故消息；第二，间接受害人遭受有证据证明的精神损害，如因惊骇而休克、心脏病突发、孕妇流产等，但一般的痛苦、惊吓、情绪不安等不在此限；第三，间接受害人的范围满足合理性及可预见性测试标准。这类受害人包括两种：一种为直接受害人的近亲属；另一种为与直接受害人无法律上的权利义务关系的第三人，如死者的恋人。前者的精神损害赔偿请求权在最高人民法院《精神损害赔偿解释》中已有规定，但还不全面。后者则在我国相关法律、法规及司法解释中均未有规定，应予完善。

（3）胎儿

对胎儿在其孕育过程中受到损害，如何行使赔偿请求权？此问题与胎儿的法律地位有密切关系。综观各国立法，主要有三种立法例：一是总括主义，即只要胎儿活着出生，胎儿就和已出生的婴儿一样具有民事权利能力，《瑞士民法典》、我国台湾“民法典”采此立法例。二是个别保护主义，即胎儿原则上没有民事权利能力，但在若干例外的情况下视为有民事权利能力，如法国、德国、日本采此立法例。三是绝对主义，即绝对不承认胎儿具有民事权利能力，但在个别情况下，对胎儿利益给予特殊保护。我国《民法通则》采绝对主义，不承认胎儿具有民事权利能力，但在遗产分配时，要为胎儿保留必要的基础份额。不过，2017 年 10 月 1 日施行的《民法总则》第 16 条规定，涉及遗产继承、接受赠与等胎儿利益保护的，胎儿视为具有民事权利能力。但是胎儿娩出时为死体的，其民事权利能力自始不存在。《民法总则》采取了总括主义的立法例。依据该规定，胎儿父亲因污染而丧生或丧失劳动能力，其出生后的扶养损害赔偿问题、因污染使胎儿健康受到损害的赔偿问题等，在胎儿出生后可行使赔偿请求权。

2. 赔偿义务人

赔偿义务人是指对造成受害人人身损害的损害事故依法应当承担赔偿责任的自然人、法人或者其他组织。造成人身损害的损害事故，其发生原因或为人的行为，或为自然事实。而无论损害事故是由人的行为造成还是由自然事实造成，理论上认为，有损害事故则必有行为人即加害人。前者，行为人即加害人；后者，一般观念上虽无行为人，但因法律规范责令一定之人有管束动物或维护工作物之义务，该一定之人应作为而不作为，该一定之人视同行为人即加害人。加害人及加害人以外之第三人须负损害赔偿责任之人，是谓损害赔偿义务人，简称赔偿义务人。[1]《人身损害赔偿解释》第1条第3款规定了赔偿义务人的范围："本条所称赔偿义务人，是指因自己或他人的侵权行为以及其他致害原因依法应当承担民事责任的自然人、法人或者其他组织。"

（1）直接加害人。直接加害人是指直接实施侵权行为，造成受害人损害的人。直接加害人包括单独的直接加害人、共同加害人、共同危险行为人、无过错联系的数个侵权行为人等。

（2）替代责任人。在替代责任形式的特殊侵权责任中，直接造成损害的行为人并不是赔偿义务主体，不直接承担损害赔偿责任。其赔偿义务主体是为直接造成损害的行为人承担赔偿责任的替代责任人。例如，法人工作人员执行工作任务中违规操作污染大气环境致人损害，法人承担赔偿责任等。这些直接承担责任的主体，是赔偿义务主体。

（3）不真正连带责任人

《侵权责任法》第68条规定，因第三人的过错污染环境造成损害的，被侵权人可以向污染者请求赔偿，也可以向第三人请求赔偿。污染者赔偿后，有权向第三人追偿。

（二）人身权损害赔偿类别及内容

1. 一般伤害的赔偿

一般伤害是人身损害程度较轻，受害人可通过一定的措施恢复人身物质机体功能的一种人身损害。根据《民法通则》第119条、《侵权责任法》第16条、《人身损害赔偿解释》第17条第1款的规定，受害人遭受人身损害，因就医治疗支出的各项费用以及因误工减少的收入，包括医疗费、误工费、护理费、交通费、住宿费、住院伙食补助费、必要的营养费等费用，赔偿义务人应当予以赔偿。因此，一般人身伤害赔偿

---

〔1〕 曾世雄著：《损害赔偿法原理》，中国政法大学出版社2001年版，第30~31页。

包括：

（1）医疗费

医疗费是指受害人人身遭受侵害后接受医学上的检查、治疗与康复所必须支出的费用，包括挂号费、医药费、治疗费、检查费、住院费及其他医疗费用，如进行器官移植的费用、聘请专家会诊的费用等。医疗费不仅包括已经支出的费用，还包括将来发生的医疗费用即后续治疗费，如治疗后遗症的费用、二次治疗的费用等。《人身损害赔偿解释》第19条的规定："医疗费根据医疗机构出具的医药费、住院费等收款凭证，结合病历和诊断证明等相关证据确定。赔偿义务人对治疗的必要性和合理性有异议的，应当承担相应的举证责任。医疗费的赔偿数额，按照一审法庭辩论终结前实际发生的数额确定。器官功能恢复训练所必要的康复费、适当的整容费以及其他后续治疗费，赔偿权利人可以待实际发生后另行起诉。但根据医疗证明或者鉴定结论确定必然发生的费用，可以与已经发生的医疗费一并予以赔偿。"

（2）误工费

误工费是指受害人因人身受到侵害，耽误工作而遭受的预期利益的损失。《人身损害赔偿解释》第20条规定："误工费根据受害人的误工时间和收入状况确定。误工时间根据受害人接受治疗的医疗机构出具的证明确定。受害人因伤致残持续误工的，误工时间可以计算至定残日前一天。受害人有固定收入的，误工费按照实际减少的收入计算。受害人无固定收入的，按照其最近三年的平均收入计算；受害人不能举证证明其最近三年的平均收入状况的，可以参照受诉法院所在地相同或者相近行业上一年度职工的平均工资计算。"

（3）护理费

护理费是指受害人因人身受到侵害，缺乏生活自理能力需要他人护理而支付的费用。《人身损害赔偿解释》第21条规定："护理费根据护理人员的收入状况和护理人数、护理期限确定。护理人员有收入的，参照误工费的规定计算；护理人员没有收入或者雇佣护工的，参照当地护工从事同等级别护理的劳务报酬标准计算。护理人员原则上为一人，但医疗机构或者鉴定机构有明确意见的，可以参照确定护理人员人数。护理期限应计算至受害人恢复生活自理能力时止。受害人因残疾不能恢复生活自理能力的，可以根据其年龄、健康状况等因素确定合理的护理期限，但最长不超过 20 年。受害人定残后的护理，应当根据其护理依赖程度并结合配制残疾辅助器具的情况确定护理级别。”

（4）交通费

交通费是指受害人及其必要的陪护人员因就医或转院治疗实际发生的用于交通的费用。《人身损害赔偿解释》第 22 条规定：“交通费根据受害人及其必要的陪护人员因就医或者转院治疗实际发生的费用计算。交通费应当以正式票据为凭；有关凭据应当与就医地点、时间、人数、次数相符合。”根据该条规定，交通费包括两部分：一是受害人因就医或者转院治疗实际发生的交通费用；二是必要的陪护人员因陪同受害人就医或者转院治疗实际发生的交通费用。

（5）住宿费

住宿费是指受害人到外地就医、参加事故处理等必须支出的合理费用，包括：受害人受伤后因医院无床位或其他原因确需候诊，且伤情不允许返回家中或往返家中的交通费用高于住宿费的情况下，受害人支出的合理住宿费用。《人身损害赔偿解释》第 23 条规定：“受害人确有必要到外地治疗，因客观原因不能住院，受害人本人及其陪护人员实际发生的住宿费和伙食费，其合理部分应予赔偿。”

（6）住院伙食补助费

住院伙食补助费是指受害人遭受人身损害后，受害人在住院治疗期间支出的伙食费用超过平时在家的伙食费用，而由加害人就其合理的超出部分予以赔偿的费用。[1]《人身损害赔偿解释》第 23 条规定：“住院伙食补助费可以参照当地国家机关一般工作人员的出差伙食补助标准予以确定。受害人确有必要到外地治疗，因客观原因不能住院，受害人本人及其陪护人员实际发生的住宿费和伙食费，其合理部分应予赔偿。”

（7）营养费

营养费是指受害人为恢复身体机能而增加营养所支出的合理费用。

---

〔1〕 杨立新主编：《人身损害赔偿司法解释释义》，人民出版社 2004 年版，第 293 页。

《人身损害赔偿解释》第24条规定："营养费根据受害人伤残情况参照医疗机构的意见确定。"

2. 因侵权行为而致残的赔偿

《人身损害赔偿解释》第17条第2款规定："受害人因伤致残的，其因增加生活上需要所支出的必要费用以及因丧失劳动能力导致的收入损失，包括残疾赔偿金、残疾辅助器具费、被扶养人生活费，以及因康复护理、继续治疗实际发生的必要的康复费、护理费、后续治疗费，赔偿义务人也应当予以赔偿。"《侵权责任法》第16条则规定，造成残疾的，除赔偿一般伤害所需费用外，还应当赔偿残疾生活辅助具费和残疾赔偿金。但法律对后续治疗费及被扶养人生活费未作明确规定。

（1）残疾赔偿金

残疾赔偿金是指赔偿义务人对受害人因身体、健康遭受侵害导致残疾，赔偿义务人对受害人残疾这一损害后果进行的金钱赔偿。

关于残疾赔偿金的性质，理论上有各种观点：

所得丧失说。该说认为，损害赔偿的目的，在于填补受害人实际所生损害，故受害人纵然丧失或减少劳动能力，但如未发生实际损害，或受伤前后的收入并无差异，自不得请求加害人赔偿。计算损害赔偿额时，以受害前后收入的差额为损害额，以此差额予以赔偿，故又称差额说。《德国民法典》采此说。《德国民法典》第843条第1款规定："因侵害身体或健康，致使受害人的从业能力丧失或减弱，或其需要有所增加的，必须通过支付金钱定期金向受害人给予损害赔偿。"[1]

劳动能力丧失说。该说认为，受害人因身体或健康受损害，以致丧失或减少劳动能力本身即为损害，并不限于实际所得的损失。所以，劳动能力丧失即应予以赔偿，而不是赔偿收入的差额。

生活来源丧失说。认为受害人劳动能力的丧失与减少，必致其生活来源丧失或减少，因而应当赔偿受害人的生活补助费，使其生活来源能够恢复。残疾赔偿金所救济的既不是劳动能力丧失的本身，亦不是受害人致残前后的收入差额，而是受害人致残前后生活来源的差额。这种主

---

〔1〕《德国民法典》，陈卫佐译注，法律出版社2006年版，第312页。

张赔偿的标准是比较低的。[1]

本书认为，所得丧失说以受害人受到损害后的差额作为损害赔偿金的依据，可能存在两个问题：一是受害人受到侵害前后若无所得差额，则受害人无法获得赔偿；二是未成年人、家庭主妇、失业者等没有劳动收入的人群难以获得赔偿。因此，以所得丧失说作为残疾赔偿金的标准有违民法公平原则。生活来源丧失说在确定赔偿金时仅考虑了生活费用，而事实上，受害人致残后全部或部分丧失劳动能力，损失的是劳动收入损失，而不仅是生活费用损失，生活来源说最终可能导致受害人获得赔偿金数额低于所遭受的损失。因此，相较于前两种观点，本书倾向于采劳动能力丧失说，受害人因侵权行为致残，定会导致其劳动能力全部或部分丧失，而劳动能力是有价的，一旦残疾就会导致受害人经济损失，即使是未成年人，随着年龄增长也会具备劳动能力，因此，劳动能力丧失说更为合理。

目前，我国残疾赔偿金主要采取劳动能力丧失说，特殊情况下采取所得丧失说。《人身损害赔偿解释》第 25 条第 1 款规定："残疾赔偿金根据受害人丧失劳动能力程度或者伤残等级，按照受诉法院所在地上一年度城镇居民人均可支配收入或者农村居民人均纯收入标准，自定残之日起按二十年计算。但六十周岁以上的，年龄每增加一岁减少一年；七十五周岁以上的，按五年计算。"这一规定即是劳动能力丧失说的具体体现。该条第 2 款规定："受害人因伤致残但实际收入没有减少，或者伤残等级较轻但造成职业妨害严重影响其劳动就业的，可以对残疾赔偿金作相应调整。"这一款规定采取的是所得丧失说。

由于实践中人口流动等问题，受害人的残疾赔偿金是按照受诉法院所在地上一年度城镇居民人均可支配收入还是农村居民人均纯收入标准计算，应当根据案件实际情况，结合受害人住所、经常居住地等因素，确定适用城镇居民人均收入（人均消费支出）或者农村居民人均纯收入（人均年生活消费支出）的标准。若是农村居民，但在城市经商、居住，其经常居住地和主要收入来源均为城市，有关赔偿费用应当根据当地城

---

〔1〕 杨立新：《侵权法论》，人民法院出版社 2004 年版，第 631 ~ 632 页。

镇居民的相关标准计算。公民的经常居住地是指公民离开住所地至起诉时已连续居住一年以上的地方。可以根据暂住证或者居住证，以及当地管辖公安派出所出具的证明，街道、居委会、小区出具的证明等，房屋权属证书，房屋出租人出具的证人证言，房屋租赁合同书，房租缴费收据等，各种缴费证明，如取暖费、电费、水费、卫生费、物业费等的缴费凭证，其他如受害人同事、朋友的证人证言等来认定。[1]主要收入来源地是否在城镇，可根据用人单位出具的工作证明，与用人单位签订的劳动合同，工资单，考勤记录，职工花名册，押金收据等；向工商、税务等行政管理机关缴纳管理费的凭据；工作单位的负责人、同事的证人证言；交纳"四金"的凭证和管理机关的档案记录等。[2]在城市经商、居住的农村户口的受害人，能同时提交经常居住地和主要收入来源地均为城市的证据，可按照城镇居民计算残疾赔偿金或死亡赔偿金。

残疾赔偿金的计算标准，是根据受害人丧失能力程度或者伤残等级，按照一定的基数乘以一定年数进行计算，根据最高人民法院发布的《人体损伤残疾程度鉴定标准（试行）》（2005 年 1 月 1 日施行）的规定，依据被鉴定人治疗后遗留的组织器官损害及功能障碍，工作学习、日常生活和社会交往能力丧失的程度，参照医疗和护理依赖的状况，将残疾分为十级，最重为一级，最轻为十级。伤残等级为一级的，赔偿系数为 100%；伤残等级为二级的，赔偿系数为 90%；伤残等级为三级的，赔偿系数为80%……以此类推，伤残等级为十级的，赔偿系数为10%。除道路交通事故、职工工伤、医疗事故等法律法规有专门规定以外的人身损害赔偿伤残程度鉴定适用该标准。

（2）残疾辅助器具费

残疾辅助器具费是指因伤致残的受害人因侵权行为造成身体功能全部或部分丧失后而购买、配置生活自助用具而支出的相关费用。[3]《人

---

〔1〕 参见最高人民法院民一庭《关于经常居住地在城镇的农村居民因交通事故伤亡如何计算赔偿费用的复函》。

〔2〕 参见最高人民法院民一庭《关于经常居住地在城镇的农村居民因交通事故伤亡如何计算赔偿费用的复函》。

〔3〕 张新宝：《侵权责任法》，中国人民大学出版社 2006 年版，第 345 页。

身损害赔偿解释》第26条规定："残疾辅助器具费按照普通适用器具的合理费用标准计算。伤情有特殊需要的，可以参照辅助器具配制机构的意见确定相应的合理费用标准。辅助器具的更换周期和赔偿期限参照配制机构的意见确定。"

（3）被扶养人生活费

被扶养人生活费是指加害人因非法剥夺他人生命权，或因侵害他人身体权、健康权而致其残疾时，应当支付受害人依法应当承担扶养义务的未成年人或者丧失劳动能力又无其他生活来源的成年近亲属的生活费用。《人身损害赔偿解释》第28条规定，被扶养人生活费根据扶养人丧失劳动能力程度，按照受诉法院所在地上一年度城镇居民人均消费性支出和农村居民人均年生活消费支出标准计算。被扶养人为未成年人的，计算至18周岁；被扶养人无劳动能力又无其他生活来源的，计算20年。但60周岁以上的，年龄每增加1岁减少1年；75周岁以上的，按5年计算。被扶养人是指受害人依法应当承担扶养义务的未成年人或者丧失劳动能力又无其他生活来源的成年近亲属。被扶养人还有其他扶养人的，赔偿义务人只赔偿受害人依法应当负担的部分。被扶养人有数人的，年赔偿总额累计不超过上一年度城镇居民人均消费性支出额或者农村居民人均生活消费支出额。

《侵权责任法》在残疾赔偿金、死亡赔偿金之外未规定被扶养人生活费的赔偿，那么，《侵权责任法》实施后，如何处理残疾赔偿金、死亡赔偿金和被扶养人生活费的关系呢？理论界和实务界都存在不同看法，为此，《最高人民法院关于适用〈中华人民共和国侵权责任法〉若干问题的解释》（法发〔2010〕23号）第4条规定，人民法院适用侵权责任法审理民事纠纷案件，如受害人有被抚养人的，应当依据《人身损害赔偿解释》第28条的规定，将被抚养人生活费计入残疾赔偿金或死亡赔偿金。[1]由于该司法解释的模棱两可，理论界和实务界对该司法解释的规定都有不同观点，有的认为该解释意在从残疾赔偿金或死亡赔偿

---

〔1〕 此司法解释仍然没有解决被扶养人生活费赔偿金是否单独计算的问题，因此，仍需有关机关作出进一步的说明。

金中析出一部分作为被抚养人生活费，有的认为该解释没有取消被抚养人生活费，只是将这部分累计计入残疾赔偿金或死亡赔偿金。不同的理解决定了赔偿金数额的不同。为了解决这一疑问，2010 年 12 月 21 日最高人民法院对此作了答复，在“关于如何理解《最高人民法院关于适用〈中华人民共和国侵权责任法〉若干问题的通知》第四条的答复”中，最高人民法院指出“从立法解释上来说，一般认为侵权责任法第十六条规定改变了既有法律和司法解释关于死亡赔偿金、残废赔偿金和被扶养人生活费的关系，原来司法解释规定的死亡赔偿金、残疾赔偿金并不包含被扶养人生活费，但是现在被扶养人生活费已经被侵权责任法第十六条的死亡赔偿金、残疾赔偿金吸收了。”“侵权责任法规定的死亡赔偿金、残疾赔偿金等于司法解释规定的死亡赔偿金、残疾赔偿金和被扶养人生活费之和。”但是计算残疾赔偿金、死亡赔偿金的数额时究竟仅按照第 25 条及第 29 条的规定计算残疾赔偿金、死亡赔偿金，不再计算扶养人生活费；还是残疾赔偿金、死亡赔偿金和被扶养人生活费分别计算，然后二者相加？此答复仍然没有明确。实务中，有的法院按照《人身损害赔偿解释》将残疾赔偿金和被扶养人生活费分别计算，合计后作为残疾赔偿金。有的法院则不再单独计算被扶养人生活费。这样，受害人获得的赔偿金额就会产生比较大的差别。这不仅对受害人有失公平，而且有损法律的尊严。为了统一司法裁判尺度，公平处理纠纷，最高人民法院应当进一步作出明确解释。

受害人除对上述损失有权要求赔偿外，因侵权行为遭受严重精神损害的，还可以要求赔偿精神损害抚慰金。

3. 造成死亡的赔偿

《人身损害赔偿解释》第 17 条第 3 款规定：“受害人死亡的，赔偿义务人除应当根据抢救治疗情况赔偿本条第一款规定的相关费用外，还应当赔偿丧葬费、被扶养人生活费、死亡补偿费以及受害人亲属办理丧葬事宜支出的交通费、住宿费和误工损失等其他合理费用。”《侵权责任法》第 16 条规定，造成受害人死亡的，除赔偿一般伤害的费用外，还应当赔偿丧葬费和死亡赔偿金。第 18 条第 1 款规定：“被侵权人死亡的，其近亲属有权请求侵权人承担侵权责任。”该条第 2 款规定：“被侵权人死亡的，支付被侵权人医疗费、丧葬费等合理费用的人有权请求侵权人赔偿费用，但侵权人已支付该费用的除外。”

（1）死亡赔偿金

死亡赔偿金是指赔偿义务人对受害人的近亲属因受害人死亡而遭受的财产损失进行的赔偿。

关于死亡赔偿的理论基础，主要有以下观点：

民事权利能力转化说。该说认为，死亡与民事权利能力虽然同时发生，但在“同时”之中，在质量上有一个由民事权利能力存在趋于不存在的转化过程。因此，受害人可以因生命权被侵害而享有赔偿请求权。[1]

加害人赔偿义务说。该说认为，加害人的赔偿义务不因受害人的死亡而消灭，故受害人所具有的接受赔偿的地位可以由其继承人继承。[2]

同一人格代位说。该说认为，继承人与被继承人二者的人格在纵的方面相联结，而为同一人格，故受害人的赔偿请求权应由其继承人继承。[3]

间隙取得请求权说。该说认为，受害人从受到致命伤害到其生命丧失，在理论上总是有一个时间间隙，在这个间隙中，受害人是有权利能力的，故其取得的损害赔偿请求权可由其继承人继承。[4]

死者近亲属利益受损说。该说认为，在死亡发生的一瞬间，受害人的生命即结束，他不再是民法上的人，不再享有权利或承担义务。侵权死亡赔偿之所以具有民法上的意义，是在于与死亡有特别密切关系者遭受了财产和非财产损失。在请求侵权死亡赔偿的案件中，死者已经无任何法律地位，其死亡不过是引起近亲属损害赔偿请求权的一个法律事实。[5]

本书赞同加害人赔偿义务说和死者近亲属利益受损说。有损害必然

---

〔1〕杨立新：《人身权法论》，中国检察出版社 1996 年版，第 411 页。
〔2〕史尚宽：《债法总论》，台湾荣泰印书馆 1978 年版，第 141 页。
〔3〕杨立新：《人身权法论》，中国检察出版社 1996 年版，第 412 页。
〔4〕胡长清：《中国民法债编总论》，商务印书馆 1946 年版，第 129 ~ 130 页。
〔5〕张新宝：《〈侵权责任法〉死亡赔偿制度解读》，载《中国法学》2010 年第 3 期。

有赔偿，加害人的赔偿义务不因受害人死亡而免除。死者一旦因侵权行为死亡即不再具有民事权利能力和行为能力，死者死亡的后果是由另外一些人承担的，如近亲属、生活伴侣、雇佣人或交易伙伴。因此，对于他们中哪些人可以就哪些损失主张权利是从他们的角度而不是从死者的角度来分析的。[1]即近亲属因其死亡而遭受损失，有权获得赔偿。

对于死亡赔偿金的性质，理论上有精神抚慰说和逸失利益赔偿说两种观点，逸失利益赔偿说中又有扶养丧失说和继承丧失说两种观点。

精神抚慰说认为，死亡赔偿金就是对致人死亡所造成的精神痛苦的损害赔偿，即视之为笼统意义上的生命权赔偿金。也有人视之为抚慰金，并认为该种抚慰金在现实上不仅具有对精神上、肉体上痛苦的抚慰功能，而且承担着缓和具体证明损害的困难和提高损害赔偿总额等各种各样的功能。[2]

逸失利益赔偿说认为，近亲属之所以成为侵权死亡损害赔偿的请求权主体，是因为近亲属与死者之间往往具有经济上的牵连和情感上的依赖，亲人的死亡给他们带来了一系列损害。这些损害可以归纳为三类：首先，死亡前后可能发生一系列相关财产损失，主要有死亡前近亲属支付的相关医疗和护理等费用、死亡前近亲属的误工收入损失、死亡后近亲属支付的丧葬费、死亡前后近亲属支付的交通费等。《民法通则》以“相关财产损失”对该类损害予以归纳。《侵权责任法》第 18 条规定，被侵权人死亡的，支付被侵权人医疗费、丧葬费等合理费用的人有权请求侵权人赔偿费用。其次，死亡会导致近亲属的一系列可能利益的损失，受害人死亡会导致与死者有财产关系的人在经济上发生不利的变化。与死者有密切关的生者丧失了未来可得利益，该类损失不限于扶养利益，也不限于未来可以继承的遗产，学界称其为“逸失利益”损害。其直接的后果是导致了近亲属扶养费的丧失或物质生活水平的降低，这类损失在我国侵权责任制度上逐步被“被扶养人生活费”和“死亡赔

---

〔1〕［德］克里斯蒂安·冯·巴尔：《欧洲比较侵权法》（下），焦美华译，法律出版社 2001 年版，第 72 页。

〔2〕转引自丁海俊：《论我国〈侵权责任法〉上的死亡赔偿制度——兼谈对〈侵权责任法〉第 16、17、18 条和第 22 条的理解》，载《法学杂志》2010 年第 3 期。

偿金”所涵盖。最后，死者近亲属会出现精神痛苦，以往的诸多立法和司法解释中已包含了此部分内容的赔偿。关于逸失利益损失，学界又有继承丧失说和扶养丧失说两种学说。

继承丧失说认为，死亡赔偿是赔偿义务人对受害人之法定继承人因受害人死亡而遭受的未来可继承或可共享的受害人收入损害赔偿的赔偿责任。[1]侵害他人生命致人死亡，不仅生命利益本身受侵害，而且造成受害人余命年岁内的收入“逸失”，给予受害人共同生活的家庭共同体造成财产损失。因为近亲属被认为与直接受害人是“经济性同一体”或“钱包共同”关系，因婚姻（尤其是在实行法定夫妻共同财产制的国家）或者继承能够合法取得直接受害人正常生存情况下个人消费部分以外的全部收入。如果不发生侵权事故，可以预期直接受害人在以当地人口平均寿命为基准计算的余命年岁内，将会继续获得正常的劳动收入，除去其中个人消费部分，其余应为其家庭成员共享或者其他合法继承人继承。因此，侵权事故事实上导致受害人提前死亡，而使这部分应得财产逸失，对此“逸失利益”，赔偿义务人应当赔偿。[2]

扶养丧失说认为，因侵害他人生命导致受害人死亡，受害人生前扶养的未成年人或者没有劳动能力又没有其他生活来源的成年亲属，因此丧失了生活资源的供给来源，受有财产损害，侵权责任人应当对该项损害予以赔偿。依据该理论，如果受害人没有受其供养的被扶养人，则赔偿义务人就无须赔偿该项被扶养人生活费；因为损害不存在，当然救济亦无从发生。此时，赔偿义务人仅需就有关丧葬事宜支出的费用予以赔偿，显然，其财产赔偿数额微不足道。但在财产损失以外，由于直接受害人因加害人的侵权行为身亡，死亡受害人的近亲属因此受有反射性精神利益损害，赔偿义务人对此精神损害应当予以赔偿。通过赔偿受害人精神损害，可以较好的平衡当事人双方利益。《德国民法典》采取扶养丧失说，《德国民法典》第844条第2款规定：“如果死者在被害当时对第三人有扶养义务或者有可能负扶养义务的关系，而第三人因死者被

---

〔1〕 张新宝：《侵权责任法》，中国人民大学出版社2006年版，第342页。

〔2〕 张新宝：《侵权死亡赔偿研究》，载《法学研究》2008年第4期。

害致死而被剥夺其受扶养的权利，赔偿义务人应当向第三人支付定期金作为损害赔偿，如同死者有可能生存期间有义务提供扶养一样。”采此种观点的还有英国、美国大多数州、俄罗斯联邦以及我国台湾地区“民法典”。

也有学者指出单纯按照上述任何一种学说界定该部分逸失利益损失均有失偏颇，该学者吸收两种学说的长处，构建了“一定物质生活水平维持说”。该说认为逸失利益赔偿的主旨在于维持被扶养人和近亲属一定的物质生活水平，而不仅仅限于获取被扶养人必要的生活费，或者获得一定数额的遗产。死者近亲属因亲人去世可能会导致生活水平降低，死亡赔偿金正是为了弥补这种损失。在此种学说下，被扶养人生活费赔偿被死亡赔偿金所涵括，死亡赔偿金是为了维持近亲属一定的物质生活水平，自然也包括维持被扶养人一定的物质生活水平。[1]

那么，我国现行法律采取的是何观点？目前我国规范死亡赔偿的法律规范主要有2001年的《最高人民法院关于确定民事侵权精神损害赔偿责任若干问题的解释》（以下简称《精神损害赔偿解释》）、2003年的《人身损害赔偿解释》和《侵权责任法》等。《精神损害赔偿解释》第9条规定，精神损害抚慰金包括以下方式：（一）致人残疾的，为残疾赔偿金；（二）致人死亡的，为死亡赔偿金；（三）其他损害情形的精神抚慰金。我国显然采取的是精神抚慰说。《人身损害赔偿解释》第29条规定，死亡赔偿金按照受诉法院所在地上一年度城镇居民人均可支配收入或者农村居民人均纯收入标准，按二十年计算。但六十周岁以上的，年龄每增加一岁减少一年；七十五周岁以上的，按五年计算。即死亡赔偿金是受害人收入损失。第29条采用了继承丧失说。继承丧失说可能使赔偿权利人获得较多赔偿金，但是无法解决受害人已死亡，民事权利能力和民事行为能力已经终止，主体资格已丧失，何以还能够成为损害赔偿权利主体问题。扶养丧失说以死者有需要扶养的人为前提，如果近亲属均有经济能力而没有需要死者扶养的人，则无权请求死亡赔偿金，法条之间的差别会造成同类案件处理结果存在较大差别。而《侵权责任

[1] 张新宝：《〈侵权责任法〉死亡赔偿制度解读》，载《中国法学》2010年第3期。

法》究竟采用的是何观点？学界有不同观点。有学者认为，死亡赔偿金和被扶养人的扶养费仅是“逸失利益”赔偿说的两种计算标准而已，不存在并存可能。被扶养人的生活费的赔偿项目为死亡赔偿金所涵括，其在被侵权人生前无固定工作或者为未成年人等情形下，是确定死亡赔偿金的重要考量因素。〔1〕《侵权责任法》上的死亡赔偿金数额的计算标准应当以“继承丧失说”为原则，以维持被扶养人一定生活水平为依归的“扶养丧失说”为补充。〔2〕也有学者认为，死亡赔偿金是对近亲属因亲人离世导致扶养费的丧失或物质生活水平降低这一损害（逸失利益）的赔偿。〔3〕

本书认为，《侵权责任法》所规定的死亡赔偿金不是精神抚慰金，因为《侵权责任法》在死亡赔偿金之外，又规定了侵害人身权益造成严重精神损害的精神损害赔偿。根据前文提到的《最高人民法院关于适用〈中华人民共和国侵权责任法〉若干问题的解释》（法发〔2010〕23号）第4条规定，受害人有被抚养人的，应当将被抚养人生活费计入残疾赔偿金或死亡赔偿金，以及2010年12月21日最高人民法院“关于如何理解《最高人民法院关于适用〈中华人民共和国侵权责任法〉若干问题的通知》第四条的答复”指出的“被扶养人生活费已经被侵权责任法第16条的死亡赔偿金、残疾赔偿金吸收了，侵权责任法规定的死亡赔偿金等于司法解释规定的死亡赔偿金和被扶养人生活费之和”，均说明我国现行法律采取的是近亲属逸失利益丧失说。至于是继承丧失说还是扶养丧失说，本书认为，扶养丧失说不能解决死者没有需要扶养的人的死亡赔偿请求权，不宜采用。“一定物质生活水平维持说”存在和扶养丧失说一样的问题。继承丧失说先认可加害人与受害人之间成立损害赔偿关系，然后因受害人死亡而由近亲属继承此等损害赔偿请求权，存在认识偏差。本书认为，所谓继承丧失说中继承的客体实际是指

---

〔1〕丁海俊：《论我国〈侵权责任法〉上的死亡赔偿制度——兼谈对〈侵权责任法〉第16、17、18条和第22条的理解》，载《法学杂志》2010年第3期。

〔2〕丁海俊：《论我国〈侵权责任法〉上的死亡赔偿制度——兼谈对〈侵权责任法〉第16、17、18条和第22条的理解》，载《法学杂志》2010年第3期。

〔3〕张新宝：《〈侵权责任法〉死亡赔偿制度解读》，载《中国法学》2010年第3期。

死者余命年内可得利益，而这部分利益若受害人没有死亡，本应由受害人享有，因受害人死亡，则这部分利益应由其继承人继承，是继承人对被继承人未来财产利益的继承，而不是对死者已取得利益的继承，也不是对死者损害赔偿请求权的继承。

关于死亡赔偿金的计算标准，《人身损害赔偿解释》第 29 条规定："死亡赔偿金按照受诉法院所在地上一年度城镇居民人均可支配收入或者农村居民人均纯收入标准，按二十年计算。但六十周岁以上的，年龄每增加一岁减少一年；七十五周岁以上的，按五年计算。"第 30 条规定："赔偿权利人举证证明其住所地或者经常居住地城镇居民人均可支配收入或者农村居民人均纯收入高于受诉法院所在地标准的，残疾赔偿金或者死亡赔偿金可以按照其住所地或者经常居住地的相关标准计算。"依该规定，因同一侵权行为而死亡的农村居民和城镇居民的赔偿标准是不同，在具体的死亡赔偿金的确定上出现了"同命不同价"的现象，有违民法平等原则。因此，《侵权责任法》第 17 条规定，因同一侵权行为造成多人死亡的，可以以相同数额确定死亡赔偿金。适用该条规定，应注意三点：一是适用前提是因同一侵权行为造成多人死亡；二是仅适用于死亡赔偿金；三是可以相同而非必须相同，因此该条是任意性条款。

但是，正如前文所述，死亡赔偿金不是对生命价值的赔偿，而是对死者余命年内的预期损失的赔偿，不同人的收入水平各不相同，是按照同一标准还是按照个体的实际收入计算死亡赔偿金，有主观说和客观说两种观点。主观说认为，在计算损害赔偿的金额时必须考虑特定受害人的具体情形，如受害人的职业、教育背景、受害前的收入状况等。客观说认为，应依据一个固定的标准计算损害赔偿的金额。《人身损害赔偿解释》采取客观说，同时考虑了受害人及其近亲属实际情况，对死亡赔偿金的计算标准进行调整。

损害赔偿金有两种支付方式：一次性支付和分期支付。分期支付又称定期金支付，是指损害赔偿金总额确定后，由赔偿义务人按照约定的期限分期将赔偿金支付给受害人或其近亲属。《侵权责任法》第 25 条规定，损害发生后，当事人可以协商赔偿费用的支付方式。协商不一致的，赔偿费用应当一次性支付；一次性支付确有困难的，可以分期支付，但应当提供相应的担保。

（2）丧葬费

丧葬费是安葬因侵权行为而死亡的自然人的遗体所必须支出的费用。[1]《侵权责任法》第18条第2款规定："被侵权人死亡的，支付被侵权人医疗费、丧葬费等合理费用的人有权请求侵权人赔偿费用，但侵权人已支付该费用的除外。"《人身损害赔偿解释》第27条规定："丧葬费按照受诉法院所在地上一年度职工月平均工资标准，以六个月总额计算。"

（3）被扶养人生活费

受害人死亡情况下的被扶养人生活费的赔偿与致人残疾时的赔偿标准相同。现行法律死亡赔偿金包含了被扶养人生活费。

（三）大气污染人身损害赔偿因果关系的认定

《侵权责任法》第66条规定，污染者应对其污染环境行为与损害之间不存在因果关系承担举证责任，即在环境污染案件中，受害人只需举证证明污染者有污染环境的行为，自己遭受了损害，损害与污染者的污染环境行为有一定关联，至于是否存在因果关系，由污染者就污染环境行为与受害人损害之间没有因果关系进行举证，如果不能举证证明的，推定存在因果关系。之所以这样规定，主要基于以下原因：（1）环境污染损害具有复杂性、长期性、潜伏性，某种损害的发生可能是长期污染环境累计到一定程度造成的，对普通受害者来说证明因果关系较为困难；（2）某种疾病发生可能还有其他因素的介入；（3）污染与某种疾病之间是否存在因果关系的鉴定程序复杂，技术要求高，让受害人承担举证责任不公平。因此，各国多采用因果关系推定规则。在环境污染人身损害赔偿制度中，推定因果关系中的疫学因果关系常常被运用。疫学是指研究疾病的流行、群体发病的原因与特征，以及预防对策的医学分支学科。所谓疫学因果关系理论是指采用疫学上的因果认识方法，某因子与疾病之间的关系，即使不能够从医学、药理学等观点进行详细的法则证明，但根据统计和观察，认定其间具有高度的盖然性时，就可以肯

---

〔1〕 刘士国：《现代侵权损害赔偿研究》，法律出版社1998年版，第143页。

定存在因果关系的理论。如何认定污染环境行为与损害之间存在疫学上的因果关系，理论上认为，一般需具备四个条件：（1）某种因素在某种疾病发生的一定期间内存在；（2）该因素发挥作用的程度越显著，该疾病发生的一定期间就越高；（3）该因素被消除的场合，该疾病的罹患率就降低，并且在没有该因素的群体中该疾病的罹患率是极低的；（4）该因素作为原因时，其作用机制能够无矛盾地得到生物学上的说明。[1]疫学因果关系学说需要受害人举证证明污染行为与损害之间存在流行病学上的盖然性，受害人需要收集统计学处理的大量资料，而这一点往往又阻碍着疫学因果关系的运用。在实践中，往往缺少权威的统计资料，使受害人难以举证。而且疫学因果关系是群体现象中的原因分析方法，即使群体性存在疫学因果关系，也不能说明受害人的疾病就是该原因导致的，因为还可能存在其他致病因素。在长达 10 年的东京大气污染案中，有 633 人提起了诉讼，但有 258 人未被认定为原告，其中一个主要的原因就是患病原因具有复杂性，可能与自身健康状况（如本身患有支气管炎等疾病）、生活习惯（如抽烟）、生活设施（如房屋结构、煤炭取暖等）有关。在我国，近年来大气污染损害健康的案件逐渐增多，法院在审理此类案件时，对疫学因果关系的运用也相当谨慎。在谢某某诉江苏天楹赛特环保能源集团有限公司大气污染侵权案[2]中充分体现了这一点。

谢某与马某梅系谢某某的父母，2008 年 3 月 26 日结婚。婚后，因新房刚装修，便至天楹公司所属垃圾焚烧厂附近的胡集镇谢河村 4 组的谢某母亲家中生活。2008 年 5 月 12 日，因孕期已满，且胎儿脐带绕颈两周致马某梅行剖腹手术后生子谢某某。谢某某出生后一直居住于谢某母亲家中。谢某某出生三四个月后，谢某发现儿子有频繁抽筋、对眼前的事物没有反应等情况，便带其去多家医院就诊，但均无好转。最后，医院诊断为：脑发育不全、脑瘫。另查明，天楹公司下属的垃圾焚烧厂

〔1〕 于敏：《日本侵权行为法》，法律出版社 2006 年版，第 200 页。

〔2〕 谢某某诉江苏天楹赛特环保能源集团有限公司大气污染侵权案，江苏省南通市中级人民法院（2011）通中民终字第 700 号民事判决书。载 http：//www. pkulaw. cn/case_ es/pfnl_ 124647584. html？ match = Exact，最后访问日期：2017 年 5 月 2 日。

自2006年7月初建成试产，但并未办理环保验收手续和排污许可证，也未对周围500米内的居民进行搬迁。垃圾焚烧厂运行的过程中排放刺鼻的废气和烟尘。2009年9月垃圾焚烧厂停产待扩建，政府下发拆迁通知，对周围500米内居住的群众予以搬迁。谢某某父母在谢某某病情确定后，认为谢某某的脑瘫很可能是由垃圾焚烧厂所导致，先后找有关部门解决，未果。2010年9月10日，谢某某向海安县人民法院提起诉讼，主张其所患疾病与天楹公司的污染环境有关。天楹公司认为谢某某的脑瘫与垃圾焚烧厂的排放之间无因果关系。本案的焦点即谢某某的脑瘫与垃圾焚烧厂的排放行为之间是否存在因果关系。海安县人民法院经审理认为：根据《最高人民法院关于民事诉讼证据的若干规定》第4条第1款第（3）项的规定，因环境污染引起的损害赔偿诉讼，由加害人就法律规定的免责事由及其行为与损害结果之间不存在因果关系承担举证责任，但该规定并未免除受害人一方的举证责任。同时，《最高人民法院关于民事诉讼证据的若干规定》第7条还规定，在法律没有具体规定、依本规定及其他司法解释无法确定举证责任承担时人民法院可以根据公平原则和诚信原则，综合当事人举证能力等因素确定举证责任的承担。就本案而言，首先，谢某某的父亲在发现其子患病后，未能及时对是否系中毒进行检测，现因时间的迟延，丧失了相应的鉴定条件，导致天楹公司不能对其生产中的污染行为与谢某某现患疾病是否存在因果关系进行证明，因此该举证不能的后果就不能由天楹公司承担。其次，目前相关学术研究表明，导致脑发育不全、脑瘫的病因很多，有低体重儿、先天性异常、脑缺血缺氧等。导致缺血缺氧的因素有母亲因素（含药物中毒等）、胎盘因素、脐带血流阻断（含脐带绕颈等）、分娩过程异常、新生儿因素、核黄疸、高烧、外伤、惊吓等。本案中，马红梅产前胎儿脐带绕颈，而脐带绕颈导致脑瘫的可能性较大，谢某某现所患疾病又为脑瘫，在谢某某的监护人不能排除上述因素致其患病的情况下，谢某某主张其所患疾病与天楹公司生产中产生的污染可能存在因果关系，这一举证责任不能转移给天楹公司。谢某某要求天楹公司承担侵权赔偿责任的诉讼请求，法院难以支持，判决驳回原告谢某某的诉讼请求。谢某某不服判决，向南通市中级人民法院提起上诉。南通市中级人民法院经审理认为：造成胎儿和婴幼儿脑瘫的病因很多，发病机制也非常复杂，目前学界公认的病因有低体重儿、先天性异常、脑缺血缺氧、核黄疸、先天感染等。根据各因素的影响阶段又可分为三类：一是出生前的高危因素；二是分娩时的高危因素；三是出生后的高危因素。此外孕期母亲因素如营养因素、妊娠早期用药史，患儿因素如新生儿惊厥、感染及其他并发症等，都有可能导致小儿脑瘫的发生。还有部分脑瘫形成原因不明。而在本案中，并不能排除上述诸多因素与上诉人脑瘫之间存在因果关系的可能性。另外，马红梅在其孕期的绝大部分时间里并不居住在垃圾焚烧厂附近，因此谢某某的脑瘫与天楹公司的排放行为在时间和空间的关联性上存在不确定性，不能排除在马红梅居住于谢河村 4 组之前有其他可能导致小儿脑瘫的因素存在。对上诉人主张其脑瘫是垃圾焚烧厂排放的以二噁英类为主的有毒污染物所致，法院认为，学界公认二噁英类对生物体会造成危害或有毒效应，包括急性致死毒性、皮肤性疾病、免疫毒性、内分泌毒性、生殖毒性、发育毒性及致癌性。例如，有研究表明二噁英对几种种属的动物具有致畸性，也对啮齿动物的发育构成毒性。但具体到对人类的影响，目前比较公认的研究显示二噁英可导致癌症、氯痤疮、免疫机能下降、暴露人群后代的皮肤、黏膜、指甲与趾甲色素沉着增加、新生儿牙齿腐蚀、睑板腺分泌增加、外胚层发育不良等疾病。但二噁英对人类的致脑瘫作用尚未得到证实，有关研究仍然面临科学的不确定性。关于二噁英暴露与小儿脑瘫的相关性，目前国际上并无流行病学统计数据予以支持。在国际上出现的几次重大的二噁英污染事件中，亦无新生儿脑瘫发病率上升的报道。在国外有关焚化炉对人健康影响的研究中，怀疑新生儿口面部裂、脊柱裂、尿道下裂个案的增加可能与临近焚化炉居住有关，但并无脑瘫病例增加的现象。具体到本案中，在被上诉人下属的垃圾焚烧厂运营期间，附近出生的十六名新生儿（包括一名早产儿）中，仅有上诉人一人患有脑瘫，而其他新生儿的健康状况均基本正常。法院认为，在涉及人身健康损害的环境侵权案件中，由污染者就其行为与损害结果之间不存在因果关系承担举证责任的前提是污染行为有导致损害结果发生的疫学上的因果关系，这一因果关系须是普遍的、公认的结论，而不能是基于个案的、推断性的结论。本案中，目前在疫学上并没有二噁英会导致新生儿脑瘫的普遍的、公认的结论，也不能排除其他因素导致上诉人脑瘫的情况，有关污染行为与损害后果之间因果关系的举证责任尚不能由被上诉人承担。故上诉人要求被上诉人承担损害赔偿责任的诉讼请求依据不足，法院难以支持。谢某某的上诉理由不能成立，原审法院认定事实清楚，适用法律并无不当，应予维持。故，判决驳回上诉、维持原判。

针对此案的一、二审法院关于因果关系的处理，本书认为仍有值得商榷之处。首先，原被告举证责任的分配。推定因果关系中，受害人因果关系举证责任当然没有免除，但其只需举证证明污染行为与损害之间具有盖然性即可，而不是举证证明存在直接或相当因果关系。因此，在此案中，谢某某只需举证证明垃圾焚烧厂排放的二噁英与脑瘫之间存在关联性即可。这一点在《最高人民法院关于审理环境侵权责任纠纷案件适用法律若干问题的解释》中已为我国司法实践所确认，该解释第6条规定，被侵权人根据《侵权责任法》第65条规定请求赔偿的，应当提供证明以下事实的证据材料：（1）污染者排放了污染物；（2）被侵权人的损害；（3）污染者排放的污染物或者其次生污染物与损害之间具有关联性。被告应就其排放二噁英的行为与损害之间不存在因果关系进行举证，即由被告举证证明二者之间不存在疫学因果关系，如果不能举证证明的，推定存在因果关系。但在本案中，一审法院将排放二噁英的行为与损害之间是否存在疫学因果关系的证明责任却推给了原告承担，这与法律规定不符。二审法院虽然认为应由污染者就其行为与损害结果之间不存在因果关系承担举证责任，但设置了一个前提条件，即污染行为与损害结果之间具有普遍的、公认的疫学上的因果关系，并排除其他因素导致受害人脑瘫的情况。本书认为，是否存在普遍的、公认的疫学因果关系恰恰应该是被告承担的举证责任，法院的这一处理违背了《侵权责任法》第66条规定。其次，科学研究表明二噁英对人体有危害，虽然没有权威的研究表明二噁英是脑瘫的致病因素，但也没有研究表明二噁英不会导致脑瘫。《最高人民法院关于民事诉讼证据的若干规定》第73条规定："双方当事人对同一事实分别举出相反的证据，但都没有足够的依据否定对方证据的，人民法院应当结合案件情况，判断一方提供证据的证明力是否明显大于另一方提供证据的证明力，并对证明力较大的证据予以确认。因证据的证明力无法判断导致争议事实难以认定的，人民法院应当依据举证责任分配的规则作出裁判。”而依据《侵权责任法》第 66 条和《最高人民法院关于民事诉讼证据的若干规定》第 4 条第 3 项的规定，此种情况下，法院应当裁定由被告承担举证责任。本案将污染行为与损害之间是否存在疫学因果关系的举证责任分配给原告与我国法律规定不符，对受害人有失公允。

三、精神损害赔偿

精神损害赔偿也称非财产损害，是指受害人或受害人的近亲属在受害人人身权益受到不法侵害，遭受严重精神痛苦的，请求侵权人承担损害赔偿责任的民事法律制度。人身权益包括人身权利和人身利益。人身权利包括生命权、健康权、身体权、姓名权、肖像权、名誉权、隐私权、名誉权、人格尊严权等。人身利益如死者的姓名、肖像、名誉、荣誉、隐私等。所谓精神损害是人格权益受到侵害以后，而遭受精神痛苦以及产生不良情绪。

侵害财产权也可能引起受害人心理上的痛苦、悲伤、难过等情感上的损害，受害人能否主张精神损害赔偿，各国有不同规定。欧洲所有的法律制度均将物之所有权人因物的损坏而导致的不快视为非财产损失。[1]根据葡萄牙及希腊法，如果一个人因营业场所遭受破坏而不能给顾客提供满意的服务也遭受了可获得赔偿的非财产损失。甚至如果一个人因住宅未按时建成而恼怒，根据葡萄牙民法典，他也能主张精神损害赔偿，只不过他的恼怒根据《民法典》第 196 条尚不符合为获得赔偿而必须的严重性。[2]《奥地利损害赔偿法（草案）》第 1316 条规定，在故意侵害有体物时，应当赔偿所有人对该物享有的特殊偏爱价值，在违反合同约定时，如果合同的目的在于满足精神上的利益，而违约严重侵害

---

〔1〕［德］克里斯蒂安·冯·巴尔：《欧洲比较侵权法》（下），焦美华译，法律出版社 2001 年版，第 196 页。

〔2〕［德］克里斯蒂安·冯·巴尔：《欧洲比较侵权法》（下），焦美华译，法律出版社 2001 年版，第 195 页。

了此种精神利益并且通过解除合同不能给予适当补偿的，应当赔偿由此遭受的损害。[1]《俄罗斯民法典》第1099条规定，侵害公民财产的行为（不作为）所致精神损害，应在法律规定的情形下补偿。精神损害补偿独立于应赔偿的财产损害。《日本民法典》第710条规定，不论侵害他人身体、自由或者名誉情形，还是侵害他人财产权情形，依法律规定应负赔偿责任者，对财产之外的损害，亦应赔偿。[2]但也有一些国家（地区）的法律将精神损害赔偿限定为人身权益受到侵害而产生的精神损害赔偿。如我国台湾地区“民法”，精神损害赔偿只适用于人格权和身份权受到侵害而产生的精神损害情形。[3]我国《精神损害赔偿解释》规定，具有人格象征意义的特定纪念物品，因侵权行为而永久性灭失或者毁损，物品所有人以侵权为由，向人民法院起诉请求赔偿精神损害的，人民法院应当依法予以受理。但是，《侵权责任法》已作了修正，即精神损害赔偿仅适用于人身权益受到侵害的情形。

精神损害赔偿兼具惩罚性和抚慰性两种性质。从立法政策看，精神损害赔偿具有惩罚性。精神损害常常表现为难过、悲伤、焦虑、痛苦、不安等不良情绪反应，受害人可能没有直接的金钱损失，因此，与身体受到侵害需要治疗而支出治疗费及其他费用不同，后者是财产性损失，可以根据损失的多少，判断受害人承担的损害赔偿范围和数额。受害人虽没有经济损失，但法律对加害人却课以赔偿责任，表明精神损害赔偿具有一定的惩罚性。从受害人的角度看，精神损害赔偿具有抚慰性，精神损害无法用金钱来衡量，精神损害赔偿金数额通常规定限额，而且通常数额不高，因此，对于受害人而言，精神损害赔偿具有抚慰受害人的功能。

精神损害赔偿实行责任法定原则，在法律有规定的情况下适用。《精神损害赔偿解释》规定，侵害自然人生命权、健康权、身体权、名

---

〔1〕 全国人大常委会法制工作委员会民法室编：《中华人民共和国侵权责任法条文说明、立法理由及相关规定》，北京大学出版社2010年版，第87页。

〔2〕 全国人大常委会法制工作委员会民法室编：《中华人民共和国侵权责任法条文说明、立法理由及相关规定》，北京大学出版社2010年版，第87页。

〔3〕 参见我国台湾地区“民法”第18条、第194条、第195条。

誉权、姓名权、隐私权、人格尊严权、荣誉权、肖像权、监护权以及死者姓名、名誉、隐私、肖像等人身权益，可以要求精神损害赔偿。《侵权责任法》第22条规定：“侵害他人人身权益，造成他人严重精神损害的，被侵权人可以请求精神损害赔偿。”正如前文所述，《侵权责任法》修正了《精神损害赔偿解释》有关侵害具有人格象征意义的特定纪念物品造成精神损害的，可请求赔偿精神损害的规定，因此，在我国，精神损害赔偿仅适用于人身权益受到侵害的情形。而且，精神损害赔偿仅适用于侵权行为案件，不适用于违约行为案件。我国台湾地区“民法”第18条规定，人格权受侵害的，得请求法院除去其侵害，有受其侵害之虞时，得请求防止之。前款情形，以法律有特别规定者为限，得请求损害赔偿或者抚慰金，同样实行精神损害赔偿责任法定原则。域外法律也明确了精神损害赔偿责任法定原则。如丹麦（损害赔偿法第1条、第26条）、德国（民法典第253条）、芬兰（损害赔偿法第5章第2条及第6条）、希腊（民法典第299条）、意大利（民法典第2059条）、荷兰（民法典第6：95条）及瑞典（损害赔偿法第5章第1条）法律均规定，法律有明确规定时才对非财产损失给予赔偿。[1]《俄罗斯民法典》第1099条规定，公民精神损害赔偿的依据和数额应依法律规定确定。

精神损害赔偿能否适用于无过错责任的空气污染等环境污染损害案件，有肯定和否定两种观点。肯定者主要理由是：（1）区分过失责任和无过失责任的目的在于不同之民事事件，发生不同之民事责任。各种责任，彼此之间，并无本质之不同，两种责任都有财产上损害和非财产上损害，过失责任下，非财产损害可请求赔偿，无过失责任下，非财产损害亦得请求赔偿。（2）非财产损害赔偿作用主要在于调整或慰抚，着眼于慰抚作用，在无过失责任下，赔偿义务人无所谓愧对赔偿权利人可言，不该有非财产损害赔偿责任，但非财产上损害赔偿除抚慰作用外，还具有调整作用，其调整作用与财产损害赔偿之填补作用相同，因此，无过失责任下，具有调整作用之非财产损害赔偿。[2]否定者的主要理由

〔1〕［德］里斯蒂安·冯·巴尔：《欧洲比较侵权法》（下），焦美华译，法律出版社2001年版，第192页。

〔2〕曾世雄：《损害赔偿法原理》，中国政法大学出版社2001年版，第376～377页。

是：（1）从无过错责任与侵权行为及非财产损害赔偿的关联看，民法所规定的侵权行为，其责任均为过失责任，虽在侵权行为外，例外规定无过失责任，但规定无过失责任的情形，均未有请求非财产损害赔偿的相关规定。（2）从无过失责任存在的理由看，无过失责任与过失责任存在的理由不同，无过失责任的存在或因赔偿权利人处于不利地位，或因赔偿义务人处于应予非难的地位，因此加重赔偿义务人责任，以求公平。原为过失责任设计的非财产损害赔偿责任，难援以适用于无过失责任。（3）从无过错责任适用范围看，法律没有规定无过错责任适用非财产损害赔偿责任的情形。（4）从非财产损害赔偿责任的作用看，非财产损害，实即痛苦，赔偿权利人请求非财产损害赔偿目的是冀求法院祛除痛苦。无过错责任下，赔偿义务人因其行为合法而负担损害赔偿，其感受难免含有痛苦，二者均有痛苦，为何赔偿义务人的痛苦不但被漠视而且还须赔偿权利人非常损害，二者之间显有失衡。[1]精神损害赔偿制度的意义是救济因侵权行为造成的精神痛苦，无论是过错的侵权行为还是无过失的侵权行为，都可能造成受害人精神损害。虽然法律加重了无过错侵权行为人的责任，但是，承担无过错责任的行为人制造了危险来源并且基于这些危险活动获得利益，因此，获得利益者负担责任，是公平正义的要求，更何况因危险责任而产生的损害赔偿，常常经由商品服务的价格机能及保险制度予以分散。因此无过错责任行为人承担责任，其归责理由不是非难、惩罚，而是分配正义，加重其责任并不违反公平正义原则。在此前提下，过失侵权行为人承担的精神损害赔偿责任同样应适用于无过错侵权行为。一些国家（地区）的立法和司法实践已承认精神损害赔偿在环境污染损害案件中适用。在“吉田町粪尿、垃圾处理场案件”中，针对即将出现的水污染、大气污染等环境公害以及由此产生的损害之虞，广岛高等裁判所在判令中指出：“一般因公害原因行为所致损害，如果仅系感情上的不愉快感觉或日常生活上应忍受程度的受害情形，不准其请求禁止，固属当然。若多数人受到影响其健康的损害，致使利用居住地、住所地作为活动场所出现困难的盖然性极高，其损害非

[1] 曾世雄：《损害赔偿法原理》，中国政法大学出版社2001年版，第378～380页。

金钱赔偿所能恢复。纵使公害原因具有高度的公共性，如无其他特别情况，也应认为超过忍受限度而准许其请求禁止。而本案件各种设施之建设、影响附近居民健康的盖然性甚大，结果其所有的土地、房屋，无法用于生活活动场所的可能性甚大，自应禁止其建设。"[1]因此包括大气污染损害在内的环境污染损害也适用精神损害赔偿责任。具体到大气污染损害中，严重精神损害的情形主要是：(1) 因大气污染造成受害人死亡，给死者近亲属造成严重的精神打击；(2) 因大气污染造成受害人健康严重损害，如因大气污染致残，因大气污染罹患癌症等严重疾病，必然也会使受害人产生严重精神损害；(3) 虽未造成死亡或严重身体健康损害的，纯粹精神痛苦，如恐惧、不安、担惊受怕、焦虑等只要构成严重性，也可以要求精神损害赔偿。

侵害人身权益适用精神损害赔偿的条件，各国规定不一。有的国家规定须加害人具有故意或重大过失。如《奥地利民法典》第 1330 条规定，只有当加害人有故意或重大过失且法律不排除非财产损失的赔偿时，受害人才能获得精神损害赔偿。《瑞士债务法》第 49 条规定：人格关系受侵害时，以其侵害情节及加害人过失重大者为限，得请求抚慰金。《德国民法典》第 253 条规定：(1) 仅在法律所规定的情况下，才能因非财产损害而请求金钱赔偿。(2) 因侵害身体、健康、自由或性的自我决定而须赔偿损害的，也可以因非财产损害而请求公平的金钱赔偿。[2]第 823 条第 1 款规定：故意或有过失地不法侵害他人的生命、身体、健康、自由、所有权或其他权利的人，负有向该他人赔偿因此而发生的损害的义务。[3]《荷兰民法典》第 6：106 条第 1 款不仅规定"受害人遭受身体伤害、名誉或好的名声受到侵害或因其他方式人格权受到侵害时，有权要求公平的损害赔偿"(b 项)；且规定了责任人出于故意施加受害人非财产方面不利时的相同请求权（a 项）。[4]有的国家以侵害

---

[1] 王明远：《环境侵权救济法律制度》，中国法制出版社 2001 年版，第 223 页。

[2] 《德国民法典》，陈卫佐译注，法律出版社 2006 年版，第 86 页。

[3] 《德国民法典》，陈卫佐译注，法律出版社 2006 年版，第 306 页。

[4] ［德］克里斯蒂安·冯·巴尔：《欧洲比较侵权法》（下），焦美华译，法律出版社 2001 年版，第 202～203 页。

的严重性作为请求精神损害赔偿的条件。如《葡萄牙民法典》第496条规定："非财产损失，只有当它因其严重性而值得法律保护时，才能在确定损害赔偿额时被考虑进去。"《意大利民法典》第2059条和《意大利刑法典》第185条第2款规定，只有当加害行为触犯刑法时（如侮辱或破坏他人住宅安宁）才导致精神损害赔偿责任。[1]实践中，米兰上诉法院甚至在Seveso环境污染事故中判决受害人获得两亿里拉的赔偿，以补偿他们因可能患癌症的恐惧感而造成的长期压力。责任人已根据刑法典第449条（危害公共安全罪）受到刑事判决。最高法院最后是以"受害人数量之多"的压力而撤销了上诉法院判决的。[2]在希腊，任何一个侵权行为原则上都会导致对精神损害的补偿；侵害的"严重性"，这一标准实际上仅适用于《希腊民法典》第59条（非物质性人格权）中的非物质损害赔偿责任。《葡萄牙民法典》第496条则明确规定："在确定损害赔偿时……非财产损失，只有当它因其严重性而须受法律保护时才加以考虑"。可见，在葡萄牙重要的不是侵权行为的种类或所侵害的利益类别而是受害人精神受损的程度。[3]我国《精神损害赔偿解释》第8条规定因侵权致人精神损害，但未造成严重后果，受害人请求赔偿精神损害的，一般不予支持。《侵权责任法》第22条规定："侵害他人人身权益，造成他人严重精神损害的，被侵权人可以请求精神损害赔偿。"可见，我国是以精神损害的严重性作为是否需要承担损害赔偿致责任的条件之一。

但是，如何判断精神损害是否严重？无论是《精神损害赔偿解释》还是《侵权责任法》都没有给出判断的标准和依据。各地法院根据本地区的实际情况，制定了内部掌握的关于"严重性"的认定标准。如《四川省高级人民法院贯彻执行最高人民法院〈关于确定民事侵权精神损害赔偿责任若干问题的解释〉的意见》规定，判断侵权行为是否对受

---

〔1〕［德］克里斯蒂安·冯·巴尔：《欧洲比较侵权法》（下），焦美华译，法律出版社2001年版，第201页。

〔2〕［德］克里斯蒂安·冯·巴尔：《欧洲比较侵权法》（下），焦美华译，法律出版社2001年版，第201~202页。

〔3〕［德］克里斯蒂安·冯·巴尔：《欧洲比较侵权法》（下），焦美华译，法律出版社2001年版，第202~203页。

害人的精神损害造成严重后果，应当从全案情况进行综合分析评判。(1) 侵犯他人物质性人格权利，凡具备下列情形之一的，应认定为因侵权致人精神损害已造成严重后果：侵权行为人侵害生命权造成他人死亡的；侵权行为人侵害健康权、身体权致人残疾已达到评残等级的，或者虽未达到评残程度但造成受害人永久性伤痕，严重影响其工作、生活的，应认定为因侵权致人精神损害已造成严重后果。(2) 侵犯他人精神性人格权利，凡具备下列情形之一的，应认定为因侵权致人精神损害造成严重后果：造成受害人自杀自伤的；造成受害人精神失常的；严重影响受害人正常工作、生活的；在公共场所公然侮辱、诽谤、贬损、丑化受害人的姓名、肖像、名誉、荣誉，或者公开披露受害人的隐私，导致受害人社会评价降低的；非法使被监护人脱离监护，导致亲子关系或者近亲属间的亲属关系破裂、恶化的；具有人格象征意义的特定纪念物品如祖传遗物、荣誉证书、功勋章等，因侵权行为而永久性灭失、毁损不能修复的；非法肢解尸体，非法披露、利用死者的隐私，或者非法利用、损害死者的遗体（遗骨），或者以侮辱、诽谤、贬损、丑化等方式侵害死者姓名、肖像、名誉、荣誉，造成其近亲属的社会评价降低、受到社会歧视或者不公正待遇的；其他致人精神损害造成严重后果的。《山东高级人民法院关于审理人身损害赔偿案件若干问题的意见》规定，侵害非物质性人格权的，受害人因侵害行为影响正常工作、生活、学习的，为一般性精神损害；受害人因侵害行为导致工作失误、学习成绩下降、生活无常或者自杀等严重后果的，为严重损害。而《最高人民法院关于人民法院赔偿委员会审理国家赔偿案件适用精神损害赔偿若干问题的意见》（法发〔2014〕14 号）第 4 条规定，人民法院赔偿委员会适用精神损害赔偿条款，应当严格依法认定侵权行为是否“致人精神损害”以及是否“造成严重后果”。一般情形下，人民法院赔偿委员会应当综合考虑受害人人身自由、生命健康受到侵害的情况，精神受损情况，日常生活、工作学习、家庭关系、社会评价受到影响的情况，并考量社会伦理道德、日常生活经验等因素，依法认定侵权行为是否致人精神损害以及是否造成严重后果。受害人因侵权行为而死亡、残疾（含精神残疾）或者所受伤害经有合法资质的机构鉴定为重伤或者诊断、鉴定为严重精神障碍的，人民法院赔偿委员会应当认定侵权行为致人精神损害并且造成严重后果。也就是说，根据该解释，三种情况构成“严重性”，一是受害人死亡；二是受害人残疾（包括精神残疾）；三是受害人重伤或严重精神障碍。这个判断标准相对于地方各省市内部掌握的标准要严格一些。中国人民大学民商事法律科学研究中心“侵权责任法司法解释研究”课题组组织起草的“侵权责任法司法解释”第41条认为，具有下列情况之一的，可以认定为侵权责任法第22条规定的严重精神损害：（1）受害人因侵权行为造成死亡、残疾或者重伤的；（2）姓名权、肖像权、名誉权等精神型人格权或者身份权受到侵害，造成不良社会影响的；（3）侵害其他人格、身份权益，造成社会不良影响，或者给受害人的生活造成较大影响的；（4）因侵权人的行为使受害人遭受医学上可证明的生理或精神损伤的。

实践中，审判案件的法官有一定的自由裁量权，结果导致案件的处理标准不一，某些相似案件，有的法院支持了当事人的诉讼请求，有的驳回了当事人的诉讼请求。如在重庆远上机械制造有限公司与王某环境污染侵权责任纠纷上诉案中，法院认定受害人王某所患支气管肺炎、支气管哮喘与远上机械制造有限公司排放废水废气有关联性，并判决远上机械制造有限公司承担住院医疗费、门诊费、住院伙食补助费、护理费以及交通费等损失。而对于王某提出的赔偿精神抚慰金15000元的诉讼请求，法院认为根据原告的损害情况，被告给其造成的精神损害尚未达到能够主张精神损害抚慰金的严重程度，故对该项诉讼请求未予支持。[1]在林某富等394人与福建省固体废物处置有限公司环境污染责任纠纷案中，福建省固体废物处置有限公司因其处置场焚烧炉旧烟囱排放的粉尘引起大气污染，造成原告人身和财产损害，原告除请求财产损害、人身损害赔偿外，还提出了精神损害赔偿，法院认为该公司排放废气中所含二噁英是致癌物质，近些年该村罹患癌症及其他怪病的人逐渐增多令村民担心，因此，法院支持了原告的精神损害赔偿请求，判决被

---

〔1〕 重庆远上机械制造有限公司与王莉环境污染侵权责任纠纷上诉案，重庆市第一中级人民法院（2013）渝一中法环民终字第04145号民事判决书。

告赔偿原告精神损害每人1000元。[1]在某小学学生刘某等407位同校学生诉某化工厂环境污染引起精神损害赔偿案中，因被告车间发生苯乙烯泄漏事故而散发的类似油漆味的苯乙烯气体逐渐飘移至原告所在学校，致原告刘某等407位同校学生相继出现头痛、头昏、恶心、腹痛、咳嗽等症状。刘某等407位受害人认为，被告某化工厂的本次泄漏事故已严重侵害了其人身和财产权利，并对其造成了精神损害，向法院提起诉讼，要求被告某化工厂赔偿其因被告的泄漏事故所受到的人身伤害、财产损失及精神损害。法院判决认为“尽管被告建德市新安江塑料化工实业有限公司的侵权行为尚未对原告的身体健康造成较为严重的损害，但考虑到其污染环境的行为侵害的人数众多，并在一定程度上，其行为已经影响了原告刘某等407人在当地的学习、生活秩序，故应视为其侵权行为已构成了较为严重的后果。根据《精神损害赔偿解释》第8条第2款、第9条第3款、第10条第1款的规定，被告某化工厂应对原告刘某等407人因环境污染损害而遭受的精神损害承担赔偿责任。赔偿以支付精神损害抚慰金的方式进行。按被告向原告每人支付500元人民币精神损害抚慰金的标准计算，被告某化工厂合计应向原告刘某等407人支付精神损害抚慰金共计20.35万元。”[2]上述案件中，重庆远上机械制造有限公司与王某环境污染侵权责任纠纷案，尽管重庆远上机械制造有限公司排放的大气污染物造成王莉患上支气管炎、哮喘病，但对于精神损害赔偿法院没有支持。而刘某等诉某化工厂环境污染引起精神损害赔偿案中，法院因涉及人数较多，影响受害人在当地的学习、生活秩序，就认定为严重精神损害。上述案件表明，在实务中，关于精神损害是否严重的认定，法官的自由裁量发挥的作用较大。

本书认为，精神损害具有主观性，很难用一个统一的标准衡量精神损害是否严重。但这不意味着毫无判断的依据，基于人类的一般情感，有一些感受是相同的，如失去亲人的感受、残疾带来的心理感受等。因

---

〔1〕 林振富等394人与福建省固体废物处置有限公司环境污染责任纠纷案，福建省福州市中级人民法院（2014）榕民终字第337号民事判决书。

〔2〕 别涛：《污染致人精神损害依法赔偿精神损失——刘露第407名小学生诉某化工厂环境污染精神损害赔偿案评析》，载《环境工程通讯》2002年第8期。

此，为避免对精神损害严重性的理解差异过大，影响法律适用的公平公正，同时避免精神损害赔偿泛化，建议采取“概括+列举”的方式对精神损害的严重性作出限定。首先，明确只有造成严重的精神损害才可请求精神损害赔偿。其次，可列举一些具体的情形，如侵权行为造成受害人死亡、残疾的；虽未造成残疾，但造成毁容、严重健康损害的如癌症、传染性病、其他难以治愈的疾病等；精神性疾病；侵害人格权造成社会评价严重降低；恐惧、难过、焦虑、不安等不良情绪严重影响正常工作、生活、学习；丧失享受生活的权利以及享受生活乐趣的权利等。上述列举的情形，在大气污染侵害案件中，能够认定为严重精神损害的主要是，因大气污染致死、致残；严重健康损害如癌症等难以治愈的疾病、精神性疾病；因大气污染造成恐惧、害怕、焦虑、紧张、不安等不良情绪严重影响正常工作、生活、学习；丧失享受生活的权利以及享受生活乐趣的权利等。

关于精神损害赔偿权利主体，在受害人未因侵权行为死亡的情况下，受害人是精神损害赔偿权利人。综观各国法律规定，受害人一般是指自然人，受害人无论是否具有完全民事行为能力，都享有赔偿请求权。对一个因事故而完全与其生活环境脱离的人（植物人），即使他已无法感受任何痛苦也能获得绝非名义上的精神损害赔偿。[1]胎儿在未出生时因侵权行为造成健康损害，若出生后该健康损害严重到使其产生痛苦、不安或者严重影响其以后的正常生活、学习、工作的，如因侵权行为造成畸形、癌症、脑瘫等，也可以请求精神损害赔偿。如果受害人后来死亡的，其享有的精神损害赔偿请求权能否转让或由其继承人继承？各国（地区）规定不一。《奥地利损害赔偿法（草案）》第1316条规定精神损害赔偿请求权可以转让并可以继承。《荷兰民法典》第六编第106条规定，精神损害赔偿请求权不可转让，但是，有合同约定或者请求此种赔偿的诉讼已经提起的，不在此限。我国台湾地区“民法”第195条规定，一般不得转让或继承，但精神损害赔偿请求权已以契约承

---

〔1〕［德］克里斯蒂安·冯·巴尔：《欧洲比较侵权法》（下），焦美华译，法律出版社2001年版，第208页。

诺，或已起诉者不在此限。我国《人身损害赔偿解释》第18条第2款规定，精神损害抚慰金的请求权，不得让与或者继承。但赔偿义务人已经以书面方式承诺给予金钱赔偿，或者赔偿权利人已经向人民法院起诉的除外。本书认为，精神损害赔偿虽是基于对受害人非财产性权利的侵害，但赔偿本身是财产性责任，精神损害赔偿是对受害人的抚慰，因此，原则上只能由受害人本人享有，对损害赔偿金请求权的转让需要作出限制，因此，现行司法解释规定是合理的。

侵权行为造成受害人死亡的，受害人已死亡，不具有民事主体资格，当然不能主张精神损害赔偿。但与受害人有亲密关系的人因受害人的死亡产生的痛苦、伤心等精神损害是客观存在的，因此，受害人死亡的，各国法律一般规定一定范围的近亲属有权请求精神损害赔偿。但享有精神损害赔偿请求权的主体范围各国规定不一，苏格兰损害赔偿法案规定，死者近亲属有权提起精神损害赔偿。[1]《瑞士债务法（草案）》第45（E）条第3款规定，因侵害致人死亡或者其他严重侵害身体的，受害人的近亲属享有抚慰请求权。[2]《奥地利损害赔偿法（草案）》第1316条规定，与受害人具有亲近关系的人有权请求精神损害赔偿。根据该条规定，配偶、亲子关系被推定具有此种亲近关系的人，其他人必须能够证明其与受害人具有此种亲近关系。[3]《荷兰民法典》第六编第106条规定，与死者未分居的配偶或者二亲等以内的血亲可以请求精神损害赔偿。我国台湾地区“民法”第194条规定，受害人因侵权行为死亡的，受害人的父母、子女及配偶有权请求精神损害赔偿。我国《精神损害赔偿解释》第7条规定，自然人因侵权行为致死，或者自然人死亡后其人格或者遗体遭受侵害，死者的配偶、父母和子女向人民法院起诉请求赔偿精神损害的，列其配偶、父母和子女为原告；没有配偶、父母和子女的，可以由其他近亲属提起诉讼，列其他近亲属为原告。也就是

---

〔1〕［德］克里斯蒂安·冯·巴尔：《欧洲比较侵权法》（下），焦美华译，法律出版社2001年版，第192页。

〔2〕全国人大常委会法制工作委员会民法室编：《中华人民共和国侵权责任法条文说明、立法理由及相关规定》，北京大学出版社2010年版，第87页。

〔3〕全国人大常委会法制工作委员会民法室编：《中华人民共和国侵权责任法条文说明、立法理由及相关规定》，北京大学出版社2010年版，第86页。

说，当受害人因侵权行为死亡时，其近亲属可以请求精神损害赔偿，但是，近亲属请求精神损害赔偿有顺序限制，即第一顺序的是配偶、父母、子女；没有配偶、父母和子女的，由其他近亲属作为第二顺序的赔偿权利人请求赔偿。《民通意见》第 12 条规定，其他近亲属，包括兄弟姐妹、祖父母、外祖父母、孙子女、外孙子女。在近亲属是多个人时，近亲属是各自享有独立的精神损害赔偿请求权还是共享一个精神损害赔偿请求权？从人格独立的角度来看，应是各近亲属分别享有独立的精神损害赔偿请求权。但也有学者指出，如果各近亲属各自分别享有独立的精神损害赔偿请求权，可能产生一个侵权行为出现多个精神损害赔偿请求权诉讼的情况，既不利于节省案件处理成本也不利于赔偿义务的确定，还会使同样性质的案件因近亲属人数的不同，产生精神损害赔偿额上的巨大差异，故由众近亲属共享一个精神损害赔偿请求权在现阶段似乎更具有可行性。[1]司法实务中，我国一般在判决中作为一个精神损害赔偿进行处理，每个权利人获得的赔偿额由权利人内部协议确定。

关于精神损害赔偿金额，有些国家规定了最高赔偿限额，美国许多州对精神损害赔偿作出了最高额限制，如阿拉斯加州为 50 万美元，马里兰州为 35 万美元，勘萨斯州为 25 万美元。[2]日本的《死亡之精神损害额基准》规定：受害人为家庭支柱者，赔偿 2100 万日元至 2700 万日元；准家庭支柱者，赔偿 1900 万日元至 2300 万日元；其他的赔偿 1700 万日元至 2100 万日元。[3]我国《侵权责任法》和《精神损害赔偿解释》均没有规定具体赔偿数额。按照《精神损害赔偿解释》的规定，精神损害的赔偿数额参照以下因素确定：（1）侵权人的过错程度，法律另有规定的除外；（2）侵害的手段、场合、行为方式等具体情节；（3）侵权行为所造成的后果；（4）侵权人的获利情况；（5）侵权人承担责任的经济能力；（6）受诉法院所在地平均生活水平。具体到大气污染侵权精

---

〔1〕 鲁晓明：《论纯粹精神损害赔偿》，载《法学家》2010 年第 1 期。

〔2〕［美］罗伯特·考特、托马斯·尤伦：《法和经济学》，张军等译，上海人民出版社 1994 年版，第 626 ~ 629 页。

〔3〕 李薇：《日本机动车辆事故损害赔偿法律制度研究》，法律出版社 1997 年版，第 192 页。

神损害赔偿，应考虑以下几个因素：（1）污染者的排污行为是否超标。虽然大气污染侵权精神损害赔偿适用无过错责任，以最终是否造成受害人精神损害赔偿为主要判断依据，但是，若超标排污，说明排污者具有主观过错，行为更恶劣。因此，超标排污应是精神损害赔偿金额考虑的一个因素。（2）排污的手段、方式、时间等。有些污染企业弄虚作假使用不合格的排污设施排污；有的排污者经举报后，环保部门限期改正，不仅不改正而且仍然违规排污；有的排污者为逃避检查，夜间偷排等，这些情况都可以作为确定精神损害赔偿金的依据。（3）受害人的损害程度，包括受害人身体健康损害程度以及纯粹精神损害程度。（4）污染者的获利情况和承担能力。（5）受诉法院所在地平均生活水平。

第五章　大气生态环境损害赔偿

2015 年 12 月，中共中央办公厅、国务院办公厅印发了《生态环境损害赔偿制度改革试点方案》（以下简称《试点方案》）明确提出对造成生态环境损害的责任者严格实行赔偿制度，逐步建立生态环境损害赔偿制度。试点方案颁布后，根据国务院授权，在吉林、山东、江苏、湖南、重庆、贵州、云南 7 个省（市）开展生态环境损害赔偿制度改革试点工作。经过两年的试点，取得了一些经验。2017 年 12 月 17 日，中共中央办公厅、国务院办公厅印发了《生态环境损害赔偿制度改革方案》（以下简称《改革方案》），并决定，从 2018 年 1 月 1 日起，在全国试行生态环境损害赔偿制度，到 2020 年，力争在全国范围内初步构建责任明确、途径畅通、技术规范、保障有力、赔偿到位、修复有效的生态环境损害赔偿制度。原《试点方案》废止。与此前的《试点方案》相比，《改革方案》对部分内容进行了补充完善：一是扩大了赔偿权利人的范围，由省级政府扩大到地级市政府；二是要求地方细化启动生态环境损害赔偿的具体情形，明确启动赔偿工作的标准；三是健全磋商机制，规定了“磋商前置”程序，并明确对经磋商达成的赔偿协议，可以依照民事诉讼法向人民法院申请司法确认，赋予赔偿协议强制执行效力。但是，生态损害制度诸多理论问题尚需要论证探讨。因此，本章虽名为大气生态环境损害赔偿，实为以大气生态环境损害为契机对生态环境损害赔偿相关制度的研究。

第一节　生态环境损害是否包括大气生态环境损害

一、生态环境损害的界定

（一）域外生态环境损害的法律界定

欧盟《关于环境损害预防和补救的环境责任指令》第2条对“环境损害”的界定是：（1）对受保护的物种和自然栖息地的损害（damage to protected species and natural habitats）。该损害是指任何对到达或维持这些物种或栖息地的良好保育状况有重大不利影响的损害。（2）对水的损害（water damage）。该损害是指任何对有关水的生态、化学和（或）数量状况，以及（或）2000/60/EC号指令定义的生态潜能，造成重大不利影响的损害，但当该指令第4条第7款适用时产生的不利影响除外。（3）对土地的损害（land damage）。该损害是指由于直接或间接向土地内、土地表层或土地深层引入物质、药品、生物体或微生物体而造成的任何土地污染，并且该土地污染产生了使人类健康蒙受不利影响的重大风险。该损害是导致人身健康重大风险的任何土地污染，其根源在于对地面上下直接或间接地引入物质等，从而对人身健康造成负面影响。第2条第2款界定的“损害”是指可能直接或间接产生的，可计量的、某一自然资源的不利变化；或者，可计量的某一自然资源服务功能的损害。[1]因此，《欧盟关于环境损害预防和补救的环境责任指令》中的环境损害是指直接或间接的对自然资源造成的可衡量的不利变化或对自然资源功能造成的可衡量的减损。欧盟一些国家根据欧盟指令制定了本国法，如2007年的《德国环境损害预防和恢复法》，该法界定的环境

---

〔1〕《欧盟〈关于预防和补救环境损害的环境责任指令〉》，王轩译，戴萍校，载《国际商法论丛》（第9卷）2008年第1期。

损害基本与欧盟相同，包括生物物种及栖息地的损害；对水的损害，即有关业务活动对地表水或人工水域生态的、化学的状态造成影响，或者对地下水化学的或量的状态造成显著影响；对土壤的损害，即业务活动直接或间接地将污染物质带入土壤引起的土壤功能的损害，且这一损害有危害人类身体健康之危险。《芬兰环境损害赔偿法》规定，对在特定领域所实施的活动造成的环境损害，并产生于下列情形的，应予以赔偿：（1）冰、大气和土壤的污染；（2）噪声、震动、辐射、光、热或气味；或（3）其他类似干扰。

《美国综合环境反应、补偿和责任法》（Comprehensive Environmental Response，Compensation，and Liability Act，CERCLA）和《油污染法》等都使用了自然资源损害概念。《综合环境反应、补偿和责任法》将“自然资源”界定为联邦政府、任何州或地方自治体、任何外国政府或印第安部落所拥有、管理、托管、从属或以其他方式控制的土地、鱼类、野生生物、其他生物、空气、水体、地下水、饮用水源及其他类似资源；或因托管而让予任何印第安部落成员的上述资源。这些自然资源可归纳为三种类型：（1）由政府所有或通过租赁协议而排他占有的自然资源，如美国政府公有的土地、公园、国家森林、军事基地和政府享有所有人利益的其他类似自然资源；（2）政府基于环境保护目的直接进行管制的自然资源，如濒危物种、海岸带、饮用水源和空气等；（3）虽然没有具体规定但在本质上与政府具有上述类似联系的自然资源。前两种类型的自然资源显然和相关政府建立了某种性质的联系，但第三种类型的自然资源就有很多的不确定性，尽管《综合环境反应、补偿和责任法》“自然资源”定义中的“从属”概念似乎可以将“自然资源”解释成任何主权管辖范围内的“自然资源”。[1]根据《综合环境反应、补偿和责任法》第107条（a）（4）（C）的规定，自然资源损害是指因危险物质释放所引起的自然资源损伤（injury）、破坏（destruction）和灭失（loss）。《油污染法》第2702条（b）（2）将“自然资源损害”规定为

---

〔1〕 Barry N. Breen，CERCLA's Natural Resource Damage Provisions：What Do We Know So Far? 14 Envtl. L. Rep. （Envtl. L. Inst. ）10304，10305（1984）. 转引自李冬梅：《美国〈综合环境反应、赔偿和责任法〉上的环境民事责任研究》，吉林大学2008博士学位论文，第148页。

自然资源的损害、破坏、丧失或者丧失对自然资源的使用。自然资源损害包括对自然资源经济价值的损害和非经济价值如生态价值、美学价值、历史价值等的损害。

《俄罗斯联邦环境保护法》使用了“环境损害”概念，该法第1条将环境损害界定为因环境污染而造成的引起自然生态系统退化和自然资源衰竭的环境不良变化。环境损害的原因仅限于环境污染，损害结果指环境生态系统退化和自然资源的环境不良变化。而所谓环境污染是指其性能、位置或数量对环境产生不良影响的物质和（或）能量进入环境。自然生态系统是指自然环境中有着广阔地域境界的客观存在部分，在其中，生物（植物、动物和其他生物体）和非生物因子，作为统一的相关整体，通过物质和能量的交换，相互作用和彼此制约。自然资源是指经济和其他活动中被用作或可能被用作能源、生产原料和消费品及具有使用价值的自然环境要素、自然客体和自然人文客体。《俄罗斯联邦环境保护法》第86条规定，对自然环境所造成的损害具体是指污染自然环境，破坏、毁坏、损坏自然资源，不合理地利用自然资源，破坏天然生态系统，破坏自然环境要素的生态功能以及其他形式的环境污染和生态破坏。

从上述域外各国（地区）关于生态环境损害的界定，可以看出，虽然称谓有些差异，但都是指环境本身的损害，不包括通过被污染的环境或被破坏的生态环境介质造成的私人人身健康和财产损害。不过，需要进一步明确的是，不管是自然资源损害还是环境要素都既具有经济功能也具有生态功能，自然资源损害或环境损害既可能造成经济功能的损害也可能造成生态功能的损害，或者同时造成两种功能的损害。从上述各国（地区）对自然资源损害或环境损害的界定，可以看出，各国（地区）所称的自然资源损害或环境损害包括了自然资源或环境要素的经济功能损害和生态功能损害。关于环境损害的原因，有的国家限定为环境污染，如俄罗斯、美国；有的国家（地区）没有明确，环境损害的原因既包括环境污染，也包括其他能够引起环境损害的人类的活动，如欧盟及其成员国德国、芬兰等。

（二）国内学界对生态环境损害的界定

目前国内与生态环境损害有关的概念主要有三种称谓，即环境损害、生态损害和生态环境损害。

1. 环境损害

有关环境损害的界定，学界存在不同观点。有学者认为环境损害有广义和狭义之分。广义的环境损害包括对环境的损害和对人的损害。对人的损害是现行侵权行为法已经明确规定的损害，包括财产损害、人身损害、精神损害；而对环境的损害是现行侵权行为法尚未明确规定的损害，包括环境污染、生态破坏，实质上是对公共环境利益的损害。[1]环境损害应当既包括环境要素和生态功能退化而产生的公民健康权益的公共性侵害，也应当包括公民非财产性（生态性）权益受损的事实。[2]但是，大多数学者认为，环境损害是指环境本身的损害。陈太清认为环境损害是指环境侵权活动引起的，直接作用于人类生存环境，并导致环境要素损伤，从而给不特定人的环境权益带来的损害。[3]徐本鑫认为环境损害是指环境要素因产业活动或其他人为活动而受到污染或破坏，致使生态环境受到难以恢复或不可逆转的损害。[4]同时陈本鑫也指出，由于环境本身具有整体性和动态性，造成环境损害的原因多样以及因果关系复杂，这些都使得环境损害的认定存在很大的困难。徐祥民、巩固认为环境侵害是一切对环境产生消极影响、引起各种损害的不良环境行为的总称，而环境损害是环境侵害后果的一种，是环境侵害所引起的以个人为主体的传统权益损害以外的“人类环境利益”的损害。环境损害的主体是人类，环境损害仍然未超出人的利益损害范围，仍然是对人的损害，只不过这里的人，不是个体意义上的人，而是整体意义上的“人

---

〔1〕 刘长兴：《环境损害赔偿法的基本概念和框架》，载《中国地质大学学报》（社会科学版）2010 年第 3 期。

〔2〕 吕忠梅等：《侵害与救济：环境友好型社会中的法治基础》，法律出版社 2012 年版，第 10～18 页。

〔3〕 陈太清：《行政罚款与环境损害救济——基于环境法律保障乏力的反思》，载《行政法学研究》2012 年第 3 期。

〔4〕 徐本鑫：《环境损害赔偿的实践难题与制度供给——以江苏泰州环境公益诉讼案为例》，载《环境保护》2015 年第 20 期。

类”而已。客体是人类环境利益，是公众对环境享有法律应予以保护的利益，这种利益虽然尚未为立法以具体的权利形式加以明确规定，但却是法律所必须予以保护的一种“法益”。并且环境权益是人享有的权益，不是环境的权益；是公众共享的公权益，不是个人独享的私权益。因此，环境损害本质上乃是公众环境利益的损害。以环境利益为判断基准，环境损害的内容分为以下类型：自然的生态价值损害、资源价值损害、精神价值损害、生物多样性丧失、残忍对待生物五方面。[1]

2. 生态损害

学界基本认为生态损害是对环境本身的损害。竺效认为生态损害是指人为的活动已经造成或者可能造成人类生存和发展所必须依赖的生态（或环境）的任何组成部分或者其任何多个部分相互作用而构成的整体的物理、化学、生物性能的任何重大退化。[2]李承亮认为生态损害虽然具备传统损害概念的某些特征，却不是真正意义上的损害。因为它并不是指某个民事主体的权益所遭受的不利后果，而是指人类的行为对生态环境本身的消极影响。[3]陈红梅认为生态损害是环境侵害行为所导致的自然环境本身的损害。生态损害是一种新的损害类型，它是生态环境本身的损害，体现出人的环境利益和环境自身价值尤其是生态价值的同时减损。其认为虽然概念难以界定，但学者们就生态损害的特征已经基本形成共识：（1）生态损害以生态环境本身为侵害对象，而不是以生态环境为媒介侵害法律主体的人身或财产权益。（2）生态损害不仅包括生态环境经济价值的损失，还包括其环境容量、审美价值、文化价值、生态价值等多重价值的逸失，侵害的利益具有多元性。（3）生态损害通常是一种远期的或者累积的损害，损害赔偿范围的确定难以有确切的依据，损害后果具有滞后性和不可逆转性。（4）生态损害的权利主体具有广泛性，既包括当代人，又包括后代人，甚至包括整个人类和动物等生物以

[1] 徐祥民、巩固：《环境损害中的损害及其防治研究——兼论环境法的特征》，载《社会科学战线》2007年第5期。

[2] 竺效：《生态损害的社会化填补法理研究》，中国政法大学出版社2010年版，第60页。

[3] 李承亮：《侵权责任法视野中的生态损害》，载《现代法学》2010年第1期。

及无生命物质。[1]

3. 生态环境损害

与学者对环境损害采取广义和狭义的界定类似，对生态环境损害概念的界定也分别有广义和狭义之说。柯坚对概念内涵采取了广义的界定方式，认为生态环境损害是因人类的生产经营活动排放的污染而导致对自然生态环境、自然资源与生态功能的损害。具体包括环境容量的下降、自然资源质与量的减损、生态系统自我恢复与自我循环功能的退化等。环境污染所造成的损害不仅包括对人身权利、财产权利的损害，还应该包括对生态环境的损害；环境污染损害责任不仅包含人身、财产损害赔偿责任，还应该包括受到损害的生态环境的清理、修复和恢复的责任或费用的承担。[2]王金南、刘倩等对生态环境损害采取狭义的界定方式，认为生态环境损害是指由环境污染或生态破坏导致的环境资源本身的损害。生态环境损害不同于传统的人身、财产损害，实质是公共环境利益的损害，具有模糊性、公共性和综合性。以此为基础的生态环境损害赔偿以环境利益的可救济性为理论基础，是造成生态环境损害的责任人所承担的具有公法性质的民事责任，其以生态利益优先为价值取向进行损害的填补或恢复。[3]况文婷、梅凤乔也提出了类似的观点，认为生态环境损害是直接指向生态环境本身的一种损害。生态环境具有公共物品属性，生态环境损害本质上是一种公益损害。[4]吕忠梅教授通过对2014年环保部发布的《环境损害鉴定评估推荐方法（第Ⅱ版）》有关环境损害和生态环境损害规定进行分析后认为，生态环境损害专指生态环境本身的损害，与人身损害、财产损害并列；而环境损害包括了人身损害、财产损害和生态环境损害。生态环境损害是环境损害的下位概念。[5]

---

〔1〕 陈红梅：《生态损害的私法救济》，载《中州学刊》2013年第1期。

〔2〕 柯坚：《建立我国生态环境损害多元化法律救济机制——以康菲溢油污染事件为背景》，载《甘肃政法学院学报》2012年第1期。

〔3〕 王金南、刘倩、齐霁、於方：《加快建立生态环境损害赔偿制度体系》，载《环境保护》2016年第2期。

〔4〕 况文婷、梅凤乔：《论责令赔偿生态环境损害》，载《农村经济》2016年第5期。

〔5〕 吕忠梅：《“生态环境损害赔偿”的法律辨析》，载《法学论坛》2017年第3期。

（三）生态环境损害的界定

从上述介绍可知，学界使用的“环境损害”“生态损害”“生态环境损害”虽然有一些差异，但多数学者在讨论这些概念时，最后基本都落脚到环境本身的损害。本书认为，上述三个概念虽然称谓有差异，但在内涵上基本一致，即指环境本身的损害，不包括因环境污染或破坏而造成的私人人身损害或财产损害。上述广义的生态环境损害既包括环境侵权所致传统损害，又包括了传统损害以外的其他利益的损害。广义的生态环境损害概念作为环境侵害所致的一切损害的统称，无助于对环境侵害引起的不同损害结果的类型化认定。但是由于环境要素既具有经济功能又具有生态功能，在概念上明确了专指生态环境本身的损害后，尚需明确生态环境损害是专指生态功能损害，还是既包括经济功能也包括生态功能的损害。根据我国《宪法》《物权法》及各类自然资源法规定，构成环境要素的自然资源或者属于国家所有或者属于集体所有，传统法律所有权制度下的自然资源注重其经济功能，自然资源损害是指自然资源所有权损害。根据我国《物权法》《侵权责任法》等法律的规定，经济功能的自然资源损害可通过自然资源所有权损害获得侵权法救济。

基于上述分析，本书认为，生态环境损害应是指生态环境的生态功能的减损、破坏、丧失，不包括经济功能的损害。理由如下：

1. 如前所述，在我国，构成环境要素的自然资源有所有权主体，而且《物权法》明确了自然资源国家所有权和集体所有权的私权性，自然资源的经济功能受到损害，完全可以通过侵权法救济。

2. 从制度目的来看，我国意欲建立的生态环境损害是指生态功能的损害，《改革方案》将生态环境损害界定为因污染环境、破坏生态造成大气、地表水、地下水、土壤等环境要素和植物、动物、微生物等生物要素的不利改变，以及上述要素构成的生态系统功能的退化。上述定义将生态环境损害界定为环境要素和生物要素的不利改变及生态系统功能的退化，而不是自然资源或环境资源的损害。

3. 从制度设计来看，将生态环境损害限定在传统损害之外的、超出侵权法调整范围的“其他利益的损害”，有助于我们认识到生态环境损害非同于传统民事权益损害的特殊性，并进而认识生态环境损害法律规制的独特价值。

目前学界的讨论存在一定的混乱，迫切需要规范概念的使用，可以以《改革方案》“生态环境损害”为标准统一概念的使用，明确此类损害仅指生态环境功能或生态环境利益的损害。按照《改革方案》的界定，生态环境损害是指因污染环境、破坏生态造成大气、地表水、地下水、土壤等环境要素和植物、动物、微生物等生物要素的不利改变，以及上述要素构成的生态系统功能退化。此概念具有以下特点：(1) 生态环境损害仅指生态环境本身的损害，不涉及因环境污染或破坏而造成的人身和财产损害。因海洋环境保护法等法律法规对海洋生态环境损害赔偿有专门规范，所以，也不涉及海洋生态环境损害。(2) 生态环境损害是指生态功能的损害，不包括生态环境要素的经济功能损害。(3) 生态环境损害不仅指大气、地表水、地下水、土壤等环境要素和植物、动物、微生物等生物要素的损害，还包括由上述要素组成的整个生态系统功能的损害。因此，生态环境损害具有整体性。(4) 引起生态环境损害的原因不限于环境污染，还包括生态破坏。

由于本书是对生态环境损害赔偿制度建设中的问题进行探讨，因此，本书采用《改革方案》的概念，生态环境损害专指对环境要素或生物要素的不利改变和上述要素构成的生态系统功能的退化，具体包括生态功能的减损、退化或丧失，不包括传统侵权责任法保护的以环境为介质而造成的私人人身、财产损害。生态环境损害的实质是对公共环境利益（或称环境公益）的损害。

二、生态环境损害是否包括大气生态环境损害

大气有较强的污染物自净能力。有关研究表明，风（包括风向、风速）、湍流是决定大气污染物的扩散能力的最直接的因素，风速越大，湍流越强，污染物扩散速度越快，污染物浓度越低。而气温、气压、湿度、日照、蒸发等因素也影响大气污染物的扩散。由于大气自净能力较强，污染物容易消散，对人体健康和财产虽有损害，但未必会造成生态环境损害，或者即使有生态环境损害，但随着大气自净、污染消散，损

害会减轻甚至消失，很难科学、合理地评估生态环境损失。而且，大气污染造成大气生态环境不利变化，往往不是一家污染单位造成的，形成原因比较复杂。因此，生态环境损害是否包括大气生态环境损害？大气生态环境损害是否需要损害赔偿救济？对此，学界有不同观点。如有学者认为，大气环境本身的损害是难以举证证明的，在实践中不具有可操作性。生态环境损害是实体性损害，是“生态环境的永久性丧失”，生态（环境）没有办法修复了，这是一种极端的“严重”退化。也就是说，如果环境能自我修复，而非必须通过人力介入以恢复或修复，甚至永久性无法修复，则不宜认定为生态（环境）本身的实体性损害存在。[1]实务中，也存在类似观点。在原告中华环保联合会与被告德州晶华集团振华有限公司大气环境污染责任纠纷公益诉讼案（以下简称“德州案”）中，被告振华公司辩称，原告所诉因果关系难以判定，大气污染是动态的，无法确定大气污染是由被告一家企业造成的。在江苏省泰州市环保联合会与江苏常隆农化有限公司、泰兴锦汇化工有限公司等水污染民事公益诉讼案（以下简称“泰州案”）中，被告认为，被污染的如泰运河、古马干河水质已经恢复，无须再通过人工干预措施进行修复。但是，这两起案件都以被告败诉告终。在“德州案”中，法院认为，被告振华公司超量排放的二氧化硫、氮氧化物、烟粉尘会影响大气的服务价值功能。判决被告德州晶华集团振华有限公司赔偿因超标排放污染物造成的损失 2198.36 万元，用于德州市大气环境质量修复。[2]“泰州案”经历了一审、二审和再审，一审、二审法院认为，由于河水的流动和自我净化，即使倾倒点水质恢复，也不能否认对水生态环境曾经造成损害。[3]最高人民法院在再审“泰州案”的裁定书中指出，虽然河水具有流动性和自净能力，但在环境容量有限的前提下，向水体大量倾倒副产酸，必然对河流的水质、水体动植物、河床、河岸以及河流下游的生态

---

〔1〕 竺效：《论环境民事公益诉讼救济的实体公益——环境侵权与生态损害救济的继承与发展》，2017 年 6 月 10 日于浙江大学举办的“环境民事公益诉讼理论与实践高端论坛”上的发言。

〔2〕 中华环保联合会与被告德州晶华集团振华有限公司大气环境污染责任纠纷公益诉讼案，山东省德州市中级人民法院（2015）德中环公民初字第 1 号民事判决书。

〔3〕 江苏省高级人民法院二审（2014）苏环公民终字第 00001 号判决书。

环境造成严重破坏。如不及时修复，污染的累积必然会超出环境承载能力，最终造成不可逆转的环境损害。因此，不能以部分水域的水质得到恢复为由免除污染者应当承担的环境修复责任。[1]在徐州市人民检察院诉江苏徐州鸿顺造纸有限公司案中，鸿顺公司认为河流具有自净功能，此前被污染的水域已恢复到原水平，并已被环保部门罚款15万元，这些钱也用于环境修复，所以不应加倍计算生态环境修复费用。同时鸿顺公司认为，已缴纳的行政罚款也应在赔偿数额中抵扣。法院则认为，即使现在被污染的河流水质已达到标准无须修复，被告依然应当承担生态环境修复费用来替代恢复原状的责任。鸿顺公司因行政违法而被行政机关处以行政处罚，并不影响其承担民事责任，鸿顺公司主张直接抵扣赔偿数额，没有法律依据。[2]

从域外有关环境损害的界定看，生态环境损害基本上都包括大气环境损害。《美国综合环境反应、补偿和责任法》界定的自然资源损害包括大气资源损害。凡是因危险物质释放或释放威胁引起的环境损害，无论受损害的环境介质是大气、水体或土壤，均适用《综合环境反应、补偿和责任法》。《俄罗斯环境保护法》第1条规定，环境——自然环境要素、自然客体和自然人文客体以及人文客体的总和，而自然环境要素是指总和起来为地球上的生命存在提供良好条件的土地、地下资源、土壤、地表水和地下水、大气、动植物界和其他生物体，以及大气臭氧层和地球周围的宇宙空间。环境损害是因环境污染而造成的引起自然生态系统退化和自然资源衰竭的环境不良变化。因此，《俄罗斯环境保护法》中的环境损害包括大气环境损害。《芬兰环境损害赔偿法》明确规定了因大气污染造成的大气环境损害。《欧盟关于环境损害预防和补救的环境责任指令》在前言中指出环境损害也包括空气传播因素引起的损害，只要该空气传播因素对水体、土地或被保护物种或自然栖息地造成了损害。[3]可以看出，《欧盟关于环境损害预防和补救的环境责任指令》环

---

〔1〕 最高人民法院发布环境公益诉讼十大典型案例，载 http：//news. xinhuanet. com/legal/2017－03/07/c_ 129503217. htm，最后访问日期：2017年7月1日。

〔2〕《全国首起检察机关提起环境公益诉讼案件一审宣判》，载 http：//legal. people. com. cn/n1/2016/0412/c42510－28268736. html，最后访问日期：2017年7月1日。

〔3〕《欧盟〈关于预防和补救环境损害的环境责任指令〉》，王轩译，戴萍校，载《国际商法论丛》（第9卷）2008年第1期。

境损害并不是指空气生态环境损害，而是因空气污染后通过空气传播而造成的水体、土地或被保护物种或自然栖息地的损害。根据《欧盟关于环境损害预防和补救的环境责任指令》制定的《德国环境损害预防和恢复法》的界定与欧盟相同。

国外学者界定的环境损害也包括大气环境损害，如 Lahnstein 博士认为，“生态损害指对自然的物质性损伤，具体而言，即为对土壤、水、空气、气候和景观以及生活于其中的动物和他们间相互作用的损害。也就是对生态系统的组成部分的人为的显著损伤”。[1]联合国国际法委员会 Barboza 大使认为，“环境损害指对环境要素的损害，即因这些要素的恶化或破坏而导致环境价值的丧失或降低”。[2]而大气是环境要素之一。

我国《改革方案》所称的生态环境损害是指因污染环境、破坏生态造成大气、地表水、地下水、土壤等环境要素和植物、动物、微生物等生物要素的不利改变，以及上述要素构成的生态系统功能退化。也就是说，生态环境损害包括了大气生态环境损害。

生态环境损害包括了环境要素的不利变化和生态功能的退化，大气生态环境损害同样包括了大气环境的不利变化和大气生态功能的变化。本书认为，大气生态环境损害可以通过损害赔偿进行救济。(1) 大气生态环境损害是客观存在的。大气中的污染物 $PM_{2.5}$、PM_{10}是雾霾形成的主要原因，雾霾影响大气环境的清洁程度和生态服务价值功能，对人体健康也有巨大危害。大气污染物中的二氧化硫、氮氧化物以及烟粉尘是酸雨的前导物，对人体健康、财产安全和生态环境服务价值功能都具有危害。大气中的二氧化碳（CO_2）、臭氧（O_3）、氧化亚氮（N_2O）等污染物是导致气候变化的主要的温室气体，以全球变暖为主要特征的气候

[1] Lahnstein Christian, “A Market - Based Analysis of Financial Insurance Issues of Environmental Liability Taking Special Account of Germany, Austria, Italy and Spain”, Faure Michaeled, Deterrence, lnsurability, and Compensation in Environmental Liability: Future Developments in the European Union, New York: pringer - Verlag Wien, 2003, p. 307.

[2] Barboza Julio: “The Concept of Environmental Damage International Liability Regimes”, Bowman Michael and Alan Boyle ed., Environmental Damage in lnternational and Comparative Law: New York: Oxford University Press Inc., 2002, p. 150.

变化不仅严重危害人类的身体健康，而且导致海平面上升，海洋面积增大；降水分布不均，干旱面积扩大；生态系统遭到破坏，物种减少甚至灭绝；自然灾害增多等。[1]虽然大气有很强的自净能力，污染会减轻甚至消失，但在污染期间对环境的生态服务功能损害是客观存在的。（2）大气污染造成的损害具有长期性、潜伏性、累积性等特点，一些污染物对大气生态环境功能的损害是长期累积的结果，如二氧化碳等温室气体对全球气候变化的影响，是几十年、上百年长期温室气体排放的结果，而且要修复这种大气生态系统损害也需要很长的时间，甚至需要国家调整一些产业的发展，以牺牲经济的发展为代价。近年来，我国空气质量恶化，也非一日一时形成，是众多污染源产生的空气污染物经年累月长期积累造成的。（3）大气污染会造成人体健康、财产的损害，之所以有损害，是因为服务于人类的大气环境生态功能受到损害，从保护人类健康和财产安全的角度出发，也应对损害大气生态环境的行为进行处罚。（4）生态环境损害赔偿与行政罚款并不矛盾。按照《大气污染防治法》的规定，违反该法规定，环境保护主管部门有权依法责令改正或者限制生产、停产整治，并处最高一百万元的罚款；受到罚款处罚，被责令改正，拒不改正的，依法作出处罚决定的行政机关可以自责令改正之日的次日起，按照原处罚数额按日连续处罚；情节严重的，报经有批准权的人民政府批准，责令停业、关闭。行政处罚是因污染者违反行政管理法律法规而承担的法律责任，性质是行政责任。而生态环境损害赔偿是对大气生态环境服务功能损失所进行的赔偿，性质是民事赔偿。有学者提出质疑，认为如果原告无法举证证明这种实体性的大气环境本身的损害曾经因被告企业的污染行为而存在，并且达到了“严重”的退化程度，必须借助人力干预修复，则很难说发生事实中存在这类需要救济的损害。而“德州案”用虚拟治理成本法去计算性质为“毛”的数量的多少，而未能很好地证明“皮”的存在。[2]正如前文分析的，大气污

〔1〕黄萍：《美国温室气体排放企业的气候变化侵权责任——以康涅狄格州诉美国电力公司案为例》，载《南京大学学报》2014 年第 2 期。

〔2〕竺效：《论环境民事公益诉讼救济的实体公益——环境侵权与生态损害救济的继承与发展》，2017 年 6 月 10 日于浙江大学举办的“环境民事公益诉讼理论与实践高端论坛”上的发言。

染物对大气环境质量以及大气生态系统的损害是客观存在的，大气生态环境服务功能损害进而又会造成人体健康、财产、动植物生态系统等的损害，虽然相较于其他环境要素，大气的自净能力更强，但不能因此就否定大气生态环境损害客观存在。虽然因大气的自净，可能不需要像修复海域、水域、土壤等的污染那样，需要人力清污等，但治理大气污染往往会花费更多的社会成本，如在大气污染严重的情况下，环境监管部门会采取汽车限行，某些企业停产、限产，工地停止作业等措施。《改革方案》也明确规定，赔偿义务人因同一生态环境损害行为需承担行政责任或刑事责任的，不影响其依法承担生态环境损害赔偿责任。（5）污染企业以大气污染并非自己一家排污所致为由主张免责是站不住脚的。不可否认的是，污染企业对大气生态环境损害是有作用力的，至于权利人选择谁承担赔偿责任，是权利人的权利。综上，本书认为，污染者或生态破坏者承担赔偿大气生态环境损害是必要的、可行的。

第二节　大气生态环境损害赔偿权利主体

一、域外生态环境损害赔偿权利人的法律规定

（一）美国以公共信托为基础建立的自然资源损害赔偿权利人制度

《美国综合环境反应、赔偿及责任法》《油污法》《清洁水法》及其他有关自然资源损害赔偿的环境立法，都把联邦政府、州政府等政府主体规定为自然资源受托人，由自然资源受托人代表公众提起自然资源损害赔偿。其理论依据为“公共信托理论”。根据公共信托理论，政府是特定的自然资源的受托人，为了公众的利益，必须尽到保管、保护这些自然资源的义务。在政府基于公共信托管理的自然资源受到损害时，有权也有义务向侵权者提出损害赔偿。根据美国法律的规定，受托人包括：

1. 联邦政府和州政府。《综合环境反应、赔偿及责任法》第 107 条（f）（1）（A）规定，总统应指定联邦官员作为自然资源受托人，对联

邦拥有、管理、信托占有或控制的自然资源损害提起损害赔偿诉讼。《综合环境反应、赔偿及责任法》第107条（f）（1）（B）规定，各州政府应指定州政府官员作为自然资源受托人，对各州拥有、管理、信托占有或控制的自然资源损害提起损害赔偿诉讼。

2. 其他自然资源受托人

（1）市政府等地方政府

关于市政府等地方政府是否可以在《综合环境反应、赔偿及责任法》法律框架下作为自然资源受托人，向责任人主张损害赔偿，联邦法院存在分歧。少数联邦法院认为市政当局可以作为自然资源受托人。例如，在Town of Boonton案和Exxon Corporation案中，法院对市政当局的自然资源受托人身份持肯定态度。[1]但大多数联邦法院对市政当局提起自然资源损害赔偿诉讼持否定态度。这些法院认为，《综合环境反应、赔偿及责任法》对州政府进行授权的同时也意味着排除了地方政府作为受托人的资格。[2]从《综合环境反应、赔偿及责任法》第107条（f）（1）（A）和（B）的规定看，有权提起自然资源损害的权利主体仅限于联邦政府和州政府。可见，美国法律没有承认州政府以下的地方政府作为自然资源损害赔偿权利人的法律地位。

（2）私人主体

对于在《综合环境反应、赔偿及责任法》法律框架下，私人主体是否可以作为原告提起自然资源损害赔偿诉讼，有的法院持否定态度。尽管如此，如果私人主体拥有所有权的自然资源受到来自政府的实质性管制或控制，该自然资源的私人所有权人仍然能够依据《综合环境反应、赔偿及责任法》提起诉讼。内政部的自然资源损害评估细则似乎将可评估的损害限制在政府拥有的自然资源上，不包括私人主体拥有的自然资源。但是内政部为维护其上述细则的有效性，声称该条款事实上将政府的所有权延伸至政府对私人自然资源的“实质性”管制、管理或其他形

---

〔1〕 李冬梅：《美国〈综合环境反应、赔偿和责任法〉上的环境民事责任研究》，吉林大学2008年博士学位论文，第150页。

〔2〕 李冬梅：《美国〈综合环境反应、赔偿和责任法〉上的环境民事责任研究》，吉林大学2008年博士学位论文，第151页。

式的控制的情形。联邦法院对内政部细则进行评议后指出，内政部的这一评估细则会与《综合环境反应、赔偿及责任法》之间发生严重冲突。确切地说如何构成“实质性”管制或控制并足以产生一个自然资源损害赔偿诉权是不清楚的。由于内政部的1994年的最终细则对该问题没有进一步说明，因此只能在司法实践中以个案的方式来解决私人主体自然资源损害赔偿的诉权问题。[1]

（二）《欧盟关于环境损害预防和补救的环境责任指令》中的生态环境损害赔偿权利人

《欧盟关于环境损害预防和补救的环境责任指令》适用于指令所规定的对受保护物种和自然栖息地的损害（damage to protected species and natural habitats）、对水的损害（water damage）、对土地的损害（land damage），这些自然资源可能有所有人，所有人可能是国家、社会组织、个人；也可能无所有人。有主自然资源的所有人是否都有权提起生态环境损害赔偿请求？无主自然资源受到损害，谁来提起生态环境损害请求？《关于环境损害预防和补救的环境责任指令》第6条赋予公共管理机构（Competent authority）赔偿权利人资格。根据该条规定，公共机构有权要求造成《关于环境损害预防和补救的环境责任指令》所保护的自然资源严重损害的经营者采取必要的修复措施。学界认为，欧盟像美国一样，建立了以公共信托理论为基础的生态环境损害赔偿制度，公共管理机构作为受保护的自然资源受托人提起环境损害赔偿诉讼。[2]即无论自然资源是否有所有人以及其所有人是个人、组织还是国家，公共管理机构都可以作为这些自然资源的受托人行使生态环境损害赔偿请求权。根据该指令，公益组织无权提起生态环境损害赔偿请求诉讼，但有权督促公共管理机构提起诉讼，并对公共管理机构有监督权。对于有主自然资源的所有人，《关于预防和补救环境损害的环境责任指令》并未

---

〔1〕 李冬梅：《美国〈综合环境反应、赔偿和责任法〉上的环境民事责任研究》，吉林大学2008年博士学位论文，第152页。

〔2〕［荷］爱德华·H.P.布兰斯：《2004年〈欧盟环境责任指令〉下损害公共自然资源的责任——起诉权和损害赔偿的估算》，戴萍译，王轩校，载《国际商法论丛》（第9卷）2008年第1期。

授予其提起损害赔偿之诉的权利，但授权他们可以请求公共主管机构对污染者采取措施，前提是他们受到了环境损害的影响，(《关于环境损害预防和补救的环境责任指令》第12条第1款）所有人对公共管理机构有监督权。

根据欧盟指令，各国要根据指令制定国内法，2007年德国颁布的《环境损害预防和恢复法》，确立了和指令相同的规则，公共主管机构有权提起环境损害恢复和损害赔偿请求诉讼。

（三）俄罗斯生态环境损害赔偿权利人

《俄罗斯联邦环境保护法》开宗明义规定："根据俄罗斯联邦宪法，每个人都有享受良好环境的权利，每个人都必须爱护自然和环境，珍惜自然财富。"明确了公民的环境权。确立了"利用自然付费，损害环境赔偿"的基本原则，污染环境造成环境损害应承担修复和损害赔偿责任。基于《俄罗斯联邦环境保护法》所确立的"俄罗斯联邦国家权力机关、俄罗斯联邦各主体国家权力机关、地方自治机关、社会和其他非商业性团体、法人和自然人，都必须参与环境保护活动"的原则，俄罗斯生态环境损害赔偿权利主体范围较广，根据《俄罗斯联邦环境保护法》第5~7条、第11~12条的规定，有权提起环境损害赔偿诉讼的主体包括俄罗斯联邦国家权力机关及俄罗斯联邦各主体国家权力机关、地方自治机关、公民、从事环境保护活动的社会团体和其他非商业性团体。

通过上述介绍可以看出，美国模式和欧盟模式相近，均以公共信托理论为基础，政府或公共管理机构作为自然资源受托人提起环境损害赔偿请求，公益组织和公民的诉权均受到严格限制。只是美国允许在符合一定条件的情况下，公民可以提起环境损害诉讼；而欧盟没有赋予公民环境损害诉权。俄罗斯模式则与上述两者不同，通过确立环境权这一基本权利，俄罗斯联邦国家权力机关、俄罗斯联邦各主体国家权力机关、地方自治机关、社会和其他非商业性团体、法人和自然人都有参与环境保护的义务，因此，每一个主体都有权利对环境损害提起赔偿诉讼。

二、国内生态环境损害赔偿权利人的各种观点点评

2015 年发布的《试点方案》确定地方省级政府为生态环境损害赔偿权利人，2017 年 12 月 17 日发布的《改革方案》扩大了生态环境损害赔偿权利人范围，规定国务院授权省级、市地级政府（包括直辖市所辖的区县级政府）作为本行政区域内生态环境损害赔偿权利人。省域内跨市的生态环境损害，由省级政府管辖；其他工作范围划分由省级政府根据本地区实际情况确定。省级、市地级政府可指定相关部门或机构负责生态环境损害赔偿具体工作。省级、市地级政府及其指定的部门或机构均有权提起诉讼。跨省域的生态环境损害，由生态环境损害地的相关省级政府协商开展生态环境损害赔偿工作。也就是说，生态环境损害赔偿权利主体是经国务院授权的省级、市地级政府。相关部门或机构经省级、市地级政府指定可负责生态环境损害赔偿具体工作。

那么，缘何政府能够成为生态环境损害赔偿权利人？理论上，目前主要有以下主要观点：

（一）自然资源国家所有权说

因对自然资源国家所有权性质认识不同，持该观点的学者之间也存在分歧。有学者认为，虽然生态环境要素作为私权客体存在一定障碍，但是，我国《物权法》创造性地扩充了传统民法中物的概念。根据该法第 46 条至第 48 条的规定，所有权的客体，也就是民法上的物不仅仅包括土地，而且还包括矿藏、水流、海域、森林、山岭、草原、荒地、滩涂等生态环境组成要素。我国《物权法》第 49 条规定，野生动植物资源属于国家所有。基于此，生态环境具备了资产要素，在受损时国家可以以所有权受侵害为由提起生态环境损害赔偿诉讼。[1]也有学者认为，考虑到学界对宪法和民法上两类国家所有权的性质远未达成共识，目前笼统地将自然资源国家所有权视作实体请求权的法理基础的做法较为合适。遵循相同法理的诉讼制度不乏先例，最具代表性的即为《海洋环境保护法》第 90 条第 2 款。而《试点方案》依据法律关于自然资源国家

〔1〕 李承亮：《侵权责任法视野中的生态损害》，载《现代法学》2010 年第 1 期。

所有权由国务院代表国家行使的规定，明确国务院授权试点地方省级政府作为赔偿权利人，在性质上属于任意诉讼担当。待正式立法后，法理基础会相应转变为法定诉讼担当。[1]

利用现有法律资源以自然资源国家所有权作为政府行使索赔权的基础有其现实法律基础，但这一主张需要解决以下问题：一是生态利益是否可以归国家所有？是否可以私权化？二是如果认为自然资源国家所有权是物权，那么，政府提起的生态环境损害赔偿诉讼为私益诉讼，如何与环境公益组织同样以环境利益受损提起的公益诉讼相协调？三是以自然资源国家所有权为政府索赔权的理论基础不能解决所有生态环境损害问题，《物权法》除明确了自然资源国家所有权，还规定了自然资源集体所有权，那么政府对集体所有自然资源生态损害是否有赔偿权？另外大气资源没有明确纳入国家所有权客体范围，政府对大气生态环境损害行使索赔权的理论依据又是什么？上述问题的解决，需要给予令人信服的回应。

（二）政府行政管理职能说

持此观点的学者认为，环境利益是公共利益，这种环境（或生态）公共利益的新型损害有别于传统环境侵权损害，在损害事实类型无法完全包容生态损害的同时，传统侵权法的索赔主体机制也无法适应生态损害这类公益损害的特性。基于生态损害既具有公共利益损害的一般特点，也具有其特有的个性的特点，生态损害诉讼举证的复杂性、诉讼所需资金的巨大性和人力资源的专业性、诉讼对抗实力等，决定了生态损害诉讼原告非一般法律主体所能胜任。而政府有关职能部门则因其履行着相关领域的环境保护行政管理职责而拥有以国库为后盾的强大资金支持，拥有环境保护、管理、法律等专业人员的人力支撑，拥有或可调动采取各类生态损害应急反应措施和修复措施的科技力量和专业设备，可以较真实、充分、科学、经济地评估生态损害，

〔1〕 程多威、王灿发：《论生态环境损害赔偿制度与环境公益诉讼的衔接》，载《环境保护》2016年第2期。

收集相关证据材料。[1]为了充分发挥和调动与环境保护有关的行政机关、司法机关、环保公益组织和社会公众在综合预防和救济生态损害机制中的应有功能，未来在我国建立“以环保行政机关为基本求偿主体”“以检察机关为主要监督主体”“以公众为督促主体”的三位一体的生态损害求偿机制。[2]

生态环境损害赔偿制度建设的目的即是解决实践中政府管理失灵，公权力应对环境损害不足，以政府行政管理职能说作为政府生态环境损害赔偿权的理论基础仍然无法避免政府失灵、权利寻租现象，而且以此为理论基础，一旦在损害赔偿上出现矛盾，会引发行政诉讼的增加，政府为避免行政诉讼的发生，可能会消极行使索赔权，反而不利于生态环境损害赔偿的顺利进行。另外，政府部门有环境保护职责，一旦发现违法污染环境或破坏生态的行为，环境保护主管部门应履行职责，责令改正并处罚，并且对于拒不改正的，可以依法作出处罚决定的行政机关可以自责令改正之日的次日起，按照原处罚数额按日连续处罚。罚款处罚除包含防治污染设施的运行成本外，还包含违法行为造成的直接损失或者违法所得等因素确定的规定执行。(《环境保护法》第59条）企业事业单位和其他生产经营者超过污染物排放标准或者超过重点污染物排放总量控制指标排放污染物的，环境保护主管部门可以责令其采取限制生产、停产整治等措施；情节严重的，报经有批准权的人民政府批准，责令停业、关闭。(《环境保护法》第60条）建设单位未依法提交建设项目环境影响评价文件或者环境影响评价文件未经批准，擅自开工建设的，由负有环境保护监督管理职责的部门责令停止建设，处以罚款，并可以责令恢复原状。(《环境保护法》第61条)《水污染防治法》第85条规定，对排放污染物的行为，由县级以上地方人民政府环境保护主管部门责令停止违法行为，限期采取治理措施，消除污染，处以罚款；逾期不采取治理措施的，环境保护主管部门可以指定有治理能力的单位代为治理，所需费用由违法者承担。也就是说，环境保护主管部门针对污

〔1〕竺效：《反思松花江污染事故行政罚款的法律尴尬——以生态损害填补责任制为视角》，载《法学》2007年第3期。

〔2〕参见竺效：《生态损害公益索赔主体机制的构建》，载《法学》2016年第3期。

染企业可以采取的处罚措施包括停止侵害、环境修复、赔偿直接损失等，不能因为环境保护主管部门执法力度不足，就由行政执法者转化为诉讼原告，这样做的结果是帮助行政机关逃避作为环境保护监管者的责任，不利于环境保护主管机关依职权履行行政责任、严格执法，也不利于在环境行政管理环节“防污染于未然”。

（三）公共信托说

该观点认为生态环境不为国家垄断所有，而为全国人民共有，政府接受全民委托对其进行管理与保护，全民将自己所有的诉权也托付给国家，当生态环境受到侵害时，政府有义务为保护公共环境利益不受损害进行索赔。[1]也有学者认为我国《宪法》与《物权法》的相关规定与环境公共信托理论不谋而合。自然资源国家所有即全民所有，国家与全民之间的关系可以理解为信托关系，从而有了环境公共信托理论的适用余地：自然资源是全体人民的共有财产，全体人民将自然资源的所有权委托给国家，国家成为自然资源法律形式上的所有权人，拥有为全体人民的利益管理、利用和保护自然资源的权利与义务。自然资源是环境的组成要素，环境污染行为侵害了自然资源，亦即侵犯了国家所有权，应当承担侵权责任。[2]

公共信托来源于罗马法的信托制度，经由英国传入美国。在 20 世纪 70 年代，因环境污染问题突出，密歇根大学教授约瑟夫·萨克斯于 1970 年发表论文《自然资源法中的公共信托理论：有效的司法干预》将公共信托运用于自然资源保护领域。如前文所述，英美及欧盟以公共信托理论作为确定生态环境损害赔偿索赔主体的依据。按照公共信托理论，生态环境利益属于全体人民，委托人是全民，受托人是政府，以公共信托作为确定生态环境损害政府索赔主体的依据，存在的最大问题是必须有委托授权，或者法律授权。在我国，政府部门作为全体人民共有的生态环境受托人尚没有明确的法律依据。

---

〔1〕王金南、刘倩、齐霁、於方：《加快建立生态环境损害赔偿制度体系》，载《环境保护》2016 年第 2 期。

〔2〕黄锡生、夏梓耀：《论环境污染侵权中的环境损害》，载《海峡法学》2011 年第 1 期。

（四）环境公共物品代表说

该观点认为，除我国《宪法》和《民法通则》明确规定的属于国家和集体所有的自然资源外，环境资源一般属于公共物品，由于政府始终是环境公共物品的主要供给人和责任人，在环境资源的供给方面应由政府发挥主导作用，保障环境资源的质量和数量。根据政府对环境质量、数量负责的理论基础，《试点方案》赋予政府代表受损生态环境索赔的权利，并在政府主导或监督下完成相应的损害评估和环境修复工作。[1]

公共物品代表说将公有环境资源排除在外，仅讨论国家或集体所有之外的环境资源的损害赔偿问题是片面的。公共物品说实质将生态环境作为赔偿权利主体，政府只是代表受损环境资源索赔。然而，生态环境成为法律上的主体在我国只限于理论讨论的范畴，还没有为法律所确认。

（五）生态公共利益代表说

该说认为国家是当然的社会公共利益的代表。这种代表，不仅体现为可以对社会公共利益的内容及其与社会个体利益之界限进行确认和划分，而且还体现为当社会公共利益受到损害时动用国家力量进行救济。[2]生态公共利益说基于对法益的分析，认为应明确生态利益的法益地位，政府作为生态公共利益的代表，有权主张生态环境损害赔偿。[3]

法律所保护之利益，谓之法益。[4]法益有广义法益和狭义法益之分。广义法益包括权利和法律所保护的未权利化的利益。狭义法益仅指法律所保护的未权利化的利益，如反射利益、依公序良俗原则所保护的利益等。理论上通常认为，法律对二者保护的强弱存在差异，法律对权利提供积极的保护，是较强的保护；而对法益提供消极的保护，是相对

---

〔1〕 於方、刘倩、牛坤玉：《浅议生态环境损害赔偿的理论基础与实施保障》，载《中国环境管理》2016 年第 1 期。

〔2〕 戴德庆：《环境公益诉讼主体类型化研究》，载《社会科学研究》2009 年第 6 期。

〔3〕 史玉成：《环境利益、环境权利与环境权力的分层建构——基于法益分析方法的思考》，载《法商研究》2013 年第 5 期。

〔4〕 李宜琛：《民法总则》，中国方正出版社 2004 年版，第 37 页。

较弱的保护。对法益的保护往往设置了更严格的条件，如侵害人具有主观故意，有实际损害结果等。生态环境损害很多情况下并非侵害人主观故意造成的，生态环境损害的“防患于未然”往往比损害后的救济更重要，依法益理论，尚未造成生态环境现实的损害后果但有损害危险时，难以启动救济程序及时保护生态环境。因此，基于法益分析的生态公共利益说将会为政府的生态环境损害索赔权设置障碍，难以为生态环境损害提供积极和有效的保护。

三、生态环境损害赔偿政府索赔主体的逻辑起点

生态环境损害索赔主体的逻辑起点不同，得出的结论就会存在差异。本书认为，任何理论研究和问题的探讨都有一定的目的性。德国法学家耶林说：“目的是全部法律的创造者。每条法律规则的产生都源于一种目的，即一种事实上的动机。”[1]生态环境损害赔偿制度在我国尚在试点和建设中，此问题的探讨主要是为今后立法提供理论支持。有关研究一不能脱离与之相关的我国现有法律制度，二不能脱离我国国情，三是生态环境损害赔偿制度是新型损害赔偿制度，在构建其理论基础时，必然要对传统法律制度和法学理论有所突破，但这种突破应控制在合理的范围内。本书以问题为导向，以解决实际问题为目的讨论生态环境损害索赔主体，因此，所有问题的探讨将以《改革方案》精神为指导，利用现有法律资源，在现行法律制度框架内进行。基于这一基本认识，本书认为，生态环境损害的性质是确定生态环境损害赔偿索赔主体的逻辑起点。

如前文所述，本书认为，生态环境损害是指生态环境本身的损害。在探讨相关问题之前，仍然需要进一步明确的是生态环境本身的损害到底是“自然资源损害”“生态功能损害”，还是“生态利益损害”？对生态环境损害的定性影响着确定生态环境损害索赔主体的方向。若是资源损害则以自然资源国家所有为基础，自然资源的所有者（政府作为国家

---

〔1〕［美］E. 博登海默：《法理学：法律哲学与法律方法》，邓正来译，中国政法大学出版社 1999 年版，第 109 页。

代表）享有损害赔偿权，其他主体未经所有者授权不得享有。自然资源经济价值和生态价值具有共生共存性，通常自然资源遭受侵害时，其经济价值受到损害的同时生态价值也会受到损害，自然资源经济价值恢复的同时，往往其生态价值也会随着恢复。这种情况下，根据侵权法以自然资源所有权受到侵害为由也能达到救济生态环境损害的目的。不过，需要注意的是，通过这种救济方式救济生态环境损害至少存在以下四个问题：一是自然资源在受到损害后至恢复之前的生态功能服务损失无法通过这种救济方式获得救济；二是具有公益性质的纯粹生态环境损害难以在以救济私益为使命的传统侵权法下获得救济；三是即使通过变革侵权法、适当扩大侵权法的适用范围，尚需解决非国有自然资源损害的政府索赔主体正当性问题；四是生态系统具有相互依存性、整体性等特点，单纯救济某类自然资源可能无法全面救济生态损害，如水污染可能造成沿岸的土壤污染；土壤污染也可能造成地下水污染；动植物栖息地生态破坏可能导致栖息地动植物的死亡。

基于上述理由，本书认为，以资源损害作为生态环境损害的逻辑起点是行不通的。

由于生态利益附着于生态服务功能之上，两者密不可分，因此，“生态功能损害”与“生态利益损害”在法律上具有同质性。如前所述，生态环境损害赔偿制度目的是为解决生态环境损害救济问题，因此，本书倾向于从“生态功能损害”或“生态利益损害”方向探讨生态环境损害赔偿有关问题。

确定了生态环境损害是“生态功能损害”或“生态利益损害”后，需要明确政府索赔的权源，一是公共利益代表说；二是公共信托理论。环境公共利益代表说认为，从政府职能角度看，政府是当然的公共利益（包括环境公共利益）代表主体，其他主体需要法律授权，损害赔偿应当是民事公益诉讼。但也有学者认为，政府、环境公益组织甚至公民都有权作为公共利益的代表主体，政府没有优先代表的资格。公共信托理论则认为生态环境利益为全民享有，政府作为受托人为公众利益进行管理，当生态环境受到损害时，以受托人的身份代表公众主张生态环境损害赔偿。

虽然理论上对于公共利益有各种不同解读，但一般认为，公共利益是社会不特定多数人的利益，其主体是社会不特定多数人。那么，作为社会不特定多数人一员的自然人、环境公益组织均可作为公共利益的代表。人民政府的职责之一是维护人民利益，也可作为公共利益的代表，不存在谁的资格更优先问题。这样就需要通过制度解决政府、环境公益组织甚至自然人的生态环境损害赔偿权之间的关系。

公共信托制度是域外制度，我国引进公共信托理论，需解决公共信托授权的问题，如果解决了公共信托授权问题，以公共信托理论解决政府索赔主体资格也未尝不可。

基于上述分析，本书倾向于以公共利益代表说或公共信托理论解决政府索赔主体资格问题。依公共利益代表说，政府提起的生态环境损害诉讼是公益诉讼，需要解决的是政府、环境公益组织的诉讼顺位问题，这个顺位只要法律作出确认即可。本书无意对这一观点作过多阐述，本书欲重点阐述的是公共信托能否作为我国确定生态环境损害赔偿政府索赔主体资格的依据。

四、以公共信托理论构建生态环境损害赔偿政府索赔主体的可行性

（一）公共信托理论的产生和发展[1]

追根溯源，英美法上的公共信托规则来源于罗马法中的公共财产概念，在罗马法中，空气、阳光、水流、海洋等都不可能成为私人财产，而是供全体人民使用。后这一理论在英国首先发展起来，公共信托成为英国普通法上的一项重要规则，再后被引入美国。在英美法中，传统的公共信托是调整私有所有人与周围其他人之间的法律关系的规则之一。公共信托理论认为：公众拥有对公物的特定权利，而该权利超越了与之相冲突的私人权利，甚至包括政府的权利在内。政府只是这些公共权利的受信托人，他不能根据自己的意愿来处分这些权利。根据公共信托规则，主权者作为公共信托的受托人，为了人民的利益拥有所有适航水道

〔1〕 此部分主要参见黄萍：《自然资源使用权制度研究》，上海社会科学院出版社 2013 年版，第 64 ~66 页。

及其线面的土地，公众可以把它用于商贸、捕鱼以及航行等活动。公共信托原则的适用是有限制的，有关判例都是在与水域有关的案件中适用这一规则。因此，有学者认为，公共信托规则明确适用于海洋水域、潮汐湿地、处于最高和最低海潮线以下的海岸湿沙滩、江海湖泊的可航淡水水域、可航水域的河床、淡水湿地，还可以适用于其他地域（如可航水域的不能通航的支流）。[1]传统公共信托主要用于商贸、捕鱼和通航三种用途。包括为了捕鱼、狩猎、游泳、划船和一般休闲目的使用本州适航水域的权利，以及为了停泊或者其他目的而使用适航水域底部的权利。

公共信托理论在美国是通过判例发展起来的。1821 年，Arnold v. Mundy[2]案是美国第一个关于公共信托的案件。在该案中，新泽西州最高法院承认了公共信托理论，它认为海岸（包括领海内的海水和底土）属于新泽西州公民的公共财产，“即使议会也不能对其享有直接和绝对的权利，议会不能剥夺全体公民的这一公共权利。”于是，州对通航水域享有信托权，避免了私人占有这些财产，但公众对适航水域享有使用权。随后，在 1842 年的 Martin v. Waddel[3] 案中，美国最高法院明确了新泽西州最高法院在 Arnold v. Mundy 案中确立的公共信托理论。美国最高法院认为，为了公众能够自由地不受限制地行使权利，州有权对公共财产进行信托管理；判断某一行为是否符合公共利益取决于公众的需要而不是财产的特殊使用模式。[4]1876 年，美国最高法院通过 Barney v. Keokuk[5]案正式认可了公共信托理论在司法中的适用。在该案中，法院认为，各州有权处分其在所有通航水域下的土地。但是，事实上，各州议会并不清楚其对公共信托财产拥有的权利的界限。为了解决这一实际问题，1892 年，美国最高法院在其里程碑式的判例——

---

〔1〕［美］约翰·G. 斯普兰克林：《美国财产法精解》（第 2 版），钟书峰译，北京大学出版社 2009 年版，第 499 页。

〔2〕 Arnold v. Mundy, 6 N. J. L. (1821), p. 1.

〔3〕 Martin v. Waddel, 41 U. S. (1842), p. 367.

〔4〕 Martin v. Waddel, 41 U. S. (1842), pp. 367, 411.

〔5〕 Barney v. Keokuk, 94 U. S. (1876), p. 324.

Illinois Central Railroad v. Illinois[1]中认为，立法机关将位于密执安湖湖床转让给铁路公司的行为不属于公共信托行为，密执安州对密执安湖湖床享有该州人民赋予的信托权利，因此州不能放弃存在全体州公民利益的财产信托。只有基于增进对水域的利用或者在未对存在于土地和水域上的公共利益造成实质损害的前提下，各州才能将土地转让给私人利用。[2]于是，公共信托理论从此在美国全国范围内得到广泛的适用。[3]

20世纪中叶以前的传统英美法上的公共信托规则与自然资源保护是无关的，传统英美法上的公共信托适用于适航水域，其他自然资源几乎没有适用的余地。而且公共信托主要适用于商贸、捕鱼和航行等商业目的。而公共信托原则保护的公共利益是经济利益而不是自然资源的生态利益。

从20世纪70年代开始，环境保护运动兴起并蓬勃发展起来。密歇根大学教授约瑟夫·萨克斯1970年发表的论文《自然资源法中的公共信托理论：有效的司法干预》对公共信托重新作了阐释，该理论被称为环境保护公共信托理论或者新公共信托理论。他认为，阳光、水、野生动植物等环境要素是全体公民的共有财产；公民为了管理他们的共有财产，将其委托给政府，政府与公民建立起信托关系。[4]萨克斯教授明确指出了水、空气、野生动物、阳光等自然资源不应再视为无主物或自由财产，而应成为所有权的客体，由全体公民共同所有。公民与政府之间成立委托与被委托的信托关系，政府作为受托人享有普通法上的所有权，是自然资源名义上的所有人，负有为全体公民及子孙后代的公共利益管理、保护自然资源及监督和控制自然资源利用行为的义务，政府作为受托人必须依信托设立的意图为受益人利益或特定目的管理、处分信托财产。全体公民作为委托人和受益人，享有衡平法上的所有权，是环

---

〔1〕 Illinois Central Railroad v. Illinois 146 U. S. (1892), p. 387.

〔2〕 Illinois Central Railroad v. Illinois 146 U. S. (1892), pp. 452 – 453.

〔3〕 侯宇：《美国公共信托的形成和发展》，载《中外法学》2009年第4期。

〔4〕 Joseph L. Sax, The Public Trust Doctrine in Natural Resources Law: Effective Judicial Intervention, 68 Mich. L. Rev., 1970, p. 557.

境资源实质意义上的所有者，享有信托财产的收益权和环境资源行政决策监督、参与权和排除侵害或损害赔偿的请求权。由于全体公民只是一个集合体，不可能真正行使所有权人的占有、使用、收益、处分等各种权能，易导致自然资源所有权行使的虚位。双重所有权能够有效地解决自然资源所有者缺位的问题。由于自然资源的公共性、不可分割性、整体性等特点，特别是那些主要承担生态服务功能和提供公众精神享受的自然资源无法私有化，只有将其作为一种社会共同体成员的公共财产来管理，使之成为一种权属明确的财产，纳入财产法体系中进行管理，才能避免所有权主体虚位所带来的弊端。[1]

基于自然资源的公共所有的性质，萨克斯教授提出了管理公共财产的基本准则：(1) 信托财产，应维持并增进广大的一般民众利用的便利，不应限定于特定的少数人利用；(2) 即使私人支付适当或较高的价格，信托财产也不得转让给私人；(3) 信托财产必须以财产本身的性质供公众使用，而不是以抽象的一般公益供公众使用。[2]因此，由于自然资源的公共性，政府作为受托人允许公众使用时，不得损害全体人民的利益，包括经济利益和生态利益。

萨克斯教授的新公共信托理论提出后，有力地促进了自然资源保护立法的发展。1970 年宾夕法尼亚州首先在宪法中采纳了新公共信托理论。该宪法宣告："人民拥有对于清洁的空气和水和保存环境的自然的、风景的、历史的和美学的价值的权利。宾夕法尼亚州的公共自然资源是全体人民包括其后代的共同财产。作为这些财产的受托管理人，州政府必须为全体人民的利益而保护和保持它们。"[3]威斯康星州、夏威夷州等许多州都将各种形式的公共信托思想体现在它们的宪法中，并用于环境保护的目的，如夏威夷州宪法规定："为了当代和未来世代人的利益，州和其政治分支应保有和保护本州的自然风光和自然资源，包括土地、

---

〔1〕 张颖：《美国环境公共信托理论及环境公益保护机制对我国的启示》，载《政治与法律》2011 年第 6 期。

〔2〕 Joseph L. Sax. The Public Trust Doctrine in Natural Resources Law: Effective Judicial Intervention, 68 Mich. L. Rev., 1970, p. 477.

〔3〕 Mary R. Sive. Environmental Legislation: A Source Book, Praeger Publishers, New York, U. S. A., 1976, p. 100.

水、空气、矿藏和能源，并以符合自然资源保护目标和促进本州自给自足的方式，促进这些资源的开发和利用。”“所有的公共自然资源都是为了全体民众的利益以信托的形式由州加以控制。”传统的公共信托地役权是根据航行、商业和渔业来定义的。公众可以为了捕鱼、狩猎、游泳、划船和一般休闲目的而使用本州适航水域的权利，以及为了停泊或者其他目的而使用适航水域的底部的权利，但并没有限制公众对于信托财产的权益。而根据环境保护公共信托理论，公众使用公共信托财产时，必须保护自然资源的休闲和生态价值。

新公共信托理论在判例法中也得到了采用。1983 年加利福尼亚州最高法院受理了全国奥杜邦协会诉阿尔派恩高等法院案（National Audubon Soc'y v. Superir Court），该案被认为是公共信托原则适用于环境资源保护的里程碑式的案例。1940 年水资源部（现加利福尼亚州水资源委员会）许可洛杉矶市水力及电力部（DWP）从莫诺湖的四条支流取水，结果导致莫诺湖的水位下降，湖面面积减少了三分之一；湖中的两个主要岛屿之一已经变成了半岛，将海鸥的繁殖地暴露给郊狼和其他捕食者，导致海鸥放弃了这个岛屿。继续引水的最终后果，毫无疑问是莫诺湖的优美景色和生态价值受到了威胁。为了减少这种破坏，原告全国奥杜邦协会于 1979 年 5 月 21 日提起诉讼，要求禁止性和宣告性救济。1981 年 11 月 9 日，阿尔派恩高等法院作出了对原告不利的判决。法院在其拟议判决通知中指出：“加利福尼亚州的水权制度是决定洛杉矶市在莫诺湖盆地引水行为合法性的全面和排他的制度……公众信托理论不能独立于该制度而起作用。本院认为，对于洛杉矶市在莫诺盆地引水的权利而言，公众信托理论被包括在本州的水权制度之内。”〔1〕原告向加利福尼亚州最高法院提出请求，要求审查阿尔派恩高等法院的判决。加利福尼亚州最高法院指出原告要保护的主要价值是休闲和生态价值——湖与湖岸的景色、空气的清洁和这个湖作为鸟类筑巢和觅食地的

〔1〕［美］约翰·E. 克里尔特等：《财产法：案例与材料》（第 7 版），齐东祥、陈刚译，中国政法大学出版社 2003 年版，第 616 页。

用途，对于这些价值的保护显然在公共信托之内。[1]该判例最终认定，公共信托规则还适用于保护土地的自然状态，以提供开阔空间（open space）、野生动物的栖息地和进行科学研究的生态园。[2]而政府有义务在水资源的规划和分配中考虑公共信托，并在可能的情况下保护公众信托用途。一旦政府批准了取水行为，基于公众信托的要求，政府有责任为了公众的利益对水权的取得和行使履行监督之责，禁止任何人获得以损害受公众信托保护的权益的方式取水的权利。[3]

2006 年弗吉尼亚州上诉法院在 Palmer v. Virginia 一案中，确认了州海洋委员会不允许私人在沿河码头建造仓储设施的请求是符合公共信托的要求的。[4]同样基于公共信托理论限制了私人对公共财产的使用权，其目的是为了保护环境资源。

在当代美国，公共信托的适用范围已从可适航的水域扩展到更广泛的自然资源之上，目前可适用的范围包括：（1）海滨、湖泊、湖沼、河流；（2）公园、道路、公有地；（3）野生生物、天然资源、大气、水等；（4）私有地的适用。[5]公众取得或行使这些自然资源所有权或使用权时要受到公共信托原则的限制。[6]

（二）以公共信托理论构建生态环境损害政府索赔主体的可行性

如前所述，公共信托必须有委托授权或者法律授权，而我国目前没有公共信托的明确法律依据，这也是欲建立以公共信托为理论基础或制度基础确定生态环境损害赔偿政府索赔主体资格的最大障碍。不过，本书注意到，在中共十九大报告中，中央提出要“设立国有自然资源资产管理和自然生态监管机构，完善生态环境管理制度，统一行使全民所有

---

〔1〕［美］约翰·E. 克里尔特等：《财产法：案例与材料》（第 7 版），齐东祥、陈刚译，中国政法大学出版社 2003 年版，第 616 页。

〔2〕［美］约翰·G. 斯普兰克林：《美国财产法精解》（第 2 版），钟书峰译，北京大学出版社 2009 年版，第 499 页。

〔3〕［美］约翰·E. 克里尔特等：《财产法：案例与材料》（第 7 版），齐东祥、陈刚译，中国政法大学出版社 2003 年版，第 619 页。

〔4〕Palmer v. Virginia, 628 S. E. 2d. va ct App. , 2006, pp. 89 – 90.

〔5〕吕忠梅：《环境权的民法保护理论构造——对两大法系环境权理论的比较》，载《私法》2001 年第 1 卷。

〔6〕黄萍：《自然资源使用权制度研究》，上海社会科学院出版社 2013 年版，第 78 ~ 81 页。

自然资源资产所有者职责，统一行使所有国土空间用途管制和生态保护修复职责，统一行使监管城乡各类污染排放和行政执法职责。”此处提到的将来要设立的国有自然资源资产管理和自然生态监管机构，虽然暂且不清楚这是一个机构还是两个机构，但可以明确的是其职责之一是统一行使所有国土空间用途管制和生态保护修复职责。这一机构的职责和公共信托受托人的职责是相同的。

首先，建立国有自然资源资产管理和自然生态监管机构，符合“十九大”提出的山水林田湖草“生命共同体”系统保护的需要，对生态系统综合监管是充分认识到生态系统具有综合性特征的体现，统一行使所有国土空间用途管制和生态保护修复职责能够克服以往多头监管和“碎片化”监管的问题。统一生态监管机构的设立为建立以公共信托为基础的生态环境损害赔偿权利人机制提供了可能。

其次，按照公共信托理论，公共信托的受托人是基于公众信托的要求为了公众利益对受托的环境资源用途进行监管，保证环境资源在利用过程中不损害公众利益。国有自然资源资产管理和自然生态监管机构统一行使所有国土空间用途管制和生态保护修复职责，即意味着无论环境资源是国有还是集体所有，也无论环境资源有主还是无主，自然生态监管机构都有权请求生态环境修复。

最后，各类主体在利用环境资源或生产经营活动中损害公众利益的，受托人基于其信托职责可以提起环境损害请求。根据我国《环境保护法》的规定，环境是指影响人类生存和发展的各种天然的和经过人工改造的自然因素的总体，包括大气、水、海洋、土地、矿藏、森林、草原、湿地、野生生物、自然遗迹、人文遗迹、自然保护区、风景名胜区、城市和乡村等。目前我国对环境资源施行“统一政策，分级分类管理”模式，每种环境资源都确立了不同级别的相应的环境资源管理部门。有些环境资源的管理部门是单一的，有些则存在多头管理或交叉管理的情况。如水资源的管理部门涉及环保部门、交通主管部门、水行政主管部门、国土资源部门、卫生部门、建设部门、农业部门、渔业部门，以及江湖流域水资源保护机构九家，俗称“九龙治水”。海域涉及的管理部门包括海洋管理局、海洋渔业部门、海洋水产部门、海洋环保部门等。这样，环境管理上就出现了政府以及各种自然资源行政管理部门多头管理的状况。统一自然资源资产管理和自然生态监管机构不仅避免了多头管理的弊病，而且可以作为唯一的受托主体进行生态环境管理和行使生态环境损害赔偿权。

公共信托不仅可以在国有的自然资源上设立，也可以在私人所有以及无主的自然资源上设立，因为自然资源具有环境公共物品的属性，私人享有自然资源所有权的同时需承担社会义务。在公共信托中，政府负有公共信托责任，政府有权基于保护公众利益的目的对私人损害自然资源的行为进行限制和干预。因此，私人在行使自然资源所有权时违反法律规定实施有害于生态环境的行为的，或者他人侵害私人自然资源所有权造成环境损害的，受托人基于对自然资源环境公共物品属性的管理有权要求侵害人修复和承担赔偿责任。

自然资源类型较多，为国有或集体所有自然资源所无法容纳，因此，建立超出所有权主体的统一生态环境监管机构代表全体人民行使所有国土空间用途管制和生态保护修复职责，既解决了现行法律中自然资源公有主体虚位问题，也为私人所有和无主自然资源生态保护确立了监管机构。

“十九大报告”作出的设立国有自然资源资产管理和自然生态监管机构，统一行使所有国土空间用途管制和生态保护修复职责的决定，只需在将来的法律上明确规定，政府对国土范围内的所有环境要素损害提起赔偿请求就有了明确授权，这意味着，借鉴欧美公共信托制度构建我国生态环境损害赔偿政府索赔主体制度具有可行性。

在“十九大”会议以后，2017 年 12 月 17 日，中共中央办公厅、国务院办公厅印发的《改革方案》规定，国务院授权的省级、市地级政府（包括直辖市所辖的区县级政府）及其指定的部门或机构是生态环境损害赔偿权利人。在健全国家自然资源资产管理体制试点区，受委托的省级政府可指定统一行使全民所有自然资源资产所有者职责的部门负责生态环境损害赔偿具体工作；国务院直接行使全民所有自然资源资产所有权的，由受委托代行该所有权的部门作为赔偿权利人开展生态环境损害赔偿工作。也就是说，未来国有自然资源资产管理和自然生态监管机构一旦设立，政府部门可指定该专门机构负责生态环境损害赔偿具体工作。《改革方案》只是将这一做法在国家自然资源资产管理体制试点区实行。本书认为，在试点成熟后，这一做法可以在各类生态环境损害赔偿中实行，由相应政府部门指定国有自然资源资产管理和自然生态监管机构负责本行政区域发生的生态环境损害赔偿具体工作。

（三）政府索赔主体的法律性质

政府索赔主体具有民事主体和行政主体的双重身份。政府作为受托人管理环境资源，在发生环境损害进行索赔时，作为索赔主体与赔偿义务人之间是平等关系，是民事主体。作为环境资源的受托人又是公共环境资源的管理者，所以其与大众之间的关系，又是行政管理关系，如果未尽受托人的管理义务致使生态环境遭受损害或对损害环境责任的行为不及时采取措施，应承担管理者的责任。如果对其提起环境公益诉讼，应属于环境公益行政诉讼。

（四）政府生态环境损害赔偿请求权的实现

2015 年的《试点方案》确定省级人民政府为损害赔偿权利人。方案出台后以及在试点过程中，学界及实务界对方案中的“政府”是指哪个“政府”有不同观点。有的主张“政府”是指人民政府，有的主张是自然资源行政主管部门，有的主张是环境保护部门。主张人民政府的也存在是“区政府”“县政府”“市政府”，还是“省政府”的不同看法。不仅理论上存在争议，实践中也存在不同做法。有省级人民政府也有市级人民政府，有省级人民政府委托环保部门行使生态环境损害赔偿权的，也有环保部门直接行使生态环境损害赔偿权的。试点地区江苏省首例生态环境损害赔偿案件——江苏省人民政府、江苏省环保联合会诉德司达（南京）染料有限公司环境污染责任公益诉讼纠纷案，由江苏省人民政府、江苏省环保联合会联合提起诉讼。试点地区贵州省首例政府提起的生态环境损害赔偿案件——息烽诚诚劳务有限公司、贵阳开磷化肥有限公司生态环境损害赔偿案，由贵州省政府指定贵州省环保厅代表国家提起。浙江绍兴市发布的《绍兴市生态环境损害赔偿磋商办法（试行）》第 3 条规定，在绍兴市行政区域内发生生态环境损害事件或行为后，由绍兴市环保局组织与生态环境损害责任者进行磋商，促使生态环境损害责任者对受损的生态环境进行赔偿、修复。实际案例中也是由绍兴市环保局行使的生态环境损害赔偿权。如针对浙江乐祥铝业有限公司的违法排污行为，绍兴市环保局在查封企业，将案件移送公安机关的同时启动了生态环境损害赔偿程序。绍兴市环保局委托有资质的机构对这家企业损害行为进行评估，最终认定浙江乐祥铝业有限公司的污染行为造成运河（外官塘）水生态环境的损害，同时核定环境损害数额为68.8万元。据此，绍兴市环保局向浙江乐祥铝业有限公司发出绍市赔偿函字〔2016〕01号《生态环境损害赔偿意见函》，要求企业赔偿环境损害68.8万元。[1]2016年6月，浙江诸暨市环保局查处意龙纺织轧染厂违规设置排污口将31750.66吨生产废水违规排入枫桥江，在立案查处企业违法行为的同时，启动环境损害赔偿程序。经第三方鉴定评估，核定环境损害数额为24.8万元。双方签署生态环境损害赔偿协议后，企业将这笔赔偿金缴入绍兴市"生态环境损害赔偿金"专户。[2]《云南省生态环境损害赔偿制度改革试点工作实施方案》规定，经国务院授权，省政府作为本省行政区域内生态环境损害赔偿权利人。省政府指定省国土厅、省环保厅、省林业厅等部门负责其职责范围内的生态环境损害赔偿具体工作。《重庆市生态环境损害赔偿制度改革试点实施方案》明确了重庆市政府作为全市市域范围内的生态环境损害赔偿权利人，并指定市环保局负责生态环境损害赔偿具体工作。《吉林省生态环境损害赔偿制度改革试点工作实施方案》规定，吉林省政府作为试点期间全省行政区域内生态环境损害赔偿权利人，吉林省政府指定省级环保行政主管部门负责生态环境损害赔偿具体工作。《湖南省生态环境损害赔偿制度改革试点工作实施方案》规定，经国务院授权，湖南省人民政府为本行政区域内生态环境损害赔偿权利人，实施中，省人民政府指定环境保护、国土资源、住房城乡建设、水利、农业、林业等生态环境保护行政管理

---

〔1〕《生态环境损害赔偿已在7省试点》，载http：//leaders. people. com. cn/n1/2016/0817/c58278－28642359. html，最后访问日期：2017年9月1日。

〔2〕《试行污染损害赔偿修复机制，绍兴：谁破坏环境让谁买单》，载《人民日报》2017年1月22日，第1版。

部门按法定职能行使损害赔偿权利，负责组织和监督赔偿义务人落实损害赔偿。损害行为不涉及跨市州或县市区行政区域的，省人民政府可根据实际情况指定有关市州、县市区人民政府行使上述权利。

《改革方案》将赔偿权利人的范围由省级政府扩大至市地级政府，是在试点经验的基础上作出的规定，能够有效地发挥地市一级政府在开展生态环境损害赔偿制度改革工作中的作用。

本书认为，《改革方案》扩大赔偿权利人的范围符合客观现实，是合理的。但是，尚需进一步扩大赔偿权利人范围。

1. 地方人民政府行使索赔权是其职责所在。《宪法》和《地方各级人民代表大会和地方各级人民政府组织法》规定，各级人民代表大会及其人民政府是人民利益的代表，地方各级人民政府作为地方各级人民代表大会的执行机关，负责执行国民经济和社会发展计划、预算，管理本行政区域内的经济、教育、科学、文化、卫生、体育事业、环境和资源保护、城乡建设事业和财政、民政、公安、民族事务、司法行政、监察、计划生育等行政工作；保护全民所有的财产和劳动群众集体所有的财产，保护公民私人所有的合法财产，维护社会秩序，保障公民的人身权利、民主权利和其他权利。因此，当地方人民政府所辖区域的人民利益受到侵害时，有权依照《宪法》和《地方各级人民代表大会和地方各级人民政府组织法》代表当地群众和所辖部门提起诉讼，要求赔偿。

2. 由于一些自然资源存在多头管理、交叉管理的情况，如果由自然资源主管部门行使索赔权，难免出现相互推诿、扯皮等现象，影响生态环境损害索赔工作的顺利开展，地方政府作为索赔主体，可以协调各类环境资源管理部门之间的关系，整合各方资源和能力，有效避免相互推诿、扯皮情况的发生，提高生态环境损害索赔效率。而且地方政府进行索赔时，不影响其授权环境资源主管部门具体实施生态环境索赔工作。

3. 从国外看，一些国家也是规定由地方政府行使索赔权。如美国《综合环境反应、补偿和责任法》规定，联邦政府、州政府等政府主体是自然资源的受托人，有权代表公众提出自然资源损害赔偿请求。[1]

4. 环境保护部门不宜作为生态环境损害赔偿权利主体。环保部门作为法定的环境保护行政主管部门，预防和控制生态环境损害，是其职责也是其权力，发生环境污染事件时，环保部门有权进行责令改正、限期治理、修复环境、罚款等行政处罚，赋予环保局生态环境损害赔偿权可能导致其怠于履行行政职责的行为通过行使生态环境损害赔偿权来掩盖。

5. "十九大报告"提出设立国有自然资源资产管理和自然生态监管机构统一行使所有国土空间用途管制和生态保护修复职责，就是为了解决当前自然资源多头管理、交叉管理现象，实行环境资源统一管理和生态系统统一监管。未来该机构一旦建立，可以作为人民政府的一个职能部门，负责提起生态环境损害赔偿。

综上所述，地方政府代表国家行使索赔权是合理合法的。

本书认为，赔偿权利人的范围还可以扩大到更低一级的地方政府。我国《环境保护法》《大气污染防治法》等法律规定，对环境负有管理和保护责任的是县级以上人民政府。因此，根据生态环境损害影响范围确定生态环境损害索赔主体，确定县级以上人民政府行使索赔权比较合适。也就是说，如果生态环境损害范围在县级政府管辖范围的，由县级人民政府行使索赔权；如果生态环境损害范围在设区的市管辖范围的，由设区的市人民政府行使索赔权；生态环境损害范围在省级人民政府管辖范围的，由省级人民政府行使索赔权；如果跨行政区划的，由各行政区划的人民政府进行协调作为共同索赔人行使索赔权。[2]

五、生态环境损害赔偿权利人的范围和顺序

如前所述，各国生态环境损害赔偿权利人的范围存在差异，欧盟较为严格，只有公共主管机构享有索赔权，环境公益组织和公民有监督权。美国确立了政府享有自然资源损害索赔权的原则，虽然建立了公民

---

〔1〕 黄萍：《生态环境损害索赔主体适格性及其实现》，载《社会科学辑刊》2018 年第 2 期。

〔2〕 黄萍：《生态环境损害索赔主体适格性及其实现》，载《社会科学辑刊》2018 年第 2 期。

诉讼，但公民诉讼的前提是环境损害行为也损害私人利益，同样赋予公益组织和公民监督权。

我国目前已建立了环境民事公益诉讼制度，《环境保护法》第58条规定，符合条件的社会组织有权提起环境民事公益诉讼。该社会组织必须具备两个条件：（1）依法在设区的市级以上人民政府民政部门登记，包括依照法律、法规的规定，在设区的市级以上人民政府民政部门登记的社会团体、民办非企业单位以及基金会等；（《环境民事公益诉讼解释》第2条）（2）专门从事环境保护公益活动连续五年以上且无违法记录。社会组织章程确定的宗旨和主要业务范围是维护社会公共利益，且从事环境保护公益活动的，可以认定为环境保护法第五十八条规定的专门从事环境保护公益活动。社会组织提起的诉讼所涉及的社会公共利益，应与其宗旨和业务范围具有关联性。[《最高人民法院关于审理环境民事公益诉讼案件适用法律若干问题的解释》（以下简称《环境民事公益诉讼解释》第4条）] 社会组织在提起诉讼前五年内未因从事业务活动违反法律、法规的规定受过行政、刑事处罚的，可以认定为环境保护法第58条规定的“无违法记录”。（《环境民事公益诉讼解释》第5条）《环境民事公益诉讼解释》以及《民事诉讼法》第55条又增加了“法律规定的机关”可以提起公益诉讼。《全国人民代表大会常务委员会关于授权最高人民检察院在部分地区开展公益诉讼试点工作的决定》《人民检察院提起公益诉讼试点工作实施办法》《人民法院审理人民检察院提起公益诉讼案件试点工作实施办法》规定，检察机关有权提起环境损害公益诉讼。《试点方案》又确立了政府为生态环境损害赔偿权利人。而《改革方案》在明确了政府为生态环境损害赔偿权利人的同时，也明确规定鼓励法定的机关和符合条件的社会组织依法开展生态环境损害赔偿诉讼。

那么，环境民事公益诉讼和生态环境损害赔偿制度是何关系？《环境民事公益诉讼解释》以及《民事诉讼法》第55条所称的“法律规定的机关”和《改革方案》中所称的“法定的机关”是指何机关？《改革方案》中所规定的政府与法定的机关和符合条件的社会组织在生态环境损害赔偿中是何关系？政府、环境公益组织、检察机关之间又是何关系？

首先，关于环境民事公益诉讼和生态环境损害赔偿制度的关系，环保部有关负责人在解答《试点方案》有关问题时，曾指出环境民事公益诉讼和生态环境损害赔偿都属于生态环境损害赔偿制度[1]。事实上，环境民事公益诉讼和生态环境损害赔偿制度目标是一致的，都是救济具有公益性质的生态环境损害。不过，二者也存在以下区别：(1) 环境民事公益诉讼以诉讼法解决问题，允许公众直接参与索赔诉讼；生态环境损害赔偿以实体法解决问题，强调政府部门的责任。(2) 二者的诉讼标的不同，环境民事公益诉讼的标的不仅是生态环境本身损害，还包括因环境污染或生态破坏而造成的不特定多数人的人身损害和财产损害。而生态环境损害赔偿制度保护的客体仅仅是生态环境本身。(3) 二者的功能定位不同，生态环境损害赔偿制度是以政府为主导，以救济严重生态环境损害而设立的制度。生态环境损害赔偿适用于以下情形造成的生态环境损害：发生较大及以上突发环境事件的；在国家和省级主体功能区规划中划定的重点生态功能区、禁止开发区发生环境污染、生态破坏事件的；发生其他严重影响生态环境后果的。同时《改革方案》还要求各地区应根据实际情况，综合考虑造成的环境污染、生态破坏程度以及社会影响等因素，明确具体情形。而污染环境或破坏生态造成的人身损害、财产损害以及海洋生态环境损害赔偿的不适用该方案。环境民事公益诉讼的功能主要体现在三个方面：一是弥补环境行政救济不足；二是调动社会力量参与环境保护，督促环境保护行政管理机关善治；三是救济生态环境公共利益。需要强调的是，虽然存在上述区别，环境民事公益诉讼和生态环境损害赔偿目标还是一致的，共同构成生态环境损害赔偿制度，所提起的诉讼都是公益诉讼。

其次，《环境民事公益诉讼解释》以及《民事诉讼法》第55条所称的“法律规定的机关”和《改革方案》中所称的“法定的机关”应是相互指向的关系。《环境民事公益诉讼解释》以及《民事诉讼法》第55条所称的“法律规定的机关”应是指《改革方案》中规定的政府部

[1] 崔静：《破解“企业污染、政府买单”困局——环保部有关负责人解读〈生态环境损害赔偿制度改革试点方案〉》，载 http://www.xinhuanet.com/fortune/2015-12/03/c_1117349597.htm，最后访问日期：2017年10月1日。

门，而《改革方案》中所称的“法定的机关”应是指检察机关。修订前《民事诉讼法》第55条规定，法律规定的机关和有关组织可以向人民法院提起民事公益诉讼。2015年1月发布的《环境民事公益诉讼解释》是对修订前《民事诉讼法》第55条、《环境保护法》有关环境公益诉讼法律适用的解释，此后又发布了《试点方案》《全国人民代表大会常务委员会关于授权最高人民检察院在部分地区开展公益诉讼试点工作的决定》《人民检察院提起公益诉讼试点工作实施办法》《人民法院审理人民检察院提起公益诉讼案件试点工作实施办法》等文件，导致不能明确该解释和法律中所称的机关是何机关。2017年6月修订后的《民事诉讼法》增加了第2款，即人民检察院在履行职责中发现破坏生态环境和资源保护、食品药品安全领域侵害众多消费者合法权益等损害社会公共利益的行为，在没有前款规定的机关和组织或者前款规定的机关和组织不提起诉讼的情况下，可以向人民法院提起诉讼。前款规定的机关或者组织提起诉讼的，人民检察院可以支持起诉。这里的法律规定的机关显然不是检察机关，而应是《改革方案》中所规定的政府部门。这一规定再次说明目前法律还是把生态环境损害赔偿诉讼按环境民事公益诉讼处理。

最后，政府、环境公益组织、检察机关又是何关系？学界从不同角度进行了解读。有的认为，生态环境损害发生后，三类主体都有权提起索赔没有顺序之分，法院择先立案；有的认为，都提起诉讼的，可以列为共同原告；有的认为，应建立索赔主体顺序，政府为第一顺位，环境公益组织为第二顺位，检察机关为第三顺位。《改革方案》除明确省级、市地级政府是生态环境损害权利人外，还明确规定鼓励法定的机关和符合条件的社会组织依法开展生态环境损害赔偿诉讼，从语境上来看，似乎没有顺序限制。试点地区山东省高级人民法院发布的《关于审理山东省人民政府提起生态环境损害赔偿案件若干问题的意见》第7条规定：省政府提起生态环境损害赔偿诉讼，不影响社会组织依法提起环境民事公益诉讼，也不影响人身和财产权利受到损害的自然人、法人和其他组织提起私益诉讼。相关案件可以由同一审判组织一并审理，并考虑各个案件裁判的协调一致。明确了政府、公益组织提起生态环境损害诉讼没有顺序限制。试点地区的审判实践中的案件也没有起诉资格的顺序区分。如在重庆市人民政府、重庆两江志愿服务发展中心诉重庆藏金阁物业管理有限公司（以下简称藏金阁公司）、重庆首旭环保科技有限公司（以下简称首旭公司）环境污染责任纠纷案中，2017年重庆两江志愿服务发展中心对藏金阁公司和首旭公司向重庆市第一中级人民法院依法提起环境民事公益损害赔偿诉讼，重庆市人民政府依据《试点方案》对两公司提起生态环境损害赔偿诉讼。由于两原告基于不同规定而各自享有诉权，均应依法予以保护，两案虽分别立案受理，但鉴于两案案件事实相同，诉讼目的一致、被告相同、诉讼请求基本相同，故法院将两案合并审理。[1]

本书认为，应设定生态环境损害赔偿请求权顺序。政府作为自然环境的受托人，应恪尽职责，必须提起生态环境损害赔偿诉讼，提起生态环境损害赔偿诉讼既是政府的权利也是受托人的义务。政府生态环境损害赔偿权利的行使与人民福祉有关，所以不得放弃；生态环境损害索赔义务是强制性义务，政府必须履行。而环境公益组织提起环境民事公益诉讼，是其权利，并非义务，而且此权利可以放弃。因此，宜确定政府为第一顺位的生态环境损害赔偿权利人，同时建立生态环境损害索赔监督机制，赋予公民、环境公益组织、检察机关监督权。如果政府不履行提起生态环境损害赔偿的义务，环境公益组织、检察机关都有督促的权利。如果在一定期限内，政府仍未采取行动，环境公益组织不仅可以以政府为被告提起环境行政公益诉讼，而且可以以生态环境损害为由提起环境公益民事诉讼。如果政府经督促未提起生态环境损害赔偿请求，也无环境公益组织提起环境民事公益诉讼，检察机关可以提起环境民事公益诉讼。从域外有关国家（地区）的规定来看，一般也对公益诉讼设置了前置条件。如《美国清洁水法》第505条就明确规定了60天的通告期。公民如果根据《清洁水法》提起环境公益诉讼，则须在提起诉讼前60天内将准备提起诉讼的通告告知联邦环保局、违法行为所在地政府（州）和违法行为人，否则，公民不得提起环境公益诉讼。美国之所以作出这样的规定，一方面在于保障联邦环保局和行为发生地州政府正常

---

〔1〕参见重庆市第一中级人民法院（2017）渝01民初773号民事判决书。

履行其职责，另一方面也有利于减轻法院诉累，限制公民滥诉。[1]再如，《日本地方自治法》第242条规定，日本地方公共团体的居民不以自身法律上的利益为前提资格而提起的民众诉讼，也采取了监督检查请求前置主义。即自地方公共团体的长官、职员做出了违法不当行为或该违法行为结束之日起一年内，地方公共团体的住民可以请求监督检查。并且，只有在经过监督检查请求程序，才能提起住民诉讼。[2]

《人民法院审理人民检察院提起公益诉讼案件试点工作实施办法》第1条规定，人民检察院认为被告有污染环境、破坏生态、在食品药品安全领域侵害众多消费者合法权益等损害社会公共利益的行为，在没有适格主体提起诉讼或者适格主体不提起诉讼的情况下，向人民法院提起民事公益诉讼，符合民事诉讼法第109条第2项、第3项、第4项规定的，人民法院应当登记立案。2017年6月修订的《民事诉讼法》延续了这一规定。该法第55条增加的第2款规定，人民检察院在履行职责中发现破坏生态环境和资源保护、食品药品安全领域侵害众多消费者合法权益等损害社会公共利益的行为，在没有前款规定的机关和组织或者前款规定的机关和组织不提起诉讼的情况下，可以向人民法院提起诉讼。前款规定的机关或者组织提起诉讼的，人民检察院可以支持起诉。这样规定考虑到了检察机关的职能。根据我国《宪法》第129条和《人民检察院组织法》第4条规定，“检察机关是国家的法律监督机关，在公共利益的维护方面，主要通过行使法律监督权实现、发展和维护公共利益”，因此，检察机关在生态环境损害赔偿中首先是一个监督机关，所以对生态环境损害政府行使损害赔偿权时有监督权，在政府怠于行使损害赔偿权时有督促的权利，政府仍不行使权利，也没有适格的环境公益组织提起环境民事公益诉讼时，为了维护环境公共利益，检察机关可以提起环境民事公益诉讼，也就是检察机关提起环境民事公益诉讼的诉

---

〔1〕 李艳芳：《美国的公民诉讼制度及其启示：关于建立我国公益诉讼制度的借鉴性思考》，载《中国人民大学学报》2003年第2期。

〔2〕［日］越智敏裕：《环境诉讼法》，日本评论社2015年版，第61页。转引自罗丽、王浴勋：《生态环境损害赔偿磋商与诉讼衔接关键问题研究》，载《武汉理工大学学报》2017年第3期。

权具有补充性。

六、生态环境损害赔偿政府索赔主体的权利和义务

在生态环境损害赔偿法律关系中，政府索赔主体作为赔偿权利人享有哪些权利，承担哪些义务需要进一步明确。

（一）生态环境损害赔偿政府索赔主体的权利

1. 知情权

赋予索赔主体生态环境损害知情权，有利于索赔主体及时掌握生态环境损害有关信息，便于索赔主体及时开展生态环境救济相关工作。《环境保护法》第47条规定，企业事业单位在发生或者可能发生突发环境事件时，应当立即采取措施处理，及时通报可能受到危害的单位和居民，并向环境保护主管部门和有关部门报告。该规定只是明确了污染企业向环境保护行政管理机关报告，未来应增加规定，在发生环境损害事件时，污染企事业单位也应向政府索赔主体报告。环境保护主管部门在接到环境损害报告后，应当将有关情况向政府索赔主体通报。未来应加强环境信息网络平台的建设，环境保护主管部门与政府索赔主体应建立环境信息共享网络平台，加强环境信息的传递和分享。《突发事件应对法》第37条规定，国务院建立全国统一的突发事件信息系统，此信息系统应进一步明确包括生态环境损害的有关信息。

2. 调查和评估权

生态环境损害发生后，为了及时采取应急补救措施以及保证后续的修复和索赔工作的顺利开展，需要对生态环境损害进行及时调查、鉴定，评估环境损害事件造成的环境影响、环境损害范围和大小。依据《环境保护法》第47条规定，突发环境事件发生后，由有关人民政府组织评估事件造成的环境影响和损失。这里的人民政府是指县级以上人民政府，如果发生跨行政区域的环境损害事件，各行政区域人民政府应进行协调，共同调查和评估。现行法律机制建立了环境防治调查和评估制度，主要针对环境影响评价、环境损害预防以及突发环境事件造成环境影响和损失的调查、评估，尚未建立全面的生态环境损害调查评估制度，建议在生态环境损害赔偿制度建设过程中，应建立全面、统一的生

态环境损害调查评估制度。目前的调查评估主体是地方人民政府，在生态环境损害赔偿制度建设过程中，还应明确政府索赔主体的调查权和评估权。基于环境保护监管的人民政府的调查评估与索赔主体的调查评估应相互协作、信息共享。人民政府作出的调查评估可以作为索赔主体索赔的证据。

3. 采取紧急措施权

《突发事件应对法》第48条规定，突发事件发生后，履行统一领导职责或者组织处置突发事件的人民政府应当针对其性质、特点和危害程度，立即组织有关部门，调动应急救援队伍和社会力量，依照本条的规定和有关法律、法规、规章的规定采取应急处置措施。目前法律规定的是环境保护行政管理机关基于其行政管理职责的行政主导紧急处置措施，并非基于生态环境损害修复和损害的紧急处置，未来二者还应建立生态环境损害处置的协调机制。某些情况下，基于管理职责的人民政府可能和政府索赔主体是同一主体，政府采取的处置措施是一致的。基于政府行政管理进行处置的措施及花费的费用，应向索赔主体通报，以便于索赔主体向污染单位索赔。如果污染单位有能力采取紧急处置措施的，应督促污染单位组织人员进行紧急处置；如果污染单位没有能力采取紧急处置措施的，负有监管责任的人民政府部门应组织有关机构和人员进行紧急处置；如果人民政府没有及时采取紧急处置措施的，索赔主体应采取紧急处置措施。污染单位、人民政府、索赔主体采取紧急处置措施并不冲突，三方可以共同实施、也可以一方实施、其他各方协助或监督。

4. 索赔权

索赔权是索赔主体最主要的权利。“谁污染谁担责，谁使用谁付费”，污染者污染环境损害生态利益，应承担修复损害赔偿责任。索赔主体的索赔权是实现生态环境损害修复和赔偿的基本权利。政府行使索赔权既是权利也是义务，此权利与公共福祉紧密相连，不得放弃。

5. 选择纠纷解决方式权

《改革方案》确立了两种纠纷解决办法，即磋商和诉讼。磋商能够及时解决环境损害修复和赔偿有关事宜，能够磋商的，尽量采取磋商机制解决纠纷。需要讨论的是，磋商是否是诉讼的前置程序，学界有不同观点。《改革方案》规定，经调查发现生态环境损害需要修复或赔偿的，赔偿权利人根据生态环境损害鉴定评估报告，就损害事实和程度、修复启动时间和期限、赔偿的责任承担方式和期限等具体问题与赔偿义务人进行磋商，统筹考虑修复方案技术可行性、成本效益最优化、赔偿义务人赔偿能力、第三方治理可行性等情况，达成赔偿协议。对经磋商达成的赔偿协议，可以依照民事诉讼法向人民法院申请司法确认。经司法确认的赔偿协议，赔偿义务人不履行或不完全履行的，赔偿权利人及其指定的部门或机构可向人民法院申请强制执行。磋商未达成一致的，赔偿权利人及其指定的部门或机构应当及时提起生态环境损害赔偿民事诉讼。实际是将磋商作为提起生态环境损害赔偿诉讼的前置程序。

磋商虽然能够提高生态环境损害赔偿效率。但是，磋商本质上是民事协商，经过磋商最终达成协议，所以磋商的过程就是达成协议的过程。索赔主体提出磋商，污染者愿意接受磋商，磋商程序才能顺利开展。在生态环境损害赔偿法律关系中，赔偿权利主体和赔偿义务主体是平等关系，赔偿权利主体不能强制赔偿义务人接受磋商。因此，磋商不是赔偿义务人的义务，索赔主体提出磋商，赔偿义务人有权拒绝磋商。否则，就剥夺了赔偿义务人的选择解决纠纷方式的权利。本书认为，如果赔偿权利人提出磋商，赔偿义务人不愿意磋商的，应视为磋商不成，应尽快结束磋商程序，赔偿权利人及时向法院提起生态环境损害赔偿诉讼。

6. 监督赔偿资金使用的权利

索赔主体行使索赔权获得生态环境损害赔偿金在扣除生态环境损害调查费、评估费、律师费、诉讼费等费用后，应上缴国库，归国家所有。我国应尽快建立生态环境损害赔偿基金专门账户，生态环境损害赔偿资金应专款专用，不得挪作他用。赔偿权利主体对生态环境损害赔偿金的使用有监督的权利。

（二）生态环境损害政府索赔主体的义务

1. 及时公布生态环境损害赔偿相关信息的义务

公众对环境保护有知情权和参与权。我国《环境保护法》第53条赋予公众知情权和参与权。然而，结合相关条款，该条所规定的公众的知情权和参与权，是指对企事业单位环境保护情况以及环境行政主管机关实施的环境保护和监管情况的知情权和参与权。随着生态环境损害赔偿制度的逐步建立，应明确公众知情权包括对生态环境损害及赔偿事宜的知情权和参与权。因此，该法第 53 条所规定的公民、法人和其他组织依法获取的环境信息还应包括生态环境损害有关信息，参与和监督环境保护应包括生态环境损害后采取的应急措施、环境修复情况、生态环境损害赔偿磋商以及诉讼情况、生态环境损害赔偿款项的移交、使用等有关情况。公众有环境保护知情权和参与权，相应地，有关污染单位、环境保护监管机关、索赔主体就有公开生态环境损害及索赔情况的义务。目前《环境保护法》只是要求重点排污单位应当如实向社会公开其主要污染物的名称、排放方式、排放浓度和总量、超标排放情况，以及防治污染设施的建设和运行情况，接受社会监督。（《环境保护法》第 55 条）本书认为，应完善相关立法，明确政府索赔主体也应公开生态环境损害及赔偿的有关信息、完善公众参与程序，为公民、法人和其他组织参与和监督生态环境损害赔偿提供条件。《改革方案》明确规定，鼓励公众参与。不断创新公众参与方式，邀请专家和利益相关的公民、法人、其他组织参加生态环境修复或赔偿磋商工作。依法公开生态环境损害调查、鉴定评估、赔偿、诉讼裁判文书、生态环境修复效果报告等信息，保障公众知情权。因此，及时公布生态环境损害赔偿的相关信息，保障公众知情权也应是生态环境损害索赔主体的一项重要义务。

2. 及时调查鉴定评估生态损害的义务

生态环境损害发生后，要启动生态环境损害索赔程序，首先要确定损害的范围、程度以及损失的大小，这就需要索赔主体联合污染单位、专业评估鉴定机构、有关环境保护监管机关对生态环境损害及时进行调查、鉴定、评估和论证，以便确定索赔方案。

3. 及时采取紧急处置措施的义务

污染环境造成损害往往损害后果严重、影响范围广、造成的各类损失较大。因此，发生环境损害事件后，及时采取处置措施防止损害进一步扩大以及开展环境修复工作等至关重要。根据《环境保护法》的规定，环境突发事件发生后，各级人民政府及其有关部门和企业事业单位，应当依照法律规定，做好突发环境事件的风险控制、应急准备、应急处置等工作。通常在发生或者可能发生突发环境事件时，企业事业单位应当立即采取措施处理，及时通报可能受到危害的单位和居民，并向环境保护主管部门和有关部门报告。如果污染单位无能力处置，往往由当地人民政府环境主管部门组织有关组织和人员实施紧急处置措施。生态环境损害赔偿索赔主体可能与组织实施处置措施的人民政府是同一主体，也可能不是。若属于前一种情况，则发生主体重合，人民政府既是作为环境行政管理主体履行义务，也是基于索赔主体的身份履行义务；若属于后一种情况，索赔主体可与当地政府协作采取紧急处置措施，政府部门采取处置措施方式与花费的费用等应告知索赔义务主体，以便将来向赔偿义务主体进行索赔。

4. 及时索赔的义务

生态环境损害调查、鉴定、评估结束后，索赔主体应及时启动索赔程序，政府索赔主体进行索赔是其权利也是义务，索赔权不得放弃。如果政府索赔主体怠于索赔的，环境公益组织、检察机关以及公民个人可以向政府索赔主体提出索赔建议，督促其及时索赔。在一定期间内，如果政府索赔主体仍不启动索赔程序的，环境公益组织可以提起环境民事公益诉讼，向赔偿义务人进行索赔。如果没有适格的环境公益组织提起环境民事公益诉讼，则检察机关可以提起环境民事公益诉讼。

七、大气生态环境损害赔偿政府索赔的监督及法律责任

（一）生态环境损害赔偿政府索赔的监督机制

生态损害发生后如果政府索赔主体不履行或不当履行职责，必将损害国家和社会公共利益，因此，在明确了生态环境损害索赔主体的权利义务后，还需建立监督机制。

1. 建立生态环境损害赔偿政府索赔监督机制的意义

索赔主体是政府部门的，虽然在生态环境损害赔偿关系中是民事主

体，但不可否认的是其还具有行政主体的身份，为防止生态环境损害赔偿过程中的政府部门及其工作人员寻租等腐败行为的发生，有必要建立生态环境损害赔偿监督机制。

生态环境损害赔偿中对政府索赔主体的监督与行政监督不同，行政监督是对国家行政机关及其公务员和国家行政机关任命的其他人员的违反行政纪律行为的监督检查。生态环境损害赔偿中的监督是对索赔主体行使索赔权的监督，因此，不是对行政行为的监督。

监督机制也是实现环境保护公众参与权的具体表现。《环境保护法》第 53 条规定，公民、法人和其他组织依法享有获取环境信息、参与和监督环境保护的权利。保护环境人人有责，公众对环境保护有知情权、参与权和监督权。生态环境损害赔偿索赔主体应当依法及时公开生态环境损害及索赔相关信息、完善公众参与程序，为公民、法人和其他组织参与和监督生态环境损害赔偿提供便利。《改革方案》明确规定加强生态环境修复与损害赔偿的执行和监督。但是，《改革方案》仅规定了对生态环境损害赔偿款项使用情况、生态环境修复效果的公众监督。本书认为，应扩大监督主体的范围和监督内容的范围。

2. 监督主体

对生态环境损害政府索赔享有监督权的主体包括：各级人民代表大会常委会、检察院、社会公众。根据《中华人民共和国地方各级人民代表大会和地方各级人民政府组织法》的规定，县级以上的地方各级人民代表大会常务委员会有权监督本级人民政府、人民法院和人民检察院的工作。《人民检察院组织法》第 4 条规定："检察机关是国家的法律监督机关，在公共利益的维护方面，主要通过行使法律监督权实现、发展和维护公共利益"。因此，检察机关对政府索赔主体享有监督权。根据《环境保护法》第 53 条规定，自然人、社会组织对生态环境损害政府索赔主体也有监督的权利。《改革方案》仅规定生态环境损害赔偿款项使用情况、生态环境修复效果的公众监督。本书建议，未来生态环境损害赔偿立法应扩大监督主体范围，不仅公众对生态环境损害赔偿有监督权，相关监督机关如地方各级人民代表大会常务委员和检察机关也享有监督权。

3. 监督类型

（1）诉前监督

生态环境损害发生后，索赔主体应及时将已掌握的生态损害情况、已采取的措施等信息及时公开，负有监督职责的有关机构和公众有权对索赔主体在损害发生后采取的应急防范措施、生态损害评估的情况、生态损害赔偿磋商的情况、修复结果等进行监督；对索赔主体在此期间有无失职及其他违法行为也可以进行监督。

（2）诉中监督

经磋商未达成修复和赔偿协议的，索赔主体应及时向法院提起诉讼，如果怠于提起诉讼的，环境公益组织、检察机关、公众有权提出起诉建议，督促索赔主体及时提起生态环境损害赔偿之诉。生态环境损害赔偿诉讼进行中，有关机关、社会组织和公民也享有监督的权利。诉讼过程中，对于是否与赔偿义务人达成和解、和解协议的内容、损害赔偿有关事宜、法院判决等信息，监督人有知情权和监督权。

（3）诉后监督

磋商协议生效后或法院判决生效后，赔偿义务人应将赔偿金及时汇入生态环境损害赔偿专项账户，监督人有权监督赔偿金的使用及索赔主体有无滥用等违法行为。

4. 监督方式

（1）提出督促建议

《中华人民共和国宪法》第41条明确规定："中华人民共和国公民对于任何国家机关和国家工作人员，有提出批评和建议的权利。"在损害发生后，第一顺位的索赔主体是政府，其有义务及时启动生态环境损害调查、评估和索赔程序，如果政府没有履行义务，有关机关、社会组织和公民可以督促政府部门履行职责，并要求索赔主体对其履行职责情况向监督者说明。

（2）举报

我国《宪法》第41条明确规定："对于任何国家机关和国家工作人员的违法失职行为，有向有关国家机关提出申诉、控告或者检举的权利。"《环境保护法》第57条规定，公民、法人和其他组织发现地方各级人民政府、县级以上人民政府环境保护主管部门和其他负有环境保护监督管理职责的部门不依法履行职责的，有权向其上级机关或者监察机关举报。

（3）提起环境行政公益诉讼

政府索赔主体经督促仍不行使生态环境损害赔偿索赔权的，环境公益组织或公民可以以政府为被告提起环境行政公益诉讼。在生态环境损害赔偿关系中，政府身份具有双重性。在与赔偿义务人的关系中，作为索赔主体，其与赔偿义务人具有平等的法律地位，是民事主体。但同时政府本身负有环境保护监管的职责，又是行政管理主体。因此，当其在生态环境损害赔偿中有失职或其他违法行为时，地方各级人民代表大会常务委员会、检察机关、环境公益组织以及公民都有监督权，可以对其不履职行为提起环境行政公益诉讼。

（二）生态环境损害索赔主体的法律责任

生态环境损害索赔主体及其指定的相关部门或机构的负责人、工作人员在生态环境损害索赔过程中存在滥用职权、玩忽职守、徇私舞弊及其他违法行为应承担相应的法律责任，包括行政责任、民事责任和刑事责任。

1. 行政责任

《环境保护法》第 67 条规定，上级人民政府及其环境保护主管部门应当加强对下级人民政府及其有关部门环境保护工作的监督。发现有关工作人员有违法行为，依法应当给予处分的，应当向其任免机关或者监察机关提出处分建议。依法应当给予行政处罚，而有关环境保护主管部门不给予行政处罚的，上级人民政府环境保护主管部门可以直接作出行政处罚的决定。在第 68 条还规定了对环境保护主管部门和其他负有环境保护监督管理职责部门的直接负责的主管人员和其他直接责任人员可追责的情形规定。2015 年 8 月中共中央办公厅、国务院办公厅发布的《党政领导干部生态环境损害责任追究办法（试行）》对生态环境保护部门领导干部责任追究作了明确规定。

现行法律所规定的追究政府部门及其工作人员责任，主要针对环境主管机关及政府部门环境行政行为及执法行为的失职及其他违法行为追究行政责任，缺乏对政府行使生态环境损害赔偿索赔权过程中的失职及其他违法行为应承担行政责任的规定，建议增加对生态环境损害赔偿索赔过程中的政府及其工作人员的失职及其他违法行为的追究。

2. 刑事责任

各类环境保护法都明确规定，违反法律规定，构成犯罪的，依法追究刑事责任。如《环境保护法》第 69 条、《大气污染防治法》第 127 条；等等。《刑法》第 408 条规定，负有环境保护监督管理职责的国家机关工作人员严重不负责任，导致发生重大环境污染事故，致使公私财产遭受重大损失或者造成人身伤亡的严重后果的，处三年以下有期徒刑或者拘役。所谓"致使公私财产遭受重大损失或者造成人身伤亡的严重后果的"包括：（1）致使乡镇以上集中式饮用水水源取水中断十二小时以上的；（2）致使基本农田、防护林地、特种用途林地五亩以上，其他农用地十亩以上，其他土地二十亩以上基本功能丧失或者遭受永久性破坏的；（3）致使森林或者其他林木死亡五十立方米以上，或者幼树死亡二千五百株以上的；（4）致使公私财产损失三十万元以上的。[《最高人民法院关于办理环境污染刑事案件适用法律若干问题的解释》（法释〔2013〕15 号）第 2 条]"公私财产损失"，包括污染环境行为直接造成财产损毁、减少的实际价值，以及为防止污染扩大、消除污染而采取必要合理措施所产生的费用。[《最高人民法院关于办理环境污染刑事案件适用法律若干问题的解释》（法释〔2013〕15 号）第 9 条]。

现行刑事法律和司法解释仅对环境保护监管机关及其工作人员因环境保护监管不力导致发生重大环境污染事故，并致使公私财产遭受重大损失或者造成人身伤亡的严重后果的违法行为追究刑事责任。对于政府及其工作人员在生态环境损害赔偿索赔过程中违法行为如何追究刑事责任并没有规定，还有待于随着生态环境损害赔偿制度的建立而进一步完善。

公益组织在生态环境损害赔偿索赔过程中，如有违法行为，损害公共利益或国家利益的，应承担的相应民事和刑事责任，需要进一步明确。检察机关作为生态环境损害赔偿索赔主体，如果有失职或其他违法行为，也需进一步明确规定。

第三节　大气生态环境损害赔偿义务主体

一、生态环境损害赔偿义务主体比较法考察

《美国综合环境反应、赔偿及责任法》将应当承担反应行动费用和自然资源损害赔偿费用的主体称为潜在责任主体，1986 年《综合环境反应、赔偿及责任法修正案与再授权法》第 107 条（a）将赔偿责任主体分成 4 类：（1）船舶或设施的所有者或营运人；（2）在处置危险物质时拥有或营运处置设施的人；（3）通过合同、协议或其他方式，借助第三人拥有或营运的设施处置危险物质，或为处置本人或其他主体拥有的危险物质安排运输的人；（4）危险物质被发生泄漏或存在泄漏危险的处置设施接受后，负责运输危险物质的人。有关判例还确立以下责任主体：（1）原设施的所有者或营运人；（2）土地的当前所有者，在其土地上曾经设置过危险物质处置设施；（3）危险物质的场地外生产者；（4）参与危险物质处置或有关决策的公司负责人员。[1]

《欧盟关于环境损害预防和补救的环境责任指令》规定，造成环境损害或引起损害的迫近威胁的职业性活动经营者应当承担因采取必要的预防或补救措施而发生的费用。也就是说，该指令将环境损害的责任主体限定为特定的经营者，包括自然人和法人。《德国环境损害预防及恢复法》规定，从事职业性活动的自然人和法人都可以成为环境损害的责任主体，不管自然人或法人从事职业性活动是为私人目的还是公共目的，也不管有关活动是否具有营利性。

《俄罗斯环境保护法》第 77 条详细列明了环境损害赔偿义务主体：（1）法人和自然人，因污染环境，耗竭、损坏、毁灭、不合理利用自然资源，使自然生态系统、自然综合体和自然景观遭受退化和破坏及其他违反环境保护法规的行为给环境造成损害的，必须依法全部赔偿损害。（2）由经济活动和其他活动主体造成环境损害，包括其活动方案

---

〔1〕 王曦：《美国环境法概论》，武汉大学出版社 1992 年版，第 379 页。

取得了国家生态鉴定的肯定结论和取用自然环境要素的活动，由定货人和（或）经济活动和其他活动的主体赔偿。（3）由经济活动和其他活动主体造成的环境损害，依照按规定程序批准的环境损害数额计算表和方法予以赔偿，在没有这种计算表和方法时，根据用于恢复被破坏的环境状况的实际费用并考虑受到的损失（包括失去的应得利益）予以赔偿。

二、我国应确立的生态环境损害赔偿义务主体

我国《改革方案》明确规定，违反法律法规，造成生态环境损害的单位或个人，应当承担生态环境损害赔偿责任。即责任人有两类人：单位和个人。而根据我国有关法律的规定，单位包括国家机关、事业单位、法人或非法人企业、社会团体等。本书认为，生态环境损害赔偿义务主体有以下几类：

（一）大气污染者

1. 企业法人

大气污染大多数是企业的生产或经营活动造成的，企业是主要的生态环境损害责任人，是生态环境损害的赔偿义务主体。企业法人具有独立的人格，是独立的民事主体，具有独立的财产，能够独立承担民事责任。因此，企业法人在生产经营活动中污染大气环境造成大气生态环境损害的，应承担生态环境损害赔偿责任。法人在实施了污染大气环境行为后发生分立或合并的，由变更后的法人承担侵权责任。企业法人负责人对大气环境污染或生态破坏负有责任的，应根据法律的规定，承担相应的民事责任、行政责任和刑事责任。

需要讨论的是，企业法人实施污染大气生态环境行为造成生态环境损害后破产的，如何承担生态损害赔偿责任？生态损害赔偿请求权是侵害行为而引起的债权，损害赔偿权利人可以作为债权人申报债权，参加破产财产分配。但是，此债权只是普通债权，按照我国《破产法》第113条的规定，破产财产在优先清偿破产费用和共益债务后，依照下列顺序清偿：（1）破产人所欠职工的工资和医疗、伤残补助、抚恤费用，所欠的应当划入职工个人账户的基本养老保险、基本医疗保险费用，以

及法律、行政法规规定应当支付给职工的补偿金；（2）破产人欠缴的除前项规定以外的社会保险费用和破产人所欠税款；（3）普通破产债权。破产财产不足以清偿同一顺序的清偿要求的，按照比例分配，大气生态环境损害赔偿债权不具有优先受偿性。

2. 非法人组织

此类社会组织包括个人独资企业、合伙企业、企业法人的分支机构等。非法人组织是与自然人、法人一样的独立民事主体，具有相应的民事权利能力和民事行为能力，能依自己的名义独立进行民事活动。但是非法人组织与法人又存在不同。首先，非法人组织的财产与其出资人的财产没有完全分离，没有完全独立的财产；其次，非法人组织不能完全独立承担民事责任。非法人组织对外负有债务时，首先由非法人组织所经营管理的财产承担责任，非法人组织财产不足以承担责任的，由非法人组织的出资人（或者开办单位）以各自的其他财产承担责任。因此，非法人组织对外承担的是无限责任。在多数人出资组成的非法人组织中，非法人组织的出资人还要对债权人承担连带责任。不过要注意的是，合伙企业除普通合伙企业外，还有一种有限合伙企业。有限合伙企业是由有限责任合伙人和无限责任合伙人共同组成的合伙企业，有限责任合伙人对合伙企业的债务承担有限责任，即以其出资额为限承担责任；无限责任合伙人对合伙企业债务承担无限责任。

非法人组织污染大气环境造成大气生态环境损害的，首先由非法人组织以其财产承担损害赔偿责任，如果其财产不足以承担的，由非法人组织的出资人（或者开办单位）承担连带责任。但有限合伙企业的有限责任合伙人仅以其出资为限承担连带责任。如果非法人组织对外还负有其他债务的，应如何清偿？如果该债权设定担保物权的，该债权应优先获得清偿，若没有设定担保物权的，各债权人的债权是平等的，如果非法人组织的财产不足以清偿全部债务的，各债权人按照债权比例获得清偿，另有约定的除外，但该约定不得损害社会公共利益。如果因非法人企业债务巨大，申请注销登记的，在注销登记之前，必须进行清算，核查财产、债权债务。清算结束后，应进行债务的清偿。关于清偿顺序，按照《合伙企业法》第 89 条规定，合伙企业财产应优先支付清算费用和职工工资、社会保险费用、法定补偿金，然后是所欠税款，最后是清偿债务，清偿债务的规则与前述同。合伙企业注销后，原合伙人对合伙企业存续期间的债务，仍应承担清偿责任。普通合伙人承担无限连带责任，有限合伙人以其出资为限承担有限责任。个人独资企业在生产经营活动中造成大气生态环境损害的，由个人独资企业经营管理的财产承担赔偿责任，个人独资企业财产不足以承担赔偿损失的责任的，投资人应当以其个人的其他财产承担损害赔偿责任。个人独资企业因负债巨大无法继续经营的，必须进行清算，清算后，财产应当按照下列顺序清偿：所欠职工工资和社会保险费用；所欠税款；其他债务。个人独资企业有数个债权人的，有担保物权的债权优先获得清偿，债权都没有担保的，各个债权是平等的，按照债权比例获得清偿。若个人独资企业的财产不足以赔偿的，个人独资企业的出资人应承担无限责任。《公司法》第 14 条规定，分公司不具有法人资格，其民事责任由公司承担。本书认为，不应一概否认分公司的责任承担能力。如前文所述，分支机构具有相应的民事权利能力和民事行为能力，依法经登记设立，有自己的名称，能够以分支机构的名义开展经营活动，有自己管理的相对独立的财产，因此，若分支机构污染大气环境或破坏大气生态造成大气生态环境损害的，应首先由分支机构承担赔偿责任，分支机构经营管理的财产不足以承担的，由法人承担。

3. 事业单位、社会团体

医院、学校、幼儿园等事业单位或寺庙、慈善机构等社会团体在存续期间污染大气环境造成大气生态环境损害的，根据法律规定，同样应承担损害赔偿责任。如果赔偿金额巨大，使事业单位、社会团体难以继续存在的，必须做好善后工作，特别是医院、学校、幼儿园等事业单位的存续与否涉及广大的病人、学生、幼儿的利益，更应妥善安排。

4. 个人

个人包括自然人、个体工商户、农村承包经营户。自然人是基于自然规律出生而具有法律人格的人。个体工商户和农村承包经营户虽然以“户”的名义从事商品生产经营活动，但并非独立的民事主体，而是自然人作为民事主体参与民事活动的特殊形式，在民事活动中权利义务和责任最终仍由自然人享有和承担。污染大气环境造成大气生态环境损害的个人应承担损害赔偿责任。自然人、个体工商户、农村承包经营户承担的是无限责任，即以其所有的财产承担责任。个体工商户、农村承包经营户从事商品经营活动或农业商品生产经营活动，可能是个人经营的，也可能是家庭经营的。个体工商户、农村承包经营户承担生态环境损害赔偿责任时，个人经营的，以个人财产承担；家庭经营的，以家庭财产承担。以公民个人名义申请登记的个体工商户和个人承包的农村承包经营户，用家庭共有财产投资，或者收益的主要部分供家庭成员享用的，应以家庭共有财产承担生态环境损害赔偿责任。在夫妻关系存续期间，一方从事个体经营或者承包经营的，其收入为夫妻共有财产，债务亦应以夫妻共有财产承担生态环境损害赔偿责任。无论是个人财产承担责任还是家庭共有财产承担责任，都应为其个人或家庭成员保留必要的生活必需品和必要的生产工具。

（二）环境服务机构

环境影响评价机构、环境监测机构以及从事环境监测设备和防治污染设施维护、运营的机构，在有关环境服务活动中因过错造成环境污染和生态破坏的，是否应承担生态损害赔偿？《环境保护法》第 65 条规定，环境影响评价机构、环境监测机构以及从事环境监测设备和防治污染设施维护、运营的机构，在有关环境服务活动中弄虚作假，对造成的环境污染和生态破坏负有责任的，除依照有关法律法规规定予以处罚外，还应当与造成环境污染和生态破坏的其他责任者承担连带责任。但是，如前所述，是否与其他责任人承担连带责任应区分对待。如果环境服务机构与其他责任者恶意串通污染环境或破坏生态的，应承担连带责任；如果属于《最高人民法院环境侵权责任解释》第 16 条规定的其他弄虚作假的行为，则难以认定污染者和环境服务机构之间具有共同过错或共同污染行为，不宜以共同侵权认定，依据《侵权责任法》第 68 条规定，认定为承担不真正连带责任比较恰当。也就是说，因环境服务第三方弄虚作假污染环境或破坏造成生态环境损害的，索赔主体可以向污染者请求赔偿，也可以向环境服务机构请求赔偿。污染者赔偿后，有权向环境服务机构追偿。环境服务机构除承担生态环境损害赔偿责任外，因其与污染者之间存在服务合同关系，环境服务机构未履行合同或履行合同不符合约定，构成违约，还应根据合同约定，向污染者承担违约责任。

（三）环保缺陷机动车生产者

产品存在污染物排放缺陷，导致向环境排放污染物不符合标准，是环境污染的重要原因。这一问题近年来在机动车行业表现比较突出，为此，修改后的《大气污染防治法》第58条特别规定了机动车和非道路移动机械环境保护召回制度。明确生产、进口企业获知机动车、非道路移动机械排放大气污染物超过标准，属于设计、生产缺陷或者不符合规定的环境保护耐久性要求的，应当召回；未召回的，由国务院质量监督部门会同国务院环境保护主管部门责令其召回。机动车存在环保缺陷超标排放污染物，不仅侵害大众的健康权，而且污染物排放到大气中造成空气污染，是形成雾霾等严重污染天气的罪魁祸首。因此，产品生产者设计、生产不符合环保要求的机动车污染环境的，应承担生态环境损害赔偿责任。

在我国司法实践中，环保缺陷汽车环境损害赔偿公益诉讼已经在进行。2015年9月18日，美国环保局宣布，大众生产销售的捷达、高尔夫、奥迪A3、帕萨特等多款柴油汽车安装了作弊软件，用以识别汽车是否处于检测状态，调控车辆尾气排放，导致车辆实际运行时尾气排放的氮氧化物超标达到限制的40倍。根据《美国清洁空气法》，美国环保局最高可以对每辆车处以3.75万美元罚款，罚款总额高达180亿美元。此次召回事件涉及1950辆在中国市场上销售的汽车。中国生物多样性保护与绿色发展基金会（以下简称中国绿发会）认为，大众柴油车废气作假对大气造成了严重污染，是雾霾等严重污染天气的罪魁祸首，向天津市第二中级人民法院提起了公益诉讼，天津市第二中级人民法院于2015年12月10日受理其诉大众汽车（中国）销售有限公司汽车尾气排放超标环境公益诉讼。中国绿发会在起诉书中指出，被告为了追求低成本高利润，进口故意制造的不合格汽车，恶意规避中国法律法规的监管，加重了大气污染，损害了民众健康，侵犯了社会公共利益，违反了《环境保护法》《产品质量法》《侵权责任法》等多部法律，造成了严重的环境损害后果，应当承担环境侵权的法律责任。中国绿发会在诉讼请求中要求被告在国家级媒体上向民众赔礼道歉，根据环境损害评估结果承担相应的惩罚性赔偿，采取措施或采取替代修复的措施修复被污染损害的环境，并承担一切诉讼费用。[1] 目前这一案件尚没有审判结果。

（四）污染环境或破坏生态的第三人

因第三人的过错污染大气环境造成大气生态环境损害的，第三人承担环境损害赔偿责任。这种情况下，大气污染者应免责还是应依据《侵权责任法》第68条规定承担不真正连带责任？本书认为，应承担不真正连带责任，索赔人可以向污染者请求赔偿，也可以向第三人请求赔偿。污染者赔偿后，有权向第三人追偿。

（五）生态损害赔偿责任保险人

我国正在逐步建立环境责任保险制度，2007年12月，国家环境保护总局、中国保监会联合发布《关于环境污染责任保险工作的指导意见》，我国开始了环境污染责任保险试点工作。此后国家出台了相关的法规和政策，2013年1月环保部与保监会联合印发《关于开展环境污染强制责任保险试点工作的指导意见》，明确涉重金属企业、按地方有关规定已被纳入投保范围的企业、其他高环境风险企业三类企业必须强制投保社会环境污染强制责任险。2014年4月修改后的《环境保护法》首次提出“国家鼓励投保环境污染责任保险”的明确要求，为我国建立健全的环境污染责任保险法律体系奠定了基础。2014年8月国务院发布了《关于加快发展现代保险服务业的若干意见》把与公众利益关系密切的环境污染等领域作为责任保险发展重点，探索开展强制责任保险试点。2015年4月《中共中央、国务院关于加快推进生态文明建设的意见》明确提出深化环境污染责任保险试点，研究建立巨灾保险制度。2015年9月中共中央、国务院印发《生态文明体制改革总体方案》，要求在环境高风险领域建立环境污染强制责任保险制度。2016年8月31日中国人民银行、财政部、发展改革委、环境保护部、银监会、证监

---

〔1〕 刁凡超：《大众汽车排放超标，环保组织提公益诉讼已获立案》，载 http：//www.thepaper.cn/newsDetail_ forward_ 1409050，最后访问日期：2017年9月1日。

会、保监会七部委联合发布《关于构建绿色金融体系的指导意见》，再次强调在环境高风险领域建立环境污染强制责任保险制度，《环境污染强制责任保险制度方案》正在制定完善中。实践中，环境污染责任保险试点工作一直在进行，从2007年开始截至2016年8月已有30个多省（区、市）开展试点工作。可以预见的是环境责任保险制度将成为未来生态环境损害赔偿资金的重要来源之一，保险人作为赔偿义务人在所难免。

（六）生态环境损害赔偿基金组织

在很多生态环境损害案件中，往往存在生态环境损害急需恢复，而加害主体难以确定、支付能力有限、已经破产、关闭等情形，为了使生态环境损害能及时有效地获得救济，有必要根据我国的具体国情，借鉴域外有益经验建立生态环境损害赔偿基金制度。目前，生态损害赔偿基金已经在海洋生态环境损害赔偿领域实施，在其他环境损害领域的建设也一直在推进。2015年9月中共中央、国务院发布的《生态文明体制改革总体方案》提出支持设立各类绿色发展基金，实行市场化运作；将设立绿色发展基金写入国家“十三五”规划纲要。2016年8月底中国人民银行等七部委发布的《关于构建绿色金融体系的指导意见》不仅重申了《生态文明体制改革总体方案》及2016年“十三五”规划的政策建议，而且首次提出设立国家级的绿色发展基金，由中央财政整合现有节能环保等专项资金设立。同时鼓励有条件的地方政府发起区域性绿色发展基金。未来在我国建立包括生态环境损害赔偿基金在内的绿色发展基金已是大势所趋，基金组织作为补充责任人也将纳入赔偿义务人的范围。

（七）贷款人环境法律责任

中国人民银行等七部委联合发布的《关于构建绿色金融体系的指导意见》首次提出了贷款人环境法律责任的概念。贷款人环境法律责任是指商业银行等贷款人如果故意或未尽职责将资金借予他人并由此产生环境损害，则贷款人承担一定的法律责任。换句话说，商业银行若放贷不慎，可能损失的将不仅是本金，还可能有罚金。这将逼迫商业银行做好绿色信贷，有效遏制信贷资金流向污染企业。该指导意见要求依据我国相关法律法规，借鉴环境法律责任相关国际经验，立足国情探索研究明确贷款人尽职免责要求和环境保护法律责任，适时提出相关立法建议。本书认为，未来一旦法律上建立贷款人环境法律责任制度，商业银行等贷款人成为赔偿义务人不是不可能的。当然，在国际上也只有个别国家如美国、澳大利亚建立贷款人环境法律责任制度，该制度在我国的建设还处在探索研究阶段，要成为现实可能还需要一段时间，但指导意见提出这一问题也为未来大气生态环境损害倍偿制度的发展指明了一个极其重要的立法方向。

第四节　大气生态环境损害赔偿归责原则和构成要件

一、生态环境损害赔偿归责原则

归责原则是确定赔偿义务人承担责任的准则。各国关于生态环境损害赔偿的归责原则有不同规定。

《美国综合环境反应、补偿和责任法》规定，责任人对自然资源损害承担严格责任，除具有法定免责事由外，责任人应对其造成的自然资源承担修复和损害赔偿责任。联邦法院的有关判例也确定了严格责任原则。

《欧盟关于环境损害的预防和补救的环境责任指令》第 3 条将引起环境损害的行为分为两种情形，分别适用无过错责任和过错责任。第 3 条规定该指令附件 3 列明的任何职业性活动引起的环境损害或环境损害危险，适用无过错责任。附件 3 列举的职业性活动包括获得许可的设备的操作；获得许可和注册的废物管理运行（包括废物的收集、运输、恢复和处理）和有害废物处置（包括对此类操作的监管和废物处理场所的后续维护）；废物焚化工厂的操作；事先经过授权的所有向内陆地表水的排放行为；事先经过授权的所有向地下水排放物质的行为；事先经过授权的抽水和蓄水行为；生产、使用、存储、加工、灌注、向环境中排放和在工地上运输危险物质；与向空气中排放上述提及的指令所调整的任何污染物相关设备的操作；任何封闭式使用，包括运输使用转基因微生物的活动；任何故意向环境中排放、运输以及在市场出售转基因生物体的行为；经授权或被禁止的，在欧盟内以及在进出欧盟过程中的跨境废物装运。上述职业性活动以外的职业活动引起的环境损害，适用过错责任。

《德国环境损害预防及恢复法》根据不同情况，确定了生态环境损害赔偿分别适用无过错责任原则和过错责任原则。该法明确列举了适用无过错责任的行为类型，主要包括各类工厂的废弃物管理、排水、有害化学物质制造和使用、基因操作等业务活动，这些活动均为污染防治规制上的许可对象。未被列为无过错责任名单的业务活动则实行过错责任归责原则，如对于第一产业活动即实行无过错责任原则。传统上，德国对于农业、林业、渔业等活动未列入环境损害规制对象，《环境损害预防及恢复法》的出台改变了这一做法，农业、林业、渔业经营者的采伐、施肥、播撒土壤改良物质等造成环境损害的，均应承担法律责任。[1]

《俄罗斯民法典》规定，除法律另有规定外，侵权责任适用过错责任原则，《俄罗斯环境保护法》第77条第1款规定，法人和自然人，因污染环境，耗竭、损坏、毁灭、不合理利用自然资源，使自然生态系统、自然综合体和自然景观遭受退化和破坏及其他违反环境保护法规的行为给环境造成损害的，必须依法全部赔偿损害。该规定明确违反环境保护法造成环境损害或破坏的，应承担全部赔偿责任，是一种过错责任。但该条第2款又规定，由经济活动和其他活动主体造成环境损害，包括其活动方案取得了国家生态鉴定的肯定结论和取用自然环境要素的活动，由定货人和（或）经济活动和其他活动的主体赔偿。也就是说，即使经济活动和其他活动主体的活动方案取得了国家生态鉴定的肯定结论，但其活动造成了环境损害，仍应承担环境损害赔偿责任，适用的是无过错责任。从《俄罗斯环境保护法》的规定来看，环境损害责任依据行为主体的不同分别适用过错责任和无过错责任原则，即自然人和法人造成环境损害的，承担过错责任；经济活动和其他活动主体造成环境损

〔1〕 陶建国：《德国〈环境损害预防及恢复法〉评介及启示》，载《中国环境管理干部学院学报》2015年第2期。

害的，适用无过错责任原则。

我国理论界对生态环境损害赔偿适用何种归责原则，主要有一元论和二元论两种观点。一元论又有过错责任和无过错责任两种不同的观点。主张适用过错责任原则的学者主要从利益平衡的角度考虑，认为我国还是发展中国家，发展经济是当前的主要工作目标，如果采用无过错责任归责原则，将加重企业的负担，甚至因巨额赔偿而倒闭，有些企业是当地的支柱企业，一旦企业倒闭势必影响当地的经济增长、就业甚至社会稳定；应该采用过错责任原则，只要遵守环境保护法，排放污染物达标，就不应承担环境损害责任。主张适用无过错责任原则的学者认为，《侵权责任法》第65条确立环境污染无过错责任原则，这一原则同样适用于环境损害的情形。主张二元论的学者认为，我国应借鉴《欧盟关于环境损害的预防和补救的环境责任指令》，制定环境责任法，规定一定目录的企业、行业、场地、设施、装置等的所有者、经营者、持有者或占有者对其运营所致的生态环境损害承担无过错责任，对此以外的情形承担过错责任。[1] 本书认为，生态环境损害应适用无过错归责原则，理由如下：(1) 我国民事法律建立了环境污染侵权责任的无过错责任原则。环境污染行为通过环境介质对自然人、法人和其他民事主体造成损害，也就是说，污染行为先造成了环境损害，然后才是生活或存在于此环境中的自然人、法人等主体受到损害，同一污染行为，不应因侵害的客体不同适用不同的归责原则。(2) 环境损害赔偿责任适用无过错责任未必就加重了企业的负担。首先，无过错责任原则不是在任何情况下，行为人都要承担责任，符合法律规定的免责事由的，可以免责。其次，环境污染强制保险制度的建立，可以使企业的成本外化，减轻企业的负担。

二、大气生态环境损害赔偿构成要件

(一) 发生生态环境损害事件或行为

《改革方案》明确规定发生以下情形之一的，赔偿权利人有权要求

---

〔1〕 童光法：《环境侵害的归责原则》，载《东方法学》2015年第3期。

生态环境损害赔偿：（1）发生较大及以上突发环境事件的；（2）在国家和省级主体功能区规划中划定的重点生态功能区、禁止开发区发生环境污染、生态破坏事件的；（3）发生其他严重影响生态环境事件的。但不适用以下情形：（1）涉及人身伤害、个人和集体财产损失要求赔偿的，适用侵权责任法等法律规定；（2）涉及海洋生态环境损害赔偿的，适用海洋环境保护法等法律规定。该方案将海洋环境生态损害赔偿排除在外，主要原因在于《海洋环境保护法》等法律及有关司法解释已经对海洋生态环境损害作出了规定。

《改革方案》还明确规定，各地区应根据实际情况，综合考虑造成的环境污染、生态破坏程度以及社会影响等因素，明确具体情形。在2015年12月《试点方案》出台后，一些试点地区出台的试点方案如《湖南省生态环境损害赔偿制度改革试点工作实施方案》规定，有下列情形之一的，按本方案要求依法追究生态环境损害赔偿责任：（1）发生《国家突发环境事件应急预案》（国办函〔2014〕119号）中特别重大、重大和较大突发环境事件的；（2）在国家和我省主体功能区规划中划定的重点生态功能区、禁止开发区发生环境污染、生态破坏事件的；（3）在重点生态功能区和禁止开发区以外的其他地区直接导致区域大气、水、土壤等环境质量等级下降，或造成耕地、林地、湿地、饮用水水源地等功能性退化的。《贵州省生态环境损害赔偿试点工作方案》规定，发生以下情形，可以提起生态环境损害赔偿：（1）发生较大及以上突发环境事件的；（2）在国家和省级主体功能区规划中划定的重点生态功能区、禁止开发区发生环境污染、生态破坏事件的；（3）自然保护区、森林公园、地址公园、湿地公园、风景名胜区、世界文化和自然遗产地受到严重环境污染或生态破坏的；（4）饮用水水源保护区受到环境污染或生态破坏导致水质下降的；（5）擅自在水土保持方案确定的专门存放地以外的区域倾倒砂、石、土、矸石、尾矿、废渣等，造成严重环境污染或生态破坏的；（6）擅自在城乡建设规划区内采矿、挖沙取土、掘坑填塘等改变地形地貌等活动，对生态环境造成严重破坏的；（7）石漠化地区造成严重的表土资源破坏的；（8）受到严重环境污染或生态破坏导致省级水功能区水质下降或不达标的；（9）发生其他严重影响生态环境事件的。《绍兴市生态环境损害赔偿磋商办法（试行）》第3条规定，具有以下情形之一的，可以向生态环境损害责任者提出生态环境损害赔偿磋商：（1）发生一般及以上突发环境事件；（2）在国家、省级和市级主体功能区规划中划定的重点生态功能区、禁止开发区发生环境污染、生态破坏事件；（3）非法排放、倾倒危险废物三吨以上的；（4）发生环境污染和生态破坏，造成直接财产损失三十万元以上的；（5）发生其他严重影响生态环境应当赔偿的事件。需要注意的是，根据该办法的规定，只要发生一般突发环境事件造成生态环境损害的，就可要求生态环境损害赔偿，降低了生态环境损害赔偿的条件。

《国家突发环境事件应急预案》规定，突发环境事件是指由于污染物排放或自然灾害、生产安全事故等因素，导致污染物或放射性物质等有毒有害物质进入大气、水体、土壤等环境介质，突然造成或可能造成环境质量下降，危及公众身体健康和财产安全，或造成生态环境破坏，或造成重大社会影响，需要采取紧急措施予以应对的事件，主要包括大气污染、水体污染、土壤污染等突发性环境污染事件和辐射污染事件。突发环境事件分为特别重大突发环境事件（Ⅰ级）、重大突发环境事件（Ⅱ级）、较大突发环境事件（Ⅲ级）和一般突发环境事件（Ⅳ级）四级，如表5－1所示：

表5－1　突发环境事件判断标准表

判断标准	Ⅰ级	Ⅱ级	Ⅲ级	Ⅳ级
事故死亡人数	30人以上	10人以上、30人以下	3人以上、10人以下	3人以下
事故中毒或重伤人数	100人以上	50人以上、100人以下	10人以上 50人以下	10人以下
需疏散、转移群众	5万人以上	1万人以上、5万人以下	5000人以上 1万人以下	5000人以下
直接经济损失	1亿元以上	2000万元以上 1亿元以下	500万元以上 2000万元以下	500万元以下
区域生态功能	丧失	部分丧失		

续表

判断标准	Ⅰ级	Ⅱ级	Ⅲ级	Ⅳ级
重点保护物种	该区域国家重点保护物种灭绝	该区域国家重点保护野生动植物种群大批死亡	国家重点保护的动植物物种受到破坏	
水源	设区的市级以上城市集中式饮用水水源地取水中断	县级城市集中式饮用水水源地取水中断	乡镇集中式饮用水水源地取水中断的	
放射性物质	Ⅰ、Ⅱ类放射源丢失、被盗、失控并造成大范围严重辐射污染后果的；放射性同位素和射线装置失控导致3人以上急性死亡的；放射性物质泄漏，造成大范围辐射污染后果的	Ⅰ、Ⅱ类放射源丢失、被盗的；放射性同位素和射线装置失控导致3人以下急性死亡或者10人以上急性重度放射病、局部器官残疾的；放射性物质泄漏，造成较大范围辐射污染后果	Ⅲ类放射源丢失、被盗的；放射性同位素和射线装置失控导致10人以下急性重度放射病、局部器官残疾的；放射性物质泄漏，造成小范围辐射污染后果	Ⅳ、Ⅴ类放射源丢失、被盗的；放射性同位素和射线装置失控导致人员受到超过年剂量限值的照射的；放射性物质泄漏，造成厂区内或设施内局部辐射污染后果的；铀矿冶、伴生矿超标排放，造成环境辐射污染后果
影响范围	造成重大跨国境影响的境内突发环境事件	跨省级行政区域影响的突发环境事件	跨设区的市级行政区域影响的突发环境事件	对环境造成一定影响，尚未达到较大突发环境事件

续表

判断标准	Ⅰ级	Ⅱ级	Ⅲ级	Ⅳ级
纠纷				造成跨县级行政区域纠纷，引起一般性群体影响

注：上述判断标准只需具备其中一项即可列入相应事故等级。

从上述突发环境事件分级可以看出，特别重大突发环境事件和重大突发环境事件造成了区域生态功能丧失或破坏；特别重大突发环境事件、重大突发环境事件和较大突发环境事件还造成了国家重点保护的动植物物种灭绝、大批死亡或破坏。但是，四种级别的环境突发事件都包含了放射性物质泄漏或排放造成的环境辐射污染，辐射污染对土壤、水、动植物等都会产生不利影响。而生态环境损害是指在因污染环境、破坏生态造成大气、地表水、地下水、土壤等环境要素和植物、动物、微生物等生物要素的不利改变，以及上述要素构成的生态系统功能的退化。因此，本书认为，赔偿权利人在行使生态环境损害赔偿索赔权时，不应拘泥于突发环境事件的级别，而应以突发环境事件是否造成生态环境损害为提起索赔的条件。已经开始实施的海洋生态损害赔偿即是以损害后果作为索赔条件。可参照《海洋环境保护法》第 90 条第 2 款规定，造成生态环境“重大损失”，索赔主体就可以提出损害赔偿要求。如何界定“重大损失”？依据《最高人民法院、最高人民检察院关于办理环境污染刑事案件适用法律若干问题的解释》（法释〔2013〕15 号）中关于“严重污染环境”的认定第 1 条第 9 款之规定，给国家造成各项生态损失费用总计超过 30 万元的，属于重大损失。故，无论何种等级的环境突发事件，只要污染环境或破坏生态造成重大损失，赔偿权利人都有权索赔。

（二）存在生态环境损害

无论是突发环境事件还是其他污染环境或破坏生态环境的行为都必须造成生态环境损害，所谓生态环境损害是指在因污染环境、破坏生态造成大气、地表水、地下水、土壤等环境要素和植物、动物、微生物等生物要素的不利改变，以及上述要素构成的生态系统功能的退化。《环境损害鉴定评估推荐方法（第Ⅱ版）》则规定，生态环境损害的确认应满足下列任一条件：（a）评估区域内环境介质（地表水、地下水、空气、土壤等）中污染物浓度超过基线水平或国家及地方环境质量标准，且造成的影响在一年内难以恢复；（b）死亡率增加：受影响区域污染环境或破坏生态行为发生后，与基线状态相比，关键物种死亡率的差异有统计学意义；（c）种群数量的减少：受影响区域污染环境或破坏生态行为发生后，与基线状态相比，关键物种种群密度或生物量的差异有统计学意义；（d）生物物种组成发生变化：受影响区域污染环境或破坏生态行为发生后，与基线状态相比，动植物物种组成、生物多样性等的差异有统计学意义；（e）身体变形：受影响区域污染环境或破坏生态行为发生后，与基线状态相比，生物体外部畸形，骨骼变形或内部器官和软组织畸形，组织病理学水平的损害等发生率的差异有统计学意义；（f）造成生态环境损害的其他情形。

就大气生态环境损害来说，包括大气区域生态服务功能的丧失、破坏或退化；大气污染导致的酸雨现象；因大气污染导致国家重点保护物种的死亡、部分种群的大批死亡或破坏；因大气污染导致的土壤、水等生态环境遭受污染；大气污染地区某类与大气污染物相关的疾病增多等。实践中，有被告主张，大气具有很强的自净能力，虽然排放行为污染了环境，给该区域环境造成了损害，但随着时间的流逝，环境本身的自净能力会逐渐减轻或消除损害，并据此主张减轻或免除责任。本书认为，大气本身自净能力不能作为减免生态环境损害赔偿责任的理由。首先，是否承担责任以大气生态环境损害是否存在为前提；其次，环境的自净能力不是生态环境损害赔偿责任法定的免责事由；最后，大气污染生态服务功能减退或丧失对人体健康和动植物物种的损害具有隐蔽性、潜伏性、长期性、累积性，短期内没有出现损害，并不意味着将来没有损害。

（三）污染或破坏生态的行为与生态环境损害之间具有因果关系

在侵权法上，因果关系通常采相当因果关系说，即以行为人的行为所造成的损害事实为基础，若以常人的知识经验判断，通常均有发生同样损害结果可能的，该行为与损害之间即有因果关系。[1] 侵权法的这一因果关系理论是否适用于生态环境损害赔偿呢？一般来说，突发性的环境污染事件造成的环境损害往往是显而易见的，适用相当因果关系理论是可行的。但是，环境污染损害往往具有长期性、累积性、潜伏性，赔偿权利人在侵害行为发生后要举证证明侵害行为与损害结果之间具有相当因果关系是非常困难的。如台湾学者邱聪智指出，环境侵权"则颇富间接性，系通过广大空间，经历长久期间，并借诸各种不可量之媒介物之传播连锁，危害始告显著，故其因果关系脉络之追踪，及侵害之程度、内容之确定，均甚困难"。[2] 美国学者劳伦斯·G. 赛图也指出："环境诉讼很难建立一般性的因果关系链条，也很难把某一特定被告的某一行为与某一原告的损害联系起来；同时还难于计算潜在的、可能承担法律责任的被告数目；并且还难于确定是否应对被告归责，即使应该归责，而这些往往导致多重诉讼，这些诉讼对法院是极大负担，会产生巨额交易成本，包括数额巨大的诉讼费用……"[3] 因此，针对环境污染侵权特殊性，学界提出了各种特殊的因果关系学说，并为各国司法实践及立法所接受。这些因果关系学说主要包括：盖然性因果关系说（包括优势证据说和事实推定说）、疫学因果关系说、间接反证说[4] 等各种理论。

那么，这些理论能否适用于生态环境损害案件呢？

《欧盟关于环境损害的预防和补救的环境责任指令》规定，公共主管机构应当证实损害和被确认的污染者之间存在因果关系。该指令第 11 条第 2 项规定，主管机关有义务证实哪一个经营者造成了损害或损害的迫近威胁……为实现该结果，主管机关将有权要求相关的经

---

〔1〕 黄萍：《环境污染责任构成要件再探讨——兼评〈侵权责任法〉相关规定》，载《行政与法》2011 年第 3 期。

〔2〕 邱聪智：《民法研究（一）》（增订版），中国人民大学出版社 2002 年版，第 321 页。

〔3〕 Lawrence G. Cetrulo, Toxic Tort Litigation Guide, 1 - 3/Chapter 1/Part 1, 40037302, 11/2002, Thomson West Group.

〔4〕 上述各种观点参考前文介绍。

营者完成其自己的评估并提供任何必要的信息和数据。[1] 也就是说，公共主管机构请求环境损害，有义务举证证明经营者的行为与损害之间有因果关系。

英美法在认定侵权因果关系时，通常依据“近因”原则进行认定。随着环境污染和生态破坏带来了新的问题，美国环境污染和生态破坏案件确立了新的规则。在环境污染造成的环境损害案件中，关于因果关系的认定也发生了改变，如在美国康涅狄格州诉美国电力公司案（Connecticut et al. v. Am. Electric Power Co. Inc. et al.）中，审理案件的法官认为，虽然宪法第3条要求原告的损害与被告的行为之间具有相当的可追溯性（fairly traceable），但并非要求原告必须证明被告排放的污染物和被告单独的污染行为导致原告损害具有科学上的确定性，原告只需证明被告的行为造成原告损害具有实质可能性。[2] 即采取盖然性因果关系认定侵害行为与损害之间具有因果关系。

我们认为，盖然性因果关系说是对原被告双方证据进行比较，谁的证据更具说服力，倾向于谁的观点，在生态环境损害案件中亦可以适用。在侵权法中，疫学因果关系说不仅适用于解决因环境污染造成的人体健康损害的因果关系，而且适用于解决因环境污染造成的动植物病理学损害的因果关系。在生态环境损害中，因污染环境或破坏生态行为造成受保护的动植物损害的，可以根据疫学因果关系认定。

我国法律和司法实践在环境污染侵权责任中确立的环境损害因果关系推定规则是否适用于生态环境损害赔偿？《环境侵权责任解释》第18条规定，本解释适用于审理因污染环境、破坏生态造成损害的民事案件，但法律和司法解释对环境民事公益诉讼案件另有规定的除外。生态环境损害赔偿在性质上是民事案件，《环境民事公益诉讼》对生态环境损害赔偿因果关系规则没有特别规定，因此，本书认为，这一规则同样适用于生态环境损害案件。

---

〔1〕《欧盟〈关于预防和补救环境损害的环境责任指令〉》，王轩、戴萍校，载《国际商法论丛》2008年第1期。

〔2〕黄萍：《美国温室气体排放企业的气候变化侵权责任——以康涅狄格州诉美国电力公司案为例》，载《南京大学学报》2014年第2期。

环保部发布的《环境损害鉴定评估推荐方法（第Ⅱ版）》（环办〔2014〕90号）也给出了污染环境行为与环境损害间的因果关系判定的技术方法，包括污染环境行为与环境损害间的因果关系的判定，包括环境暴露与环境损害间的因果关系判定，以及环境污染物从来源到受体的暴露路径的建立与验证。环境暴露与环境损害间的因果关系判定应符合以下一般原则：(a) 环境暴露与环境损害间存在时间先后顺序，即环境暴露发生在前，环境损害发生在后；(b) 环境暴露与环境损害间的关联具有合理性，环境暴露导致环境损害的机理可由医学、生物学、毒理学等理论做出合理解释；(c) 环境暴露与环境损害间的关联具有一致性，环境暴露与环境损害间的关联在不同时间、地点和研究对象中得到重复性验证；(d) 环境暴露与环境损害间的关联具有特异性，环境损害发生在特定的环境暴露条件下，不因其他原因导致。由于环境暴露与环境损害间可能存在单因多果、多因多果等复杂因果关系，因此，对环境暴露与环境损害间关联的特异性不作强制性要求。关于暴露路径的建立和验证，在掌握污染源排放状况、区域环境质量状况等基础资料的基础上，提出污染来源的假设，通过以下条件或标准建立和验证暴露路径。暴露路径建立和验证的方法如下：(a) 存在明确的污染来源和污染排放行为，直接或间接证据表明污染源存在明确的污染排放行为，包括物证、书证、证人证言、笔录、视听资料等；(b) 空气、地表水、地下水、土壤等环境介质中存在污染源排放的污染物，且与污染源产生或排放的污染物（或污染物的转化产物）具有一致性；(c) 污染物传输路径的合理性，当地气候气象、地形地貌、水文条件等自然环境条件存在污染物从污染源迁移至污染区域的可能，且其传输路径与污染源排放途径相一致；(d) 受体（人身、财产或生态环境）暴露的可能性，环境污染物可能经呼吸道、膳食或饮水、皮肤接触等暴露途径进入人体，且空气、生活饮用水、食物中污染物的浓度超过国家或地方相关质量标准限值，或财产所处的环境介质中检测出污染物，且含量明显超出国家、行业或地方标准限值，或环境介质（地表水、地下水、空气、土壤）中污染物浓度超过相应环境质量标准或环境基准限值；(e) 识别暴露路径的暴露单元，对每一个暴露单元内的污染物浓度、污染物的迁移机制和路线以及该单元的暴露范围进行分析以此确认各个暴露单元是否可以组成完整的暴露路径，或采用定量或半定量方法，如基于同位素的示踪技术、污染扩散模型等，建立并验证污染物从污染源经环境至受体的暴露路径。不过，需要注意的是，《环境损害鉴定评估推荐方法（第Ⅱ版）》（环办〔2014〕90号）主要适用于突发环境损害事件，缺乏生态环境损害赔偿制度的总体规定，未来法律应建立适用于各类生态环境损害赔偿的因果关系规则。

第五节 大气生态环境损害责任方式范围和免责事由

一、生态环境损害赔偿方式

"环境有价，损害担责"，污染环境或破坏生态造成生态环境损害应承担法律责任。生态环境损害责任包括民事责任、行政责任和刑事责任。本书重点讨论的是生态环境损害民事责任。民事责任方式有预防性责任、恢复性责任和填补性责任。传统民法中，填补损害即损害赔偿是各国侵权责任法的基本机能，填补损害系基于公平正义的理念，其主要目的是使受害人恢复到损害未发生时的状态，即"应有状态"而非"原有状态"。填补性责任是一种事后的救济，在环境损害的许多情况下，仍无法将损害恢复到"应有状态"，[1] 因而"防患于未然"的预防性责任尤为重要。在生态环境损害发生后，追究责任人责任的主要目的是恢复环境的生态功能，因此，生态环境损害赔偿制度不只是损失赔偿问题，还包括生态环境损害的预防和修复，生态环境损害责任方式包括预防措施、修复措施、损害赔偿。

（一）预防性责任

预防措施是生态环境侵害行为发生后，为防止损害的发生或进一步扩大，行为人所承担的责任。停止侵害、排除妨害、消除危险都属于预防性责任。预防性责任既可以适用于已发生且尚在继续的损害，也可以

〔1〕 黄萍：《气候变化背景下的侵权责任法嬗变》，载《法学杂志》2010年第5期。

适用于尚未发生但可能发生损害的情形。[1]《环境民事公益诉讼解释》肯定了预防性责任在生态环境损害赔偿的运用。该解释第18条规定，对污染环境、破坏生态，已经损害社会公共利益或者具有损害社会公共利益重大风险的行为，原告可以请求被告承担停止侵害、排除妨碍、消除危险、恢复原状、赔偿损失、赔礼道歉等民事责任。第19条规定，原告为防止生态环境损害的发生和扩大，请求被告停止侵害、排除妨碍、消除危险的，人民法院可以依法予以支持。原告为停止侵害、排除妨碍、消除危险采取合理预防、处置措施而发生的费用，请求被告承担的，人民法院可以依法予以支持。域外各国也比较重视生态环境损害预防性责任。如《欧盟关于环境损害预防和补救的环境责任指令》第5条，当环境损害尚未发生但已发生这种损害的迫近威胁时，经营者应当毫不迟延地采取必要的预防措施。在经营者为采取必要预防措施或者采取了预防措施却仍没有消除环境损害的迫近威胁的任何情况下，主管机关可以指导经营者继续采取必要的预防措施或者自行采取必要的预防措施。

在大气生态环境损害发生后，需要采取的预防性措施是责令行为人采取措施停止侵害、排除妨害、消除危险，以防止污染的继续或新的污染产生。大气生态环境损害发生后，生态环境损害索赔主体就有权向法院提出申请要求责任人停止侵害、排除妨害、消除危险，不必在生态环境损害索赔提起诉讼后再提出。尽管我国法律规定，在诉讼中遇有需要停止侵害、排除妨碍、消除危险的情况时，人民法院可以根据当事人的申请或者依职权先行作出裁定。[2] 但先予执行是在诉讼中进行的，而不是在损害发生后立即采取的措施，从损害发生到提起诉讼，中间往往经过一段比较长的时间，不利于及时防止、阻止损害的发生或进一步扩大。因此，理论上，生态环境损害发生后，索赔主体应及时要求责任人采取预防性措施以防止损失的进一步扩大或新的损害的产生。

但是，大气生态环境损害预防性责任如何实施，需要进一步探

---

〔1〕 黄萍:《气候变化背景下的侵权责任法嬗变》，载《法学杂志》2010年第5期。

〔2〕 参见《最高人民法院关于贯彻执行〈中华人民共和国民法通则〉若干问题的意见（试行）》第162条。

讨。生态环境损害发生后，根据《改革方案》的规定，赔偿权利人省级、市地级政府可指定相关部门或机构负责生态环境损害赔偿具体工作。那么，政府特别是有关部门将生态环境损害索赔权指定由环保部门行使的情况下，环保部门要求排放企业停止排放的行为性质是行政行为还是主张民事责任的行为？《环境保护法》第60条规定，企业事业单位和其他生产经营者超过污染物排放标准或者超过重点污染物排放总量控制指标排放污染物的，县级以上人民政府环境保护主管部门可以责令其采取限制生产、停产整治等措施；情节严重的，报经有批准权的人民政府批准，责令停业、关闭。《大气污染防治法》第99条规定，违反法律规定，未依法取得排污许可证排放大气污染物的，或者超过大气污染物排放标准或者超过重点大气污染物排放总量控制指标排放大气污染物的，或者通过逃避监管的方式排放大气污染物的，由县级以上人民政府环境保护主管部门责令改正或者限制生产、停产整治，并处十万元以上一百万元以下的罚款；情节严重的，报经有批准权的人民政府批准，责令停业、关闭。也就是说，当排污者违法排污时，环保部门有职责责令其停止排污，进行整改，消除危险，环保部门不履行此职责即构成行政不作为，这种情况下却以赔偿权人的身份要求排放者停止侵害、消除影响，是否是纵容环保部门不履行职责呢？从《美国综合环境反应、补偿和责任法》和欧盟的《关于环境损害的预防和补救的环境责任指令》来看，在赔偿权利人行使权利前都设立了一个前置程序，即环境保护部门行使环境保护职责的阶段，如果环境保护部门行使职权后，排放者仍然排放污染物的，生态环境损害赔偿权利人可以向法院起诉申请禁令。本书认为，环境保护部门生态环境损害修复和赔偿制度的目的是修复或防止环境损害，环境保护部门主要职责是履行环境保护监督职责，环保部门具有行政执法权，大气生态环境损害发生或有发生危险时，环保部门以职权要求排放者停止排放或整治，能比较迅速采取措施防止损害的发生或扩大，舍弃此程序，直接由环境损害赔偿权利人要求排放者停止排放或消除危险，是放纵环境监督保护部门不履行职责。因此，生态环境损害赔偿权利人应在环保部门依法履行职责后排放者仍然继续排放的情况下，依法向法院申请，要求排放者停止排放或消除危险等。在实务中，有些法院在受理案件后，先向负有环境保护监督管理职责的部门发出受理诉讼告知书，环保部门先行使环境保护监督职权，要求排放者整改或停止污染排放，如果排放者仍然违法排放的，赔偿权利人再申请行为保全措施，法院依职权采取行为保全措施。如在北京市人民检察院第四分院（以下简称四分院）诉多彩公司大气污染责任纠纷一案中即是按照此程序进行处理的。2017 年 6 月 29 日，四中院依法受理了北京市人民检察院第四分院诉多彩公司大气污染责任纠纷一案后，即向负有环境保护监督管理职责的部门发出受理公益诉讼告知书，北京市大兴区环境保护监察支队经调查出具了《环境保护监察意见书》，认定多彩公司存在环境违法问题，决定对多彩公司喷漆、焊接电源开关箱予以查封并对多彩公司处罚 20 万元。但是，多彩公司违法行为仍在持续进行中，大气环境仍处于受侵害状态。依据北京市院的申请，北京市四中院立案后采取了行为保全措施，禁止多彩公司在生产加工基地从事涉及喷漆、焊接及废气排放的生产行为。[1]

（二）生态环境修复责任

生态环境修复责任是指责任人承担的采取合理措施恢复、整治和修复生态环境损害的责任。修复责任包括环境修复责任和生态修复责任。按照 2014 年 10 月环保部发布的《环境损害鉴定评估推荐方法（第 II 版）》（环办〔2014〕90 号）的界定，环境修复是指生态环境损害发生后，为防止污染物扩散迁移、降低环境中污染物浓度，将环境污染导致的人体健康风险或生态风险降至可接受风险水平而开展的必要的、合理的行为或措施。生态恢复是指生态环境损害发生后，为将生态环境的物理、化学或生物特性及其提供的生态系统服务至基线状态，同时补偿期间损害而采取的各项必要的、合理的措施。生态环境损害发生后，应及时采取措施修复环境及其生态功能。生态环境损害的修复可以是责任人负责实施，也可以是索赔主体负责实施，二者均可以将修复工作委托专

〔1〕《北京首例大气污染公益诉讼案，首次采取行为保全措施》，载《法制晚报》2017 年 8 月 18 日。

业的环境修复公司实施。无论谁修复，修复环境花费的费用都由责任人负担。

生态环境修复与民事责任中的恢复原状是何关系？我国《环境侵权责任解释》和《环境民事公益诉讼解释》都明确了生态环境损害可以适用恢复原状。《环境侵权责任解释》第14条规定被侵权人请求恢复原状的，人民法院可以依法裁判污染者承担环境修复责任，并同时确定被告不履行环境修复义务时应当承担的环境修复费用。污染者在生效裁判确定的期限内未履行环境修复义务的，人民法院可以委托其他人进行环境修复，所需费用由污染者承担。《环境民事公益诉讼解释》第20条规定，原告请求恢复原状的，人民法院可以依法判决被告将生态环境修复到损害发生之前的状态和功能。无法完全修复的，可以准许采用替代性修复方式。人民法院可以在判决被告修复生态环境的同时，确定被告不履行修复义务时应承担的生态环境修复费用；也可以直接判决被告承担生态环境修复费用。生态环境修复费用包括制定、实施修复方案的费用和监测、监管等费用。第21条规定，原告请求被告赔偿生态环境受到损害至恢复原状期间服务功能损失的，人民法院可以依法予以支持。《德国环境责任法》第16条规定，如果财产损害的同时侵害了自然生态或特定景色，受害人将之回复到未受侵害前的状态，应适用《德国民法典》第251条第2款之规定恢复原状，因恢复原状而产生的费用，并不因其超过财产本身的价值视为是不适当的。赔偿义务人应对赔偿权利人主张的其他的必要费用予以赔偿。从上述规定可以看出，无论我国最高人民法院的司法解释还是《德国环境责任法》都把生态环境修复作为恢复原状责任看待。意大利1987年7月8日第349号法律第18条关于环境损害赔偿规定：当一个恶意或过失的行为，通过违反法律处分而破坏了环境时，意大利政府或其他拥有区域管辖权的官方机构，有权对破坏者提起诉讼，请求恢复原状，不管侵权行为人将承担多重的经济负担。在比利时，环境保护的请求还可能产生了一个附属效果，即在可以判决恢复原状或停止侵害行为或判决金钱赔偿以用于恢复环境时，使受害人自己遭受的损害得以恢复原状。[1]

那么生态环境损害修复是否就是恢复原状责任呢？理论上有不同观点。有的观点认为，生态环境修复本质上就是恢复原状，其理由在于：两者均以对被损害的标的进行恢复，使之恢复到未受损害之前的状况，其内涵相同，可以适用民法上的恢复原状的规则。有的观点认为生态环境修复不同于民法中的恢复原状责任，生态环境与民法中的“物”不同，生态环境损害及其修复已经超出了传统民法意义上的恢复原状，二者在救济对象、标准、发生等方面都存在区别。[2] 生态修复包含了自然修复与社会修复双重内涵，生态修复的行为不仅仅要实现对自然的修复，更要实现对社会经济可持续发展能力的修复即社会修复。[3] 也有学者进一步指出，它们存在以下区别：第一，救济的权利不同，恢复原状救济的是民事权利，环境修复救济的是环境权；第二，救济的利益不同，恢复原状保护的是私人利益，环境修复保护的是公共利益；第三，范围不同，恢复原状指向范围广，包括特定的物和所有的可恢复的民事权利，环境修复范围小，只指向环境损害。[4] 有的认为民法上的恢复原状需进行改革和调适后才能适用于环境损害。[5]

民法上的恢复原状指“重建赔偿权利人受侵害权利法益之原貌，如同损害事故未曾发生者然”。[6] 如前文所述，民法理论上一般认为，恢复原状的适用须具备以下条件：一是须原物尚存在，若原物已不存在则只能适用损害赔偿或其他责任。二是须损害具有可恢复性，否则，则无适用恢复原状的余地。三是恢复原状具有经济合理性。即恢复成本不能过高或不存在其他重大困难不能恢复的情形。恢复原状以财产受到损害能够修复为前提，而生态环境不同于财产，恢复原状适用于生态环境损

---

〔1〕［德］U. 马格努斯：《侵权法的统一：损害与损害赔偿》，谢鸿飞译，法律出版社2009年版，第172页。

〔2〕吕忠梅、窦海阳：《修复生态环境责任的实证解析》，载《法学研究》2017年第3期。

〔3〕吴鹏：《最高法院司法解释对生态修复制度的误解与纠正》，载《中国地质大学学报》（社会科学版）2015年第4期。

〔4〕李挚萍：《环境修复的司法裁量》，载《中国地质大学学报》（社会科学版）2014年第4期。

〔5〕胡卫：《环境污染侵权与恢复原状的调适》，载《理论界》2014年第12期。

〔6〕曾世雄：《损害赔偿法原理》，中国政法大学出版社2001年版，第148页。

害确实存在需要解决的问题：（1）如何确定恢复原状的标准，损害是否恢复如何认定？（2）环境恢复往往具有不经济性，恢复原状付出的代价高昂。

本书认为，生态环境修复责任与民法上的恢复原状责任既存在区别也存在联系。二者的区别主要表现在：（1）修复客体不同，恢复原状修复的客体是受到的损害的私人财产和私人人格；生态环境修复的客体是受到损害的生态环境，包括环境和由环境要素组成的生态系统。我国《环境保护法》对环境所作的界定是：环境是指是指影响人类生存和发展的各种天然的和经过人工改造的自然因素的总体，包括大气、水、海洋、土地、矿藏、森林、草原、湿地、野生生物、自然遗迹、人文遗迹、自然保护区、风景名胜区、城市和乡村等。环境是大气、水、土地、森林、草原等环境要素构成的总体，而不是某种单一的环境要素。我国《环境保护法》没有对生态系统作出界定，按照《俄罗斯环境保护法》第1条的规定，自然生态系统是指自然环境中有着广阔地域境界的客观存在部分，在其中，生物（植物、动物和其他生物体）和非生物因子，作为统一的相关整体，通过物质和能量的交换，相互作用和彼此制约。也就是说，修复生态环境不仅仅只是修复某一单一环境要素，而是修复生态环境的环境或生态系统的服务功能。（2）修复的判断标准不同。恢复原状是将受侵害权益恢复到如同损害未发生时的状态，将受损害的权益恢复到物理状态下的原状或者价值层面的原状即为恢复原状。而生态环境损害是否修复以受损的生态环境的服务功能是否恢复作为判断标准。恢复原状可能无法完全将生态环境修复到未损害时的状态和服务功能。（3）从修复成本考虑，恢复原状要求修复在经济上是合理的和必要的，恢复成本不能过高或不存在其他重大困难不能恢复的情形。但是，生态环境损害修复往往代价巨大，无法以通常的经济价值标准进行衡量。

尽管存在上述不同，但不意味着生态环境修复与恢复原状毫不相干。生态环境修复与恢复原状都是对损害对象通过一定手段进行恢复。两者在形式上确实存在不同，但在本质上、理念上是共同的——最大化保全生态环境的功能与价值。这即表明：恢复原状理念对环境污染侵权的各种损害形态均具有适用性。[1] 突破传统民法现有观念的束缚，侵权责任法应该形成一个符合生态规律的结构合理、功能完善、协调沟通、相对平衡和稳定的开放系统。[2] 无论是私权的损害、生态损害，皆可通过侵权责任法所确立的恢复原状责任方式的基本功能，实现环境可持续发展和权利保全的功能，但同时亦应根据环境污染所造成的私益损害、生态损害不同适当改造恢复原状的实现方式、“原状”标准的认定、责任规则等。结合生态环境损害的特性，民法中的恢复原状责任规则虽不能直接运用于环境污染侵权等案件中，但恢复原状的价值、功能和理念确是环境污染民事责任的基石。[3] 综上所述，本书认为，生态环境修复责任是源于民法上恢复原状的一种独立责任。

生态环境损害修复标准如何认定？2004 年《欧盟关于环境损害预防和补救的环境责任指令》指出，生态损害救济的目标是恢复受损的自然资源和服务，或使其达到基线水平。在被破坏的自然资源和服务没有达到基线水平时，应实施补充救济措施，目的是提供一个类似自然资源和服务的水平，直至其得以恢复。涉及水、受保护物种和自然栖息地蒙受的损害，对环境损害的补救还意味着消除任何对人类健康有重大不利影响的风险。我国《环境民事公益诉讼解释》第 20 条规定，原告请求恢复原状的，人民法院可以依法判决被告将生态环境修复到损害发生之前的状态和功能。因此，生态环境修复中的所谓“恢复原状”就是将受损的生态环境的恢复到未受损之前的状态和功能。所谓未受损之前的状态是生态环境的自然存在状态，如水恢复清澈、覆盖草木的土地又被草木覆盖、空气中的污染物减少恢复到良及以上等级等。根据《环境资源法词典》的界定，生态服务功能，是指生物在生长发育过程中以及生态系统在发展变化过程中为人类提供的一种持续、稳定、高效、舒适的服务功能。如维护自然界的氧、碳平衡，提供氧气；净化环境，提供清洁的空气和饮用水；为人类提供优美的生态环境和休息娱乐场所；涵养水

---

〔1〕 胡卫：《环境污染侵权与恢复原状的调适》，载《理论界》2014 年第 12 期。

〔2〕 吕忠梅：《环境污染侵权的遗传与变异——论环境侵害的制度演进》，载《吉林大学社会科学学报》2010 年第 1 期。

〔3〕 胡卫：《环境污染侵权与恢复原状的调适》，载《理论界》2014 年第 12 期。

源，防止水土流失；降解有毒有害污染物质等。生态环境状态恢复不一定就是其功能的恢复，生态环境“状态”恢复后往往要经过相当长时间才能恢复其生态服务功能。因此，生态环境“状态”恢复不同于“功能”的恢复，后者认定更为困难。

《环境损害鉴定评估推荐方法（第Ⅱ版）》（环办〔2014〕90号）规定的环境修复的标准有两个，即第4.10条的“可接受风险水平”和第4.11条的“基线状态”。“可接受风险水平”是指综合考虑科学、社会、经济和政治因素，依据危害性和脆弱性分析、成本效益分析、技术手段的可行性分析等确定的人体健康风险或生态风险降至可接受风险水平。“基线”是指在污染环境或破坏生态行为未发生时，受影响区域内人体健康、财产和生态环境及其生态系统服务的状态。《环境损害鉴定评估推荐方法（第Ⅱ版）》规定的基线的确认方法包括：（1）利用污染环境或破坏生态行为发生前评估区域的历史数据，数据来源包括常规监测、专项调查、统计报表、学术研究等收集的反映人群健康、财产状况和生态环境状况等的历史数据。（2）利用未受污染环境或破坏生态行为影响的相似现场数据，即“对照区域”数据。要求“对照区域”与评估区域的人群特征、生态系统功能和服务水平等特征具有可比性。（3）利用模型。若上述方法不可行，可考虑构建污染物浓度与人体健康指标、财产损害程度、生物量或生境丰度等损害评价指标之间的剂量—反应关系模型来确定基线。有学者据此指出，在具体案件中，需要根据受损环境的具体情况确定生态恢复的范围和规模。如果受损的环境要素同时是经济资源，一般将环境的损益以资源量为单位表征，比如鱼或鸟的种群数量、水资源量等，一方面确定环境污染或生态破坏所致资源损失的折现量，另一方面确定恢复行动所恢复资源的折现量，在这两者之间以折现量的对比关系为基础结合个案中受损的具体情况来确定生态恢复的规模。如果受损的生态环境主要是提供生态系统服务，或兼具经济资源与生态系统服务功能，一般将环境的损益以生态服务为单位来表征，比如生境面积、服务恢复的百分比等，通过建立环境污染或生态破坏所致生态系统服务损失的折现量与恢复行动所恢复生态系统服务的折现量之间的对比关系，并结合个案中受损环境的具体情况，来确定生态恢复的规模。如果不能以经济资源或生态系统服务进行衡量，那么将恢复行动所产生的环境价值贴现与受损环境的价值贴现建立对比关系，以此对比关系为基础并结合对个案具体情况的考量，来确定应当支付的费用。[1] 这就是虚拟治理法。

有观点认为，由于大气的流动性，自净能力较强，空气污染物随着空气的流动会减少或消散，无须采取也无法采取积极措施消除，很难将空气污染清除费用计算在赔偿范围内。因长期排放空气污染物，导致某一区域空气质量恶化，若防治空气污染进一步恶化，通常采取的措施是停止排放污染物或减少排放污染物，如企业停产或改善排污装置，有关生态环境修复费用及生态环境修复期间服务功能的损失同样无法计算。空气的流动使生态环境功能永久性损害造成的损失难以评估，这部分损失似乎也难以计算。能够获得赔偿的只有大气环境损害赔偿调查、鉴定评估等合理费用。这种观点是片面的。大气的自净能力虽强，但是空气污染物的长年累积及增加对大气质量的改变以及生态的破坏是客观事实。改革开放 40 年来，随着我国以工业经济为主导的经济高速发展，特别是一些传统燃料使用较多的地区的空气质量恶化是无可辩驳的客观事实。全球气候变化是人类社会长期发展以化石燃料为能源的工业，大量排放二氧化碳等温室气体造成的大气生态损害。大气生态环境的恶化是包括大气污染排放企业在内的无数污染源经年累月排放大气污染物造成的，由于空气的流动性导致某一地区的污染可能减轻或消失，但这些污染物却可能到达其他地区给其他地区造成污染。要改变空气质量，国家在国家政策、产业发展、发展科技等方面都进行了较大的调整和资金投入，为改变空气污染而做的这些投入或牺牲，污染者理应进行分担，而随着污染检测技术的进步、环境损害确认方法和鉴定技术的发展，大气生态环境损害确认及恢复所需费用的测算也是可能的。目前，我国大气污染的环境监测技术主要有卫星遥感监测技术、植物大气监测技术、有机化合物示踪监测技术、生物示踪监测技术等。通过有效的环境监测，结合有关气象资料，与合理的数值模型的模拟，可以描述一段时期

---

〔1〕 吕忠梅：《修复生态环境责任的实证解析》，载《法学研究》2017 年第 3 期。

内，违法排放的大气污染物的扩散方式、输送路径，计算不同的污染因子在特定期间和特定区域的大气污染中的贡献值。[1]

关于大气生态环境损害的评估。《环境损害鉴定评估推荐方法（第Ⅱ版）》（环办〔2014〕90号）推荐了两种生态环境损害评估方法，即替代等值分析方法和环境价值评估方法。替代等值分析方法包括资源等值分析方法、服务等值分析方法和价值等值分析方法。环境价值评估方法包括直接市场价值法、揭示偏好法、效益转移法和陈述偏好法。附录A具体确定了9种常用的环境价值评估方法，针对不同生态环境损害可以选择适用。在中华环保联合会诉山东德州晶华集团振华有限公司大气污染民事公益诉讼案，法院采取了虚拟治理成本法，按照现行的治理技术和水平治理排放到环境中的污染物计算所需要的成本，具体来说，就是污染物排放量与单位污染物虚拟治理成本的乘积。按照环保部制定的《突发环境事件应急处置阶段环境损害评估推荐办法》的规定，在量化生态环境损害时，可以根据受污染影响区域的环境功能敏感程度分别乘以1.5～10的倍数作为环境损害数额的上下限值。具体到大气污染损害，《突发环境事件应急处置阶段环境损害评估推荐办法》将大气环境功能区分为三类，各类环境功能区生态损害赔偿虚拟治理成本分别为，Ⅰ类环境功能区生态环境损害数额大于虚拟治理成本的5倍；Ⅱ类环境功能区生态环境损害数额为虚拟治理成本的3～5倍；Ⅲ类环境功能区生态环境损害数额为虚拟治理成本的1.5～5倍。该案审理法院指出，振华公司超标排放污染物的行为导致了大气环境的生态附加值功能受到损害，应当依法承担生态环境修复责任，赔偿生态环境受到损害至恢复原状期间服务功能损失。法院委托环境规划院环境风险与损害鉴定评估研究中心对本案大气生态环境损害进行鉴定，环境规划院环境风险与损害鉴定评估研究中心认为，本案项目位于环境功能二类区，生态环境损害数额为虚拟治理成本的3～5倍，本报告取参数5。鉴定结论为：被告振华公司在鉴定期间超标向空气排放二氧化硫共计255吨、氮氧化物共

〔1〕 周建勋：《试论环境公益损害的地位、特征及其证明的必要性——兼评全国首例大气污染案》，载《西安电子科技大学学报》（社会科学版）2017年第1期。

计589吨、烟粉尘共计19吨，单位治理成本分别按0.56万元/吨、0.68万元/吨、0.33万元/吨计算，虚拟治理成本分别为713万元、2002万元、31万元，共计2746万元。[1] 最终，法院参考该鉴定结论依法判决振华公司赔偿超标排放污染物造成损失2198.36万元，用于大气环境质量修复。

不过，运用虚拟治理成本法计算生态环境损害赔偿金，也遭受到了一些质疑，主要是适用条件不够明确、治理成本不确定等。针对这些问题，2017年9月环保部编制了《关于虚拟治理成本法适用情形与计算方法的说明》，明确了虚拟治理成本法适用的条件。按照该说明，符合下列情形之一的，可以适用虚拟治理成本法计算生态环境损害赔偿金：（1）排放污染物的事实存在，由于生态环境损害观测或应急监测不及时等原因导致损害事实不明确或生态环境已自然恢复；（2）不能通过恢复工程完全恢复的生态环境损害；（3）实施恢复工程的成本远远大于其收益的情形。符合下列情形之一的，不适用虚拟治理成本法：（1）实际发生的应急处置费用或治理、修复、恢复费用明确，通过调查和生态环境损害评估可以获得的，不适用虚拟治理成本法；（2）突发环境事件或排污行为造成的生态环境直接经济损失评估，不适用虚拟治理成本法。

关于生态环境损害修复主体，《美国综合环境反应、赔偿及责任法》规定，自然资源损害的修复主体是潜在责任人和环境保护署。《欧盟关于环境损害预防和补救的环境责任指令》规定，修复主体包括损害生态环境的责任人和生态环境主管机关。《美国综合环境反应、赔偿及责任法》规定，污染场地的修复主体包括：潜在责任人自愿修复；环境保护署签发行政命令（或申请法院强制令）或者与潜在责任人达成和解协议，强制潜在责任人修复；由环境保护署亲自修复。无论以何种方式进行，最后都由潜在责任人承担全部修复费用。《欧盟关于环境损害预防和补救的环境责任指令》第6条明确规定，当发生环境损害时，经营者应当毫不犹豫地采取各种补救措施；主管机关也可以要求经营者采取必要补救措施或自行采取必要补救措施。目前我国司法解释虽然确立了恢

[1] 山东省德州市中级人民法院（2015）德中环公民初字第1号民事判决书。

复原状责任方式，但对恢复原状的主体没有明确规定，从实务中的做法看，发生生态环境损害后，责任主体有修复能力的，由责任主体修复；责任主体没有修复能力的，可以委托专业环境修复机构修复；如果责任主体没有自行修复或委托专业环境修复机构修复的，由环境保护管理机构委托专业环境修复机构修复。未来立法中，应明确生态环境损害赔偿权利人在生态环境损害修复中的地位。

（三）赔礼道歉

如前文所述，按照传统民法理论，赔礼道歉一般适用于侵害人身权益的案件，侵害财产权益的案件不适用赔礼道歉责任。我国《环境侵权责任解释》及《环境民事公益诉讼解释》创造性地规定了环境侵权案件和环境民事公益诉讼案件中的原告有权请求被告承担赔礼道歉责任，《环境民事公益诉讼解释》第18条规定，对污染环境、破坏生态，已经损害社会公共利益或者具有损害社会公共利益重大风险的行为，原告可以请求被告承担停止侵害、排除妨碍、消除危险、恢复原状、赔偿损失、赔礼道歉等民事责任。关于环境侵权案件适用赔礼道歉责任问题前文已经探讨，不再赘述。生态环境损害诉讼案件，原告要求赔礼道歉是近期生态环境损害赔偿案件的亮点之一。2015年3月19日，中华环保联合会针对山东德州振华公司长期超标排放大气污染物向德州中级人民法院提起环境民事公益诉讼，请求判令振华公司立即停止超标排放大气污染物，增设大气污染防治设施；赔偿因超排行为造成的损失2040万元（后变更为2746万元）；赔偿因拒不改正超排行为造成的损失78万元；在省级以上媒体公开赔礼道歉；承担该案诉讼、检验、鉴定、专家证人、律师及诉讼支出的费用等诉讼请求。针对原告提出的请求被告承担赔礼道歉的责任，德州中级人民法院支持了原告的诉讼请求，依法判决“被告德州晶华集团振华有限公司在省级以上媒体向社会公开赔礼道歉”。法院认为“环境权益具有公共权益的属性，从经济学角度而言，环境资源是一种综合性的财产，在美学层面上，优良的环境可以成为人的精神活动的对象，因被告振华公司超标向大气排放污染物，其行为侵害了社会公共的精神性环境权益，应当承担赔礼道歉的民事责任。”[1]此案是法院首次将赔礼道歉运用于大气污染侵害公益案件中，具有开拓性意义。从赔礼道歉的社会功能来看，“其除了对受害人具有心理补偿功能，还对侵害人具有自我补偿和道德恢复功能；对社会具有道德整合、法律权威再建功能，具有惩罚和教育功能。”[2]在重庆市人民政府、重庆两江志愿服务发展中心诉重庆藏金阁物业管理有限公司、重庆首旭环保科技有限公司环境污染责任纠纷案中，对于重庆两江志愿服务发展中心要求二被告赔礼道歉的诉讼请求，法院认为，长江水域生态系统的维护需要公众参与，对其实施的破坏行为会侵害到千家万户乃至子孙后代的利益，二被告对长江生态环境的严重破坏行为，是对社会公众权益的损害，要求其公开赔礼道歉既是公众合法权利的体现，也是对其他类似行为的警示，还能够让二被告公开表达对于自身过错的深刻认识和真诚悔意。无论是环境公益诉讼还是生态环境损害赔偿诉讼，均具有公益性，在本案中原告代表社会公众要求污染环境的侵权行为人赔礼道歉，该请求具有合法性和合理性，予以支持。[3]上述两个案件虽然都是判决被告向公众赔礼道歉而非仅仅向原告赔礼道歉，但法院给出的被告承担赔礼道歉责任的理由是不同的。在“德州大气污染案”中，法院以被告振华公司向大气排放污染物行为侵害了社会公共的精神性环境权益作出赔礼道歉的判决，而重庆环境污染责任案中，法院是以被告行为损害了社会公众权益为由判决被告承担赔礼道歉责任，至于此社会公众权益是精神性的、生态性的还是财产性的则没有明确。许多自然环境或自然资源具有经济价值、生态价值、美学价值、医学价值等多重价值，生态环境的公共物品属性决定了公众是生态环境多重价值的享有者，特别是生态环境所赋存的美学价值等精神性价值与人的精神活动有密切关系，因此，被告行为造成生态环境损害，判决其赔礼道歉，既是对社会公众精神上的补偿和慰藉，也是对被告的处罚。适当突破传统民法的桎梏，拓展赔礼道歉的适用范围，是社会发展的客观需要。

---

〔1〕 山东省德州市中级人民法院（2015）德中环公民初字第1号民事判决书。
〔2〕 王立峰：《民事赔礼道歉的哲学分析》，载《判解研究》2005年第2辑。
〔3〕 参见重庆市第一中级人民法院（2017）渝01民初773号民事判决书。

（四）损害赔偿

损害赔偿是弥补损失的主要方式，其功能是填补实际损失，因此，应遵循全部赔偿的原则，赔偿的范围包括直接损失和间接损失。前述修复责任中的修复费用是损害赔偿的一种。修复责任是一种行为责任，由责任人承担，责任人不承担或无能力承担的，可以由有关专业机构代为履行。但修复环境的费用仍然由责任人支付，这部分费用也是为了弥补生态环境损害。因此，修复费用包括在损害赔偿中。

国际公约和各国法律有关生态环境损害赔偿范围的规定存在不同。在美国，由《清洁水法》《综合环境反应、补偿和责任法》《石油污染法》及相关判例等共同构建了较为完善的自然资源损害赔偿制度，确立了包括修复费用、过渡期损失和评估费用三个部分的赔偿范围。根据《美国综合环境反应、补偿和责任法》第107条（a）（4）规定，责任人的损害赔偿范围包括联邦政府采取或地方政府采取清污、补救行动所花费的费用；其他任何人采取应急措施而花费的费用；自然资源损害评估所花费的合理费用；健康损害评估和健康研究费用等。《欧洲理事会（the Council of Europe）关于对环境有危险的活动造成损害的民事责任公约》（又称《罗加诺公约》）所规定的环境[1]本身的损害赔偿限于实际采取或将要采取的恢复措施的费用，不包括因这种环境损害所造成的利润灭失（loss）；预防措施的费用以及由预防措施所造成的任何灭失（loss）或损害（damage）。《欧盟关于环境损害预防和补救的环境责任指令》规定环境损害是指对保护物种、自然栖息地、水和土地的损害，根据该指令附件2的规定，赔偿范围包括采取有关预防措施而发生的费用、补救措施费用、环境损害评估费用。补救措施包括"基础性"补救措施、"补充性"补救措施和"赔偿性"补救措施三种。"基础性"补救措施（"Primary" remediation）是指受损自然资源和（或）受损服务功能恢复至或回复到基线条件的任何补救措施；"补充性"补救措施（"Complementary" remediation）是指采取"基础性"补救措施将不会使

---

[1] 该公约第2条第10款中的"环境"包括生物的和非生物的自然资源，如空气、水、土地、动物和植物，以及上述因素的相互作用。

受损自然资源和（或）服务功能完全获得恢复，则为了赔偿而采取的与自然资源和（或）服务功能有关的任何补救措施；“赔偿性”补救措施（“Compensatory” remediation）是指为赔偿自然资源和（或）服务功能的“临时损失”（interim loss）而采取的任何行动，“临时损失”（interim losses）是指由于受损自然资源和（或）服务功能不能发挥其生态功能或为其他自然资源或公共提供服务这一事实而产生的损失，它不包括对公共成员的经济赔偿，这一损失从发生之日起计至“初级”或“补充性”补救措施产生其效果时止。[1]

《改革方案》明确的生态环境损害赔偿的范围包括：清除污染费用、生态环境修复费用、生态环境修复期间服务功能的损失、生态环境功能永久性损害造成的损失以及生态环境损害赔偿调查、鉴定评估等合理费用。

上述生态环境损害赔偿费用中，清除污染费用属于预防性措施费用。预防性措施费用是在突发环境事件应急处置期间，为减轻或消除对公众健康、公私财产和生态环境造成的危害，各级政府与相关单位针对可能或已经发生的突发环境事件而采取的行动和措施所发生的费用，包括污染物清理、污染控制、应急监测、人员转移安置等费用。《环境损害鉴定评估推荐方法（第II版）》（环办〔2014〕90号）将其称为应急处置费用。应急处置费用评估的时间以突发环境事件发生日期为起点，持续到应急处置结束日期为止。《改革方案》仅认可“清除污染的费用”，范围过窄。预防性措施费用应当限定为采取合理的预防措施所实际发生的费用。《突发环境事件应急处置阶段环境损害评估推荐办法》对应急处置费用的确认作了规定，即应急处置费用应满足两个条件：（1）费用在应急处置阶段产生；（2）应急处置费用是以控制污染源或生态破坏行为、减少经济社会影响为目的，依据有关部门制定的应急预案或给予现场调查的处置、检测方案采取行动而发生的费用。

生态环境修复费用、生态环境修复期间服务功能的损失、生态环境

---

〔1〕王轩：《欧盟〈关于预防和补救环境损害的环境责任指令〉》，载《国际商法论丛》2008年第1期。

功能永久性损害造成的损失如何计算，依赖于是否建立了一套科学的生态环境损失的确定方法。各国为了解决这一问题，确定了不同的损失计算方法。

1. 关于环境修复费用

1986 年美国内政部发布了《自然资源损害评估细则》（后分别于 1986 年、1994 年进行了两次修订）。该细则规定了 A、B 两种评估程序。A 程序适用于少量的石油或危险物质释放事故，是适用于微小释放事故的简易评估标准。A 程序包括物理特征、生物影响、重建和可赔偿价值这四个子程序。B 程序适用于对大型的危险物质释放事故。B 程序包括损害的确定、损害的量化和损害赔偿金额确定这三个子程序。选择采用 A 程序还是 B 程序对自然资源损害进行评估，由受托人根据实际情况自由裁量。[1] 1994 年修订后《自然资源损害评估细则》确定损害赔偿金额包括受损自然资源从被污染的时点开始至恢复到原来状态期间已经失去的可赔偿价值（compensable value）。所谓“可赔偿价值”包括受损自然资源使用价值和包含存在价值、遗赠价值在内的非使用价值。对“可赔偿价值”的评估，受托者可以选择使用市场价值评估法、享乐价值评估法及条件价值评估法等多种评价方法。此外，在满足一定条件的情况下，还可以使用上述评价方法以外的方法。[2] 损害赔偿金的计算方法是“重建、更替或获取受损自然资源等价物的成本”和“重建期间公众损失的可赔偿价值”。[3] 《欧盟关于环境损害预防和补救的环境责任指令》在确定“补充性”“赔偿性”补救措施费用时，首先考虑使用“资源对资源”或“服务对服务”的等量分析方法。根据这些方法，应当首先考虑那些提供与受损自然资源和（或）服务功能相同种类、质量和数量的自然资源和（或）服务功能的行动。若不可能，则应当提供替代的自然资源和（或）服务功能。比如，质量的下降可以通过补救措施

〔1〕 李冬梅：《美国〈综合环境反应、赔偿和责任法〉上的环境民事责任研究》，吉林大学 2008 年博士学位论文，第 162 页。

〔2〕 43 C. F. R. 11. 83（c）（2）. 转引自李冬梅：《美国〈综合环境反应、赔偿和责任法〉上的环境民事责任研究》，吉林大学 2008 年博士学位论文，第 161 页。

〔3〕 李冬梅：《美国〈综合环境反应、赔偿和责任法〉上的环境民事责任研究》，吉林大学 2008 年博士学位论文，第 165 页。

数量的增加来弥补。等量服务所花费的费用，就是补救措施的费用。如果不可能运用第一种“资源对资源”或“服务对服务”的等量分析方法，则应当使用替代的评估技术。主管机关可对有关方法作出规定，比如用“货币估值法”来确定必要的“补充性”和“赔偿性”补救措施的规模。如果对丧失的资源和（或）服务功能的估值是可行的，但是对替代的自然资源和（或）服务功能的评估不可能在一段合理的时间内或以一个合理的成本完成，则主管机关可以选择一种成本相当于丧失的自然资源和（或）服务功能的货币价值的补救措施。根据《俄罗环境保护法》的规定，由经济活动和其他活动主体造成的环境损害，依照按规定程序批准的环境损害数额计算表和方法予以赔偿，在没有这种计算表和方法时，根据用于恢复被破坏的环境状况的实际费用并考虑受到的损失（包括失去的应得利益）予以赔偿。（第77条第3款）因违反环境保护法规造成的环境损害数额，根据用于恢复被破坏的环境状况的实际费用并考虑受到的损失（包括失去的应得利益），以及复垦和其他恢复工程的方案予以确定，在没有这些项目时，依照实施国家环境保护管理的执行权力机关批准的环境损害数额计算表和方法予以确定。（第78条第1款第2项）

我国《环境损害鉴定评估推荐方法（第Ⅱ版）》（环办〔2014〕90号）推荐了两大类生态环境损害评估法，即替代等值分析方法和环境价值评估方法。其中替代等值分析方法又包括资源等值分析方法、服务等值分析方法和价值等值分析方法。环境价值评估方法包括直接市场价值法、揭示偏好法、效益转移法和陈述偏好法，这四种环境价值评估法又细分为九种价值评估法。我国的生态环境损害评估制度基本建立，但是某些生态环境损害评估法适用条件和适用方法尚需进一步细化。生态环境损害评估的时间范围以污染环境或破坏生态行为发生日期为起点，持续到受损生态环境及其生态系统服务恢复至生态环境基线为止。

2. 生态环境修复期间服务功能的损失

生态环境修复期间服务功能的损失是指生态环境损害发生至生态环境恢复到基线状态期间，生态环境因其物理、化学或生物特性改变而导致向公众或其他生态服务系统提供服务的丧失或减少，即受损生态环境从损害发生到其恢复至基线状态期间提供生态系统服务的损失量。在这段期间，可以通过临时的替代措施暂时提供相应的生态系统服务功能。生态环境修复期间服务功能的损失可采用替代等值分析方法进行计算。《环境损害鉴定评估推荐方法（第Ⅱ版）》将这种计算方法分为资源等值分析方法、服务等值分析方法和价值等值分析方法，根据受损生态环境的具体情况选择适用。如果受损的环境以提供资源为主，优先采用资源等值分析方法。这种方法是将环境的损益以资源量为单位来表征，通过建立环境污染或生态破坏所致资源损失的折现量和恢复行动所恢复资源的折现量之间的等量关系来确定生态恢复的规模。资源等值分析方法的常用单位包括鱼或鸟的种群数量、水资源量等。如果受损的环境以提供资源为主，采用资源等值分析方法；如果受损的环境以提供生态系统服务为主，或兼具资源与生态系统服务，采用服务等值分析方法。服务等值分析方法是将环境的损益以生态系统服务为单位来表征，通过建立环境污染或生态破坏所致生态系统服务损失的折现量与恢复行动所恢复生态系统服务的折现量之间的等量关系来确定生态恢复的规模。服务等值分析方法的常用单位包括生境面积、服务恢复的百分比等。价值等值分析方法分为价值—价值法和价值—成本法。价值—价值法是将恢复行动所产生的环境价值贴现与受损环境的价值贴现建立等量关系，此方法需要将恢复行动所产生的效益与受损环境的价值进行货币化。衡量恢复行动所产生的效益与受损环境的价值需要采用环境价值评估方法。价值—成本法首先估算受损环境的货币价值，进而确定恢复行动的最优规模，恢复行动的总预算为受损环境的货币价值量。采用资源等值分析方法或服务等值分析方法应满足以下两个基本条件：（1）恢复的环境及其生态系统服务与受损的环境及其生态系统服务具有同等或可比的类型和质量；（2）恢复行动符合成本有效性原则。如果不能满足资源等值分析方法和服务等值分析方法的基本条件，可以考虑采用价值等值分析方法。以下情况推荐采用环境价值评估方法：（1）当评估生物资源时，如果选择生物体内污染物浓度或对照区的发病率作为基线水平评价指标，由于在生态恢复过程中难以对其进行衡量，推荐采用环境价值评估方法；（2）由于某些限制原因，环境不能通过修复或恢复工程完全恢复，采用环境价值评估方法评估环境的永久性损害；（3）如果修复或恢复工程的成本大于预期收益，推荐采用环境价值评估方法。

3. 生态环境功能永久性损害造成的损失

生态环境功能永久性损害是指受损生态环境及其服务难以恢复，其向公众或其他生态系统提供服务能力的完全丧失。在进行生态环境损害评估时，如果既无法将受损的环境恢复至基线，也没有可行的补偿性恢复方案弥补期间损害，或只能恢复部分受损的环境，则应采用环境价值评估方法对受损环境或未得以恢复的环境进行价值评估。环境价值评估法可以细分为多种方法，具体适用哪种方法确定生态环境功能永久性损害造成的损失，应根据环境的类型、环境的生态功能、环境的替代价值等进行综合评判。对于资源性生态环境损害，可以适用生产率变动法、剂量—反应法、条件价值法等。如果是非资源性生态环境损害则可适用内涵资产定价法、避免损害成本法、虚拟治理成本法等。目前，司法实务判决的生态环境损害赔偿案件，偏好适用虚拟治理成本法。虚拟治理成本是按照现行的治理技术和水平治理排污企业等量的排放到环境中的污染物所需要的支出，即污染物排放量与单位污染物虚拟治理成本的乘积。虚拟治理成本法适用于环境污染所致生态环境损害无法通过恢复工程完全恢复、恢复成本远远大于其收益或缺乏生态环境损害恢复评价指标的情形。根据《突发环境事件应急处置阶段环境损害评估技术规范》附件 F 规定了虚拟治理成本法的具体计算方法。在量化生态环境损害时，根据受污染影响区域的环境功能敏感程度分别乘以 1.5 ~ 10 的倍数作为环境损害数额的上下限值。如空气污染造成生态环境损害的，环境功能区被分为三类，Ⅰ类环境功能区的生态环境损害赔偿数额为污染物排放量乘以虚拟治理成本的 5 倍以上，Ⅱ类环境功能区的生态环境损害赔偿数额为污染物排放量乘以虚拟治理成本的 3 ~ 5 倍，Ⅲ类环境功能区的生态环境损害赔偿数额为污染物排放量乘以虚拟治理成本的 1.5 ~ 3 倍。德州大气污染案的审判法院就是按照虚拟治理成本法计算被告的生态环境损害赔偿数额。

关于生态环境修复责任与损害赔偿的关系，如前所述，生态环境修复是损害赔偿的一种形态，生态环境损害发生后，如果能够完全通过

"恢复原状"责任方式予以修复环境，则损害赔偿的范围不包括修复费用，而仅限于修复期间服务功能的损失以及预防性措施费用、损害调查评估费用等。如果生态环境只能部分修复或不能修复时，生态环境损害赔偿范围包括修复期间服务功能的损失、生态环境功能永久性损害造成的损失以及预防性措施、损害调查评估费用等。

4. 调查评估费用、诉讼费用等费用

调查评估费用指对环境污染损害评估所支出的费用，按实际评估发生的费用计算，包括现场调查、环境监测、现场调查、风险评估、损害评估、信息公开、执行监督等费用。该费用是生态环境损害发生后所支出的合理费用，因此，也应由责任人予以赔偿。

二、生态环境损害赔偿的免责事由

免责事由是指责任人不承担或减轻责任的事由。免责事由具有法定性，《改革方案》规定现行民事法律和资源环境保护法律有相关免除或减轻生态环境损害赔偿责任规定的按相应规定执行。我国《侵权责任法》规定的侵权责任免责事由包括受害人过错、第三人过错、不可抗力、正当防卫和紧急避险。《环境保护法》对环境污染或生态破坏责任免责事由没有专门规定，但第64条规定，因污染环境和破坏生态造成损害的，应当依照《侵权责任法》的有关规定承担侵权责任。《大气污染防治法》第125条规定，排放大气污染物造成损害的，应当依法承担侵权责任。《固体废物污染环境防治法》第85条规定，造成固体废物污染环境的，应当排除危害，依法赔偿损失，并采取措施恢复环境原状。以上法律都没有特别规定免责事由。《水污染防治法》规定，不可抗力、受害人故意或重大过失是免责或减轻责任的事由。水污染损害是由第三人造成的，排污方承担赔偿责任后，有权向第三人追偿。《海洋环境保护法》规定的免责事由包括战争、不可抗拒的自然灾害及负责灯塔或者其他助航设备的主管部门，在执行职责时的疏忽，或者其他过失行为。

由此可见，我国民法和环境法规定的侵害人可以免责的事由，主要有不可抗力、受害人过错、第三人过错、正当防卫、紧急避险、战争、不可抗拒的自然灾害等。环境保护法是特别法，特别法有规定的，依特别法的规定。但是，《环境保护法》《大气污染防治法》等对污染者的免责事由并不特别规定，而是规定适用《侵权责任法》的规定。那么，是否《侵权责任法》所规定的免责事由均可适用于环境侵权责任或生态环境损害赔偿责任呢？本书认为，应当具体问题具体分析。

（一）关于不可抗力

如前文所述，虽然理论上对不可抗力范围的理解各有不同。但本书认为不可抗力范围不宜过于宽泛，不可抗力应限定为不能预见、不能避免并且不能克服的自然现象。除法律另有规定外，一般把不可抗力作为环境环境污染侵权法定的免责事由。那么，在生态环境损害赔偿制度中，不可抗力是否是责任人免责的事由呢？《美国综合环境反应、补偿和责任法》第 107 条（b）规定的免责事由包括不可抗力；战争；损害仅因第三方的过失引起，并且第三方同被告之间不存在雇佣或者代理关系，不存在任何直接或间接的合同关系，同时被告必须能够证明不仅对于该有害物质的性质以及所有相关因素都已尽到谨慎中的注意义务，以及对合理预见到的第三方过失都已采取谨慎的预防措施；任何以上原因的结合。《欧盟关于环境损害预防和补救的环境责任指令》第 4 条规定，本指令的调整范围不包括由下列原因引起的环境损害或该损害的迫近威胁：（a）武装冲突行为、敌对、内战或起义；（b）异常的、不可避免的和不可克服的自然现象。《德国环境预防与恢复法》第 3 条规定，该法不适用于不可抗力（an exceptional, inevitable and irresistible natural phenomenon）、战争、敌对（hostilities）、内战（civil war）、暴动（insurrections）等引起的环境损害。《加拿大环境保护法》第 205 条第 2 款规定，环境事件如果是因战争、敌对或叛乱行为所导致，或者因一直异常的、不可避免、不可克服的自然现象所导致，则可免除侵害人责任。《荷兰民法典》第 178 条规定，具有下列情形之一的，不发生环境污染责任：（1）损害因武装冲突、内战、叛乱、国内骚扰、暴动或者兵变所致；（2）损害因外在的、不可避免的和不可克服的自然事件所致。但也有国家规定不可抗力不是法定的免责事由，只是一个可以斟酌的情况，如《日本大气污染防治法》第 25 条规定，损害与天灾及其他不可抗力联系在一起时，法院在对损害赔偿责任与赔偿额的认定上，应当斟酌这一情况。

我国《水污染防治法》第 85 条规定，由于不可抗力造成水污染损害的，排污方不承担赔偿责任；法律另有规定的除外。《海洋环境保护法》第 92 条规定，战争、不可抗拒的自然灾害为免责事由。但是，《环境保护法》《大气污染防治法》对此没有明确规定，只是规定环境损害责任或大气污染侵权，适用《侵权责任法》的有关规定。《改革方案》也明确规定按照现行民事法律和资源环境保护法律有相关免除或减轻生态环境损害赔偿责任相应规定执行。而《侵权责任法》把不可抗力规定为一般侵权责任免责事由。本书赞同将不可抗力规定为生态环境损害赔偿责任的法定免责事由，但在核污染等对环境具有高度危害的领域应严格限制。核设施不仅具有高度的危险性，而且一旦发生事故对人类生命财产安全及环境的损害规模巨大且难以治理。苏联切尔诺贝利核爆炸事故造成的损害已经过去了 30 年仍然存在。所以，一些核污染损害国际公约也将不可抗力排除在免责事由之外。1997 年《核损害补偿赔偿公约》附件第 3（5）（b）条规定，如果核装置国的法律无相反规定，营运人仍应对直接由特大自然灾害所引起的核事件所造成的核损害承担责任。有关核损害赔偿责任的 2004 年《巴黎公约》修订议定书中作了同样的规定。《国务院关于核事故损害赔偿责任问题的批复》（国函〔2017〕64 号）规定，对直接由于武装冲突、敌对行动、战争或者暴乱所引起的核事故造成的核事故损害，营运者不承担赔偿责任。《侵权责任法》第 70 条规定，民用核设施发生核事故造成他人损害的，民用核设施的经营者应当承担侵权责任，但能够证明损害是因战争等情形或者受害人故意造成的，不承担责任。可见，我国法律已经排除了不可抗力作为核设施运营人承担责任的免责事由。

（二）战争

美国、加拿大、德国、荷兰、欧盟等国家（地区）都把战争、武装冲突、暴乱等规定为环境损害的免责事由。在我国，《侵权责任法》第 70 条规定，民用核设施发生核事故造成他人损害的，民用核设施的经营者应当承担侵权责任，但能够证明损害是因战争等情形造成的，不承担责任。因此，战争造成生态环境损害的，责任人能够免责。《侵权责任法》没有将战争单独列出作为侵权责任的免责事由，主要原因是我国法学理论界通常认为不可抗力包括战争等社会事件。但正如前文所述，不同于自然灾害，战争、暴乱、武装冲突等发生后，行为人很难采取措施防止损害的进一步发生。因此，本书认为，应将战争等社会事件作为独立的免责事由规定。当然，当今社会处于和平时期，我国社会关系稳定，发生战争、暴乱、武装冲等社会事件的概率非常小，但从法律规范的完善上来说，应将战争、暴乱、武装冲突等社会事件从不可抗力中分离出来，明确规定为生态环境损害赔偿的免责事由。

（三）关于第三人过错

如前文所述，过错包括故意和过失，过失又有重大过失和一般过失之分。从各国的规定来看，一般规定第三人故意或有重大过失时，责任人可以免责或减责。如《美国综合环境反应、补偿和责任法》第 107 条、《荷兰民法典》第 178 条、《加拿大环境保护法》第 205 条等都把第三人故意或重大过失作为免除或减轻责任人责任的法定事由。有的国家（地区）没有强调第三人必须故意或重大过失，如《欧盟关于环境损害预防和补救的环境责任指令》第 8 条第 3 款规定，如果某一经营者能够证明环境损害或该损害的迫近威胁是由下列原因造成的，该经营者不应被要求承担依据本指令采取的预防和救济行为的费用：其是由第三人造成的并且发生了，尽管事实上适当的安全措施已经就绪。需要注意的是，我国侵权法和相关环境法对第三人过错的法律后果有不同规定。《侵权责任法》第 68 条规定，因第三人的过错污染环境造成损害的，被侵权人可以向污染者请求赔偿，也可以向第三人请求赔偿。污染者赔偿后，有权向第三人追偿。《水污染防治法》第 85 条也规定，水污染损害是由第三人造成的，排污方承担赔偿责任后，有权向第三人追偿。也就是说，即使因第三人原因造成损害的，索赔人仍有权要求行为人承担损害赔偿责任。但是，正如前文所述，《大气污染防治法》仅规定大气污染侵权适用《侵权责任法》的有关规定。本书认为，为了使生态环境损害及时得到修复和赔偿，《侵权责任法》第 68 条的规则同样适用于大气生态环境损害赔偿制度，因此，第三人过错不是生态环境损害赔偿责任的免责事由。

（四）关于受害人的过错

一般情况下，受害人过错是免除或减轻责任人侵权责任的法定事由。但是，在生态环境损害赔偿中，受害人是国家（全体人民），那么，若因国家的原因如国家环境决策失误或国家监管部门失职等原因造成生态环境损害，能否免除或减轻污染者或生态破坏者的责任。如果国家环境决策失误或国家监管部门失职等原因造成环境污染侵害了自然人、法人等的人身权益或财产权益的，《环境保护法》只规定了相关责任承担行政、刑事责任，对民事责任没有规定。有学者主张，应免除责任人的责任，由国家承担国家赔偿责任，我们赞同这一观点。但这一观点不完全适用于生态环境损害赔偿制度，因政府部门的原因造成生态环境损害的，应免除责任人的责任，但不存在国家赔偿问题，国家对国家的赔偿是无意义的。但是，如果国家机关人员存在渎职、失职等行为的，应追究相关责任人的行政、刑事和民事责任。

政府行为构成免责事由在一些国家（地区）的法规中也有规定，《欧盟关于环境损害预防和补救的环境责任指令》第8条第3款（b）规定，其（经营者）是因为遵循某一公共机关发布的强制性命令或指示而产生的，而不是因为遵循在由于经营者自身经营活动造成的排放或事件之后的某一命令或指示而产生的，经营者不承担预防和救济环境损害的责任。《荷兰民法典》第178条规定，如果损害仅因执行公共机关发布的命令或者强制性法规所致，则不予承担赔偿责任。《加拿大环境保护法》第205条规定，如果损害完全是由于政府公共部门或者公共管理机关的疏忽或其他错误行为引起的。则可免责。我国《海洋环境保护法》第92条规定，造成污染损害的有关责任者因负责灯塔或者其他助航设备的主管部门，在执行职责时的疏忽，或者其他过失行为造成海洋环境污染损害的，经过及时采取合理措施仍然不能避免损害的，免予承担责任。本书认为，政府应对其不作为或错误作为的行为承担责任，污染者的环境污染责任应当免除。

（五）关于正当防卫

正当防卫是为了保护本人、他人的民事权益或社会公共利益而对不法侵害采取的防卫措施，行为人针对侵害人的行为作出防卫行为造成损害的而主张免责。在生态环境损害关系中，如果正当防卫可以作为生态环境损害行为人的免责事由，意味着受害人（国家或全民）对污染环境或破坏生态损害行为人本人实施加害行为，而生态环境损害行为人为保护本人、他人的合法权益或社会公共利益，而以损害生态环境的行为进行了反击，这种情况出现的可能性几乎没有。此外，生态环境损害赔偿责任不以行为人行为的违法性为要件。因此，不管其防卫行为是否具有合法性，对所造成的损害，均应承担责任，除非有其行为以外的原因如不可抗力等，依法可以免责。综上所述，我们认为不应当将正当防卫规定为生态环境损害赔偿的免责事由。

（六）关于紧急避险

紧急避险是为了避免本人、他人或社会公共利益受到急迫的危险不得已而为的行为。2011 年修订后的《海洋倾废管理条例》第 15 条规定，倾倒废弃物的船舶、航空器、平台和其他载运工具，凡属《中华人民共和国海洋环境保护法》第 90 条、第 92 条规定的情形，可免于承担赔偿责任。为紧急避险或救助人命，未按许可证规定的条件和区域进行倾倒时，应尽力避免或减轻因倾倒而造成的污染损害，并在事后尽快向主管部门报告。倾倒单位和紧急避险或救助人命的受益者，应对由此所造成的污染损害进行补偿。这是目前极少在环境污染领域将紧急避险作为免责事由的规定。我们认为，紧急避险不应作为免责事由。一是因紧急避险污染环境造成严重生态环境损害的情况很少见，不具有普遍性。二是从国际公约及各国法律环境法律规定来看，基本不把紧急避险作为环境污染损害的免责事由。三是与正当防卫的理由相同，生态环境损害赔偿责任不以行为人的行为违法性为要件。因此，不管其避险行为是否具有合法性，对所造成的损害，均应承担责任，除非有其行为以外的原因如不可抗力等，依法可以免责。

综上所述，在生态环境损害赔偿制度中，责任人能够免责的事由主要是不可抗力；战争、暴乱；政府行为等社会原因。不可抗力作为免责事由应有所区别，法律对不可抗力另有规定的，依法律规定。

第六节 政府索赔主体行使生态环境损害赔偿请求权的程序

现行环境保护法律规定，环境损害事件发生后，涉事企业事业单位或其他生产经营者必须采取应对措施，并立即向当地环境保护主管部门和相关部门报告；因生产安全事故导致突发环境事件的，安全监管等有关部门应当及时通报同级环境保护主管部门。环境保护主管部门通过互联网信息监测、环境污染举报热线等多种渠道，加强对突发环境事件的信息收集，及时掌握突发环境事件发生情况。事发地环境保护主管部门接到突发环境事件信息报告或监测到相关信息后，应当立即进行核实，对突发环境事件的性质和类别作出初步认定，按照国家规定的时限、程序和要求向上级环境保护主管部门和同级人民政府报告，并通报同级其他相关部门。这些都是针对环境保护行政监管部门规定的。那么，发生生态环境损害事件后，作为生态环境损害赔偿权利人的政府应采取哪些措施，如何行使生态环境损害赔偿请求权，这些问题在未来的立法中必须明确。本书认为，生态环境环境损害发生后，政府索赔主体应采取以下措施，及时行使损害赔偿请求权：

一、督促生态环境损害者或组织有关专业机构和人员采取措施防止损害的发生或扩大

政府索赔主体在接到举报或环境保护部门的报告后，应及时向生态环境损害者了解污染和生态环境损害情况，与环保部门协作督促生态环境损害者及时采取紧急处置措施防止损害的发生或进一步扩大；如果生态环境损害者没有能力及时采取紧急处置措施，政府索赔主体应与环保部门协作，及时组织有关环境损害处理机构和人员采取紧急处置措施防止损害的发生或进一步扩大。

二、及时开展生态环境损害调查和评估

生态环境损害赔偿索赔主体应积极会同环保部门、自然资源管理部

门等及时开展生态环境损害调查，确定损害程度、损害范围、损失大小等并作出评估鉴定。如果赔偿义务人对于评估鉴定报告有异议，可以提出异议，双方达成一致可以重新进行评估。

三、及时制定并向赔偿义务人发出生态环境损害索赔方案

生态环境损害鉴定评估结束后，赔偿权利人应及时制定生态环境损害索赔方案，索赔方案应包括索赔程序的启动、修复或赔偿方案、索赔金额、生态环境损害赔偿磋商意见书等。生态环境损害索赔方案制定后，应及时向赔偿义务人发出生态环境损害赔偿的意见书，并同时向社会公众公开。在赔偿权人启动索赔之前，为公开、公平、公正处理生态环境损害赔偿有关问题，满足公众参与环境保护的需要，本书建议在索赔之前，应设置一个听证程序，无论是赔偿权利人还是赔偿义务人在必要时都有权启动听证程序。听证的内容包括赔偿义务人的生态环境损害行为的认定、因果关系的认定、损害结果的鉴定和评估、损害赔偿金的确定、拟采取的索赔方式等。需要明确的是，听证程序不是启动索赔程序的必经程序。

四、启动生态环境损害赔偿诉前磋商

生态环境损害索赔方案确定后，赔偿权利人应及时启动磋商的程序，主动进行磋商。

（一）生态环境损害赔偿磋商的界定及性质

磋在古代是指把象牙加工成器物，引申为仔细商量；商指两个以上的人在一起计划、讨论。磋商是指仔细商量、研究；互相商议，交换意见。磋商不同于和解。和解在法律上指当事人在自愿互谅的基础上，就已经发生的争议进行协商并达成协议或者诉讼当事人之间为处理和结束诉讼而达成的解决争议问题的妥协或协议，是自行解决争议的一种方式。和解有诉讼前的和解和诉讼中的和解两种。诉讼前的和解，指发生诉讼以前，双方当事人互相协商达成协议，解决双方的争执。这是一种民事法律行为，是当事人依法处分自己民事权利的表现。和解达成后，当事人所争执的权利确定，所放弃的权利消失。和解协议一经成立，当

事人原则上不得任意反悔要求撤销。诉讼中的和解是当事人在诉讼进行中互相协商，达成协议，解决双方的争执。诉讼中的和解协议经法院审查批准，当事人签名盖章，即发生效力，结束诉讼程序的全部或一部。和解包含了诉讼双方互相让步或一方自愿让步之意，遵循自愿、平等、互谅互让原则。磋商是在平等、自愿、公开、公平、公正原则的基础仔细商量、交换意见，不必然包含双方互谅互让之意。

生态环境损害赔偿磋商是生态环境损害发生后诉讼前，生态环境损害赔偿权利人——政府根据生态环境损害鉴定评估报告，就损害事实和程度、修复启动时间和期限、赔偿的责任方式和期限等具体问题与赔偿义务人进行仔细磋商并达成修复、赔偿协议的行为。磋商时，应统筹考虑修复方案技术可行性、成本效益最优化、赔偿义务人赔偿能力、第三方治理可行性等情况。

生态环境损害赔偿磋商的性质，有的学者认为是行政行为，有的认为是民事法律行为。实际上，磋商性质的认定与生态环境损害赔偿性质的认定有密切关系。若认为生态环境损害赔偿属于民事赔偿的，生态环境损害赔偿磋商就是民事法律行为；若认为生态环境损害赔偿是行政赔偿，生态环境损害赔偿磋商就是行政行为。本书认为，生态环境损害赔偿本质上是民事赔偿，因此，生态环境损害赔偿磋商是民事法律行为。其性质可以从以下几个方面分析：

1. 主体具有平等性，磋商的主体是生态环境损害赔偿权利人和赔偿义务人，《试点方案》只是规定政府索赔主体可以与赔偿义务人通过磋商解决，没有规定环保公益组织、检察机关能否与赔偿义务人进行磋商。如前所述，环境公益组织和检察机关提起的是环境公益诉讼，是在政府索赔主体未采取措施的情况下法律赋予的诉权，不存在诉前磋商问题。因此，磋商是政府行使生态环境损害赔偿权的一种方式。虽然索赔主体是政府部门，具有行政权力机关的性质，但在生态环境损害赔偿法律关系中，与赔偿义务主体的法律地位是平等的，双方不存在管理与被管理、命令与服从关系，双方在磋商过程中应平等、自愿、公平地商议、交换意见。

2. 磋商过程是要约和承诺过程，是动态过程。磋商是索赔主体和赔偿义务人就生态环境损害认定、修复、赔偿等事宜进行仔细商议、交换意见，最终达成一致并签订生态损害赔偿协议的过程，是合同订立的过程。一般合同订立的过程要经过两个阶段，即要约和承诺的过程。生态环境损害发生后，索赔主体就生态环境损害认定、修复、赔偿等事项提出生态损害赔偿意见书，此意见书可视为要约，若赔偿义务人对生态损害赔偿意见书接受的，接受的意思表示视为承诺；若赔偿义务人对生态损害赔偿意见书不接受的，并就生态环境损害赔偿意见书相关内容，提出新的意见的，视为反要约。双方通过要约、反要约、承诺这样的反复商议最后达成一致。因此，磋商是要约、承诺的过程。当然，双方经过磋商也可能最终未达成一致，磋商失败，此时，应进入诉讼阶段，索赔主体向人民法院提起生态损害赔偿诉讼。

3. 磋商是提起生态环境损害赔偿诉讼的必经前置程序。磋商是索赔主体提起诉讼前的一个阶段，设置磋商制度的目的是及时、快速解决生态环境损害修复、赔偿等问题，避免因漫长的诉讼程序导致生态环境损害不能及时获得救济，甚至损失进一步扩大。当然，经磋商未达成一致的，索赔主体应及时提起生态环境损害赔偿诉讼。但是，正如前文分析的，生态环境损害赔偿是民事赔偿，损害赔偿权利人和义务人在这一法律关系中，法律地位是平等的，如果赔偿权利人提出磋商，赔偿义务人不愿意磋商的，应视为磋商不成，应尽快结束磋商程序，赔偿权利人及时向法院提起生态环境损害赔偿诉讼。

（二）生态环境损害赔偿磋商的原则

1. 平等原则。生态环境损害赔偿是民事赔偿，发生在平等的赔偿权利人和赔偿义务人之间，在磋商的过程中，应遵循平等原则，作为具有行政权力的政府不得利用职权强制赔偿义务人接受磋商相关内容。

2. 自愿原则。虽然磋商是提起生态环境损害赔偿诉讼的必经前置程序，但在生态损害赔偿磋商过程中应坚持自愿原则，对于磋商内容，任何一方都不得强制对方接受。

3. 公开原则。生态环境利益是公共利益，公众对生态环境损害赔偿相关内容有知情权、参与权。生态环境损害赔偿磋商方案应向公众公开，允许公众参与提出意见。

4. 公平原则。公平原则建立在平等、自愿原则基础之上，双方只有法律地位平等，充分表达自己的意见，才能达成公平公正的生态环境损害赔偿协议。公平原则主要体现在生态环境损害的评估和损害范围的确定、损害修复、损害赔偿等方面应公平合理。

（三）生态环境损害赔偿磋商主体

生态环境损害赔偿磋商主体是作为赔偿权利人的政府和赔偿义务人，作为磋商主体的政府一方可指定相关部门或机构负责生态环境损害赔偿具体工作。目前一些试点地区开展的生态环境损害赔偿磋商，引进了第三方律师协会参与，但律师协会只是充当协调或主持的角色，不是生态环境损害赔偿磋商的当事人。环境公益组织、检察机关、公众虽然可以参与生态环境损害赔偿磋商程序，但其作用主要体现在提出意见、监督索赔主体权利行使等方面，不是磋商的当事人。

义务主体是污染环境或破坏生态的行为人，包括自然人、法人和其他社会组织。若赔偿义务人投保责任险的，还包括保险人。我国也正在逐步建立生态损害赔偿基金制度，生态环境损害赔偿基金在行为人无力赔偿或不能完全赔偿的情况下，承担补充赔偿责任，因此，生态环境损害赔偿磋商阶段，基金组织作为责任主体也可参与。

一些试点地区在开展试点工作的过程中，总结实践经验，结合本地区特点，制定了地方性的生态环境损害赔偿磋商规范。如《贵州省生态环境损害赔偿磋商办法（试行）》第5条规定，生态环境损害赔偿磋商的主体包括生态环境损害赔偿权利人、赔偿义务人、生态环境损害第三人、调解组织和受邀参与磋商人。按照该办法的规定，国务院授权的地方人民政府是生态环境损害赔偿权利人。其所属的环境保护、国土资源、住房城乡建设、水利、农业、林业等相关生态环境保护职能部门可以根据同级人民政府的委托，代表赔偿权利人具体负责各自职责范围内的生态环境损害赔偿工作。赔偿义务人是违反法律、法规造成生态环境损害的单位和（或）个人。生态环境损害第三人是与生态环境损害赔偿有利害关系的企业事业单位、其他生产经营者和（或）个人。此第三人应是指因生态环境损害而遭受人身、财产等私益损害的受害人。调解组织是赔偿权利人、赔偿义务人共同委托的符合司法机关要求的第三方独立调解机构。受邀参与磋商人是调解组织从生态环境损害侵权行为地县级以上人民政府、相关职能部门、生态环境损害鉴定评估机构、环境污染防治专家、法律专家及依法成立的以保护生态环境为宗旨的社会组织、公众中选择的参与磋商的单位和（或）个人。该办法对生态环境损害赔偿磋商主体进行了比较详细的规定，但是，该办法规定尚不够严谨。生态环境损害赔偿磋商主体始终都应是赔偿权利人和赔偿义务人，而且赔偿权利人仅限于政府索赔主体。赔偿义务人是依法应当承担生态环境损害修复和赔偿责任的人。生态环境损害第三人是生态环境损害赔偿的利害关系人。调解组织只是起到主持、协调作用，赔偿权利人和赔偿义务人也可以自行磋商，不一定要有第三方调解组织参与。而该办法规定，赔偿权利人、赔偿义务人双方同意磋商的，应当在7个工作日内向调解组织提出磋商申请，本书认为将调解组织参与磋商作为强制性规定是不必要的。受邀参与磋商的相关机构的专家和公众是行使他们的环境保护公众参与权，对生态环境损害赔偿索赔只是起监督、协助作用。因此，调解组织和受邀参与磋商的相关机构的专家和公众只是磋商的参与人，而非磋商主体。

（四）生态环境损害赔偿磋商的内容

赔偿权利人和赔偿义务人主要就以下内容进行磋商：

生态环境损害事实和程度、有关证据；鉴定评估报告、修复方案；生态环境损害赔偿责任方式和期限；生态环境损害修复工程启动时间与结束期限；生态环境损害修复工程的承担主体；生态环境损害修复及治理效果的评估方式；生态环境损害赔偿数额、计算依据、支付方式、履行期限；不履行磋商协议或履行不符合协议约定应承担的民事责任；其他事项。

（五）生态环境损害赔偿磋商协议

生态环境损害赔偿经索赔主体和赔偿义务人磋商达成一致意见的，应签订生态环境损害赔偿协议。协议应当采取书面形式，一般包括以下内容：（1）协议双方当事人名称（姓名）、地址；（2）生态环境损害事实；（3）协议双方当事人对鉴定评估报告、修复方案的意见；（4）履行生态环境损害赔偿责任的方式与期限；（5）生态环境损害修复工作启动时间与结束期限；（6）生态环境损害修复工作的承担主体；（7）生态环境损害修复及治理效果的评估方式；（8）生态环境损害赔偿数额、计算依据、履行期限；（9）不履行磋商协议或履行不符合协议约定应承担的民事责任。（10）争议的解决方法及其他事项。生态环境损害赔偿协议书应由双方签字或盖章，自双方签字或盖章时生效，双方另有约定的除外。协议一旦生效，对双方即有约束力，双方应按照协议的内容履行义务。如果一方不履行义务的，另一方可否向法院申请强制执行，也就是说磋商协议是否具有强制执行效力？有的认为具有强制执行效力，[1] 有的认为不具有强制执行效力。本书认为，磋商协议作为民事合同，不具有强制执行效力，如果赔偿义务人不履行协议的，按照一般合同履行规则，赔偿权利人可以就协议不履行向法院提起诉讼，但是，这样一来，就会延长磋商协议履行的时间，而环境损害修复是迫切的，因此，按照一般合同履行纠纷处理的话，不利于环境损害的及时修复。由于环境损害的特殊性，应该确立新的协议履行规则。目前试点地区有不同做法。如绍兴市的做法是：磋商协议签订后，由司法机关对磋商协议进行确认。确认的方式有两种：一种方式是按照诉调对接的模式，由法院出具民事调解书；另一种方式由基层的法院出具司法确认书。磋商协议经过法院确认之后，可以向法院申请执行。如果达不成磋商协议，赔偿权利人可以提起生态环境损害赔偿诉讼。《改革方案》明确规定，对经磋商达成的赔偿协议，可以依照民事诉讼法向人民法院申请司法确认。经司法确认的赔偿协议，赔偿义务人不履行或不完全履行的，赔偿权利人及其指定的部门或机构可向人民法院申请强制执行。本书赞同这一规定。磋商协议签订后，由司法机关进行确认，使其具有法律强制执行力，是迅速实现磋商协议内容的较好途径。

磋商不同于诉讼中的调解、和解。诉讼中的调解、和解是原、被告双方在诉讼过程中在法院的主持下达成调解协议或者自行达成和解协议后，由法院出具调解书。调解书与判决书具有同等的法律效力。

---

〔1〕 参见《绍兴市生态环境损害赔偿磋商办法（试行）》第20条。竺效：《生态损害公益索赔主体机制的构建》，载《法学》2016年第3期。

五、提起生态环境损害赔偿诉讼

《改革方案》规定，磋商未达成一致的，赔偿权利人及其指定的部门或机构应当及时提起生态环境损害赔偿民事诉讼。因此，生态环境损害发生后，磋商是赔偿诉讼的前置程序，只有当磋商未达成一致的，才能启动生态损害赔偿诉讼程序，而不是在生态环境损害发生后直接向人民法院提起生态损害赔偿诉讼。生态环境损害赔偿诉讼是民事诉讼，索赔主体依据《民事诉讼法》向法院提起诉讼。根据2017年6月修正后的《民事诉讼法》第119条规定，当事人提起民事起诉必须符合下列条件：（1）原告是与本案有直接利害关系的公民、法人和其他组织；（2）有明确的被告；（3）有具体的诉讼请求和事实、理由；（4）属于人民法院受理民事诉讼的范围和受诉人民法院管辖。《环境民事公益诉讼解释》规定，法律规定的机关和有关组织提起环境民事公益诉讼，只需符合民事诉讼法第119条第（2）项、第（3）项、第（4）项规定的，不要求原告与案件有直接利害关系。

赔偿权利人提起生态环境损害赔偿诉讼的，为保障诉讼的顺利进行和诉讼结果的有效执行，可以依据《民事诉讼法》采取一系列诉讼保障措施。这些措施包括证据保全、财产保全、行为保全和先予执行。

生态环境损害发生后，为防止证据灭失或者以后难以取得，可以在诉讼过程中向人民法院申请保全证据。当然，人民法院也可以主动采取保全措施。参与生态环境损害赔偿的利害关系人，因情况紧急，在证据可能灭失或者以后难以取得的情况下，可以在提起诉讼或者申请仲裁前向证据所在地、被申请人住所地或者对案件有管辖权的人民法院申请保全证据。

为防止生态环境损害赔偿义务人转移财产或损害财产的行为导致赔偿义务人的诉讼请求无法实现，赔偿权利人可以向法院申请对赔偿义务人的财产财产进行保全。参与生态环境损害赔偿的利害关系人因情况紧急，不立即申请保全将会使其合法权益受到难以弥补的损害的，可以在提起诉讼或者申请仲裁前向被保全财产所在地、被申请人住所地或者对案件有管辖权的人民法院申请采取保全措施。在必要时，即使赔偿权利人没有提出申请采取保全措施的，法院也可以裁定采取保全措施。

为防止行为人继续实施损害生态环境的行为，赔偿权利人还可以向法院申请行为保全，法院可依法责令行为人作出一定行为或者禁止作出一定行为。在必要时，即使赔偿权利人没有提出申请采取行为保全措施的，法院也可以裁定采取行为保全措施。行为保全与财产保全共同构成我国民事诉讼中的保全制度。行为保全在各国有不同的称谓。英国称其为中间禁止令，美国则称为“暂时禁令、预备性禁令”，德国和日本称其为假处分制度。行为保全是为了防止行为人的行为导致损害的进一步扩大而采取的措施。如前文多次提出的，在环境损害案件中，对侵害环境行为的及时制止比损害后的救济更重要，因此，在生态环境损害赔偿案件审判初期，申请行为保全能够及时制止危害生态环境的行为，意义重大。

生态环境损害后果往往较为严重并有进一步扩大的危险，因此，损害发生后，需要及时采取防范措施，防止损失的进一步扩大，为此，赔偿权利人可根据实际情况及时向法院申请先予执行。根据《民事诉讼法》第106条规定，以下案件，当事人可以申请先予执行：（1）追索赡养费、扶养费、抚育费、抚恤金、医疗费用的；（2）追索劳动报酬的；（3）因情况紧急需要先予执行的。法院裁定先予执行的，应符合《民事诉讼法》第107条规定的条件，即（1）当事人之间权利义务关系明确，不先予执行将严重影响申请人的生活或者生产经营的；（2）被申请人有履行能力。先予执行包括对财产的先予执行，也包括对行为的先予执行。从《民事诉讼法》第106条的规定来看，先予执行是为了解决申请人的生产、生活的急迫需要，适用于三类案件；而从《民事诉讼法》第100条的规定来看，行为保全是为了防止损害的发生或进一步扩大，适用于可能因当事人一方的行为或其他原因，使判决难以执行或者造成当事人其他损害的案件。先予执行在诉讼开始后，裁判前适用；而行为保全可在诉前也可在诉讼过程中适用。尽管存在这些区别，但从都是依申请人的申请，法院依法责令行为人为一定行为或不为一定行为这一点来看，二者又存在一定的重合。相比于行为保全制度，先予执行仅在诉讼过程中适用以及适用案件的有限性，在及时救济受损的权益方面略显逊色。因此，本书建议，整合行为保全和先予执行，将对行为的先予执行从先予执行制度中分离出来，仅规定行为保全制度。

按照《民事诉讼法》的规定，无论是申请财产保全、行为保全还是先予执行，法院都可以责令申请人提供担保，申请人不提供担保的，裁定驳回申请。申请财产保全或行为保全有错误的，申请人应当赔偿被申请人因保全所遭受的损失。申请人申请先予执行败诉的，应当赔偿被申请人因先予执行遭受的财产损失。这些规定在生态环境损害赔偿诉讼中是否适用？理论上来说，申请诉讼保全时，无论申请人是何主体，法院均可以责令其依法提供担保，担保方式可以是人的担保也可以是物的担保。

需要进一步探讨的是，索赔主体在启动索赔程序之前是否设置一个告知的前置程序。《美国综合环境反应、赔偿和责任法》规定，自然资源受托人只有在通知环境保护署和潜在责任人其起诉意图之日起60日后，才可以提起自然资源损害赔偿诉讼。对于该60日的通知期限，一些联邦法院的判决认为其不具有强制性效力，该期限的设置只是为了方便各方进行和解协议的谈判。但美国联邦最高院在一项根据《资源保护和恢复法》（Resource Conservation and Recovery Act，RCRA）提起的公民诉讼中，对一个类似期限所做的裁决是该期限是提起相应诉讼的强制性必要条件，因此上述联邦法院的有关判决的持续效力还有待确定。[1]《欧盟关于预防和补救环境损害的环境责任指令》第11条第4项规定，主管机关根据本指令做出的任何施加预防或补救措施的决定，应当阐明其确切的理由。主管机关应立即向有关的经营者通知该决定，同时应告知该经营者，根据有关成员国现行有效的法律可供其利用的法律救济及该救济的时效。第12条规定，在自然人或法人督促主管机关采取措施的情况下，主管机关应给予相关经营者机会，让他人知晓其与该行动请求和随附的观察报告相关的观点。

本书认为，我国生态环境损害赔偿设置有磋商前置程序，开展磋商

〔1〕 李冬梅：《美国〈综合环境反应、赔偿和责任法〉上的环境民事责任研究》，吉林大学2008年博士学位论文，第153页。

的第一步就是向赔偿义务人发出磋商意见书，这实际上就是告知，可以在法律上确定一个赔偿义务人答复的期限，但期限不宜过长，如10天，在10天内未答复或拒绝磋商的，视为磋商未达成一致，赔偿权利人可直接提起诉讼。

六、生态环境损害赔偿诉讼时效

生态环境损害赔偿权是请求权，受诉讼时效的限制。如《俄罗斯环境保护法》第78条第3款：关于违反环境保护法规造成的环境损害的赔偿诉讼，可以在20年期限内提起。《欧盟关于预防和补救环境损害的环境责任指令》第10条规定，涉及根据本指令采取的任何措施，主管机关将有权从这些措施完成之日起或者应当承担责任的经营者或第三方当事人被确认之日起5年内（以在后的时间为准），对已造成损害或损害的迫近威胁的经营者或第三方当事人（在适当的情况下）提起费用索赔的程序。《美国综合环境反应、赔偿和责任法》规定，自然资源损害赔偿诉讼时效期间为3年。列入国家优先权名单上的设施或场地造成的自然资源损害，诉讼时效从清除行动完成之日起开始计算。未列入国家优先权名单的设施或场地造成的自然资源损害，诉讼时效从发现自然资源损害之日起或自美国内政部签发自然资源损害评估规则之日起，以后到日期开始计算。[1] 自然资源损害赔偿基金垫付损害赔偿金的，环境保护署可以无限期地向责任人追偿自然资源修复费用。美国环境保护署对全国污染场地进行管理，并责令责任人对污染场地进行修复；对找不到责任人或责任人没有修复能力的，由自然资源损害赔偿基金支付自然资源修复费用；对不愿支付修复费用或当时尚未找到责任者的，可由自然资源损害赔偿基金先支付污染场地修复费用，再由环境保护署无限期地向责任者追讨。

我国《环境保护法》第66条规定，提起环境损害赔偿诉讼的时效期间为3年，从当事人知道或者应当知道其受到损害时起计算。该条是

---

〔1〕 李冬梅：《美国〈综合环境反应、赔偿和责任法〉上的环境民事责任研究》，吉林大学2008年博士学位论文，第78页。

否适用生态环境损害赔偿请求权？本书认为，可设定生态环境损害赔偿普通诉讼时效和最长诉讼时效，提起生态环境损害赔偿诉讼的时效期间为 3 年，从赔偿权利人知道或者应当知道生态环境受到损害时起计算。从损害生态环境损害行为发生时起，在 20 年内未要求生态环境损害赔偿的，法院不予支持。生态环境修复责任是损害赔偿的一种表现形态，也受此诉讼时效期间的限制。但是，生态环境损害赔偿权利人提起的请求停止侵害、排除妨碍、消除危险、赔礼道歉的，不受诉讼时效期间的限制。

第六章　大气污染损害赔偿责任社会化

第一节　大气污染损害赔偿责任社会化的必要性

大气污染是环境污染的一种，因此，本章有关大气污染损害赔偿责任社会化的探讨不仅仅局限于大气污染领域，实际是以大气污染损害赔偿责任社会化为契机探讨环境污染损害赔偿责任社会化，在此作一说明。

一、大气污染损害赔偿责任社会化的意义

由于空气污染侵害具有长期性、隐蔽性、损害结果巨大、侵权主体难以认定、受害人诉讼成本高等特点，而污染企业经济能力有限，传统的侵权责任救济模式，面临种种难题。

首先，侵害人往往难以认定。企业生产、汽车尾气、工地施工、冬季取暖等造成的空气污染，都不是单一的某个污染者造成的，由于空气的流动性，某一区域的空气污染可能来自于其他地区，这些因素都导致空气污染相较于其他环境污染，更难确定侵害人。

其次，空气污染因果关系难以认定。空气污染源众多，污染物种类各异，造成损害的原因复杂，而且即使受害人生活在污染区域，受制于科学技术即医学

的发展，有些疾病与污染之间的关系也难以确定，如在谢某诉江苏天楹赛特环保能源集团有限公司大气污染侵权案中，依据现在的科学研究，原告无法证明谢某脑瘫与大气污染有关联性，被告也无法证明谢某脑瘫与大气污染没有关联性，因原告没有完成一定的举证，法院最终判决原告败诉。

最后，损害具有广泛性、潜伏性、严重性等特点。空气污染可能造成群体性损害，大气污染损害以大气为媒介，而大气是开放空间且流动性强，导致受害人数众多。因为受害范围广，人数众多，因此造成的损失巨大，而企业能力有限难以承担赔偿受害人的责任。而空气污染损害往往具有潜伏性。大气污染物往往要通过广袤的空间，经过漫长的时间，污染物经过累积甚至化学反应，对人体健康损害及环境损害才能表现出来，这就导致大气污染造成的损害难以在短期内被发现，等到确定损害时，已无法确定侵害人，依据传统侵权责任法，受害人以及环境损害都难以获得救济。

因此，大气污染责任社会化的意义主要体现在两个方面：一是可以有效地分散个体责任人行为风险，保证责任人不会因为承担损害赔偿责任而使其生产或生活发生重大困难甚至企业倒闭。二是可以避免由于责任人赔偿能力不足或责任人无法确定时而使受害人赔偿落空的情形。

二、环境污染损害赔偿责任社会化的理论基础

环境污染损害赔偿责任社会化的理论基础主要有风险分担理论、社会连带理论等。

（一）风险分担理论

现代科学技术和工业的发展，使人类进入现代文明社会的同时，也使人类处在一个高风险的社会环境中，环境污染、产品缺陷、交通事故等事故频发，这些事故造成的损害往往是受害人难以防范的。“一个健全的社会，不仅要有公平的利益分配制度，而且要有公平的损失分配制度。”[1] 相对于受害人，行为人更了解自己活动带来的风险，也更有能

〔1〕 江平：《民法学》，中国政法大学出版社 2000 年版，第 749 页。

力防范风险，而且行为人从事这些风险活动为自己带来了收益，行为人对因自己的行为造成损害承担责任是必然的，也是合理的。因此，现代各国在环境污染责任、产品责任等领域多实行无过错责任，对行为人课以较重的责任。但是，环境污染也是生产活动的必然产物，是社会发展的副产品，这些具有风险的活动，为社会带来了效益，推动了社会的发展和进步，如果要行为人以自己的财力独自承担，一方面，行为人可能无力承担；另一方面，对于有些风险，行为人也无法预料，如果让行为人承担，可能会打击行为人从事这些行业的积极性，不利于社会经济发展，因此，需要将污染成本外部化，由社会分担风险。

（二）社会连带理论

社会连带理论最早由法国实证主义哲学和社会学的创始人孔德使用，后由法国著名社会学家涂尔干在《社会分工论》中进一步阐述，狄骥在涂尔干的社会连带思想的基础上，将这一思想引入法学，创建了社会连带主义法学。[1] 社会连带理论主张，同一社会的人，因为有共同的需要，而只能以共同生活确保满足，所以是彼此联系的；又因为人的需要不同，同时禀性亦异，所以彼此统一，藉互相执役以满足他们的不同欲望。[2] 社会连带理论是把社会所有成员视为一个整体，认定部分成员遭受的损失与受害，同时也等于全体成员的损失与受害。在这种休戚与共、共荣共辱的原则下，每一个体彼此之间均有一定程度的连带关系，而此一连带关系是透过国家制度予以“链接”的，在此“链接关系”下，偶有遭到无可避免的损害，由于关系盘综错节，难以追究损害之肇事责任，亦难以用“特别牺牲”予以涵摄，故透过损失补偿制度加以弥补此损失与受害。[3]

三、环境污染损害赔偿责任社会化模式

从域外有关国家（地区）的法律规定来看，环境责任社会化模式主

---

〔1〕 张文显：《二十世纪西方法哲学思潮研究》，法律出版社 1996 年版，第 118 ~ 119 页。

〔2〕 ［法］狄骥：《〈拿破仑法典〉以来私法的普遍变迁》，徐砥平译，中国政法大学出版社 2003 年版，第 27 页。

〔3〕 李惠宗：《行政法要义》，五南图书出版股份有限公司 2002 年版，第 651 页。

要有环境责任保险制度、财务保证或担保制度、行政补偿制度、社会保障制度等。

在上述各种环境责任社会化方式中，环境责任保险模式最普遍。所谓环境责任保险是指以被保险人因污染环境对第三者造成损害依法应负赔偿责任为保险标的的保险，是将保险的风险分散功能运用到了环境损害领域，是最常用的转移环境污染赔偿责任风险的手段。美国的《综合环境反应、赔偿和责任法》、欧盟的《关于预防和补救环境损害的环境责任指令》、德国的《环境责任法》、俄罗斯的《环境保护法》等都规定，国家应建立环境责任保险制度。

财务保证或担保是指由潜在的环境侵害责任人提供一定的资金专门用于对受害人进行及时、有效的救助。[1] 财务保证或担保又分为三种形式：即提存金制度、公积金制度、第三人财务保证或担保制度。提存金制度是污染企业按照法律规定向提存机关预先提存一定数额的金钱，以赔偿污染造成的损害的制度。公积金制度是企业自愿参与的具有互助性质的制度，也是从企业财产中拿出一部分资金作为将来的环境损害赔偿金。第三人财务保证或担保制度是由政府或金融机构为环境污染企业提供担保或保证责任的制度。《德国环境责任法》第 19 条第 1 款规定：附录二所列举之设备所有人应保证其能够履行因设备引发环境影响导致的人身伤亡、健康受损或财产损失而负的赔偿责任。如果某已停止运行之设备出现某种特别的危害，主管机关可以责令设备关闭时之所有人在此后最远可达 10 年内继续提供足够赔偿金或其他金钱保障以履行相关义务。[2] 该条第 2 款规定，这些保障方式或者是环境责任保险；或者是由联邦或某个州承担履行担保或保证责任；或者由有权从事经营活动的信用机构提供履行担保或保证责任。[3]《美国资源保护和赔偿法》（1976 年）授权美国环保局发布行政命令，规定危险废物的处理、贮存

---

〔1〕 王明远：《环境侵权救济法律制度》，中国法制出版社 2001 年版，第 68 页。

〔2〕《德国环境责任法》附录二所列设备是指《危险物质事故条例》第 1 章和第 7 章中的设备。

〔3〕《德国环境责任法》，张一粟译，载北大法律信息网，载 http：//article. chinalawinfo. com//ArticleHtml/Article－40280. Shtml，最后访问日期：2018 年 3 月 20 日。

和处置设施的所有者或经营者必须向当地政府提供设施关闭费用、设施关闭后后续的维护费用等财务担保证明，其中设施关闭费用包括停止设备运行、安全关闭设备单元以及清理一切污染所花费的费用。设施关闭后后续的维护费用包括设备关闭后的规定期间内的维护、监测以及记录等相关费用。其财务担保证明可以采取担保债券、信托基金或环境责任保险等方式。在《资源保护和赔偿法》授权下，美国环保署规定，危险废物处理、贮存以及处置设施的所有人以及运营方需要对突发性环境事件以及非突发性环境事件所引发的第三方人身物理性伤亡以及财产损害提供财务担保证明。对于突发性事故，美国要求所有的危险废物处理、贮存以及处置设施所有人或营运人必须就每次突发性事故提供100万美元的财务担保，每年至少200万美元（不包括法律辩护费用）；对于非突发性环境事件，只有与土地相关的地表蓄水、填埋场、土地处理等设施的所有人与运营人才必须提供财务担保，每一起非突发性事故提供财务担保300万美元，每年至少600万美元（不包括法律辩护费用）。[1]

行政补偿制度是指根据有关法律规定，以行政手段介入环境侵害补偿，由政府通过征收环境费或环境税等方式筹资设立环境侵害补偿基金，在满足法定条件下，该补偿基金可以及时地恢复生态环境或填补环境受害人的损失。同时，在环境侵害责任人已经确定或可以确定的情形下，该行政补偿基金组织仍然可以向环境侵害人追偿。[2]

社会保障主要通过对被保障人的人身伤害的补偿实现其风险分散功能，因而具有以下功能：一是保障受害人的基本生活。当环境侵害责任发生时，可以通过医疗保险或工伤保险等社会保障方式，使受害人的基本生活水平得到保障，不致发生生存困难。二是能在客观上弥补传统侵害赔偿责任方式的不足，避免救济时间滞后。三是弥补加害人偿付能力不足或不能的局限。社会保障制度是一种福利国家制度，在环境责任的分担过程中，作为环境责任的最后总承担者，国家通常以直接介入的方式提供社会保障资金。[3]

---

〔1〕 牛坤玉、於方、刘倩：《环境损害赔偿资金保障机制国际经验及启示》，载《环境保护》2015年第19期。

〔2〕 陈方淑：《环境责任保险法律制度研究》，西南政法大学2010年博士学位论文，第69页。

〔3〕 陈方淑：《环境责任保险法律制度研究》，西南政法大学2010年博士学位论文，第70页。

上述各种环境责任社会化各有优缺点，选择何种社会化救济方式还应结合各种救济方式的特点，充分考虑本国国情，建立适合本国国情的环境责任社会化模式。环境责任保险制度是分散责任人承担赔偿责任的较好选择，但是环境责任保险可能引发道德风险。被保险人因投保后获得了保险保障，就会对污染防范产生懈怠，甚至放任污染，对社会的责任感降低、削弱民事责任惩戒功能等。财务保证或担保中的提存金制度和公积金制度是预先由污染者交付一定数额的金钱作为将来的损害赔偿金，这种做法实际是将责任者一次性支付的巨额赔偿金转由侵害者逐年赔偿，因而只是从时间上分散了责任主体的赔付压力，实质上仍然是一种自己责任，其社会化程度非常低。[1] 而由政府或者金融机构第三方提供担保的，受制于政府的财政能力以及是否有符合条件的金融机构愿意提供担保。行政补偿制度中的补偿金来源于向企业征收的税费，其优点在于救济比较及时，缺点是需借助于公权力的实施，需要避免权力寻租以及行政低效的问题。日本的《公害健康受害补偿法》即是此种模式。社会保障制度是将环境损害赔偿金纳入国家保障体系，适合国家财政强大、社会保障水平高的国家。我国目前基本建立了基本医疗和养老社会保障制度。基本医疗保险制度不区分疾病的发生原因，只要患有医疗保险覆盖的疾病，都能获得基本医疗保险的救济，因此，环境损害造成健康损害的也在基本医疗保障制度覆盖的范围内。但是，由于目前的基本医疗保险只补偿医疗费等费用，因疾病而产生的误工费、交通费、营养费、护理费、死亡补偿金、残疾补偿金、精神损害赔偿等不能从基本医疗保险中获得救济。

目前我国的环境损害社会化救济制度尚在建设中，未来我国应建立何种形式的环境损害社会化救济模式值得研究。

2007 年国家环保总局发布了《关于环境污染责任保险工作的指导意见》，提出要加快建立环境污染责任保险制度，2013 年 1 月，环保部和保监会又联合发布了《关于开展环境污染强制责任保险试点工作的指

---

〔1〕 陈方淑：《环境责任保险法律制度研究》，西南政法大学 2010 年博士学位论文，第 68 页。

导意见》，提出要进一步健全环境污染责任保险制度，做好环境污染强制责任保险试点工作，该指导意见进一步明确了环境污染强制责任保险的试点企业范围及相关制度建设的具体指导意见。2014年修订的《环境保护法》第52条明确规定了国家鼓励投保环境污染责任保险。2015年9月，党中央、国务院印发的《生态文明体制改革总体方案》明确在环境高风险领域建立环境污染强制责任保险制度。2016年8月，中国人民银行、财政部七部委联合印发了《关于构建绿色金融体系的指导意见》（银发〔2016〕228号）进一步阐明了构建绿色金融体系的意义，明确了绿色金融体系的内容。绿色金融体系内容之一即为发展绿色保险，包括在环境高风险领域建立环境污染强制责任保险制度；鼓励和支持保险机构创新绿色保险产品和服务；鼓励和支持保险机构参与环境风险治理体系建设。上述文件及法律规定表明，我国环境污染社会化制度建设已经展开，目前重点建设的是环境责任强制保险制度，而且有关部门已经开始着手起草环境污染强制责任保险法规。

但是，环境污染强制责任保险还无法担负起环境污染损害社会化责任的所有职能，它只能解决责任主体明确、因果关系确定、损害能够明确确定的环境污染责任。对于责任主体不明、因果关系难以确定、损害潜伏期长的环境污染损害责任，环境污染强制责任保险难以顾及。已有研究表明，大气污染物对人体健康的损害是确定的、严重的和长期的，但是由于大气污染源众多、成因复杂、大气流动性强等特点，相较于其他环境污染，大气污染的责任主体更加难以确定，因果关系更加难以判断、对人体健康损害更加突出以至于救济更为急迫，因此，只有环境污染责任保险制度还不足以解决大气污染对受害人造成损害的救济。通过上述对国际上的各种环境损害赔偿社会化模式的分析，本书认为，为应对包括大气污染在内的环境污染损害赔偿难问题，我国除应建立环境污染强制保险制度外，还应建立环境污染健康损害赔偿基金制度、生态环境损害赔偿基金，共同构成我国的环境污染损害社会化责任体系。

第二节　环境责任保险

大气是环境的一部分，我国应建立的是统一环境责任保险制度，而不只是在大气污染领域建立责任保险制度，环境责任保险包含了大气污染责任保险。因此，下文探讨大气污染责任保险主要从环境污染责任保险的角度展开。环境污染责任保险是以企业发生污染事故对第三者依法应承担的赔偿责任为标的的保险。

一、环境责任保险的含义

所谓责任保险是指以被保险人对第三者依法应负的赔偿责任为保险标的的保险。[1] 责任保险所承保的标的是民事赔偿责任，不是刑事责任也不是行政责任。所谓环境责任保险就是以被保险人因污染环境对第三者或生态环境造成损害依法应负赔偿责任为保险标的的保险。此环境污染赔偿责任包括因环境污染或破坏造成的人身损害赔偿责任、财产损害赔偿责任、精神损害赔偿责任以及生态环境损害赔偿责任。

二、环境责任保险的立法模式

环境责任保险制度在西方发达国家正日趋成熟和完善。目前国外环境责任保险有两种立法模式：一是强制责任保险制度。如《德国环境责任法》第 19 条规定的特定危险设备造成环境污染损害赔偿强制责任保险；美国针对有毒物质和废弃物的处理、处置可能引起的环境损害赔偿强制责任保险制度；二是任意责任保险为主，强制责任保险为辅的环境责任保险制度，如法国。在我国，由于污染企业的环境意识不高，我国宜采取环境强制责任保险为主，自愿商业责任保险为辅的模式。目前从我国的有关政策性文献来看，亦倾向于采取此种模式。2017 年 6 月，环境保护部与保监会起草的《环境责任保险》（征求意见稿），体现了有

---

〔1〕《保险法》第 65 条第 4 款。

关政策精神，重点规定了环境污染强制责任保险，并明确了在环境污染强制责任保险之外，企业可与保险公司自愿签订商业性的环境污染责任保险合同。所谓环境污染强制责任保险，是指以从事环境高风险生产经营活动的企业事业单位或其他生产经营者因其污染环境导致损害应当承担的赔偿责任为标的的强制性保险。

三、环境损害赔偿的可保性

保险制度是风险社会的产物，但不是所有的风险都具有可保性，根据保险法原理，一般认为，可保险的风险需具备以下要素：(1）存在大量同质风险，保险人可据此较准确地预测损失的平均频率和程度。依据大数法则定律，保险经营活动以数量统计技术来预计损失、计算保费和从事经营活动。(2）损失必须是意外的，即出险率为随机变量。(3）已经发生的损失必须是确定的或可测定的。(4）保险对象大多数不能在同时遭受损失。（5）承保人具有承保能力（如资本实力和风险管理能力）。[1]

环境污染损害具有责任主体难以确认，因果关系认定困难，损害具有长期性、累积性、潜伏性，损害后果难以确定，受害人人数众多等特点，与保险法上要求的可保风险存在一定的差别，因此，如果固守传统保险法原理，将使环境污染损害赔偿责任难以完全满足前述条件，从而无法构建环境责任保险制度，因此，必须针对环境污染损害的特点进行必要的制度变革。

1. 环境污染损害的可预见性

通过建立明确的环境污染损害赔偿责任构成制度和可获赔偿的环境污染损害类型提高环境污染损害赔偿责任的可预见性，为大数法则的适用提供可能性。保险人也可以通过合理、必要的信息交换更好地应用保险人模糊度原理，通过科学测算保险费率和收取额外的风险费来弥补环境污染损害赔偿责任事先可预见性的不足，尽可能提供合理、可行、可

---

〔1〕 韩海容等：《浅谈风险的可保性》，载《上海保险》1997 年第 8 期。

得的环境责任保险产品。[1] 也可引入第三方力量强化风险评估与风险控制能力，[2] 解决环境污染损害的可预见性。

2. 将责任保险所承保的范围扩大到意外损害之外的环境污染损害

传统保险法所承保的损失是意外的，但是，环境污染是企业生产经营活动的负产品，具有一定的正当性。企业进行生产活动必然会产生污染，虽然有些环境污染损害是环境意外事件造成的，但更多的环境损害是长期排污，经过一定时间的累积甚至发生化学反应造成环境损害并进而损害人身权益和财产权益，这种损害具有一定的必然性，而非偶然的、意外的损害。为了解决环境损害的这一问题，各国环境责任保险都适当扩大了责任保险承保的范围，不限于意外损害，还包括污染者在正常生产经营活动中造成的损害。

3. “日落条款”解决环境污染损害的长期性、潜伏性、累积性

环境责任保险分为事故性环境责任保险和索赔性环境责任保险。由于环境污染损害具有长期性、潜伏性、累积性的特点，为了解决这一问题，针对事故性环境责任保险，一些国家建立了“日落条款”，规定环境污染行为只要发生在保险期内，即使在保险期内损害尚未发生，在侵权行为发生后一定期限内发生损害，保险公司仍应当赔偿。如1976年，美国强制要求企业因污染引起的对第三人的损害赔偿责任、关闭费用及关闭后30年内可能引发的监测与维护费用投保，超过一定期间发生的损害，保险人不再承担责任。1988年起，美国成立专门的环境保护保险公司承保被保险人渐进、突发、意外的污染事故引起的对第三人的责任及清理费用等。而在索赔型责任保险之下，保险人仅对发生在保险期间的索赔承担保险责任，但是，如果被保险人在保险期间预见到可能承担环境侵权责任并通知了保险人，即使索赔发生在保险期间届满之后，保险人也承担保险责任，同时，如果责任索赔发生在保险期间，但索赔原因发生在保险期间起始之前，只要被保险人在订立保险合同时不知道也

---

〔1〕 竺效：《试论环境侵权损害赔偿责任的可保性——对当前构建环境责任保险制度的若干对策建议》，载《中州学刊》2007年第3期。

〔2〕 张梓太、张乾红：《我国环境侵权责任保险制度之构建》，载《法学研究》2006年第3期。

不应当知道可能导致责任索赔，保险人同样承担保险责任。[1]

4. 扩大环境污染损害责任保险的范围

环境污染造成的损害往往具有群体性，而且包括生态环境本身的损害，如果固守保险对象不能同时遭受损失的规则，则很多环境污染损害无法通过责任保险获得救济，因此，应适当扩大环境责任保险的范围，将群体性损害和生态环境损害纳入环境责任保险承保的范围。但这样必然使保险公司承担巨额赔偿，增加保险公司负担，导致保险公司不愿承保。要解决这一问题，一是提高保费；二是确定保险赔偿限额；三是共同保险或发行环境责任保险债券，进一步分散环境责任风险。

四、环境责任保险中道德风险的防范

对于环境责任保险制度中道德风险问题，有学者建议，可以通过保险条款的设计加以解决：第一，通过免责条款的设计，可以防范环境侵害责任人对环境安全问题疏于防范管理的道德风险；第二，通过保险条款中告知义务的设计，可以加强投保人的注意义务；第三，通过代位求偿制度的设计，可以防止投保人消极抗辩或放弃抗辩权的道德风险；第四，通过浮动保费费率制度和赔偿限额制度设计，能够提高企业清洁生产的积极性，解决逆向选择问题；第五，赋予保险人检查权和监督权，督促被保险人采取清洁生产措施，否则，保险人有权提高保费或降低赔付金额直至解除保险合同。[2]

五、环境责任保险赔偿

（一）环境污染损害责任保险赔偿范围

德国就环境污染私权损害和纯环境损害救济分别颁布了《环境责任法》和《环境损害保护和补救法》。因此，《环境责任法》中的环境责任保险范围只限于人身损害赔偿和财产损害赔偿。《环境损害保护和补

---

〔1〕 李镨：《论环境责任保险制度》，载《江西社会科学》2008 年第 6 期；张梓太、张乾红：《我国环境侵权责任保险制度之构建》，载《法学研究》2006 年第 3 期。

〔2〕 陈方淑：《环境责任保险法律制度研究》，西南政法大学 2010 年博士学位论文，第 106 ~ 107 页。

救法》规定的环境责任保险适用于纯环境损害。为了更好地落实两部法律所规定的环境责任保险制度。德国制定了《环境责任保险一般条款》。《环境责任保险一般条款》第1.2条规定，环境责任保险的标的是人的损害、物的损害以及被规定和列举的与环境相关的财产损害。按照第1.4条到第1.8条，来自被规定的保险覆盖扩张范围内的环境损害也属于环境责任保险的范围。因此，德国环境污染责任保险范围包括人身健康损害赔偿、财产损害赔偿和生态环境损害赔偿。

本书认为，环境污染人身损害和财产损害是侵权损害赔偿的范围，我国生态环境损害赔偿制度正在建设中，未来我国环境损害责任保险制度应包括人身损害赔偿、财产损害赔偿和生态环境损害赔偿。环境保护部与保监会起草的《环境责任保险》（征求意见稿）认为，环境污染强制责任保险的责任范围包括第三者人身损害、第三者财产损害、生态环境损害和应急处置与清污费用。

1. 环境污染生命健康损害赔偿。包括医疗费、住院费、交通费、误工费等一般损失；因环境污染致残的，还应包括残疾赔偿金、残疾器具补偿费；因环境污染致死的，除一般损失赔偿外，还包括死亡赔偿金、丧葬费。

2. 财产损害赔偿。包括直接损失和间接损失。

3. 生态环境损害赔偿。包括为控制、减轻、清除生态环境损害产生的应急处置措施费用，以及因处置措施产生的次生生态环境损害消除费用；生态环境恢复到原有状态期间的服务功能损失费用；为确定生态环境损害的性质、范围、程度而支出的监测、评估以及专业咨询的合理费用；修复受损生态环境以及由此产生的调查、修复方案编制等合理费用；其他与生态环境损害赔偿有关的必要费用。

此外，责任保险的被保险人因给第三者造成损害的保险事故而被提起仲裁或者诉讼的，被保险人支付的仲裁或者诉讼费用以及其他必要的、合理的费用，除合同另有约定外，由保险人承担。

有争议的是精神损害赔偿是否是环境责任保险的范围？精神损害包括纯粹精神损害和因生命权、健康权受到侵害而产生的精神损害。因环境污染造成的精神损害具有现实性、确定性，是被投保人应承担的侵权责任，因此，也应纳入环境责任保险的范围。

（二）环境污染损害责任保险赔偿限额

一方面，为防止投保人道德风险；另一方面，环境污染一般造成的损失比较有严重，赔偿金额巨大，如果损害赔偿金都由保险人承担，会导致保险人不愿意承保。因此，应限制赔偿数额，即保险人只承担一定数额的损害赔偿责任，超出赔偿数额部分的，由侵害人承担。

（三）承保人保险责任的免除

1. 不可抗力。不可抗力既然是侵权人侵权责任的免责事由，亦应是保险公司保险责任的免责事由。但是，应注意的是，不是发生了不可抗力，保险公司就可以免责，必须污染者及时采取合理措施，仍然不能避免环境污染致使第三者遭受损害或造成环境损害的。

2. 污染者故意造成环境污染。如我国《环境责任保险》（建议稿）第20条规定，环境污染犯罪直接导致的损害。环境高风险企业构成污染环境犯罪被追究刑事责任的，其犯罪行为直接引发环境污染致使第三者遭受的损害。故意采取通过暗管、渗井、渗坑、灌注等逃避监管的方式违法排放污染物直接导致的损害。

3. 污染者重大过失过失污染环境造成损害的，如环境安全隐患未整改直接导致的损害。

4. 环境保护部和保监会确定的可以免除保险人责任的其他损害。

（四）大气污染损害责任保险赔偿请求权行使

责任保险实为为第三人利益订立的合同，因此，保险事故发生后，除另有规定的以外，第三人可直接要求保险人承担保险责任。我国《保险法》第65条规定，保险人对责任保险的被保险人给第三者造成的损害，可以依照法律的规定或者合同的约定，直接向该第三者赔偿保险金。责任保险的被保险人给第三者造成损害，被保险人对第三者应负的赔偿责任确定的，根据被保险人的请求，保险人应当直接向该第三者赔偿保险金。被保险人怠于请求的，第三者有权就其应获赔偿部分直接向保险人请求赔偿保险金。责任保险的被保险人给第三者造成损害，被保险人未向该第三者赔偿的，保险人不得向被保险人赔偿保险金。

受害的第三人应在法律规定的期限内行使损害赔偿请求权。《环境责任保险》（建议稿）第19条规定，环境高风险企业在保险合同有效期内因污染环境造成损害，受害者在保险合同有限期届满后3年内向环境高风险企业提起环境损害赔偿请求，由环境高风险企业依法承担赔偿责任的，保险公司依法在环境污染强制责任保险责任限额内予以赔偿。

第三节　大气污染健康损害补偿制度

我国近年来空气污染严重，雾霾笼罩是一些地区的常态。空气污染对人体健康的危害是巨大的、现实的而且迫切需要救助，在难以确定侵害人或者虽然侵害人能够确定但在漫长的诉讼期间，受害人可能因得不到及时救治，病情恶化甚至死亡。环境责任保险要求有明确的侵害人、因果关系确定、损害确定。但是，在责任人难以确定，或者虽然能够确定但环境责任强制保险不足以补偿受害人或者责任人未投保又无能力承担赔偿责任的，环境责任强制保险显然不能应对大气污染造成的健康损害，因此，建立环境污染健康损害补偿制度是非常必要的。

目前，有些国家针对大气、水污染建立了公众健康补偿制度，如日本1973年的《公害健康受害补偿法》规定，健康补偿基金由政府向排放大气和水污染的企业强制征收，用于补偿因公害而导致财产或人身损害的国民。荷兰1972年设立了一种基金会，负责赔偿那些无法获得赔偿的空气污染受害者。根据该基金会的规定，当确认污染者将会延误对受害者的支付时，如果受害者同意将他们对污染者所拥有的求偿权转让给基金，基金也可以先行赔付。[1] 该基金会是通过对某些导致空气污染的产品和产业征收污染费来筹集的。[2]

---

〔1〕 转引自竺效：《生态损害的社会化填补法理研究》，中国政法大学出版社2007年版，第231页。

〔2〕 蔡守秋：《环境资源法学教程》，武汉大学出版社2000年版，第549页。

一、大气污染健康损害补偿条件

大气污染影响广，而疾病的发生可能有很多原因，补偿条件既不能过于宽松也不能过于严苛，因此，需要明确大气污染健康损害补偿的条件。日本的公害健康受害补偿制度的推出，与四日市大气污染案有密切关系，有学者指出，四日市大气污染案的判决导致《1973 年公害健康被害补偿法》的制定和同年的《工厂选址法》的修订。[1] 20 世纪 60 年代早期随着日本政府将能源由煤转向石油，许多石油提炼公司和化工厂在太平洋海岸得以建起。四日市的企业位于伊市海湾附近，政府将一个前海军燃料储藏院卖给了三菱集团建立一个石油工厂。该工厂于 1960 年开始运作后，在邻近地区频繁出现了呼吸系统疾病患者。1967 年患呼吸系统疾病的九名受害人针对六家公司（一个石油提炼厂，一个发电厂和四个化工厂）向法院提起诉讼，控诉这六家公司排放的含有硫氧化物的烟雾共同造成了他们的人身损害。在法院作出判决之前，为了给四日市患上呼吸系统疾病的病人提供临时性法律救济，日本于 1969 年颁布了《公害受害者救济特别法》，规定被污染地区患上指定的疾病并经认定的病人可获得医疗费补偿，但只能获得国家健康保险没有涵盖的医疗费。[2] 但是，根据该法，健康补偿费用由污染企业自愿捐助，而不是通过强制手段迫使污染企业支付，结果自愿交付的款项不足以补偿受害人。虽然 1972 年法院在四日市大气污染案中，依据《日本民法典》第 719 条共同侵权行为的规定判决数被告承担单独或连带责任，但受害人的健康损害并没有得到及时和充分的赔偿。由于四日市大气污染案的影响和公众要求赔偿污染受害者损失的压力，政府于 1973 年制定了《公害健康受害补偿法》。[3] 该法规定两类指定地区的受害人可以依据该法获得健康损害补偿。其中，空气污染严重并有大量呼吸性系统疾病患者

---

〔1〕［日］森岛昭夫：《日本法上的环境责任》，马栩生、高敏译，载吕忠梅、徐祥民主编：《环境资源法论丛》（第 4 卷），法律出版社 2004 年版，第 253 页。

〔2〕［日］森岛昭夫：《日本法上的环境责任》，马栩生、高敏译，载吕忠梅、徐祥民主编：《环境资源法论丛》（第 4 卷），法律出版社 2004 年版，第 257 页。

〔3〕［日］森岛昭夫：《日本法上的环境责任》，马栩生、高敏译，载吕忠梅、徐祥民主编：《环境资源法论丛》（第 4 卷），法律出版社 2004 年版，第 257 页。

的地区为Ⅰ类。实践中，如果某地区的 SO_2 浓度是普通地区的两倍或三倍之多，患上呼吸系统疾病的申诉人的数量是普通地区的两倍或三倍之多时，即归为Ⅰ类。虽然 1988 年 3 月Ⅰ类地区被取消，但曾有 50 个地区，包括四日、西淀川、东京和川崎等被指定为Ⅰ类地区。而大气污染或水污染和疾病之间存在明显的因果关系的地区被指定为Ⅱ类地区。大气污染导致呼吸系统疾病患者获得补偿应具备以下条件：（1）必须在《公害健康受害补偿法》所指定的区域。（2）必须患有《公害健康受害补偿法》指定的疾病。如慢性支气管炎、气管性气喘病等被视作Ⅰ类地区的疾病。（3）必须在指定区域居住足够长的时间。一般某个病人如果在指定的地区住满两年时间，患上指定的疾病，就应被与公害相关的疾病的地方鉴定委员会认定为指定病人。由于Ⅰ类地区指定的疾病没有特别的症状，满足了上面三个要求的病人就被认定为污染受害者。[1] 1973 年公害健康受害补偿制度建立之初，空气中主要的污染物质是 SO_2，而 20 世纪 80 年代日本政府对 SO_2 制定了严格的标准，这一标准的实施，使全国的 SO_2 浓度水平明显降低，SO_2 不再是主要污染物，在东京等大城市，主要的大气污染源不再是工厂排放的烟雾，而是汽车排放的各种污染物。因此，继续实行《公害健康受害补偿法》导致企业界的不满，1987 年该法被修订，1988 年 3 月 1 日Ⅰ类指定地区被取消。但是，该法的修订并不意味着该法建立健康损害受害人补偿制度不合时宜。正如日本学者所言：以将环境损害成本有效内部化为目的，除去行政补偿制度的缺陷比改革法院诉讼程序更容易也更灵活，研究日本行政补偿制度的实施非常有意义。[2]

荷兰规定获得基金会补偿，需具备的条件是：（1）受害人因空气污染受到损害；（2）受害人无法及时获得补偿；（3）受害者同意将他们对污染者所拥有的求偿权转让给基金。

本书认为，我国在确定大气污染损害补偿条件时，可参照域外经

---

〔1〕［日］森岛昭夫：《日本法上的环境责任》，马栩生、高敏译，载吕忠梅、徐祥民主编：《环境资源法论丛》（第 4 卷），法律出版社 2004 年版，第 258 页。

〔2〕［日］森岛昭夫：《日本法上的环境责任》，马栩生、高敏译，载吕忠梅、徐祥民主编：《环境资源法论丛》（第 4 卷），法律出版社 2004 年版，第 259 页。

验，结合我国实际情况，明确受害人获得大气污染健康损害补偿，应具备以下条件：

1. 受害人生活工作区域确实存在大气污染。

2. 受害人在该污染区居住足够长时间。

3. 受害人罹患与该地区排放的大气污染物有关联的疾病。判断受害人所患疾病与大气污染物是否有关联，可采取疫学因果关系进行判断。

4. 受害人无法确定加害人或虽然能确定加害人但无法及时获得补偿。

5. 须受害人所遭受的损害具有社会性。此一要件意味着，国家补偿所针对的健康损害应属一种社会性公害，而非个体性私害。亦即此种健康损害往往涉及广大范围内多数受害人，并且健康损害后果业已达到一定的严重程度，致使广大受害人的生存陷入困境。从某种意义上来说，由于环境健康损害是整个社会经济发展的一种社会风险或“必要代价”，已经超越了传统侵权责任法之“个别”损害救济的范畴，故而才需要由国家代表社会整体对此等社会性的损害进行分担。[1]

二、大气污染健康损害补偿基金来源及管理

日本公共健康补偿金内容包括补偿给付费、公害保健福利事业和公害健康事务费。日本补偿给付费严格贯彻“污染者负担”原则，完全由造成污染的责任人承担。不过，补偿费的性质不同，其资金来源也不同。在Ⅰ类地区，1973 年的《公共健康受害补偿法》根据固定污染源与汽车污染源所排放的硫氧化物的量，按照 8∶2 的比例分担补偿给付费，其中企业等固定污染源的费用来自污染负荷量征税，汽车污染源的费用从汽车重量税中扣除。Ⅱ类地区由于疾病与污染物质因果关系较为明确，由产生特定污染物质的企业全额负担，资金由责任企业与受害团体协商或签定协议解决。公害保健福利事业具有公益福利性质，污染责任

〔1〕 贺思源：《析环境健康损害的国家补偿理论依据和制度构建》，载《东岳论丛》2013 年第 6 期。

方、国家与地方政府均承担费用，具体由污染者负担1/2，中央财政负担1/4，地方财政负担1/4。事务费是公害健康补偿制度的日常开支，根据《公共健康受害补偿法》，这部分费用完全来自政府财政，由国家和地方政府支付，对半分担。[1]

未来我国要建立的大气污染健康损害补偿基金应主要由“污染者负担”，政府适当承担。大气污染健康补偿资金可考虑通过以下途径筹集：（1）环境保护税。环境保护税是税务机关根据直接向环境排放应税污染物的企业事业单位和其他生产经营者排放的污染当量数或污染量，依法向其无偿征收一定数额的税，并用于环境保护的一项环保制度。2016年12月我国颁布了《环境保护税法》，2018年1月1日实施。根据该法规定，自2018年1月1日起，我国废费改税，这意味着环境保护税在我国正式征收。当受害人因环境污染而遭受健康损害，从征收的环境保护税中提取一定比例作为补偿资金，用于受害人的健康损害补偿，体现了“污染者负担原则”。（2）环境违法的罚没收入。污染者因违法造成环境污染而受到环保部门罚款或没收违法所得处罚的，除按照法律规定上缴国库以外，可提取一定比例用于环境污染受害人补偿的资金安排。[2]（3）政府的财政拨款。近年来国家逐渐加大了环境保护领域的财政支持，环境财产拨款除用于生态环境保护、污染治理、环境保护技术开发、环境保护科研外，应从中拨出一部分建立健康损害补偿基金，以补偿受害人因环境污染造成的健康损害。

三、大气污染健康损害补偿范围

日本补偿金内容包括补偿给付费、公害保健福利事业和公害健康事务费。补偿给付费是公害健康受害者能够直接领取的金额，包括七方面：医疗及疗养费，残疾补偿费，儿童补偿津贴，医疗津贴，一次性遗属补偿费，遗属补偿费以及丧葬费。公害保健福利事业主要为异地疗

---

〔1〕 牛坤玉、於方、刘倩：《环境损害赔偿资金保障机制国际经验及启示》，载《环境保护》2015年第19期。

〔2〕 贺思源：《析环境健康损害的国家补偿理论依据和制度构建》，载《东岳论丛》2013年第6期。

养、康复指导、家庭疗养指导、疗养用具发放以及病毒性流感预防接种补助事业。公害保健福利事业不直接通过补偿金形式体现，但具有福利性质，对补偿给付费起到有效补充作用。事务费是公害健康补偿制度的日常开支。[1]

大气污染健康损害补偿范围的确定，与大气污染健康损害补偿的性质定位有密切关系。如果将大气污染健康补偿定位为民事责任，则应与民事侵权损害赔偿金的范围和标准相当。如果将大气污染健康补偿定位为行政补偿，则环境污染健康损害补偿具有福利性。有日本学者认为，日本的公害健康受害补偿是一种行政补偿，其公共福利性的性质较为明显。本书认为，大气污染健康损害补偿基金既具有民事赔偿的性质，也具有公共福利性。一方面，与传统的民事损害赔偿不同，环境污染健康损害补偿将传统的“转移”损失的损害赔偿转化为损害“分担”，健康损害补偿基金的强制性及国家公权力的介入，使其具有一定的公共福利性。基于此，健康损害补偿的范围不同于民事赔偿，如误工费、护理费、交通费、住宿费、住院伙食补助费等不在补偿之列。另一方面，国家补偿也与纯粹的社会给付不同，因国家补偿的资金部分地由污染者负担，体现了“污染者负担原则”，因此，补偿支付的项目及额度均超过纯粹的社会给付，并且在污染者明确且有赔偿能力的情况下，补偿资金的管理机构也可以行使追偿权。[2]

借鉴域外法律规定，根据我国《侵权责任法》并结合我国国情，大气污染健康损害补偿范围应包括以下几种费用：医疗费用；残疾赔偿金；残疾辅助器具费；死亡赔偿金；丧葬费。但是，由于我国已基本建立了全民医疗保险制度，并无限制纳入医疗保险的疾病产生原因，为避免双重赔偿，因环境污染导致的疾病能够通过医疗保险获得补偿的，无权再通过大气污染健康损害基金获得补偿。对于不属于医保范围的又必须发生的医疗费用，或者由于各种原因没有参加医保的受害人所花费的

---

〔1〕 牛坤玉、於方、刘倩：《环境损害赔偿资金保障机制国际经验及启示》，载《环境保护》2015年第9期。

〔2〕 贺思源：《析环境健康损害的国家补偿理论依据和制度构建》，载《东岳论丛》2013年第6期。

医疗费用，可以通过大气污染健康损害基金获得补偿。对于人身损害中的残疾赔偿金；残疾辅助器具费；死亡赔偿金；丧葬费，可借鉴日本的做法，进行定额化赔偿，对于受害人众多的损害索赔，这种赔偿方法能够提高赔偿效率，保证救济的及时性。

第四节 生态环境损害赔偿基金

生态环境损害往往损害后果严重，赔偿金额巨大。一方面，即使建立环境责任保险，也未必能够获得及时全部的补偿；另一方面，环境责任保险适用于责任主体明确、因果关系确定的案件，对于责任主体不明的案件、因果关系不明的案件则难以通过环境责任保险获得赔偿。因此，有必要建立相应的生态环境损害赔偿资金保障制度。目前，美国、加拿大等国家建立了自然资源或环境损害赔偿基金。生态环境损害赔偿基金制度主要涉及生态环境损害赔偿基金适用范围，适用条件，资金来源，救济范围，资金管理、适用和监管等。

一、生态环境损害赔偿基金适用范围

从域外建立了生态环境损害赔偿基金的国家来看，基本都对生态环境损害赔偿基金的适用范围作了规定。美国的《综合环境反应、赔偿和责任法》建立了环境保护超级基金，根据该法规定，超级基金主要用于治理全国范围内的闲置不用或废弃的危险废物处理场，并对危险物品泄漏作出紧急反应，即责任主体仅就下列四种类型的费用或损害承担赔偿责任：一是联邦政府或州政府实施的符合《国家应急计划》规定的反应行动所产生的费用。二是任何私人主体实施的符合《国家应急计划》的反应行动所产生的必要费用。三是联邦政府所进行的健康评价和健康影响研究所产生的费用。四是任何对自然资源的损伤（injury）、破坏（destruction）和灭失（loss）而进行的损害赔偿，包括自然资源损伤、破坏和灭失等损害进行评估的合理费用。不适用于因危险物质释放或释放威胁而使私人主体遭受的财产损害、人身损害和精神损害。联邦最高

法院在 Exxon 诉 Hunt 案[1]的判决中认为，超级基金并不用补偿私人主体因危险物质释放而遭受的财产价值上损害、收入上的损失和人身损害。因此，对于上述损害，受害人只能通过其他法律诸如州制定法或普通法进行救济。[2] 未来我国建立的生态环境损害赔偿基金可借鉴美国的《综合环境反应、赔偿和责任法》，仅救济法定的生态环境损害。因环境污染造成的财产损害、人身损害和精神损害，可通过《侵权责任法》以及环境损害责任保险和健康损害补偿基金获得救济。

二、生态环境损害赔偿基金的适用条件

不是所有的生态环境损害都由基金支付。《美国综合环境反应、赔偿和责任法》规定，超级基金仅适用责任主体不明确或无力承担或不愿承担治理费用的自然资源损害。超级基金支付请求权人只有在已经首先向其知道的发生危险物质释放设施的所有人、经营人、保证人和其他任何责任主体提出过赔偿请求，并在上述请求提出后 60 天内没有获得相应赔偿，才可以向超级基金请求支付。[3] 之后，超级基金将提起诉讼，向能找到的责任主体追索其所支付的治理费用。只有在发生不可抗力、战争、第三方行为以及以上三种原因混合的情况下，上述责任主体不承担治理费用，治理费用由超级基金支付。如前文所述，未来我国可建立三种环境损害赔偿社会化救济制度，即环境损害责任保险、健康损害补偿基金和生态环境损害赔偿基金。环境损害责任保险适用于责任主体明确、因果关系确定的案件；健康损害补偿基金仅适用于公众健康损害赔偿。为避免制度的重合，生态环境损害赔偿基金应作出限制，仅适用于责任主体不明确或无力承担或依法被免责的生态环境损害。

三、生态环境损害赔偿基金的资金来源

美国超级基金主要来源于向生产石油和某些无机化学制品行业征收

---

〔1〕 475 U. S. 355, 359 (1986).

〔2〕 李冬梅：《〈美国综合环境反应、赔偿和责任法〉上的环境民事责任研究》，吉林大学 2008 年博士学位论文，第 23 ~ 24 页。

〔3〕 42. U. S. C. 9612 (a). 转引自李冬梅：《〈美国综合环境反应、赔偿和责任法〉上的环境民事责任研究》，吉林大学 2008 年博士学位论文，第 28 页。

的专门税、向年收入超过200万美元的企业征收企业附加税、联邦财政拨款和捐款等。加拿大联邦环境损害赔偿基金的来源主要包括环境违法罚金，环境损害赔偿金以及捐赠等。但是，损害赔偿金需要扣除清除污染费用、即时反应费用和诉讼费用等必要开支之后才存入基金。[1]

借鉴域外经验，结合我国实际情况，我国未来建立的生态环境损害赔偿基金可以由环境保护税、财政拨款、生态环境损害赔偿金、环境违法罚金（环境刑事罚金和环境行政罚金）、公益捐助等构成。如前文所述，环境保护税是向排放者征收的用于环境保护的税，生态环境损害赔偿是环境保护制度之一，将一定比例的环境保护税纳入生态环境损害赔偿基金符合“谁污染，谁承担”的环境保护政策。保护环境是国家的职责，国家财政每年都会拨出资金投入环境保护领域，应将一定比例的财政拨款纳入生态环境损害赔偿基金用于生态环境的修复。环境违法罚金是违反法律保护环境的规定所承担的法律处罚，此部分罚金也应用于环境保护，可分配一定比例纳入生态环境损害赔偿基金。公益捐助应专款专用，如捐助者明确捐助的目的是用于生态环境损害修复或维护生态环境，则这些捐助应纳入生态环境损害赔偿基金。

四、生态环境损害赔偿基金救济范围

生态环境损害赔偿基金应专款专用，不得用于与保护和修复生态环境无关的领域。如美国的超级基金主要用于治理闲置不用或者被抛弃的危险废物处理场，并对危险物品泄漏做出紧急反应。具体来说，以下几类费用可使用超级基金：（1）联邦政府采取清除或救助行动所发生的反应费用；（2）任何私人主体实施的经联邦政府授权或许可或符合《国家应急计划》规定的反应行动所发生的费用；（3）对危险物质释放所造成的自然资源损害进行评估的费用；（4）对污染设施进行评估，开展相应调查研究，对地方政府进行补偿以及进行奖励等一系列活动所需要的费用；（5）对公众参与技术性支持的资助；（6）对1个到3个不同的

---

〔1〕 尧羽珍：《我国生态环境损害赔偿基金法律制度的构建——以加拿大联邦环境损害赔偿基金为视角》，载《广西政法管理干部学院学报》2017年第4期。

大都市地区中污染最为严重的土壤进行试验性恢复或清除行动所需要的费用。[1] 根据《综合环境反应、赔偿和责任法》第 107 条的授权，在环保署利用超级基金亲自实施了反应行动后，可以就其反应行动所发生的反应费用向责任主体追偿。根据该条的规定，环保署或其他任何私人主体可就如下费用向联邦法院提出反应费用恢复诉讼请求：（1）联邦政府、各州政府或印第安部落实施的符合《国家应急计划》规定的清除或救助行动所发生的费用；（2）任何私人主体实施的符合《国家应急计划》规定的清理行动发生的其他必要费用；（3）因自然资源的损伤、破坏或灭失而承担的损害赔偿费，包括对自然资源损伤、破坏或灭失进行评估的合理费用；（4）有关健康评价和健康影响研究的费用。环保署还可以就下列费用向责任主体主张恢复：调查、监测和检验费用、与反应行动有关的规划费用、环保署和司法部的人事费用、诉讼和律师费用。在联邦司法判决中，延迟利息也被视为可恢复费用。[2]

加拿大联邦环境损害赔偿基金只能用于修复生态环境，环保部作为基金的管理人，不能在基金中扣除行政管理费用等相关费用。关于资金的用途主要有三种：用于修复生态环境项目，用于改进生态环境修复技术，用于生态环境教育和宣传事业。在决定基金的使用时，需要考察项目的成本效益性、技术可行性和安全保障性。[3]

未来我国建立的生态环境损害赔偿基金救济的范围包括应急措施的费用、修复费用、评估鉴定费用。生态环境损害或损害危险发生后，为防止损害的发生和进一步扩大，需要采取应急处置措施，如果尚不能确定直接责任人或虽能确定责任人但无能力支付或不愿支付或责任人可依法免责的，可动用生态环境损害赔偿基金支付应急处置费用。待确定责任人后，再向其追偿。生态环境损害确定后需要修复的，无法确定责任人，可以使用生态环境损害赔偿基金；或者责任人无经济能力支付全部

---

〔1〕 42 U. S. C. 9611（a）（1988）. 转引自李冬梅：《〈美国综合环境反应、赔偿和责任法〉上的环境民事责任研究》，吉林大学 2008 年博士学位论文，第 27 页。

〔2〕 李冬梅：《〈美国综合环境反应、赔偿和责任法〉上的环境民事责任研究》，吉林大学 2008 年博士学位论文，第 35 页。

〔3〕 尧羽珍：《我国生态环境损害赔偿基金法律制度的构建——以加拿大联邦环境损害赔偿基金为视角》，载《广西政法管理干部学院学报》2017 年第 4 期。

的修复费用的，对其无能力承担的部分，可使用生态环境损害赔偿基金；或者责任人被宣告破产的，权利人追索的赔偿金及参与破产分配获得的财产仍不足以支付修复费用的，可使用生态环境损害赔偿基金；或者责任人被免责的，可使用生态环境损害赔偿基金。评估鉴定费用包括生态环境损害评估鉴定费用、修复方案评估费用、修复效果评估鉴定费用，在有明确的责任人并有能力赔偿的情况下，均应由责任人赔偿，责任人无法确定或无能力赔偿的，可由生态环境损害赔偿基金支付。对于赔偿权利人提起的生态环境损害赔偿诉讼，对于胜诉后的律师费是否可由生态环境损害赔偿基金支付存在不同看法。本书认为，生态环境损害赔偿诉讼以有确定的被告及责任人为前提条件，一旦赔偿权利人胜诉，应由责任人承担，不宜由生态环境损害赔偿基金支付。

五、生态环境损害基金的管理、使用和监督

生态环境损害赔偿基金的使用和管理都需要有一个专门管理机构负责。《美国综合环境反应、赔偿和责任法》规定，美国环保署负责基金的使用和管理。向超级基金提出支付请求必须按一定的形式并符合环保署制定的程序要求。如果联邦政府拒绝申请人的支付请求，申请人可以在 30 天内请求联邦政府举行行政听证会。在行政听证会上，申请人应当承担举证责任。对于联邦政府的驳回决定，申请人可以向发生危险物质释放设施所在地的联邦法院提出申诉。如果超级基金支付了请求人发生的反应费用，联邦政府就取得了该请求人对其他责任主体的损害赔偿请求权的代位权。美国司法部长可以代表超级基金向相应的责任主体进行追偿。[1] 加拿大法律也规定，环保部门是基金的管理人。

我国未来法律也应明确生态环境损害基金的管理部门。根据我国国情，应由作为索赔人的地方人民政府负责建立生态环境损害基金管理机构，隶属于地方人民政府。管理机构可由财政部门、环保部门、自然资源保护等部门的人员构成。管理机构应设立生态环境损害赔偿基金独立

---

〔1〕 42 U. S. C. 9612（d）（1）. 转引自李冬梅：《〈美国综合环境反应、赔偿和责任法〉上的环境民事责任研究》，吉林大学 2008 年博士学位论文，第 28 页。

账户，专款专用，使用生态环境损害赔偿基金应符合法定条件，依法定程序经申请、审批使用。同时应建立生态环境损害赔偿基金监督制度。基金的监督制度由内部监督、行政部门监督、生态环境损害赔偿政府索赔主体监督和社会公众监督四个部分组成。内部监督是指基金内设的监督机构，主要针对基金的日常运行和使用的合法性进行监督审查。行政部门监督是指各级环境保护部门对生态环境损害基金进行季度性的审查监督，对其每一笔资金的来源和使用状况进行审查，对基金的余额进行审查核对。社会公众监督是指公民和社会组织对基金进行监督，这要求生态环境损害赔偿基金信息公开，将财务信息和行政信息通过多种媒体途径公开，以便社会大众进行监督，真正实现基金管理公开化、透明化。生态环境损害赔偿政府索赔主体对生态环境损害赔偿基金的使用情况也有监督权。

后　记

近年来，我国经济快速发展的同时，空气污染在一些地区也非常严重，“雾霾笼罩中国”的情况经常发生。为应对大气污染，国家作出了很多努力，出台了一系列政策和措施，如产业结构调整、发展新能源、节能行业补贴、环保机动车补贴等；各地也采取了一系列措施，如机动车限行、工厂搬迁等。近年来，国家加强了环境保护领域的法制建设，修改了《环境保护法》《大气污染防治法》等法律法规，加大了大气污染处罚力度。环保部门也加大了对大气污染的监管。大气污染情况在一些地方虽总体有所缓解但经常反复。大气污染对人体健康、财产安全、大气生态环境都有极大的危害。虽然《环境保护法》《大气污染防治法》《侵权责任法》及相关司法解释对环境污染侵权责任问题作了规定，但由于相关制度、规则不完善以及大气污染特殊性，在司法实践中，大气污染损害无法获得及时救济的情况也时常发生，有些法律问题也需要理论上进一步探讨，但是，目前针对大气污染侵权的研究并不多，本书意在抛砖引玉，以期引起学界各位老师、同人对此问题的关注。

本书在撰写的过程中得到了上海政法学院环境法学科带头人王文革教授的大力支持，并受到王文革教授主持的上海市高原学科建设环境法项目的资助，在此，向王老师表示最衷心的感谢！本书生态环境损害赔偿部分得到了复旦大学环境法学科带头人张梓太教授的悉心指导，在此，向张老师表示最衷心感谢！本书在撰写的过程，吸收了学界前辈、同人的研究成果，一并向他们表示最衷心的感谢！

大气污染侵害责任涉及环境法、民法等多学科问题，本人虽从事民法、环境法研究多年，但在写作的过程中，常常深感才疏学浅，力不从心，书中不足之处，敬请学界前辈、同人批评指正。

黄　萍

2018 年 4 月 16 日

图书在版编目(CIP)数据

大气污染侵害民事责任研究 / 黄萍著. -- 北京 : 法律出版社, 2018
(上海市高校法学一流学科环境资源法丛书 / 王文革主编)
ISBN 978-7-5197-2530-3

Ⅰ. ①大… Ⅱ. ①黄… Ⅲ. ①空气污染-民事责任-研究-中国 Ⅳ. ①D923.84

中国版本图书馆 CIP 数据核字(2018)第 172876 号

上海市高校法学一流学科环境资源法丛书	大气污染侵害民事责任研究 DAQI WURAN QINHAI MINSHI ZEREN YANJIU	黄　萍　著	策划编辑 冯雨春　冯佳欣 责任编辑 冯佳欣 装帧设计 汪奇峰

出版 法律出版社	**编辑统筹** 法律应用·大众读物出版第二分社
总发行 中国法律图书有限公司	**开本** 710 毫米×1000 毫米　1/16
经销 新华书店	**印张** 20.75
印刷 北京虎彩文化传播有限公司	**字数** 278 千
责任校对 王晓萍	**版本** 2018 年 9 月第 1 版
责任印制 吕亚莉	**印次** 2018 年 9 月第 1 次印刷

法律出版社/北京市丰台区莲花池西里 7 号(100073)
网址/www.lawpress.com.cn
投稿邮箱/info@lawpress.com.cn　　销售热线/010-63939792
举报维权邮箱/jbwq@lawpress.com.cn　　咨询电话/010-63939796

中国法律图书有限公司/北京市丰台区莲花池西里 7 号(100073)
全国各地中法图分、子公司销售电话:
统一销售客服/400-660-6393
第一法律书店/010-63939781/9782　西安分公司/029-85330678　重庆分公司/023-67453036
上海分公司/021-62071639/1636　深圳分公司/0755-83072995

书号: ISBN 978-7-5197-2530-3　　**定价:** 58.00 元
(如有缺页或倒装,中国法律图书有限公司负责退换)